博學篤行
厚德重法

西南政法大学

法学学术文库

法学学术文库 | 西南政法大学

西南少数民族习惯法研究

陈金全/主编
潘志成 杨玲/副主编

法律出版社
LAW PRESS·CHINA

目录

CONTENTS

前　言

近年来，少数民族习惯法研究已成为学界的一个热点。所谓少数民族习惯法，是指我国广大少数民族在千百年来的生产、生活实践中逐渐形成、世代相袭、长期存在并为本民族成员所信守的一种社会规范。作为一种社会规范，习惯法不仅在我国少数民族中广泛存在，在汉民族也同样存在，而且在世界各地都广泛存在。它是国家制定法之外，依据某种社会权威确立的、具有强制性和习惯性的社会规范，既非纯粹的法律规范，也非完全的道德规范，但它在维护民族共同利益、维护社会秩序、促进社会发展、传递民族文化方面都起着积极的作用。

我国的少数民族习惯法源远流长，内容丰富，其中有些少数民族的习惯法至今已有数千年的悠久历史，历经沧桑，演化蜕变，逐渐形成了较为完善、系统的习惯法体系。这些细致而庞杂的规则，有的已被时代所湮没，但仍有相当部分至今还鲜活地存在着，在民族社会依然还起着解决纠纷、维护乡土社会秩序的作用。所以说少数民族的习惯法不仅是历史的法，而且也是现实的"活法"。

无论是哪一个少数民族的习惯法，无论这样的习惯法是历史的法，还是现实的"活法"，都是多元一体中华法律文化的重要组成部分，因此研究、探讨我国少数民族习惯法，挖掘少数民族的传统法律文化，对丰富中华民族的法律文化是非常必要的。同时，正确认识我国少数民族的习惯法，对进一步推进社会主义法治国家进程、加强民族地区民主法制建设以及确保国家法律在少数民族地区的全面贯彻实施和正确适用有着极其重要的作用。

西南地区是我国少数民族的一个主要聚居区，因此学界有不少同行对西南地区的少数民族习惯法作了大量的开拓性工作，成绩斐然，涌现出一大批优秀的学术成果，特别是对苗族、侗族、瑶族等民族习惯法的研究，已有相当数量的成果面世，但是对西南少数民族习惯法的整体研究一直较为薄弱。

笔者生于西南，长于西南，至今已六十余载，对这片热土颇有感情，近十余年尤其热衷西南少数民族习惯法的研究。笔者认为，虽然西南地区的少数民族因历史文化、地理环境、宗教等因素的影响，其习惯法表现出千差万别的现象，但是从整体上看，西南地区的少数民族多是生活在高原山地，且在各自民族的形成过程中互相影响、彼此交融；在文化上因为地域相近，相互之间的文化影响和融合也是较多的；在各个历史时期，中央王朝对西南各地的民族政策大致相同；特别是在今天，西南各少数民族都处于我国西部大开发的地域范围之内，面临同样的社会经济文化发展目标，因此，对西南少数民族习惯法的整体研究是有可能的，也是非常有必要的。正是基于以上的这些原因，笔者萌生了写这本小书的想法。当然，西南地区地域较广，地形复杂，民族众多，历史发展极不平衡，这些都给我们研究西南少数民族习惯法的整体面貌带来了诸多不利的因素。但是,这也正说明了对西南少数民族习惯法的研究仍有相当广阔的空间,这就需要学者付出格外的艰辛努力才能有所收获。

既然这本小书是以西南少数民族习惯法的整体面貌为研究对象的,那么书中所描述的这些习惯法规则的共性无疑是具有一定普适性的,但同时在不同的民族乃至同一民族的不同地区之间,习惯法又明显地呈现出一定的差异,从而体现出其特殊性。因此本书在行文之中,一方面以这些共性的原则为主要内容,同时另一方面也兼顾到不同民族在习惯法规则具体内容上的差异,力图避免以偏盖全。需要说明的是,这里的"习惯法",与少数民族社会中的"习惯法"并非是等同的,而是我们将习惯法用现代法律的逻辑结构分解后的产物,是对"本来的习惯法"所作的一种主观的阐释。因此,在某些概念术语、分类和体例结构的使用上,它难免显得机械、牵强,甚至谬误。这一点,在少数民族习惯法研究领域甚至是整个法律史研究领域都是普遍存在的尴尬,是学术界力图解决但至今始终无法解决的难题,唯愿同仁在这一问题上能有所突破。

近年来,笔者常去一些大学或在学术会议上宣传少数民族尤其是西南少数民族的习惯法,听众的反应总能让笔者的心头五味杂陈。虽每次宣传总能博来热烈的掌声,且不乏有远见卓识者认可笔者所作出的努力,但相当部分的听众只是为少数民族习惯法中那些充满异域风情的"离奇"故事所吸引,并没有认识到少数民族习惯法的价值所在,更有听众将笔者归入文化保守主义者一类,认为对习惯法的尊重就是主张人类的倒退,如此种种,不一而足。从文化学角度而言,少数民族习惯法作为少数民族非物质文化遗产的重要组成部分,理应得到充分的尊重和保护。尊重其精神智慧和创造,对增强民族凝聚力、维护平等、团结、互助的社会主义民族关系有特殊的重要意义,特别是在新的历史时期,少数民族习惯法的精神智慧和创造对于构建西部民族和谐社会更是极其重要的。笔者希望能有更多的学者加入到少数民族习惯法研究的队伍中来，希望学界和全社会能以更宽容、更理性的态度看待少数民族的传统法文化。因此，也可以说这本小书意在抛砖引玉，希望学术界有更多的朋友能为少数民族习惯法“鼓与呼”！

陈金全

2008 年 3 月 28 日于重庆

第一章　西南少数民族习惯法概论

西南少数民族地区，系指西藏自治区、云南省、贵州省、广西壮族自治区、四川省民族自治地方和重庆市民族自治地方，面积达234万余平方公里。西藏、广西是藏、壮等少数民族实现区域自治的地区。云南、贵州是我国著名的多民族省份，两省少数民族人口总数几乎占全国少数民族人口的五分之一。云南少数民族人口接近全省总人口的三分之一，少数民族遍及全省每一个县，全省一半以上的县一级行政区实行民族区域自治。贵州少数民族仅次于云南、广西、新疆居全国第四位；少数民族人口占全国总人口的比例，仅低于西藏、新疆、广西、青海、云南居全国第六位而且分布很广，除黔北少数几个县外，其余县市都有少数民族定居。四川省民族自治地方是四川省的一部分，又是藏、彝、羌等少数民族实现区域自治的地区。重庆市民族自治地方是重庆市的一部分，又是土家族、苗族等少数民族实现区域自治的地方。[1]

西藏和广西是两个民族区域自治地区,除西藏外,广西、云南、贵州、四川和重庆市5省市共有自治州14个,自治县51个。西南6省市有民族乡2027个。西南少数民族地区的自治州和自治县,多数是单一民族实现区域自治的州、县,如云南的西双版纳傣族自治州、大理白族自治州;贵州的玉屏侗族自治县;广西的三江侗族自治县;四川的凉山彝族自治州、阿坝藏族自治州;重庆的石柱土家族自治县等。也有相当一部分是两个民族联合实行自治的州、县,如云南的德宏傣族景颇族自治州、江城哈尼族彝族自治县;贵州的黔东南苗族侗族自治州;重庆的秀山土家族苗族自治县等。还有极少数3个甚至4个民族联合实行区域自治的县,如云南的孟连傣族拉祜族佤族自治县、双浆拉祜族佤族布朗族傣族自治县等。[2]

西南少数民族地区是我国少数民族成分最多,人口最多的地区。全国56个民族,几乎都有成员在这里繁衍、生息,其中世代定居在这里的有藏、门巴、珞巴、羌、彝、白、哈尼、傣、傈僳、佤、拉祜、纳西、景颇、布朗、阿昌、普米、怒、德昂、独龙、基诺、苗、布依、侗、水、仡佬、仫佬、壮、瑶、毛南、京、土家、回、满、蒙古、汉等三十几个民族和尚未确定族系的俫家人、夏尔巴人、苦聪人、莽人、克木人、纳日人、达布人、西番人等。据1982年第三次人口普查,西南地区有少数民族31,700,400人,占全国少数民族总人口67,238,900人的47.5%,即几乎有一半的少数民族生活在西南地区。因此研究西南少数民族在中国民族研究中自然具有举足轻重的意义。

---

〔1〕 中国西南民族研究学会编:《西南少数民族地区经济概括》,1986年,第2页。

〔2〕 中国西南民族研究学会编:《西南少数民族地区经济概括》,1986年,第2页。

西南少数民族大多具有数千年的悠久历史与文化，不少民族参与了远古华夏民族融突和合形成过程，特别是中华法系的生长与发展，各少数民族都作出了重要贡献。由于种种原因，西南少数民族大多都没有自己成文的律典，但是他们都有历史悠久、内容丰富的民族习惯法。这些民族习惯法是中华法系的组成部分，中华法系虽然瓦解了，但这些习惯法除了过时的内容已经自然死亡外，很多还存活在西南各民族的法律生活中，还发挥着调整社会秩序的作用。在田野工作中我们接触过、感受过生动活泼富有生命力的民族习惯法，确实是中华法苑中的奇葩，值得我们去观赏、欣赏、赞赏，它也需要我们去认识、了解、研究。

第一节　西南少数民族习惯法的主要内容

西南少数民族习惯法的内容非常丰富，关乎到社会生活的各个领域和各个方面，而且其分类几乎与现代法制的主要部门相似。比如民事方面，涉及物权、债权、租佃、婚姻、(结婚、离婚)、继承；刑事方面，涉及盗窃、抢劫、纵火、伤害、虐待、强奸、人命；商事方面，涉及买卖、贸易、集市管理；税务方面，涉及劳役、贡赋；环保方面，涉及自然资源如土地、森林、动物的保护等，都有较为详细的规定，有些条款规定之具体甚至现代法也要自叹弗如。

一、刑事习惯法

西南少数民族习惯法的一个重要内容是刑事方面的习惯法。为了维护正常的社会(社区)公共秩序，保障民族成员的生命财产安全和生产、生活的顺利进行，各少数民族习惯法对杀人、伤害、抢劫、盗窃、强奸等行为规定了各种惩处办法。侗族“款词”讲的《六阴六阳》(即六条重罪和六条轻罪)又名“大款”、彝族“牧俄史俄勒”都是指刑事习惯法。

1. 对杀人罪的惩罚

西南各少数民族习惯法都严禁杀人害命，对杀人给予严厉惩罚。杀人分为故意与过失，对故意杀人的处罚更为严厉。当然还要根据杀人的手段、后果，特别是视被害者与杀人者的身份关系不同而处罚各异，一般给予处死赔命、肉体刑、赔命金等不同制裁。四川凉山彝族习惯法，对故意杀害本家支（意为“同祖的兄弟”）成员的，由本家支和属下白彝出面动员杀人者偿命，限定7至30天自尽。如杀人者拒绝偿命，头人有权召集全体家支成员到场，勒令其死，如本人畏惧自尽，头人可委托属下白彝用毒汁灌或用绳绞死。如杀人者畏惧逃走，则缉拿处决或开除家支。对过失杀害本家支成员的，将杀人者开除家支，家支头人勒令其出走，杀人者拥有的土地、房产、娃子、牲畜全部归死者眷属所有。杀人者出走后允许跟随舅父或在本家支所辖区域外立业，其后裔九代内不许认本家支。不论故意或过失，如果被害人属于其他家支，杀人者不仅要偿命，而且还要赔高昂的命金，否则就会造成两家支打冤家，甚至导致战争，社会震荡不安。[1]

再如苗族习惯法对故意杀人罪处罚更为严厉，规定将杀人者处以活埋并掳掠其全部财产赔偿死者损失，甚至允许血亲复仇和株连直系亲属，所谓“杀人则血还血，头还头”，[2]过失杀人的，一般是赔偿命金或负担安葬费。羌族习惯法亦是“杀人偿命”，对过失致人死亡，也要通过交纳“命价”金来折抵处罚。藏族习惯法对杀人的凶手，处以抽筋、挖眼、投河等刑罚，或者是赔命价金。[3] 其他民族如壮族、侗族等民族的习惯法对杀人罪的惩罚也大同小异。云南的景颇族习惯法较为特异，它对杀人者的处罚一般不是赔命，而是赔偿命价金，8～10条牛，

---

〔1〕 参见《美姑县史志资料》第9期，第27页。

〔2〕 《苗族社会调查》（三），贵州民族出版社1987年版，第25页。

〔3〕 参见《四川省甘孜州藏族社会历史调查》1986年。

另外还要按同态赔偿原则赔偿，也就是按死者身体的头发、头皮、脑子、眼睛、耳朵、手脚、肋骨、肚子（胃）、肠子、腰（肾）、脊骨等部分赔偿相应的价金。[1] 据说还有一些民族，如土家族、瑶族、西北方的哈萨克族的习惯法也珍惜生命，亦不取“报复刑”而实际上以罚代刑，相当于奴隶制时代的赎刑。应该说这是一种进步的变化，当然这种变化的原因也是复杂的。

2. 对斗殴、伤害罪的惩罚

对社会上发生的打架斗殴、伤害行为，西南各少数民族习惯法都规定了惩罚条款，一般要求请酒赔礼、赔偿医药费等相应的价金。凉山彝族习惯法规定，斗殴眼睛致瞎，打伤者赔给受害者 3 两金子，按三个栏次以 9 锭、7 锭、5 锭白银计，另罚赔 3 两白银、3 匹丝绸布、1.5 锭包绸布的白银、引路人 5 ~ 10 锭白银、寂寞金 5 锭以及放牧金等，还要向受害者本人及亲族宰牲上酒赔礼道歉。[2] 广西壮族习惯法的处罚是由打伤者负责把受害者包医包养，苗族习惯法同彝族相近，也是要求打伤者赔偿医药费等，而且还要买酒杀羊赔礼道歉，所谓“羊酒服礼”。其他如瑶族、土家族、景颇族、独龙族、藏族的习惯法的处罚皆大同小异。

3. 对偷盗者的惩罚

对偷盗者的惩罚是西南少数民族习惯法中比较主要的内容，把维护生产和生活秩序、保护公有和私有财产作为习惯法的主要任务。现存黔西南布依族清代 17 篇乡规民约碑文中，几乎每篇乡规民约都有禁偷防盗的条款，这里录《禁约总碑》全文如下：

“立之碑为禁止贼盗，以禅地方。圣王之世，道不拾遗，昔无盗推追而安在哉？今竟昼夜屡遭侵害，贼匪盗窃牛马家财，田禾五谷、山中林木、园内菜果种种。盗贼不一而足，只得众等邀集，同心协力捕拿，昼夜

---

〔1〕 参见《景颇族社会历史调查》（三），云南人民出版社 1986 年版。

〔2〕 彭玉章：“彝族习惯法——奴隶制时代”，载《美姑县史志资料》第 2 期。

严禁。若有不法之徒，拿获各费，送公究治，不得推索。其盗窃物件，必一赔九。若窝贼分肥，知赃不报，秉公处究。内外亲疏，言出法随，决不姑宽。各处朋友，早回心向善，而天下和平，各习道艺守纪，乡里中之乐事乎！

为此　　谨白

道光四年七月[1]

贵州惠水县摆金上摆放牛坪上，至今直立着一块清代的石刻“民约”碑，内容12条，其中有“齐心御盗”和“重罚偷盗”条款。广西苗山有专门禁盗的习惯法“禁盗岩”。广西金秀大瑶山石牌习惯法[2]作了全面而详细的规定，比如“香草不得乱偷”、“香菇不得乱偷”、“鸟胶木不得乱取”、“桂树不得乱取”、“木耳竹笋薯莨不得乱偷”、“包米杂粮百物不得乱偷”、“桐子不得乱偷”、“棉花不得乱摘”、“园中瓜果不得乱摘”、“畜禽不得乱偷”、“不许偷禾把”、“山中林木不得乱砍”、“不得放火烧山”、“毁鸟盆、盗鸟仔，按律治罪”、“山厂不得乱撬”、“鱼笱不得偷取”等。[3]罗城仫佬族《众立禁碑》规定，“不许偷别人鸡鸭等物”。云南景颇族、傣族、佤族、德昂族，四川彝族、羌族，重庆的土家族、苗族等少数民族习惯法中都有大量的这方面的内容。

对偷盗的处罚一般都要求赔偿、赔礼道歉以及罚款，由于各民族所处社区的自然历史条件、经济政治原因、历史文化习俗不同，在处罚方式上又略有区别，甚至也受到宗教信仰的影响。四川凉山彝族习惯法对于偷盗根据家支宗族、上下尊卑等原则处理，偷盗本家支重于偷盗外家支，白彝偷盗黑彝重于黑彝偷盗白彝。凉山彝族是一个非常重视人格尊严、

---

〔1〕 陈新生等编：《黔西南布依族清代乡规民约碑文选》，1986年编印，第25、26页。

〔2〕 注：瑶族习惯法称为“石牌制”，但针对具体的碑刻，仍称作“碑”。

〔3〕 莫金山：《瑶族石牌制》，广西民族出版社2000年版，第129～176页。

看重脸面的民族，其习惯法规定对于偷家禽、偷鸡者，失主不仅不要赔偿，相反还要向偷盗者送去酒，说明来意，使其终身羞愧，也就是羞辱偷盗者。这种惩罚方法同南亚、非洲、太平洋、大西洋一些岛屿上土著居民的羞辱惩罚方式相似。早期一些人类学大师如马林诺夫斯基、布朗等，在他们的田野工作报告中就有这方面的论述。

4. 对强奸罪的惩罚

强奸是侵犯妇女人身权利的罪恶行为，同时也侵犯了家长权和夫权，西南各民族都主张对强奸犯予以打击和惩罚，依据对象身份、采取的手段以及后果而给予不同的处罚。比如凉山彝族习惯法规定强奸幼女（包括未分辫的少女），赔偿受害者奸污金 7.05 锭白银、一匹马（折白银一锭）、一匹丝绸布（折银 0.5 锭）；赔偿受害者父母各一匹马、各一匹丝绸，并向受害者本人及其父母、兄弟姐妹宰牲上酒赔礼。由于身份不同处罚也各异，如白彝（属民）强奸黑彝妇女（主子），情节严重者可以处死刑，而黑彝男子则视其自杀方式赔偿一定的人命金。[1]

广西大瑶山 1929 年长二村曾发生一桩暴力强奸案，罪犯当场被群众抓获，令其亲属将之拉到《长二、长滩两村石碑》碑前，用鸟枪将强奸者击毙，这是惩罚最重的。融水苗族“实盛埋岩”也有处死规定：强奸妇女者活埋示众。但广西宜山壮族习惯法规定“强奸罚银 7.2 毫”（720 枚铜元），比惩罚盗窃要轻。大瑶山石牌习惯法同宜山习惯法相近，对强奸者大多是处以罚金，而且轻于偷盗。这大概是因为瑶族所居之山地，经济落后，生活贫困，盗窃不劳而获，最为人所痛恨，而婚外性行为如不是强奸，一般都要得到宽容，在他们看来，它不直接明显损害别人利益，所以瑶族习惯法有“宽于奸严于盗”的说法。[2]

---

〔1〕 彭玉章：“彝族习惯法——奴隶制时代”，载《美姑县史志资料》第 2 期。

〔2〕 参见莫金山：《瑶族石牌制》，广西民族出版社 2000 年版，第 249 页。

二、民事习惯法

严格意义上的民法是由国家制定，调整平等主体之间权利义务关系的行为规范，但如果抛开形式，我们发现西南少数民族习惯法中有大量的与现代民法相似的内容，这些民事习惯法对生产的发展和社会的安定起了促进作用。

1. 土地、财产所有权习惯法

西南少数民族在所有权方面的习惯法主要是山林、土地、房屋、牲畜等财产所有、占有和使用的规定，各民族由于社会（社区）发展程度和自然历史条件差异，所有权的主体、财产的取得等也不尽相同。比如瑶族除公有土地、山林、河流外，主要是家庭私有制，家庭私有财产有水田、山地、林木、屋舍、园地、工具、家具、牲畜等。家庭成员中的个人财产，主要是个人的私储（私份钱）和个人用私储买的小部分土地（私份地），全由自己支配，家人不加过问。[1] 苗族所有权习惯法将土地分为公有土地、山林和私有土地，公有耕地不多，山林财产占80%左右为个姓家族、宗族或全寨共有，主要有学田、全寨共有田、游乡坡、寨有山林、家族共有山林、族有坟地、斗牛场等，族河为全寨共有。私有山林分二类，一是山林权都为私人所有，二是有林权无山权。荒山荒地可随便开种，只要向土地占有者通知一声，就可以砍倒树林，放火烧山，播种作物，不付报酬，但只有使用权。[2]

凉山彝族民主改革前属奴隶制，没有统一的政权，土地山林甚至奴隶都属于黑彝奴隶主所有。在土司、土目统治地区，土地归土司所有，分配给土目领有，土目将土地分配给曲诺、安家（亦译为阿加、瓦加，还有呷西，都是黑彝的娃子）耕种。曲诺、安家也有购买土地、牲畜、房屋的权利，但如果出卖要经过主子同意，因为安家的财产是主子的外库，而曲诺

---

〔1〕 参见高其才：《中国习惯法论》，湖南出版社1995年版，第316页。

〔2〕 徐晓光、吴大华：《苗族习惯法》，华夏文化艺术出版社2000年版，第82页。

的财产主子可优先压价购买。呷西也可积蓄私房，但动用要得到主子同意。黑彝个体家庭占有土地、山林、牧场，还通过占有曲诺、安家的人身而拥有支配财产的权利。黑彝家庭处理自己的土地财产，必须征询家族意见，无子的不能卖地，有儿子的要按亲疏次序问过家族，家族不要或出的钱少，才能卖给别人。[1] 广西的瑶族家庭出卖土地也要经过这样的程序，由亲及疏，征询本家族内部意见，家族内没有人购买，才能卖给家族外的人，因为他们把田地看得很重，田地是祖上遗业，是绵延子孙的“宝钱”，所谓“百样味道不离盐，百门生意不如田”、“肥水不流外人田”，不能让外族人占了本族人的生存空间。

土地、房屋等财产的买卖程序，各民族习惯法的规定大同小异，一般要请中人物色买主，代为议价。买卖成交后，买者要宰牲、备酒招待卖主与中人，有的还要另给多至卖价十分之一的磨价（谢中钱），比如凉山彝族习惯法。广西大瑶山习惯法还要求最后将买卖土地写成契约，买卖双方和中人均要签字画押。[2]

壮族的土地按习惯法分为官田、公田、私田三类。官田指土官以政治名义所占有的土地，公田有宗祠田、庙田、会田、过渡船田、马牌田、寨老田，私田是指官绅和地主所占有的土地，贫雇农也占有一些土地，但数量较少。[3] 侗族习惯法将土地所有权分为全寨所有、大家族所有、小家族所有、私人所有等几种形式。全寨公有的有寺庙田、义渡田、桥梁田等；大家族公有是以同姓同宗包括较远的祖宗之下的居民为单位的占有形式，有山场、牧场、坟场、渔塘、河流等，族内居民可自由开垦使用，但不能买卖、典当和转让；小家族公有是指同姓较近的祖宗之下的居民为单

〔1〕 胡庆钧：《凉山彝族奴隶制社会形态》，中国社会科学出版社 1985 年版，第 473～477 页。

〔2〕 参见莫金山：《瑶族石牌制》，广西民族出版社 2000 年版，第 173 页。

〔3〕 参见《广西壮族社会的历史调查》（第 2 册），第 4～11 页。

位的占有形式，有山场、河流、坟场、牧场、祠堂田等，族内成员只有使用权而无处分权。私人占有的土地一般为耕地，可自由支配。

西南少数民族相对汉族来说，所有权观念要淡漠一些，比如云南傣族的土地所有形态主要是份地或负担田，私人所有的土地数量很少。白族的山林按习惯法全部为公有，谁都可以在山中打猎、采集、砍柴或开荒。还有村社之地和家族之地的土地公有，私有土地包括个体家庭私有和两个家共同占有的伙有。德昂族习惯规定旱地属本寨公有，水田一般私有。因此，在民族习惯法中，所有权的标志也很简单，苗族在自己开垦的地、砍倒的树木、捕获的猎物、待运的柴草，只要用一把野草挽成一个草结即“草标”放在上面就证明该物品有所属了。有的民族是插上标杆，表示自己的所有权或使用权。“文革”动乱时期，农村推行平均主义的大寨工分，遭到农民的抵制，但在西南某些少数民族地区却推广得比较顺利，就是因为大寨平均主义同他们传统的公有观念合拍，而与现代的权利意识相冲突。

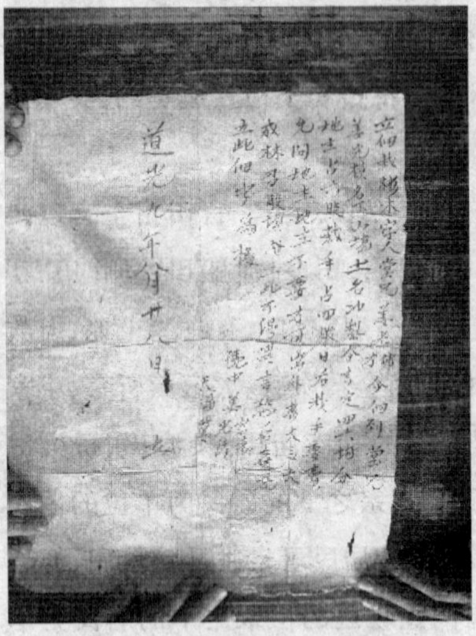

图1：这是一份道光九年贵州省锦屏县苗族订立的租佃山林契约。在清代，随着汉文化在西南民族地区的传播，借助汉字订立契约已是西南某些民族社会比较普遍的现象，除了锦屏的苗族契约以外，存量较大的还有广西壮族的契约。

2. 租佃、典当、借贷习惯法

民族习惯法对土地租佃、典当、借贷都有较为具体的规定，如果违约当事人要受到处罚。广西壮族习惯法规定租佃有三种，一是耕种土官的官田；二是耕种公田；三是租佃地主官族的私田，地租形式主要是实物地租，也有劳役地租，如租种官田。租率不等，有三七、对半、四六等，租佃地主私田程序比较复杂，一

图 2:土地买卖契约。

般要立契质押，契约要写明租额、质押物体、期限、违约责任等。瑶族习惯法规定租佃土地要经过立写契约和请酒等程序，地租形式有实物地租、货币地租和部分劳役地租。这与侗族习惯法有关租佃的规定相近；而云南傣族地租形式主要是劳役式赋役，这是由傣族份地制度决定的。

我们在凉山彝族社区调查未发现有关租佃文字契约，但其习惯法中关于租佃的内容却不少。彝族习惯法规定等级之间可以发生租佃关系，包括同等级或本家族之间上一等级和下一等级之间，但等级之间租种土地，须有额外负担，即佃户每年要给业主送礼。租率据土地质量而论，如果是上等土地，业主将 3 年的收成分为上、中、下三等，而以中等定地租额，如遇荒年，据灾情轻重，免收佃户 50% 或 30% 的地租。业主如果出 50% 的种子，一般租率为五成；业主不出种子，租率则为三成；如果租种轮歇地，租额为产量的 1/3；如果是荒地，则不收租，但业主娶媳或嫁女，佃户要赠送一桶泡水酒，这反映了凉山彝族租佃习惯法的特点。公元前 7 世纪管仲在齐国改革传统的“案田而税”为“相地而衰征”，即改变仅据土地数量征赋为据土地好坏(等级)定额征税，这一道新法结果稳定了农民从事生产，促进了齐国社会的发展。这说明了历史悠久的多元的中华法系终归还是一体的，共通的东西很多。

买卖土地是“绝卖”，典当土地是“活卖”，在中国法律史上早在宋代土地买卖与典当就法律化、制度化了，西南各少数民族的习惯法中也有这方面内容，习惯法肯定受到了国家法的制约和影响。壮族习惯法中有关于典当权、土地典当的手续、契约、期限、价格及回赎的规定。价格由当事人双方凭中议定,一般价格是断卖价的一半。典当程序要经过凭中说合,立契约为凭。苗族土地典当比土地买卖少,典当价格与壮族习惯法之规定差不多,典当期一般也是3年,而且规定家族有优先承典权利。彝族习惯法规定土地当与外家支要请中人,当与本家支不请中人,典当期一般3年,逾期不取则成死当。无期限典当随时可取。典价一般也是地价的一半。典当田未请中人发生纠纷,可用杀鸡赌咒的办法即由神明裁判解决。

西南少数民族民事习惯法中对借贷的种类手续、契约、利息等也作了规定,欠债不还要受到处罚。凉山彝族习惯法规定同等级或上下级之间均可互相借贷。借贷由债权人与债务人当面议妥,没有中间人,也不另立文契。如发生赖账,同等级的债权人可杀鸡赌咒,但曲诺不能杀鸡赌咒黑彝,娃子不能咒主子,只能杀鸡吃血酒表明没有诬赖。因此,黑彝赖了曲诺的债,曲诺没有办法。借粮食和银子数量过大,须以土地或娃子作抵押,债户到期不能还本利,债主可将抵押的土地或娃子作低债处理。借粮的利息一般是年利50%,借银的利息为20%。黑彝相互间的债务无力偿还可用土地或曲诺、安家作抵,曲诺、安家之间的借贷,债务人打酒招待债权人,可以减免利息,但本钱不能少。我们在凉山昭觉县发现一桩民主改革前的粮食借贷纠纷,借贷双方均不在世了,但债权人的女儿向债务人的儿子索还本利,债务人的儿子不认账,但债权人的家支出面干预,后经“德古”调解,最后由债务人的儿子象征性地还了百多斤粮食而双方和解。这说明彝族习惯法没有“时效”意识。云南傣族习惯法和贵州苗族习惯法也有“父债子还”的内容。苗族寨内较少有借贷关系,借贷关系主要是与寨外发生,而且利息比较高。另外还有借母猪猪仔与“合会”两种形式,其中“合会”是互助意义的借贷,这在汉族民间也流行。

在西南少数民族中，壮族借贷方面的习惯法较完善，其内容与形式较多。借贷须立契约，契约分两种，即“木契”与“纸契”。这与西周时代的“傅别”、“质剂”很相似。两种都要契约凭中作保，还可以田地房屋耕牛作抵押。如到期不还，则由中保负责清偿。如不能偿还，不管抵押品是田地或牛马，均可折算抵债。借贷内容有银贷、谷贷和肉贷，利息都比较高。[1]

3. 婚姻、家庭及继承习惯法

西南少数民族有关婚姻、家庭及继承方面的习惯法极具特色，是习惯法很重要的部分，内容也非常丰富，对婚姻的成立、婚姻缔结程序、夫妻关系、离婚、家族（家支）家庭父母子女关系、继承人、继承的原则、程序等都有较为全面的规范，这里仅作一概述。

婚姻的成立基本上是包办婚姻，与汉族的“媒妁之言父母之命”相近，但有的民族也兼有自由婚姻，包办婚兼有自由婚是婚姻缔结的最普遍形式。实行一夫一妻制，但个别地区保留有母系制与群婚残余。禁止同姓通婚，姨表通婚，但允许姑舅表婚，而凉山彝族实行比较严格的等级内婚制，家支外婚制和民族内婚制。贵州布依族“同宗不婚”和“姑舅表婚”是两条不可违反的原则。民族地区婚龄一般比较早，广西壮族习惯法甚至允许7～8岁便结为夫妻。婚姻的缔结一般要经过说媒、订亲、送礼、结婚等程序。寡妇改嫁，鳏夫续弦为民族习惯法承认，没有汉族“饿死事小，失节事大”的封建意识，但对改嫁（转房）仍有些限制。离婚大多比较自由，瑶族习惯法规定，离婚时备一斤酒到中人家并向中人诉说离婚理由和条件，再由中人了解有关情况，然后经过一些简易仪式即告离婚。但云南纳西族习惯法却规定不准离婚，但实在不能相处，男子一般采取与妻分居另找女阿注，女子则回娘家另找男阿注即算离婚，实际

〔1〕 参见《广西壮族社会历史调查》（第1册），第35、220页。

上离婚还是较为自由。

西南少数民族与汉族一样,家族观念比较强烈,习惯法对家族族长、家长的权限职责以及父母子女的关系都有相应规定。在西南少数民族中,凉山彝族家族观念特别强烈,彝族人从孩提时代就开始背诵家支谱系,这种宗族教育的文化传统至今犹存。按习惯法,彝族家支头人是各类纠纷的调解、仲裁者,执行习惯法,也负责冤家械斗的决策与指挥。家支在生产上可换工互助,老弱残疾可寄食家支内,年幼孤儿由家支负责抚养,家支为族内成员负责复仇和赔偿,家支对成员最严厉的处罚就是开除家支籍。壮族家庭以父系小家庭为主,自然形成的类似族长的人,负责处理族内事务。按习惯法,每个家族有共同的祖坟、宗族田。苗族家族观念也强,但没有一定的组织形式,同彝族、壮族一样,族内互相帮助、救济,对鳏寡孤独的家族成员实行无偿互助换工等。

家庭财产的继承,按习惯法一般是父死子继,女子一般不能继承。但壮族习惯法规定不落夫家的女儿有分得财产的权利,如无嗣经房族同意,已婚女儿及女婿可转回娘家继承产业。苗族习惯法的继承顺序是亲子、妻、父母、兄弟、未婚亲女,而景颇族习惯法规定为幼子继承,夫妻双方也有继承对方财产的权利。

从上述刑事与民事方面的内容可窥见西南少数民族习惯法之一斑,但实际上除民刑事方面外,习惯法内容还有很多,比如商事方面的,虽然民族地区商品经济不发达,但由于生产、生活需要,集市贸易、商品市场仍在缓慢的发展,习惯法自然有反映。还有对自然资源的保护,西南少数民族有历史悠久的传统,这种自然伦理道德风尚通过他们的神话、宗教、哲学、文学世代相传,这也必然反映在习惯法的内容之中。另外,习惯法的诉讼程序也并不像一般人想象的那么简单,与现代诉讼程序比较,它确实简易,但并不简单,它蕴涵着极高的智慧,有非常深厚的法文化内涵,排解纠纷的艰难,特别是“德古”的敬业精神、责任心和高超技艺常常使我们感到惊奇，现代社会的法学家、律师和法官在他们面前，也许还会感到惭愧。

第二节　西南少数民族习惯法的作用与价值

关于西南少数民族习惯法的作用与价值，20世纪80年代中期以来，已有学者论述，研究者一般都是肯定习惯法的社会作用的，这是一种实事求是的态度。田野调查的大量事实表明习惯法在民族地区的政治、经济、文化生活中过去与现在都起过或起着重大的作用。习惯法至今在世界上还广泛存在，比如非洲的大部分地区尚服从习惯法，而西方的法律在一些地方仅仅是装饰，而在越南人们至今还说"乡村的习惯胜于皇帝的法律"。〔1〕

按照英国社会人类学家布朗的结构功能理论，"功能是指局部活动对整体活动所作的贡献。这种局部活动是整体活动的一部分。一个具体社会习俗的功能，是指它在整个社会体系运转时对整个社会生活所作的贡献"。〔2〕布朗教授举例说，如果我们去考察一个非洲部落或澳大利亚部落这样的地区，我们可以认识到社会结构的存在。每个人在此均作为一个基本单元，被一系列特定的社会关系联结成一个整体。这个社会结构的延续就像有机结构的延续一样，不会因单位的变化而被破坏。社会结构是由社会生活过程来维持的，而这个过程则是包括了个人、有组织群体的活动和互动构成的。社会生活的延续，在此被看成是社会结构的运转。他特别指出，"像犯罪惩罚、丧葬仪式这样常规活动的功能是指

〔1〕［美］博西诺格等著：《法律之门》，华夏出版社2002年版，第323页。

〔2〕［英］拉德克利夫·布朗：《原始社会的结构与功能》，中央民族大学出版社1999年版，第203页。

它在整个社会生活中扮演的角色，亦即它在维持社会结构延续中所起的作用”。[1]

民族习惯法扮演了什么角色呢？它就是维持社会结构的存在和延续，它反映了社会结构和社会过程之间的相互联系，因而使社会呈现有某种和谐性，或称“功能和谐”[2]，也就是习惯法的社会作用与价值。

根据马克思的唯物史观，民族习惯法作为一种法律制度，它应该属于上层建筑的组成部分，即是作为传统习俗也应包括在社会意识之中。总之，一个民族的习惯法是一个民族族群社区社会结构整体中的有机组成部分，习惯法与国家政权、国家法，与哲学的、政治法律文化的意识形态，特别是与归根结底决定习惯法的生产关系、生产力之间，都存在一个作用和相互作用的互动关系，其对社会的调节与控制作用是自然的，也是必然的。如广西瑶族习惯法研究学者将这种社会作用归纳成五方面：1. 维护社会治安秩序，保护社会生产和人的生命财产安全；2. 调整和解决社会矛盾、纠纷，促进民族团结；3. 保护客商贸易活动，促进商品交流；4. 打击外来兵匪侵扰；5. 传递民族文化。[3] 贵州省黔西南布依族学者认为布依族习惯法起了以下作用：1. 树立纯朴的社会风尚；2. 立约遵守维护社会治安；3. 维护生产保护劳动果实；4. 倡议团结和睦、邻里相友相助；5. 保持山林草原、美化环境；6. 倡议修桥补路，以利交通；7. 提倡保护水源，禁止污染，增进人民健康。[4]

还有的学者将习惯法的社会作用从“历史功能”与“现实意义”两方面研究，认为其历史功能有三，即加强社会控制、维护秩序；巩固民主议事制度；传播民族历史文化，而现实意义有四：有利于维护地方稳定；有

---

〔1〕［英］拉德克利夫·布朗：《原始社会的结构与功能》，中央民族大学出版社1999年版，第202页。

〔2〕同上书，第203页。

〔3〕莫金山：《瑶族石牌制》，广西民族出版社2000年版，第92、93页。

〔4〕陈新生等编：《黔西南布依族清代乡规民约碑文选》，1986年编印。

利于社会治安综合治理、富民安邦;有利于社会主义法制宣传教育;有利于社会主义精神文明建设。[1] 云南大学的人类学者亦认为民族习惯法有"维护公共利益"的作用,比如西盟傣族社会关于财产和人身关系的习惯法,其主要功能是调整社会成员之间的财产和人身关系。除此之外,还有维护整个社会的稳定、安全的作用。傣族的禁忌也有极强的社会功能,比如有利于建设社会秩序、有利于指导人们的生产和生活、有利于保持和发展民族传统文化等。哈尼族的习惯法起到了规范本族群众的行为,保护神的权益(实际是人的利益)、维护伦理道德、保持习俗的社会作用。[2]

也有的学者从中国少数民族习惯法的总体上评价,认为其"功能"可分为"社会功能"和"规范功能"两种,所谓社会功能是指"维护社会秩序"、"培养社会角色"、"传递民族文化"等四方面。所谓规范功能是指习惯法作为社会规范对其成员行为的调节、控制功能,包括指引功能、强制功能、评价功能、预测功能、教育功能等方面。[3]

上述观点都是从田野工作中总结出来的,应该充分肯定。但是,我们是否还可以站得更高一些,从哲学价值观、法人类学价值观来思考,也许还可以做一些深入探索。同西方人类学界比,应该承认我们对习惯法的研究无论是田野工作或是理论思考都还存在较大的差距,如果从1861年梅因的《古代法》开始(因为是梅因真正创立了法人类学),西方法人类学已走过了一个半世纪的历程,其间诞生了一代又一代法人类学宗师以及他们的经典之作。因此,我们要开扩视野,还必须以诚实、虚心的态度,学习和借鉴西方人类学界的成果和研究方法。

---

〔1〕 徐晓光、吴大华:《苗族习惯法研究》,华夏文化艺术出版社2000年版,第179页。

〔2〕 参阅徐中起等主编:《少数民族习惯法研究》,云南大学出版社1998年版,第98、128、183、184页。

〔3〕 高其才:《中国习惯法论》,湖南出版社2000年版,第179~187页。

哲学价值论认为,研究一个事物或现象的(物质的或精神的)价值,“主要是从主体的需要和客体能否满足及如何满足主体需要的角度”来考察和评价,[1] 在这里,“事物或现象”是客体,而人是主体。客体可以是物质性的东西,也可以是精神性的东西。作为主体的人,可以是个人,也可以是社会、集团、阶级、民族,以及整个人类。民族习惯法作为制度或习俗属于“精神性”的价值客体,即是实施习惯法的设施、场所、器械乃至刑具等自然物也不过是精神的“物质附属物”。这种“精神性”的客体作为调整人与人、人与社会之间行为关系的规范,它具有满足个人和社会需要的特性与功能,这就是客体自身的属性,客体的属性构成了社会价值的客观基础。但是,社会价值的实现又不能离开主观条件,不能离开主体需要的满足。人类学提供的大量资料表明,民族习惯法的属性是多方面的,因此,它自然能满足主体的不同需要,所以也可以说其价值自然是多方面的。但是,主体需要又因人因时因环境而异,所以不同的主体对于同一客体或同一主体对不同的客体往往会形成不同的价值关系。用布朗教授的“功能”话语来说,主体与客体之间是一个互动的社会过程,主客体不同的价值关系本身就是一个复杂的系统的结构。因此,我们结合哲学价值论和布朗的功能论理论,是否又可以将西南少数民族习惯法的作用与价值概括为四方面,即社会价值、法律价值、历史哲学价值、精神与智慧价值。

一、所谓社会价值是指民族习惯法作为客观规则、规范,对民族地区的政治关系、经济关系、文化关系与国家法一样,或者说在与国家法的互动过程中,起到了确认和维护的作用。这种作用也就是法理学所讲的“法的工具性价值”,又称为“服务性的、中介性的价值”。[2] 当然,在阶

---

[1] 《中国大百科全书》,《哲学》卷2,中国大百科全书出版社1987年版,第343页。

[2] 孙国华主编:《法理学》,法律出版社1995年版,第83页。

级社会，习惯法也是有一定的阶级性的，因此它首先是确认和维护对统治阶级有利的或者占统治地位的政治制度和经济制度以及文化意识形态。西南少数民族地区在20世纪50年代一般都经过了民主改革，民改之前的习惯法维护旧的政治与经济制度的功能是十分明显的。比如凉山彝族习惯法，无论刑事或民事方面的规则都是公然保护黑彝奴隶主阶级的。严格维护黑彝奴隶主的最高政治地位及其财产所有权。凉山彝族习惯法家族（家支）主义特征特别鲜明，实行同罪异罚，以身份定罪量刑，这与西周奴隶制时代的"亲亲尊尊"原则和封建律条的身份等级原则有相似之处。

但是，民族习惯法较之国家法又具有更为广泛的社会性和民族性，甚至一定意义上还可以说具有"全民性"。[1] 我们将近年在大小凉山田野工作中收集到的习惯法规则、条款，又参照了已有的研究成果，仿照中世纪西欧各国习惯法辑录的方式，汇编了一部凉山彝族习惯法，达三百六十余条，内容十分丰富，而且大量的条款与彝人的日常生活密切相关，涉及彝族社区人民自身的人身、财产安全，关系到彝族社区生产的发展以及生活和社会秩序的稳定。同时我们又收集汇编了200余件习惯法民、刑事典型案例，习惯法适用过程中的实例、经验，真实地展现了它的社会性、民族性。在彝族社会，兹（君主）、莫（谋臣）、毕（祭师）、根（工匠）、卓（平民）五个阶层都要受到习惯法的保护和约束。黑彝奴隶主也不能超越习惯法。我们在昭觉还了解到奴隶主按习惯法因奴隶犯罪而受到牵连去死的典型案例。习惯法的权威正是来自它的社会性、民族性（关于彝族习惯法另有著述）。贵州省都匀内外套地区水组乡存有道光二十五年习惯法"禁碑"，内容为"十议"（十项），全部是保护村民人身与

---

〔1〕 海乃拉莫："凉山彝族习惯法的社会功能"，载《彝族文化》1999年第1期，第86页。

财产安全的条款。[1] 再比如苗族议榔制定的习惯法规约,其内容主要是组织管理生产、解决生产资料纠纷、处理偷盗案件、解决婚姻纠纷、处理违反禁忌行为等。[2] 我国西南地区有三十多个少数民族,人口有数千万之多,大多居住在山地,而且自然条件恶劣,但他们要生存与发展,要抗拒天灾人祸,就需要一个稳定、有秩序的社会环境,这样才可能进行他们赖以生存的非常艰苦的农业生产、牧业生产和渔猎生产,而习惯法的作用,正好满足了这种需要。

西南少数民族都有遥远的古代,具有悠久的历史文化传统,他们与其他民族的文化融合演进,共同创建了"多元一体"的中华文化。如有的学者认为彝族当是距今 170 万年的"元谋猿人"的后裔之一,其他如羌族、藏族、苗族、壮族、傣族、纳西族、瑶族等民族的文化都是源远流长的,而民族文化的绵延与弘扬,与民族习惯法的重要作用密切相关。西南少数民族习惯法可分为成文的和不成文的,因为多数民族没有自己的文字,其文化的传承主要是口耳相传。比如苗族习惯法"榔规"无文字记载,直到解放前几十年才有汉字记载的榔规出现,其习惯法长期靠歌者、理老、鬼师唱诵传承,理词多半以盘歌形式演唱,有的用叙事的形式朗读、对唱,有的则用道白形式互相对答,以对偶的长短句式为主,和谐悦耳、古朴雅致、抑扬顿挫,十分动听,在场的人容易记住,这既是苗族习惯法极其重要的普法形式,又是苗族口承文化的传承方式。依习惯法调解和处理纠纷的理师都是精通古理、知识丰富、能言善辩的人。他们唱到:"拿来当古典讲,拿来当典故说,千年也不断,万年也不丢,不忘古老的话,不丢古老言。父教子才知,娘教女才得,它顺着糟糟流下,古典顺着

〔1〕 参见《贵州民族调查》第 15 卷,贵州民族出版社 1986 年版,第 634 页。

〔2〕 陈金全主编:《中国传统法律文化与现代法治》,重庆出版社 2000 年版,第 560 页。

人们传下。"[1]这样口耳相传,随着时间的推移,又加入"新理",以后"新理"又成古理,理词的内容不断丰富,习惯法规定更加周密,民族文化得以世代传承。

在凉山彝族法律生活中,人们把操作习惯法、调处纠纷的人称为"德古阿莫"。德古是彝族人中有文化、有知识、品德高尚、能言善辩而又有威望的智者,他们是彝族社会的"知识分子",是掌握彝族文化的一个"阶层"。彝族神职人员称"毕摩",不少习惯法的条文记载在毕摩的经书里,用古彝文字写成的经书,毕摩能够朗诵、背诵和诠释,因此毕摩又大多是德古。彝族历史上涌现过不少著名的大德古,他们是彝族精神文化的代表。我们在凉山田野调查中接触过几十位德古,大多是仪表堂堂、举止高雅、谈锋犀利、知识渊博者。如虽已逾古稀之年但精神矍铄的吴其果果、风华正茂的阿乐克古、幽默睿智的迪日兹哈、平和庄严的曲比作阿、乐于助人的吉火嘿嘎惹,他们的现身说法和演示给我们留下了深刻而美好的印象。从"德古阿莫"身上,我们感受到彝族文化能世代相传并不断发展,这与德古在彝族人法律生活中的重大作用分不开,因为德古与毕摩正是彝族文化的负荷者和传播者。德古们在调解纠纷过程中不仅要宣讲习惯法规定,而且要通过耐心地、机智地讲述历史、哲学典故、格言来化解矛盾,

图3:"德古"既是凉山彝族社会的家支头人,也是彝族地区各类纠纷的解决者,这是凉山彝族的大头人、德古倮米克阿姆。

[1] 陈金全主编:《中国传统法律文化与现代法治》,重庆出版社2000年版,第867页。

达成双方当事人认识的一致。这与苗族的理师、纳西族的祭司东巴们的作用相近,[1]处理纠纷、适用习惯法的过程本身就是一种文化教育活动。而且,彝族习惯法还有一个显著特点,就是它的规定和法理在文学艺术、尔比谚语、历史、地理、天文等书里,形成有韵律、有节奏感的格言,朗朗上口,易学易记。最基本的习惯法常识,著名的格言,一般成年男人均能吟颂几句,[2]实际上彝族习惯法文化与彝族文化形成了一个互相补充、互相作用的互动过程。

二、所谓法律价值,在这里不仅指习惯法本身的属性所决定的功能以及它在民族地区特殊的调节、控制、保护机制,满足了民族社区主体的法律生活需要,使人们能够生活在有秩序的环境中,而且更重要的是指习惯法作为行为规范、规则,在社会整个法律体系中的价值;它对国家立法、司法具有的重大作用。首先,从法律的渊源或起源看,习惯法应列于首位。法国布律尔教授认为,"人们习惯于把法令置于法的正式渊源的首位",但是,他说"我把首要的位置让给习惯法,这是因为我认为法的这一渊源具有广泛性、概括性、甚至现实性"。[3] 梅因说过与罗马法并立的英国法律"被认为来自古代的不成文惯例"。[4]《牛津法律大辞典》把习惯法这种价值概括为三方面:1. 习惯法与经常性的行为惯例是法律的重要历史渊源。至少可以说,在内容方面习惯是法律的基础。习惯成为立法者和法典编纂者制定法律或编纂法典的资料来源,比如中世纪在凯里特、法兰克及盎格鲁——撒克逊法律中,氏族习惯法是法律的主要部分。2. 习惯法曾经是法律的重要形式,在某些国家至今亦然。习惯作

---

[1] 徐中起主编:《少数民族习惯法研究》,云南大学出版社 1998 年版,第 197 页。

[2] 海乃拉莫:《凉山彝族习惯法的功能》,1999 年第 5 期,第 86 页。

[3] [德]亨利·莱维·布律尔:《法律社会学》,上海人民出版社 1957 年版,第 38~39 页。

[4] [英]梅因:《古代法》,沈景一译,商务印书馆 1995 年版,第 1 页。

为具有强制性约束力的特别行为规则长期以来为法院和制定法所采纳，如英国普通法的大部分内容是由法官认可，赋予其强制性效力的习惯；又如法国北部和中部，直到1789年，法律仍然主要是习惯法；又如在德国，在斯堪的纳维亚，习惯伴随国家立法，仍然是法律的重要渊源。3. 在由立法机关或法院制定法律的国家中，习惯也是法律规范的有效来源。[1]

上述是指西方历史上的法律状况，这种分析对中国也有相似之处，比如我们西南地区的藏族习惯法就一直是西藏旧法典的主要渊源之一，"甚至可以说，没有习惯法，就没有后来西藏的法典；没有习惯法，就没有西藏法典的藏区特色"。[2] 这种渊源关系主要表现在三方面：1. 涉及某一方面内容的习惯法被完整全盘引入法典，如命价赔偿、肉刑等制度；2. 有选择地接受，主要是那些被法典认为具有合理因素的内容，如盗窃赔偿制度，"神断"、"天罚"的某些内容；3. 分散在习惯法中的一些内容作为原型，被法典加工整理，并以此为基础，制定出某些新的法典条款，如有关奸淫、抢劫、妨碍婚姻家庭方面的案件以及民间纠纷的规定等。[3] 在中国封建法制史上，历代都比较注意民族地区的法律问题，有清一代特别重视民族立法。我们辽阔的疆域，多元一体的法律文化，这与清代重视民族法制建设是分不开的。清代实行"从俗从宽，各安其习"的统治原则，立法尊重民族风俗习惯和宗教信仰，制定了大量的民族法规，如《回律》、《番律》、《蒙古律》、《西宁番子治罪条例》、《苗例》等单行法规，其中对南方苗族地区的立法达十余部之多，比如《永除贵州古州等处苗赋令》、《苗疆善后事宜》、《仍旧屯田令》、《湘苗事宜》等，涉及行政机制完善、加强治安制度、苗疆土、田之分垦、苗族案件审理、苗民纠纷的

---

〔1〕 参阅：《牛津法律大辞典》，光明日报出版社1988年版，第520页。
〔2〕 娄云生：《雪域高原的法律变迁》，西藏人民出版社2000年版，第89页。
〔3〕 同上。

预防和处理、土司土目阵亡病故的抚恤几大方面，[1]如此详密的法令，这么丰富的内容，没有苗族习惯法作法源是不可想象的。

其次，在法律的适用、调整社会关系的司法实践中，习惯法的价值也不可轻视。历代中央政府虽然对民族地区制定了大量的法规、法令，但民族地区大量的民刑案件特别是民商事纠纷仍然是按照习惯法处理的，而且习惯法一般也获得国家政权的认可。如清代就允许苗族人沿用“苗例”审理和调解案件。[2] 西南少数民族习惯法至今还在发挥作用。我们在凉山腹地发现，每个县法院受理和审理的案件大多是刑事纠纷，民事案件告诉到法院的很少，即使是每年的刑事案件，也主要是由民间德古调解处理了。法院门庭冷落，但离法院几十公尺外的路边就有围坐一圈的彝人在说法论理。比如，布拖县法院近年每年审理民刑案件也就一百余件，而民间德古调解处理的达一千多甚至二千件，一些著名的德古每年都要办理几十桩案件。如表一所示：

表一：四川省凉山州布拖县民间德古调解纠纷近四年统计表

项目 年份	婚姻	家庭纠纷	房屋宅基地	债权债务	生产经营	邻里	赔偿	其他	合计
1998	662	120	160	150	80	120	270	39	1511
1999	750	150	100	150	180	50	180	40	1900
2000	285	67	88	88	150	111	75	35	899
2001	251	223	111	83	121	150	100	61	1100

表一统计告诉我们，民间德古每年依习惯法处理了的案件是县法院的10倍以上。据我们分析和估计，实际上德古审理和调解的案件比统计

〔1〕 参阅张晋藩主编：《中国法律通史》（第8卷），法律出版社2000年版，第577～582页。

〔2〕 《大清律例》卷37《断狱下》：“一切苗人与苗人自相争论之事，仅照苗例归结，不必绳之以官法，致之犹累。”《大清会典事例》卷739：“熟苗照民例治罪，生苗仍照苗人例治罪。”

表还要高。这说明民间习惯法不仅仅是与国家法“互动”或“对接”共同调控社会，而且甚至在一定范围取代了国家法。

布拖县地处川西高原的西南，是彝族聚居的腹心地带，解放以前是被国家政权遗忘的角落，它数千年的历史从未受过国家政权和国家法的管辖和控制，几千年来社会的运行，彝人的政治、经济、文化等方面的生活完全依靠习惯法的调整，习惯法满足了彝人的法律生活的需要。

三、所谓历史哲学价值，不仅是指民族习惯法为我们提供了丰富的历史的经验和借鉴，而且更重要、更深远的价值，还在于民族习惯法的研究有助于我们认识和揭示人类历史和法的历史的起源与本质。马克思早年曾经十分尖锐地批判过萨维尼为代表的历史法学派，但他晚年却将目光转向人类学，特别关注民族的起源及其历史演变的经验。马克思阅读了许多人类学的重要著作，包括摩尔根的《古代社会》、梅因的《古代法制史讲演录》、约·拉伯克的《文明的起源和人的原始状态》、约·布·菲尔的《印度和锡兰的雅利安人村社》、马·柯瓦列夫斯基的《公社土地占有制，其解体的原因和结果》等，并且还作了大量的笔记。马克思关心人，毕生为人类的解放而奋斗，但直接推动他转向人类学的却是俄国革命形势。

19 世纪 70 年代，因巴黎公社失败，西欧革命处于低潮，而俄国却出现了革命的迫切要求和前景。当时以米海洛夫斯基为代表的俄国民粹派误读《资本论》，照搬《资本论》中马克思关于西欧的历史结论而用于俄国，遭到了马克思的批评。马克思认为没有什么可作为“万能钥匙”的“一般历史哲学理论”，他说，米海洛夫斯基那样做，“会给我过多的荣誉，同时也会给我过多的侮辱”。[1] 在马克思看来，他的唯物史观并不是“超历史的”学说，他在《资本论》中关于历史规律性的适用范围，“明确地限于西欧各国”。[2] 因此，俄国向何处去，俄国的道路怎么走，必须要由俄国的历史

---

〔1〕《马克思恩格斯全集》（第 19 卷），人民出版社 1979 年版，第 431 页。
〔2〕《马克思恩格斯全集》（第 19 卷），人民出版社 1979 年版，第 269 页。

来决定。而俄国是一个专制国家,又还普遍保存着落后的农村公社,马克思通过人类学研究提出这样落后的国家通过批判吸收资本主义成果,而可以跳跃卡夫丁峡谷、避免资本主义的苦难直接向社会主义过渡,这就为世界上大多数人口的落后国家的人民,指出了历史的方向。后来的实践证明了马克思的预见,同时也说明了马克思的结论显得笼统粗疏,但不管怎样,毕竟是他最早认真研究和论证了落后国家向社会主义过渡这种可能性的真实依据和实际历史条件。"注重真实依据和历史条件",这是马克思晚年研究人类学及其历史观变革给我们最大的启示。[1]

民族习惯法按国际人类学一般观点,应属于法律人类学范畴,它研究不同民族特别是一些后进的民族的法律生活,通过对他们实际生存的社会的结构分析,以及对其政治、经济、宗教、文化、历史条件的深入考察,去认识人类文化及其法文化的差异性、多样性,从而增进不同文化之间的理解与沟通。而且,人类的法律生活,法的起源与演进也不可能是单线式的,或一个超历史的模式,马克思晚年对米海洛夫斯基的批评以及他的"人类学笔记"实际上已经蕴涵着这一重要思想。马克思突破了唯物史观某些传统观念,甚至超越了1859年的《政治经济学批判序言》,他在提出俄国革命模式同时,更强调人民群众的历史主动性、创造性,强调人类自身发展和人的自然本质。教条主义者太小看人类对法律文化的创造力和建构能力了,法律文化的起源与演进也并不是只有一条道路。凉山布拖彝人的法律生活,走的就是一条独特的道路,研究他们的习惯法,必然会突破原有的传统的事实范围,开辟新的认识领域,提出新的理论,从而丰富法律历史哲学,丰富唯物史观。

四、所谓精神智慧价值,是指民族习惯法不仅作为社会规范存在,而且它是民族智慧的结晶,在民族文化的传承与发展过程中,它启迪人的心

---

〔1〕 参阅杨适:《人的解放——重读马克思》,四川人民出版社1996年版,第161页。

智，推动人的思维。习惯法并不是生活经验的简单汇积，它也是思维的抽象。“节威”在彝语中有规则、习惯法意思，同时也有“判例”的意思，这里的“判例”有点像英国法的“遵循先例”，它不是个案的排列，而是由众多的案例的归纳提升为一般的原则。这是要有一定的抽象思维能力才可以做到的。德古们在适用习惯法调处案件的过程中，又是一个逻辑上的演绎推理过程。因此，民族习惯法表现了相当高的抽象思维能力。流传于滇南红河两岸彝家山的《礼法经》不单是一部习惯法，也是彝族人的一部水平很高的哲学书，更是一部道德箴言集，充满哲学智慧，其精神哲学价值、人伦道德价值、教育价值是非常鲜明的。[1] 侗族的“约法款”、苗族的“榔约”、“榔规”、大瑶山的“石牌”、布依族的石碑等都具有这些精神价值。

一个民族的习惯法作为该民族文化的重要内容，它也是构建这个民族精神空间的支柱之一，习惯法的适用，纠纷的解决，人们在潜移默化中受到精神的浸润。在西南少数民族中，人们从小就跟着大人一块儿旁听和观看习惯法的实施过程。因此，这种教育是自然而然的，深入到心灵的。广西南丹县瑶寨交通并不闭塞，铁路穿寨而过，生活在那里的白裤瑶人的社区同喧嚣的城市里的贪污、腐败犯罪相比却是另一番祥和景象，人们互助互爱，无偷盗，最贵重的物品放室外，真是“夜不闭户，路不拾遗”。西南地区民族山寨社会安定，犯罪率低，民风质朴，这与习惯法的精神价值、道德教育价值是分不开的，田野调查在这方面提供了很多的实例和统计数据，我们就不一一赘述了。

---

〔1〕 参阅红河哈尼族彝族自治州民族研究所编：《彝族礼法经》，云南民族出版社1997年版。

第三节　西南少数民族习惯法的性质与特点

什么是法，习惯法是不是法，学术界历来有两种看法。一是从传统法律观点看，法与国家不可分，认为只有经过国家认可、体现统治阶级意志的行为规范才是法，即是民间大量存在的习惯法也须由国家权力承认，否则就不是习惯法。我国较为权威的法学教科书以及有关法学论著大多持此种看法。[1] 二是从社会学、法律人类学的角度看，法不必然与国家联系，认为凡是强制性的社会规范，且要有某种能实施物质强制的社会授权的权力者或权力机构即可，也就是要有社会认可的个人或团体来实施规范，这种社会规范就是法。一般的社会学家、人类学家都持此种观点，最典型的代表人物是美国的霍贝尔教授，他关于法律的定义已为我国法学界所熟知，他说："法是这样一种社会规范，当它被忽视或违反时，享有社会公认的特许权的个人或团体，通常会对违反者威胁使用或事实上使用人身的强制。"[2] 根据这一定义，人类在原始时代虽然还没有出现国家权力机构，但已经有了法。后来产生了国家，国家立法、执法，这就是国家法。但民间乡土社会大量存在的家法族规、行规帮约，特别是生活在离国家权力较远、交通闭塞、生产落后的少数族裔中，从远古传承下来的习惯法自然是他们生活的社区调整人与人关系的具有强制性的规范。

科学研究的基本原则和精神就是尊重事实，马克思晚年历史观的变革，对人类学的特别关注，在这方面为我们树立了光辉的榜样。人类历史

---

〔1〕 参见《中国大百科全书》法学卷"习惯法"，1989 年版；孙国华、沈宗灵主编：《法学基础理论》，中国人民大学出版社 1987 年版和 1988 年版。

〔2〕 [美]E. A. 霍贝尔著：《村民的法律》，周勇译，中国社会科学出版社 1993 年版，第 30 页。

包括法的起源与演进并不是像我们想象的那样是直线的、单一的、连续的，由于不同因素的碰撞、交错，必然造成历史的曲折性、多元性甚至断裂性，何况不同的国家与不同的民族皆有自己不同的矛盾，也就是各有特殊的社会结构，而适应这种社会结构的法的样式也是多种多样的，这并没有否定唯物史观，而恰恰证明了马克思主义哲学关于世界的多样性原理，为文化以及法文化的多元特征提供了理论根据。

日本著名的法律人类学家千叶正士说："法律多元在当代的存在已成为一个不争的事实。"[1]法律作为社会控制系统的组成部分，本身就是一个复合体。在人类法律史上和现实的法律生活中，从未有过单一的法制，传统教科书描述的仅仅是国家法的运行过程，而且这种描述也不一定完全真实。以西南少数民族地区为例，数千万的少数族裔人口的法律生活，有的是以国家法为主，有的则以本民族的习惯法为主。在习惯法为主的社区国家法在调整社会秩序特别是解决民事纠纷方面起作用非常小。如果不承认法律多元，不承认民间存在的习惯法是法，理论上必然陷入困境，实践上也会导致混乱。比如，凉山地区，自民改以后，通过国家权力就开始禁止习惯法，后来历经公社化、四清运动、"文革"动乱等运动与劫难，都未能清除习惯法在彝族人民心中的法律权威形象。雷波县唯一健在的土司后裔杨三五先生（亦是德古）告诉笔者说，那时候老百姓都是偷偷地在深夜找德古调解纠纷。80年代以来，由于国家权力的宽容，习惯法得以复苏、活跃，在处理一般民刑纠纷中几乎取代了国家法的地位。值得注意的是，由于人类学学者和民族学学者的推动，法学界关注现实生活中的"活法"的人越来越多，他们"送法下乡"，挖掘"本土资源"，承认习惯法是法，承认少数民族习惯法也是中华法系的一部分，是中华法制文明演进史上的一种特殊形态，应该认真地去了解和认识，不可轻视，更不可视而

---

〔1〕［日］千叶正士：《法律多元》，中国政法大学出版社1997年版，第2页。

不见。

西南少数民族习惯法如果按时代性质划分，有原始氏族的、奴隶制的或封建制的，或者三种性质错综交叉，以奴隶制为主或以封建制为主等。四川凉山彝族习惯法、雪域高原藏族习惯法为奴隶制习惯法，特别是凉山彝族习惯法具有鲜明的早期奴隶制法特点，从目前掌握的资料看，它完备的内容和水平超过了禹刑、汤刑，甚至不亚于刑书、刑鼎这样一些早期封建制法。受汉民族文化影响较大的如壮族、土家族、布依族、瑶族等民族的习惯法大多属于封建制法性质。但结合起来看，西南少数民族习惯法还具有以下一些性质和特征。

一、内容的完整性与形式的片断性

西南少数民族习惯法在内容上都比较系统、完整，大多包括刑事、民事、程序方面的条款，最典型的莫过于凉山彝族习惯法。在田野调查基础上，我们又参照古彝文典籍和已有的研究成果，将彝族习惯法汇编为一部习惯法典，其中民事的习惯法 9 章 188 条（包括一般原则、人身等级关系、土地所有权、地产以外的财产权、债权、婚姻、家庭与家族、继承、主客之间礼节规则）、刑事的习惯法 4 章 145 条（包括一般原则、对侵犯人身权利的处罚、对侵犯财产关系的处罚、刑罚）、程序习惯法 7 章 34 条（包括一般原则、证据、起诉和受理、审理、监督、执行、诉讼费），共计 20 章 367 条，这样规模宏大而又细密的奴隶制习惯法，在世界法律史上是极为罕见的，说明习惯法并不是自然形成的，还是通过了民族知识精英的创作活动而且已经有了一定的法律技术水平。其他如大瑶山瑶族的石牌律、侗族的款、苗族的榔规等内容也是较为全面的。但是，西南少数民族又没有一个民族有一部完整系统的成文习惯法典，习惯法分散地、片断地表现在典籍、经文、宗教仪式、习俗、禁忌、歌谣、传说故事、格言、谚语等方面。如《尔比特依》是一部著名的凉山彝文古籍，它不仅记载了彝族历史上重要的传说、历史事件和思想文化等方面的成果，而且还汇集了习惯法的内容。据彝文专家研究，习惯法的内容虽然有一个体系，但也是一些片断，散落在微型作品之中。另外，在毕摩的经书里也有记载，2000年3月雷波县八寨乡牛龙村发现的彝文木版、竹简、皮书刻写的习惯法也是只言片语。一方面习惯法实施中反映内容的全面完整，另一方面习惯法的内容与规则表现形式又是零散的、片断的，这种矛盾状况可能是原始氏族时代习惯法的一般特点，因为没有超然于社会之上的特殊的专门的机构，也没有一个法学家知识阶层，更重要的是自然血缘社会不需要，所以就不可能在形式上出现一部统编或统一制定的完整的习惯法，内容上也不可能系统严密，而且不同的氏族、部落社区之间还有较大的差异。进入奴隶制、封建制后，由于国家法的制约和影响，这一特点则更为鲜明。

二、成文的习惯法与不成文的习惯法

这里成文与不成文不是通常意义的，传统法学把习惯法视为不成文法，而这里是指用文字还是不用文字表达的，用文字表达的称成文的习惯法，不用文字表达的称不成文习惯法。西南少数民族习惯法情况比较复杂，大致有三种：一是以不成文习惯法为主；二是以成文的习惯法为主；三是成文不成文混合，比较多的是最后一种情况。有文字的民族一般都有本民族文字记载的习惯法规，但也包含无文字记载的口承习惯法规，如彝族在《尔比特依》、毕摩经书、简牍及其他彝文古籍中，记载的习惯法内容比较多，但口承相传的内容也不少，应属于成文不成文的混合。而西双版纳傣族的封建制

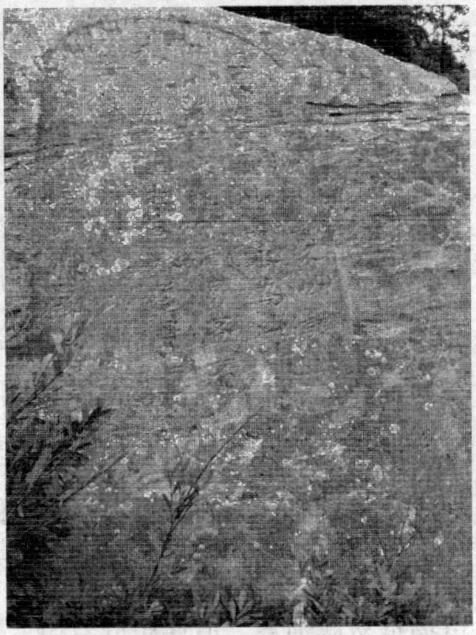

图4：以石碑来记载习惯法，这也是成文习惯法的一种流传方式。

习惯法则是用傣族文字表达的,有些无文字民族但受汉族文化影响大又使用汉字的,其习惯法多用汉文字表述,如广西大瑶山石牌律,侗族、毛南族、仡佬族的习惯法就是成文的习惯法。张冠梓先生将南方山地少数民族习惯法的逻辑演变路径概括为俗成习惯法(独龙、布朗、傣、怒、傈僳等族)、约定习惯法(凉山彝族)、准成文习惯法(大瑶山瑶族)、初阶成文法(西双版纳傣族)。[1] 这种概括对我们认识法的起源有帮助,也符合人类法制文明由不成文法到成文法的演进规律,但是,习惯法是不是必然经过四个阶段,而且约定习惯法与准成文习惯法的区别标准,为什么凉山彝族是约定习惯法而大瑶山瑶族是准成文习惯法,这些都有待依据田野资料进行探讨。西双版纳傣族成文的习惯法《法规》之外,在民间应该还有大量的口承相传的习俗、惯例,因此,对其习惯法的研究不能停留于已有的文本,仍需再深入的田野工作。

三、阶级性与社会性

习惯法在原始氏族时代是没有阶级性的,但随着阶级社会的出现,作为调整社会关系的规范自然就要被统治阶级利用,统治阶级把习惯法当做工具来使用,其阶级性是非常鲜明的。凉山彝族习惯法宣扬的"豹子天生吃羊子,老鹰天生吃小鸡,没有主子的人,在世界上是没有的"。"人分三个等级,竹有三个节巴"、"兹下为百姓,父下为子,奴上是主子,妇上是丈夫"。这是为奴隶主统治的天然合理性作证明,维护作为凉山奴隶制社会基础的家支组织。但是在民族地区,习惯法同时又具有广泛的甚至超过国家法的社会性,它有一些内容是从原始社会承接下来的,符合全体社会成员利益,也不损害统治阶级的利益。还有一些内容本身就没有阶级性,或阶级性不明显,如保护自然资源和自然环境、维护生产生活秩序和市场贸易规则等。清代中叶,广西大瑶山甚至发生过村民依据习惯法处

---

〔1〕 张冠梓:《论法的成长》,社会科学文献出版社2000年版,第68页。

死17个头人的案例,因为这17个头人强奸妇女、杀别人的牛、乱罚款、胡作非为。[1] 彝族谚语讲:“族内言语如雷轰”,意思是说家支不分贫富贵贱,法律的执行效力是平等的。

大凉山曾经流传痴呆与德古同条命的[2]佳话。据说1920年,雷波县坪头乡哑巴阿杜纠什,因割了家支的草场,被草主拳打脚踢,并把草推下山坡,哑巴气不过跑去追草,不幸摔下岩致死。三天内方圆百里的阿杜家支集中500余人来安葬哑巴,同时要求根据习惯法惩处草主。德古和毕摩对草主说:“法律只能宽恕幼小和痴呆人,不能宽恕富有的人”,并直问他何去何从。最后按习惯法杀一头牛赏草主作刑前餐,当牛肉吃完立即迫使他服毒自尽,但自尽未遂,又用两锭白银买通两个娃子,由娃子勒死罪犯。这个案例很典型地说明了习惯法的社会功能和社会性。至于云南西盟佤族阶级尚未形成,社会性则是其习惯法的基本特征,习惯法面前人人平等,无论一般村社社员或头人,违反习惯法都要受到惩罚。

四、家族主义以及对异族的平等原则

家族主义是中华法系的基本特色,也是儒家法文化的重要原则和内容,从西南少数民族习惯法普遍存在的家族主义特点看既有周孔儒家文化的影响,又有自己的民族特色。川西的羌族、渝东的土家族、云黔桂的壮、瑶、苗、侗等民族都有族谱、族产、族权、族规、宗祠,其中族规实即宗族习惯法。比如羌地至今还保存有明清以来的一些宗族谱系碑、墓碑和宗支簿(家谱),其家族规范要求父传子诵、母吟女承,家族成员必须按自己的身份地位去行事,违者受罚。广西壮族一般是聚族而居,一村一屯常常就是一个家族,其族规的内容一般涉及三方面:第一,为本族人规定了带有很强的宗法礼制色彩的伦理准则和一般的民刑事习惯规范,并伴以相应的惩戒手段,如尊卑长幼有序、赡养父母、教育后代、同亲之中不得通奸

[1] 《广西瑶族社会调查》(一),广西民族出版社1984年版,第77页。

[2] 海乃拉莫:“略论凉山习惯法”,载《彝族文化》2001年第1期,第93、94页。

乱伦、对偷盗以及财产纠纷的处理等，核心问题是为了维护父权、夫权等家长权。第二，是对异族的防范措施。第三，是对宗祠地位本身的确认、族人对祠堂应承担的义务、其权限范围等。[1] 可见，家族组织实际上构成了习惯法的制定和实施的“权力机关”，也是习惯法赖以运行的社会基础和物质保证。

凉山彝族习惯法的家族主义更富特色，所谓“猴靠树林生长，人靠家支生活”、“想家支想得流泪，怕家支怕得发抖”、“亲戚再亲，听到哭声就走，家支再疏，听到哭声就来”、“不能维护一片，全家支不保，不维护家支，一片被抢光”，因此其习惯法的适用在处理民事纠纷中，血缘家支成了民事主体，当事人以家支共同利益为最高利益，当事人与家支共同承担民事责任。另外，刑事惩罚的赔偿也是由当事人及其家支共同负担。这是原始氏族部落制度的遗俗，在人类生活早期具有普遍性。摩尔根认为氏族成员联合起来救赎本氏族成员的义务是氏族的一项基本特征，在他考察的印第安人易洛魁部落中也存在这种状况。[2] 马小红通过考证研究，认为西周《吕刑》中的赎刑赎者不是有疑罪的个人，而是整个家族。西周统治者确立以嫡长子继承制为核心的宗法制时，还恢复确立了氏族生活的一些其他的制度，赎刑即为其一。这种基于血缘关系的赎刑不同于后世以犯罪者个人为对象的赎刑。[3] 凉山彝族习惯法的家族主义特征为这种氏族制赎刑提供了佐证。但是家支（家族）又是凉山彝族奴隶制生活复杂形态及低下生产力的特殊产物，因此在民主改革前家支主要表现为混合等级以血缘纽带为基础形成的一种维系本血缘集团利益的组织形式，其社会作用是多方面的，一是维护诺合等级的统治，对外以强凌弱，成为

[1] 钱宗范：《广西各民族宗法制度研究》，广西师范大学出版社 1997 年版，第 203 页。

[2] 参见摩尔根：《古代社会》，第二章、第十一章，商务印书馆 1997 年版。

[3] 韩延龙主编：《法律史论集》（第 1 卷），法律出版社 1998 年版，第 394 页。

诺合等级攻占护卫等军事的基本力量。二是对内成为剥削压迫底层劳动人民强有力的工具。三是又有互动互援、团结友爱,保护家支成员和属民奴隶利益的天然职责。曲伙也有家支,但是他们多分属不同的诺合家支之下,不能形成一种独立的家支力量,而阿加和呷西(除彝根外)是没有自己的家支。在这里习惯法自然成为实现家支作用的工具,而家支组织又为习惯法的存在与发展提供了空间和土壤。[1]

民族习惯法的家族主义与中华法系的宗法性质是相同的,其实质是维护血缘等级关系,但是它在对待异民族的关系上,采取的却是一种平等原则,表现出一种超越狭隘民族主义的精神。广西大瑶山石牌习惯法规定,不论是否加入石牌,也不论汉壮商人宾客,只要他生活在石牌管辖区内,都得受石牌法约束,同时也受石牌法保护,大瑶山曾经发生帮助汉人客商追回损失的案例就是明证。

凉山彝族习惯法虽以家支为重,但在适用过程中,能否超越家支、等级和区域却是衡量一个人是一家一支的"苏易",或一村一寨的"德古",还是一个跨区域跨冤家远近闻名的"德古阿莫"(大德古)的最好尺码。衡量一个德古的大小不仅指其处理案件的难易程度、地域空间的大小,更指在家支与冤家之间、不同等级之间、不同民族之间表现出的公正、无私和宽宏大度,这样的德古如"乌脚木干"似的人物,发生任何纠纷,彝汉首先找他。[2] 这反映了彝族习惯法文化一定程度上的开放与兼容精神,因此,著名彝文化学者巴且日火不同意把彝族习惯法称为"家支习惯法",他认为,如果习惯法制度那么狭隘和自我封闭,就不能解释今天习惯法中许多优秀的东西,一种不良的法文化也不可能在彝族人中世代沿袭甚至在今天又基础深厚地出现。应该承认,这种看法是有一定见地的,也是实事求

〔1〕 巴且日火:"凉山彝族聚居区法律生活分析",载《凉山民族研究》2000 年第 2 期,第 67 页。

〔2〕 同上。

是的。

五、伦理道德性与神意性

西南少数民族习惯法中相当多的内容属于伦理道德规范,这与中国古代法律极为相似,如中华法系之经典唐律,其"十恶"重罪中,有六大罪均属伦理道德方面的内容。云南哈尼族习惯法规定了晚辈必须尊敬长辈,妇女应遵守妇道,村民、村寨之间和睦相处等伦理道德的禁止性规范。前面提及的《彝族礼法经》既是礼,又是法,它教人习文、尊天敬地、尊师重道、团结友爱、忠君守法、迁善远恶,"心要想善事,手要做善事,身要行善事"、"唤醒民众心,要传伦和理"、"传道的人呢,要为人师表,学道的人呢,要身体力行"。[1] 由此可见,《礼法经》不仅是一部习惯法汇编,而且也是一部道德箴言集。在布依族、苗族、侗族、瑶族、土家族等留存下来的习惯法碑文中常常是开宗明义就强调伦理道德,要求世人扬善去恶,远离犯罪。

特别值得注意的是,西南少数民族习惯法的道德内容中,不仅有人与人、人与社会关系的一些准则,而且还有人与自然的关系的准则,即生态伦理道德,这是一种古老的环境意识,又是一种最现代的法文化观念。纳西人对"署"的崇拜,实际上是对自然环境的尊重和关爱,他们的习惯法有关内容体现出人与自然具有同等的价值地位,人与"署"(自然)是兄弟关系,而不是征服与被征服的关系。在苗族、侗族、白族习惯法中也有大量保护山林、动物的规定。云南大理还存有清乾隆年间的"护松碑",碑文就是一条保护松林的习惯法。2001 年元月,笔者曾在 30 多年前工作过的广西凤山县江州瑶族乡仙桥岩路边看到一块清光绪年间的"放生碑",碑文记载村民出资买断一条小溪,目的是"买做救生之意,替天好生之德,以了平生之愿","鱼鳖虾蟹无数优游","共享老天之庆",因此,严禁

---

〔1〕 红河哈尼族彝族自治州民研所编:《彝族礼法经》,云南民族出版社 1997 年版,第 13、14 页。

沣网放钓,违者“罚银二十两赔偿之罪”。“放生”体现的虽然是一种宗教意识,但却蕴涵着一种古朴的保护自然环境的心理,也是一种崇高的令人惊奇的精神境界,凸显了民族习惯法文化的优秀层面。现代许多国家民法典都确认了动物的“权利”,而西南少数民族的先民们早就有了尊重自然、尊重生命的文化传统,这对我们不仅是极大的启发,而且对于环境生态立法提供了重要的法文化智慧和资源,下面将有专节论述这一问题。

黑格尔曾经最早指出中国古代法的伦理道德特征,他说:“在中国,道德构成了法律的内容。”[1]这一分析与论断也适合西南少数民族习惯法,习惯法的这种伦理道德性恰恰说明了它与中华法文化是多元一体的血脉关系。但是,西南少数民族习惯法的伦理道德性又是同其神意性纠缠在一起的,习惯法的权威、伦理道德规范的尊严,需要神灵保佑,天命支撑。《彝族礼法经》第一章就叙述宇宙最高主宰“第格紫”因人间伦理丧尽、邪恶横行而派善神关老爷下凡整治,“下到凡人间,去传伦和理,教民行善事,心狠手辣者,能够悔悟的,免去其死罪,行善则报善,行恶则还恶,善恶要分清”。这实际上为整部礼法经提供了神圣的理论根据,当然也表现了习惯法文化的终极关怀精神。凉山彝族地区广泛流传一匹马和一只野鸡的神话故事,意在告诫世人,特别是德古、苏易、毕摩这些执行习惯法的人员,要公正无私,如果贪图钱财丧失公允,不仅社会地位受影响,而且还要遭到神明的惩罚。凉山地区至今还存在古老的神明裁判制度,特别是结案的方式充满了神秘感。民刑纠纷调解好后,要聘请一中人当着原被告双方拧死一只鸡(即打鸡),表示永不翻悔,谁翻谁就将如鸡一样的死去。同时还要饮和解酒,表示案子的终结。据我们了解,凡经德古调解而终结的案件很少有翻悔的。这种神意性增强了习惯法的权威性,提升了人们

[1] [德]黑格尔:《历史哲学》,商务印书馆1963年版,第209页。

对习惯法的信仰，一定程度上也表现出结案程序的公正性。当然，习惯法的神意性同民族的生产力水平、历史文化以及祖先崇拜、自然崇拜的宗教信仰有密切的关系，其中自然免不了落后的甚至迷信的一面。

宗教在少数民族的社会生活里有着无可替代的作用。

图5：扎什伦布寺正在“辩经”的青年喇嘛。

图6：苦修者在西藏桑耶寺附近的青朴山修行洞。

图7：贵州省文斗寨寨门前的神树。

六、普遍性、恒久性与乡土性

习惯法在内容与效力上有普遍性、恒久性的一面，从根本上说，这是由习惯法千百年来在适用过程中表现出的公正性所决定的，当然也还有自然的、历史的复杂原因。习惯法的公正性主要是通过调解案件的仲裁者体现的，这些仲裁者不是国家行政权力指派的，也不是由民众投票选举产生的，而是民众法律生活中自然地涌现出来的。如上所述，闻名凉山彝族的“德古阿莫”都是一些大智大勇、大仁大义、大彻大悟的人，彝人民众几乎视他们为公正的化身。凉山越西县有一位盲人德古海乃，在凉山州的越西、昭觉、美姑等相邻三县交界的十余个行政区范围内很有名，人们牵着马去接他调解纠纷，甚至政府解决不了的案件都由他处理好了。凉山彝族习惯法历经磨难，特别是遭受了民改初期和“文革”中被取缔的打击，但它仍然顽强地存在，甚至还在演变生长，这本身就说明了习惯法适用上的普遍性和生存上的恒久性。这种普遍性与恒久性又与内容上的乡土性密切关联。西南少数民族习惯法是南方山地土生土长的法律之树，是“山野妙龄女郎”，她吸天地之灵气，承日月之精华，受高山湖海阳光雨露之滋润，因此具有顽强的生命力以及高度的稳定性和群体的认同性，深得民众喜爱。当然，这种乡土性也有它狭隘的一面，因为它毕竟是一种“地方性知识”、一种“小传统”，但“地方性知识”总归是基础，是一个地方的人群在漫长的历史过程中自然的认同和选择，也并不是不可交流的，更何况没有小传统，哪有大传统。

七、民族习惯法的民主性与阶级统治的专制性

刘尧汉先生主编的《彝族习惯法案例集成》将案例分为“原始习惯法案例”和“父系氏族奴隶制习惯法案例”，但我们从这些案例中看不出两类习惯法的区别，这样划分的根据是什么，编者并未告诉我们。[1] 习惯法起源于人类原始氏族时代，进入阶级社会后，它一直保留有氏族制度的一些特色，又增加了阶级统治的内容。据我们在田野工作中收集到的资料来看，很难区分哪些纠纷是按原始习惯法处理的，哪些纠纷是按父系奴隶制习惯法处理的。比如神明裁判虽起源于氏族时代，但在中国法律史上，恰恰是殷商奴隶制时代最兴盛的审判方法。我们认为在西南少数民族习惯法中，原始血缘氏族的一些制度与阶级统治（包括奴隶制与封建制）时代的内容杂陈，但是“民改”以后，随着社会的发展，阶级统治时代的专制、专断原则以及维护剥削阶级利益的内容自然遭到批判，但氏族时代的民

〔1〕 参见刘尧汉主编：《凉山彝族案例集成》，云南人民出版社1998年版。

主性内容却反而复苏和生长起来，这可能也是民族习惯法活跃的重要原因之一。

西南少数民族习惯法保留了相当多的原始氏族制度的民主性，其中蕴涵着人类的原创智慧，值得现代人去品味和吸收，这也是建设现代法治社会的一种精神资源。恩格斯赞美过氏族制度的平等、民主，孔子曾以古代氏族制度传统的顽强的承传人和卫护者自居，所谓“述而不作，信而好古”也。先哲的思考为我们发掘习惯法的民主性资源树立了榜样。云南西盟佤族直至解放前夕，仍然处在原始社会向阶级社会过渡的农村公社时期，其习惯法的原始民主制特色非常鲜明。1955 年 8 月，原小马散寨大头人岩瑞约了 5 个人去偷米被发现，该寨群众认为他丢了寨子的脸，根据习惯法抄了他的家，拆了他的房屋，把他的猪也杀了分吃掉。此后其兄弟盖房都不找他帮忙，以示断绝关系。窝努寨岩扫魔巴的长子与订了婚的女子结婚，该女子的未婚夫即根据习惯法抄了岩扫魔巴的家。这说明佤族的头人虽然一般是受群众信任的，但如果违犯习惯法，同样要受到制裁。这就是原始的法律面前人人平等状况，自然又免不了简单与粗野，缺乏对人性的救赎与不法的匡正。

凉山彝族习惯法部落民主色彩更为浓厚，特别是家支内部，重大案件的处理都须充分民主协商解决。比如调解民族纠纷、出兵打仗、开除家支内部不法分子的族籍、判处同族人死刑，德古都要先召开家支头人会，然后发出“四罗英”（绝密信件）传遍千里以外家族人后，限期“蒙格”（大会），经充分讨论，方可决断。而且调解纠纷的“德古”一词的词源富有民主特色。“德古”一词强调的是环境、场所，彝语的“德”是指“重、稳重”，“古”是指“圆、圆圈”，“德古”是指“一个稳定的圈子”。这就告诉我们，自古的“德古”场合，调解案件的法官们的位置不分高低，人不分贵贱、男女甚至老少。大家围坐成圆形的“德古”后每个人都是平等的，都可以充分发表各自的意见。这种处坐方式正是与“德古”的自然产生和民主公平制度相一致的，是彝族最古老的“圆桌会议”形式。[1] 这种圆桌会议又置于民众的监督之下，稍有偏颇不公，即曝光于社会，德古自然丧失人心，声誉也自然消失，正如彝谚所讲：“德古儿子无能则当马夫，骏马之仔无能抵债务。”这种民主性，造成了彝族习惯法的魅力，赢得彝人民众的热爱。现代法庭上穿着法袍的法官，他们坐在高背法椅上，虽然举着表征公平正义的法槌，但能否“敬事而信”、依法办事也不是可以保证的，根本原因之一是缺乏有效的监督机制，更何况如波斯纳所说法院系统并不是一帮子圣洁的天才加英雄，他们也会受到自我利益的牵引。

八、融合性与冲突性

这是指习惯法与国家法的关系，这个问题已有很多论述，比较多的观点认为二者是一种互动互补关系。以文化人类学观点看，这实际上是一个多元的文化与法律文化的多元的问题。按照费孝通先生对他“多元一体”文化理论的解释，这种关系应该是“各美其美，美人之美，美美与共，天下大同”。[2] 因此，不同的文明群体既不是冷战的抗衡，也不是一方吃掉一方，更不是同归于尽，符合文化规律也顺乎历史潮流的应该是共生共荣、共同发展、共同创造而多元一体。这种文化理论和方法对于分析民族习惯法与国家法的关系也是适用的。国家法是“大传统”，属于普遍性知识，是精英文化，习惯法是“小传统”，属于地方性知识，是民俗文化。但是二者绝不是风马牛不相及，当然也不是“大传统”吃掉“小传统”，它们之间是一个互相渗透、互相影响、互相制约、互相作用的运动过程，用黑格尔的哲学话语说，就是一个对立统一的过程。统一就是渗透、融合，对立则是差异和冲突。

---

〔1〕 巴且日火：“凉山彝族聚居区法律生活分析”，载《凉山民族研究》2000 年第 2 期，第 66、67 页。

〔2〕 马戎、周星主编：《二十一世纪文化自觉与跨文化对话》，北京大学出版社 2001 年版，第 9 页。

在中国法律史上,使这二种传统与法律文化和谐相处的实例非常多,如前所述,清代对少数民族地区的法律管辖极有成效,统治者认为,民族地区“非尽可以由地之法治之”,而应“因其性情风俗而利导之”,因此在制定颁布《大清律例》同时,又为民族习惯法的适用留下了空间。西北回疆和南方苗疆均是国家法与本民族习惯法并存,由于两类法制间的互动、互补,在司法实践中构成了一个“中间领域”或“第三领域”。[1] 在这一领域,民间调解与官方审判发生交接、互动,大批争端因而获得解决。即是在今天的凉山地区,这样的“中间领域”也是存在的。德古们在调解纠纷过程中,既要照顾习惯法,又要考虑国家法,或者刑事部分由国家法院审理,而民事赔偿部分则按习惯法裁决。本文前述提及2004年4月凉山州中级法院在雷波县开庭审理两年前的一桩杀人案,但此案的民事赔偿两年前已由德古按习惯法调解终结。前几年凉山州昭觉县发生一起交通肇事人命案,按习惯法赔偿,受害者家属觉得太低不能接受,按国家法赔偿,肇事者觉得太高也不能承受,后经德古多次调解,最后双方让步取中而结案,原被告都感到满意。西南少数民族地区至今还仍然普遍存在着像黄宗智先生所分析的清代那样的司法状况,重大的刑事案件由国家司法机关审判,而一般的民事案件则由乡土社会民间调解,其中相当多的争端是由国家法和习惯法融合、调适来解决的。

当然,习惯法与国家法的冲突也是明显的,这种冲突不利于民族地区的法制建设和经济发展。民族习惯法残存的原始野蛮、迷信以及奴隶制封建制因素,同现代法制文明格格不入。据某省人民检察院曾对该省三个少数民族自治州非法拘禁案件做过调查,发现“三多三少”,即现在多、过去少,山区多、城镇少,农民多、干部少,这表明国家法薄弱甚至管辖不到的地域和人群,由于寨族势力、大姓家族操纵多按习惯法处理争端而造

---

〔1〕 黄宗智:《民事审判与民间调解:清代的表达与实践》,中国社会科学出版社1998年版,第108页。

成如此严重状况。一些少数民族群众目无国法，甚至认为“官法在远，蛮法在近”、“坏人送交政府处理，不过关几天、罚些钱，不如自己处理痛快”。藏区、彝区如前述对命案处理，群众仍按习惯索要“命金”、“血价”，虽经司法机关判处死刑，但他们认为命价金更为重要。特别是藏区群众由于宗教意识影响，被告即是被判死刑也不是严重的处罚，认为人的灵魂不灭，生死可以轮回，人死了还可以转生，因此他们并不希望给被告判处重刑，可命价却不能少给分文，否则被告人家属必联合族人，实行血族复仇。再如强奸案在藏区按习惯法只赔偿奸价，如果司法机关依国法判刑，群众还认为是小题大作，被害人不仅得不到社会同情，还会受到不应有的歧视或嘲讽，出不了门，嫁不了人。如果按藏俗处理，由于罪犯未受到应有惩罚，本性不改，过些时候又故态复萌，危害社会。〔1〕其他如抢劫等重案由于用习惯法处理也造成类似的严重状况。凉山彝族家支复仇的事件也时有发生，如 1981 年 7 月凉山州甘洛县玉田乡、1983 年 7 月美姑县牛牛坝均发生过 500～600 人的家支复仇械斗，造成了极其严重的社会后果。另外在凉山彝族不同等级的男女通婚还受到禁止，嫁娶仍要议交身价钱，也不能违背家长的意见等。〔2〕这都是民族习惯法造成的社会弊端。

正因为习惯法与国家法的冲突，于是有人否认习惯法的合理价值，有的甚至主张运用政府权力予以取缔。比如凉山州有的司法官员就认为“德古”调解危害很大，“是一种牟取个人利益而扰乱国家法制秩序、破坏社会稳定的个人调解形式”，应打击取缔。“德古”的功过姑且不论，但实际上这种企图用政府权力消灭习惯法的办法自民改以来已运用过多次，不仅未达到预想目的，反而引发不好的社会后果。实际上国家法也并不完善，它需要习惯法来弥补。我们应该重视历史的经验，善待民族习惯

〔1〕 陈光国：“藏族习惯法与藏区社会主义精神文明建设”，载《现代法学》1989 年第 2 期，第 70 页。

〔2〕 刘广安：“对凉山彝族习惯法的初步研究”，载《比较法研究》1985 年第 2 期。

法，尊重民族习惯法，寻找契机改造与转化习惯法，使之与国法真正交接、对接、互补、互动，使之共同维护民族地区的法治秩序，推动改革、开放的深入，促进经济的发展，不断提高少数民族的物质生活与精神文化生活。

重视与珍视习惯法，认为习惯法与国家法是可以并存而共生互动，在这方面先贤先哲为我们留下了很多的古训。亚里士多德就说过“积习所成的不成文法比‘成文法’实际上更有权威”。[1] 罗马法学家较亚里士多德论说更细致，认为习惯法的作用是对成文法的补充，尤里安说“没有理由不把根深蒂固的习惯作为法律来遵守”，“我们遵守它们仅仅是因为人民接受它们”。[2] “习惯也是法律的最早解释者。”[3]周公制礼与吕侯制刑是西周社会两次大的立法活动，这两次立法活动有一共同显著特点，那就是恢复了一些被殷商废弃的血缘氏族制度习惯法，其中最典型的是赎刑制。西周统治者目的在于使用刑罚不失于重、亦不失于轻，同时又加强宗族成员之间的关系，这与春秋战国以后的赎刑有着本质上的区别。[4] 众所周知，孔子尊周礼，也崇敬远古氏族民主制度，其中包含了对习惯法的肯定。雅斯贝斯称古希腊和中国殷商之际以及春秋战国为“轴心时代”，轴心时代贤哲们的原创智慧为我们今天研究民族习惯法提供了精神支点。

康德在《纯粹理性批判中》曾经提出三大问题，即“我能认识什么?”“我应作什么?”和“我可期望什么?”晚年他在这三问之后，又加一问“人是什么?”康德说，“第一问由形而上学回答，第二问由道德回答，第三问由宗教回答，第四问由人类学回答。归根结底，所有这些可看做是人类学，

〔1〕 亚里士多德：《政治学》，商务印书馆1995年版，第169、170页。

〔2〕 [意]桑德罗·斯奇巴尼选编：《民法大全选译·正义和法》，徐国栋译，中国政法大学出版社1992年版，第63页。

〔3〕 同上书，第64页。

〔4〕 参见韩延龙主编：《法律史论集》(第1卷)，法律出版社1998年版，第395页。

因为前三问都与最后一问有关"。[1] 康德把他的批判哲学概括为四个问题并归结为人类学问题,这是一个非常重要的思想,对我们研究民族习惯法最具启示。民族习惯法实际上是少数民族法律生活的一种样式,用康德的话语说,归根结底,民族习惯法还是一个人类学的问题,因此我们没有理由蔑视它,当然也更没有权力去消灭它。如果从人类学的角度观察民族习惯法,我们就有了一种新的视野,自然能够理解少数族裔人口的选择,相信他们的历史主动精神和创造力,诚如康德所言:"人是目的本身而不是手段",人"是他自己的最终目的",[2] "人是自己立法自己遵守的自由人"。[3]

据《美国新闻与世界报道》说:"各行各业的美国人都被埋在诉讼的雪崩之下。患者状告医生,客户状告律师,学生状告老师,各种各样的人们状告销售商、制造商以及各级政府——上至华盛顿特区,下至当地缝纫委员会。某位法学家称之为'一触即发的诉讼时疫'甚至传染给家庭。孩子状告父母,夫妻相互控告,朋友相互争讼。"[4] 看看现代法治样板的美国人的法律生活,重温贤哲的教训,我们从民族习惯法文化中是能够也应该获得新的认识的。

---

[1] "1793 年 5 月 4 日康德给斯忒林信",载 1800 年《逻辑讲义》,转引自《李泽厚十年集》(第 2 卷),安徽文艺出版社 1994 年版,第 248 页。

[2] [德]康德:《实用人类学》,重庆出版社 1987 年版,第 1 页。

[3] 转引自贺麟:《在纪念康德、黑格尔学术讨论会开幕式的讲话》,1981 年。

[4] 转引自[美]博西格诺等:《法律之门》,邓子滨译,华夏出版社 2002 年版,第 638 页。

第二章　社会组织与纠纷解决

人类社会生活的存在方式从一开始就表现出群体性社会行动的特质。任何社会，无论是现代化程度较高的发达工业社会，抑或传统、小型社会，为了其自身的生存与发展，都必须保持有效的联结社会成员和使社会生活有序的能力。西南地区的少数民族中，除藏、彝等少数几个民族曾有过建立政权的历史，多数处在自发自为的状态，或是由中央政权羁縻下的土司统治，或者干脆就是“与世隔绝”，这也正是习惯法文化在西南地区尤为丰富的原因之一。那么，在这样的封闭社会中，人们是如何使社会维持稳定运转，习惯法又是如何发挥其作用机制的，这就是本章所要讨论的问题。

第一节　社会组织与族群控制

本节所讨论的社会组织仅限于政治经济组织，不包括诸如寺庙、教会之类的宗教组织及其他会党组织等。由于社会经济发展的不平衡，西南少数民族地区在比较长的时期内保留有不同形式的社会政治组织形式，其中有些显示出相对的独立性，有些则与国家的集权政治组织相结合，以混合的形态维护当地的社会秩序，并被整合到国家的政治体系中。静态地透视少数民族地区的政治组织，形式上它是一定的物质设施、沟通渠道、规范体系及固定成员的集合体，实质上却是少数民族地区社会秩序和传统法文化的载体。

一、社会组织体系

在民族文化诸多因子构成的复杂体系中，生存环境对民族的经济结构及政治组织体系有决定性作用，这一点在经济发展水平相对落后的西南地区表现得尤为突出。西南地区自然条件复杂，有的民族面对的是河谷平坝，土地肥沃，水源充足，极有利于农业经济的发展，有的分布在山区、高原甚至是高寒山区，山势陡峻，气候恶劣，严重制约了经济的发展；在族际交往方面各民族也不尽相同，有的与经济社会发展水平较高的其他民族地区紧密相连，深受影响，有的因山川阻隔，与其他民族交往甚少，在几乎是与外隔绝的情况下独自发展；在社会发展阶段上，有的民族早在公元前一二世纪即已进入阶级社会，建立起奴隶制国家（如滇国、掸国），有的直至解放前仍处于原始公社阶段（如西盟佤族、苦聪人、独龙族、怒族等）。〔1〕 西南地区多种因素的交叉综合作用，需要并且产生了各种不同的社会组织形式和政治制度，鉴于本书所涉及的内容仅限于习惯法，此处我们并不打算就历史上的区域性民族政权组织及纳入国家统一政治体系的土司制度等多着笔墨。

依农耕和游牧这两种不同的物质生产方式，可将西南各少数民族的社会政治组织分为两大类：一是农耕少数民族的社会政治组织；二是游牧少数民族的社会政治组织。一般说来，前者由于农业经济对定居生活

---

〔1〕 参见周平：《云南少数民族政治文化论》，云南大学出版社1995年版，第51～52页。

的必然要求，使得社会组织较早冲破了血缘束缚，一定程度上建立了地缘组织。而后者，由于物质生产力的相对低下，人口增长速度也相对缓慢，社会分工相对滞后，原始的血缘社会组织牢固存在，氏族、部落仍是社会最主要的组织形式。

（一）农耕少数民族社会的组织结构

族群的组织形式在人类学研究的历史上，最先是在亲属关系——血缘、姻亲、祖先的基础上讨论的。事实上，任何形态的社会组织都脱胎于亲属关系。因此，社会组织常是指以广义的亲属关系为中心的一系列问题，[1]但又不仅仅是亲属关系。但不管怎样，也无论是在农耕少数民族社会，还是在游牧民族社会中，家庭都是社会的最基本细胞。家庭之上，是同一父系（母系）血缘为纽带连成的宗族组织——家族，然后是村寨，再由村寨组成一定的地域联盟。

1. 家族和房族

在西南农村地区，少数民族多聚族而居，同一祖先的后代组成一个家族。一般每个家族都有共同的墓地，有公共的田产，比较大的家族还有祠堂。家族的田产由家族内各户轮流耕种或租给他人耕种，其收入归家族集体留作公用。

家族一般有一名或几名族长，多是自然形成，由族中辈分高、年纪大、见识广的男子担任。族长有权召集各家家长商讨族内各种事务，代表家族参加村寨内外各种活动，参与解决纠纷等。仡佬族各大家族甚至还订有族规，已作为家族成员行为的基本准则。

家族内部成员有互相帮助的义务，家族也有为其成员承担责任的义务，保护其成员不受外人欺侮。若族内有人违反习惯法，本家族有责任出面处理，甚至是承担赔偿责任。为了维护家族声誉，家族一般都会主

---

〔1〕 马丁·基立：《文化·社会·个人》，甘华鸣等译，辽宁人民出版社1988年版，第183页。

动提出对犯者进行惩处，若须处死，亦由犯者族内执行。这种做法，侗族人称之为“自己的孩子自己教育”。[1]

有的地区在家族之下还有房族，房族是家族在强盛阶段几兄弟势力壮大后分衍而形成的下属血缘结构。如贵州务川仡佬族大家族邹姓，在清代乾隆年间势力最强，分为邹宦、邹正、邹福、邹时、邹朗五房，繁衍至今成为五大房族。[2] 还有一种情况也较为普遍，即以三代或五代以内的血亲为一个房族，多半居住于一个村寨内。五代以上的，只要是同一个族姓，能追到同一个共同祖先，就承认是同一家族的人。这种家族有的是居住于同一个村寨内，有的居住在相毗连的几个或十几个村寨内。最为特殊的是彝族的家支这种家族组织，它是有共同祖先和共同姓氏，以父子连名制谱系作纽带联结每一个男姓成员的父系血缘集团，这种家族形式远远超越了地缘的约束。

一般说来，家族、房族都是以血缘为纽带结成的，但也有非血缘结成的。这种家族的形成原因是多样的，有的原本是同一血缘组成的家族，后又吸收了迁居此处的小姓结成；有的是几个无血缘关系的家族，因为某种利益联合成一个大的家族。如我们在贵州锦屏县文斗苗寨调查时发现，当地人主要姓姜，是最早定居此处者，此后陆续迁进的李、易、张等小姓结合为同一个家族。但不论是否为同一血缘纽带组成的家族，都视为同一祖先的后代，家族内同一辈分的青年互为兄弟姐妹，他们之间严禁婚配，甚至不能在一起“行歌坐夜”（贵州各少数民族）。这种现象，我们可以称为“拟制血缘关系”。

2. 村寨

村寨是以农耕为主要生存方式的少数民族最基本的社会结构，是由

---

〔1〕 以上参见邓敏文、吴浩著：《没有国王的王国》，中国社会出版社 1995 年版，第 28 页。

〔2〕 冯祖贻等著：《仡佬族文化研究》，贵州人民出版社 1999 年版，第 141 页。

血缘关系和地缘关系相结合的人们生产经营和社会活动的共同体。单一民族聚居的村寨有两种类型:一种类型是以血缘关系联结起来的村寨。其中有的是过去的大家庭分衍出来的同家族村寨,还有的是由同姓异宗的各个家庭或两三姓同族人居住的村寨。另一种类型是血缘关系与地缘关系相结合的杂居村寨。这种类型的村寨是多种原因形成的。

寨的规模有大有小,小的村寨一般只有二三十户,大者曾有千户,如西江苗寨(今贵州榕江)、文斗苗寨(今贵州锦屏)等,都曾是最著名的千家寨。大的村寨一般都由若干个家族或房族组成。根据村寨组织的形式,可将其分为两大类:一类是组织松散型,这类村寨实行寨老制,并无固定的村寨组织,仅有三五寨老处理日常事务,遇有重大问题则召集各家长或全体村民集体会议商讨,寨老也多是在实践中自然形成的,并没有特殊权力和待遇,一旦办事不公,以后他的讲话就无人听,群众有事不找他,自然就失去寨老地位;另一类是组织严密型,有固定的村寨组织和议事场所,选举产生村寨领袖,村寨依据约定管理村寨。这类村寨组织多是出于军事职能的考虑,村寨头人担负着组织复仇械斗、抵抗侵略、防盗防贼的任务。甚至在一些地方,村寨的头人还要进一步分工,各有所掌。如八排瑶地区[1]的"瑶老",由"天长公"、"头目公"、"管事头"、"掌庙公"、"烧香公"和"放水公"等组成。"天长公"由年龄最长的老人担任,一个人一生中只能任一次,任期一年。他是处理各种事务的首领,遇有武装行动时,是当然的军事领袖。"头目公",是天长公的助手,协助天长公缉捕盗窃人犯,调解纠纷,并规定春耕生产、整田种山、修桥铺路的日子,统率生产活动。"管事头",是遇有械斗时的军事指挥。"掌庙公"和"烧香公",是司理宗教事务的人,主持祭祀活动和烧香敬祖。"放水公",负责灌溉用水和食用水的供给,巡查和修补水圳的漏洞等。

〔1〕 今广东连南瑶族自治县境内。

（至于在土官掌控下的一些村寨，多带有明显的一级政权组织性质，我们在下文将有涉及。）

一般来说，各村寨除有比较稳定的地域范围外，还有共同的保护神，有属于全寨所有的公共墓地、山林、河段、荒山等，在苗、侗等族，还有公共斗牛坪、游方场、鼓楼、议事坪、风水林等。

图8：贵州省锦屏县文斗寨。

图9：文斗寨的寨门。

图10：文斗寨寨门旁曾用于防御外敌的炮眼。

图11：木制结构的苗族民居。

图 12：贵州省黎平县车江大寨的鼓楼，鼓楼是侗族村寨的一个主要特征。

图 13：在少数民族社会，村寨政治有较大的民主性，图中是被誉为中国村民自治第一村的广西河池市合寨村。

3. 超村寨的社会组织制度

大体上有三种类型，分别是以苗族议榔制为代表的血缘群体组织，以侗族的“款”为代表的地缘组织及以傣族为代表的封建领主制。下面分述之。

(1)苗族的议榔制

苗族长期居住于高山峻岭、溪峒涧河之中，清“改土归流”之前，贵州雷公山、月亮山等地的苗族还处于原始社会末期的军事民主制阶段，一般是聚族而居，一个村寨就是一个宗族。随着农业经济和人口的发展，由一个大家族的分支或同一祖先的几个兄弟家族分居，发展成为相连的一片村寨，但若干年一度的鼓社祭鼓仪式将分散的各血缘村寨又紧密联系在一起。即使是外地的迁入者，也须与某寨或某家族结成拟制的血缘关系，或者是形成“爷头”(大寨、户)与“洞崽”(小寨、下户)的关系。相邻的村寨为了某种共同的利益和发展需要，实行联合自治，这就形成了议榔制。议榔制是一种会议制度,多由几个鼓社、几十个村寨组织进行,主要通过会议来订立要求各村寨普遍遵守的律令规约来为其成员提供行为规范,在会议上也解决各种纷繁的人与人、家庭与家庭、宗族与宗族、地域与地域之间的矛盾,检查榔规理约的执行情况。由此看来,议榔制是以血缘为本位的自发社会组织。

同属血缘组织的还有瑶族的石牌制与油锅制,其组织形式及功能更类似于原始社会的部落联盟。如广西金秀瑶族自治县,地处桂江和柳江之间号称"磅礴六百里"的大山区,全境万山丛簇、森林茂密,基本上处于与外界隔绝的状态,长期闭关自守,形成强烈的内向性和外抗性,传统族群组织力量极为强大。所谓石牌制,就是把有关农业生产、维护社会秩序的法则,制成若干条文,把它刻在石碑或书写在木板上,当众宣布,让全体成员遵守。石牌头人则负责检查石牌条文的执行情况或处罚那些违反石牌律的人。金秀瑶山的石牌,有管全瑶山的总石牌(又叫七十二村石牌);有管一部分地区的叫二十四村石牌、十村石牌;有根据参加石牌的户数取名的千八百石牌、六十六石牌等。贵州荔波瑶麓的瑶族石牌组织更为严密,其基层组织是同一姓氏的氏族组成的"播冬"组织。第二级,称为"播冬及朵"组织,直译为"父亲和孩子们的兄弟",它是由两个或两个以上的"播冬"为了特定的利益而结的一种联合组织,相当于胞族。第三级是"努茂"组织,意思是"穿我们这种衣服的瑶族人的地方"。努茂有自己的自然宗教和仪式,有特殊的方言和服饰,并有自己的领地,外人不敢贸然进入。有大首领大头人,称为"买努广",由选举产生,遵循禅让制。买努广及石牌会议的职责是讨论决定内部事务,抵御外侮、保卫地域及族民生命财产安全。

(2)侗款制

款是村寨与村寨之间的联盟组织,具有民间自治和自卫双重功能,对内制定款约,调解跨村寨的纠纷,对外抵御外敌。临近的几个侗族村寨组成小款,然后由临近的小款组成大款。款有头领,称为“款首”,还有公务人员,称为“款脚”,并由款内各寨的青壮年男子组成款军,平时参加生产,遇有外敌侵扰,“务一呼百应,声息相通,邻唱里随,守望相助,始终如一,风雨亦然”。[1] 当民族利益受到严重侵犯,或者需要改革全民族重要传统习俗的情况下,如对抗官府,破姓开亲等,若干个大款还可组织联款。[2] 历史上,以吴勉为首的侗族人,在明洪武年间,曾以联款的形式举行武装起义,参加者多达20万人。可见,侗款实际上是一种地缘组织,并初步具备了政权组织的功能。

款组织的活动除了组织军事行动外,主要有讲款、开款和聚款。讲款是指对款民朗读和讲解款约。讲款有定时的和非定时的。定时的讲款,每年起码要进行两次:农历三月秧青春种时和农历九月稻黄秋收时。前者称为三月约青,后者称为九月约黄。开款是指召开款民大会处理款民违反款约的案件。较严重的案件都通过开款由众人审理裁决。聚款也称合款,一般指召开大款会议,由各小款款首或小款款首带领群众聚集合款。或制定款规,或共同商订有关民族全局事宜,或组织军事行动。

(3)西双版纳傣族的领主制

近代西双版纳傣族地区,最高领主叫“召片领”,意为“广大土地之主”,召片领的行政中枢议事庭是常设的最高权力机关,由庭长和管理行政、财粮、司法、户籍等高级官吏组成。召片领之下的各级行政机构为版纳(相当于小县)、勐(相当于区)、“陇”(相当于乡)、“火西”(相当于行政村),也都有具体而微的类似组织,从而形成一整套政治整合与控制体系。这种组织体系还设有军队、法庭和监狱等暴力机构。

在召片领之下,又有次一级领主“召勐”,小勐和大勐之间具有等级

---

〔1〕《三江县志》卷五。

〔2〕参见邓敏文、吴浩著:《没有国王的王国》,中国社会出版社1995年版,第28页。

从属关系，层层节制。召片领和召勐又把直辖的土地分封给各级官员，由他们分掌各种职务，督促农奴提供各种赋役。在封建化过程中，各基层村寨头人被领主加封为“叭”、“鲊”、“先”等官职，成为替领主征派劳役和钱粮的具体执行者，他们把各村社的负担数量最后摊派给各户。在村寨头人之下，还有一套足以独立自存和具有明确分工的组织机构：有管理武装的“昆悍”，职掌文书的“昆欠”，通讯跑腿的“波板”，管理水利的“板门”，管理寨神的“波摩”等。

这种领主制度主要存在于土司或土目统治的地方，相类似的还有云南景颇族的山官制、贵州彝族的则溪制及黔西南布依族的亭目制等。

（二）游牧少数民族社会的组织结构

游牧少数民族的社会组织形式是部落，其最普遍最典型者莫过于藏族。部落组织形式主要分布在藏北、青海、甘肃、四川等地区，而前后藏地区则因是农区或半农牧区，在帕竹政权时期即已形成以谿卡为名的领主庄园组织形式。此处我们重点讨论藏北和四川等地的藏族部落组织形式。这种藏族部落，不仅已跨入阶级社会的门槛，而且已发展到封建社会的历史阶段，是国家行政管辖下的一级社会行政组织。藏学家陈庆英认为，“由于社会发展的不平衡性，这种部落还不同程度地残存着人类社会若干早期社会组织（包括血缘部落、地域部落、部落联盟）的历史痕迹，这些部落组织形式实质上是地域部落（亦即地区部落、地缘部落）延续到阶级社会中的残余形式。”[1]

部落的最基层细胞是“日科尔”，一般是由若干个有血缘关系的家庭组成，通常具有排他性，带有明显的血缘组织特征。同一日科尔的牧民一般在同一地区放牧，迁移草场等生产活动协商实施，各户互相支援。每个日科尔都有自己的首领，有的称为居本，有的叫如本，或由民众推选

---

〔1〕 陈庆英主编：《藏族部落制度研究》，中国藏学出版社1995年版，第101页。

产生，或由上级头人指定，其职责是组织协调内部的生产和宗教活动，调处族内夫妻不和、家庭财产继承等小纠纷，部分德高望重的还参与处理部落内的一些事务。若干个日科尔组成一个部落，部落有大有小，大者千余户，小者仅几十户。有的较大的部落还分化出若干个小部落。一般说来，大部落是较为独立的单位，独立性强，互不统属，对固定的草场等具有所有权。大部落的头人或称做“红保”，或称“代本”、“吉门”，不一而足，历代中央政府及地方政府对不少大部落头人进行册封，表现出部落头人有较独立的行政、司法、外交和军事指挥权。大部落下属的小部落头人的主要职责是协助大部落头人工作，或者替大部落头人管理一个小部落。〔1〕部落的最高组织层次就是各大组织系统，如四川的瓦虚三部、藏北的霍尔三十九族、羌日部落等，藏语中对这一级组织层次并没有专门的名称，或可称为部落联盟，其组织系统形式也呈现出地域差异，类型多样。其中既有藏族部落古老的军政同体结构，又有以千百户制度为主线的封建领主制度下的结构。以四川的瓦虚部落为例，尽管其有18个支部落、25个分部落、33个小部落，但仍有一个统一的领导。其最高权力机构是各部落头人联席会议，常设机构由三俗一僧组成，均称为“总头人”，总头人之下有分领各部落的“措本”，最基层是日科尔的首领“居本”。而藏北的霍尔三十九族，其权力机构更为复杂完备，有统一的首领“霍尔王”，并有庞大的行政官员和侍从队伍。〔2〕大部落的头人及部落联盟的首领多属世袭或任命。

二、社会组织的职能及权力来源

(一)职能

社会组织的职能如前所述对内主要是规范成员的行为，解决纠纷，

---

〔1〕 以上参见陈庆英主编:《藏族部落制度研究》，中国藏学出版社1995年版，第113～124、第176～182页。

〔2〕 同上。

平息异动，维护成员整体认同的民族传统，进而维持内部社会的有序状态。对外主要是防御，组织抵抗，进行战争和开展正常的外交活动，实现整个族群的独立和不被消灭。

各少数民族因为各族不同的文化背景，环境条件的差异，各族群的职能不尽相同，但从总体上来看主要有以下几个方面是一致的：

1. 划分权力，形成各级组织体系。

2. 订立成员统一遵守的律令，规约。

3. 解决成员内部纠纷。

4. 通过一定的形式（如会议）解决关系族群命运的大事件。

5. 赏善罚恶，维持社会秩序。

6. 组织防御和抵抗，必要的时候组织进行战争。

7. 处理族群与外部社会之间的外交事务，开展正常的外交活动。

（二）权力来源

除却政治性较强的土司制与部落组织，西南民族地区的社会组织多是一种自治性的组织，是族群的管理组织，各民族通过它来解决本民族的内外大小事务，利用社会组织制定规约，要求族民全体必须统一遵守，不然即会受到相应的惩罚和制裁。社会组织何来这样至高无上的权力？社会组织的权力不是凭空得来的，其权力的来源主要有两个：

1. 深层根源：生产力不断发展的需要

社会组织有其相应的经济基础，归根结底是为发展生产力服务的。在生产力极度低下的原始社会里，由于生产力低下，与生产力相伴生的社会矛盾很不明显，所以原始人群过着近乎“大同”的生活，没有政治组织。伴随生产力的发展，社会关系必然复杂化，社会矛盾自然也日益增多，如果不能快速有效地解决日益增多的社会矛盾，生产力的发展必会受阻。于是人们都希望有一种大家共同认可和服从的组织出面来解决这些问题。社会组织调控族群社会的力量正是由这种需要所赋予的。

2. 维系共同民族传统的需要

西南各少数民族社会由于历史、地理、文化、经济等因素的影响普遍具有保守性和封闭性。他们以采集、渔猎、耕种为主要的生产生活方式，生产力不发达。在这样的社会中掌握自然界的规律如气候的变化，季节的更替，农时的选择对生产具有重要的指导意义。世世代代的人们依靠从祖辈传承下来的经验加上自己从实践中总结出来的经验展开自己的生活。经验在环境条件不发生重大变化的一段历史时期内基本上是普遍有效的。将这种经验神圣化，经验也就变成了传统。由此我们不难理解在西南各少数民族的社会中传承传统，维系传统的民族情感产生的合理性。此外族群成员在长期的共同生活过程中逐渐形成统一的文化认同感，他们有统一的语言、文字，统一的风俗习惯。

但是生产力的发展带来更多社会矛盾引起环境条件的变化，使得传统不断受到挑战。怎样维系族民整体认同的民族传统，回复传统指导下形成的生活模式，这也迫切需要一个强有力的首领担当起这一重任。

从社会组织的组成上来看，从族长、寨老到社会组织首领的产生并不是世袭或由特定的个人指定的。他们多是以个人的才德、威望受到众人信任和拥戴而自然形成的。再者社会组织的活动一般以会议的形式进行，族群中的内外大小事务由与会者共同商议，最后经过表决以大多数人的意志为准形成决议，首领只起到召集、主持和宣布决议的作用，归根结底社会组织的权力来源于大多数人的合意，是朴素的民主意识作用的结果。

三、族群控制的主要方式

各族社会组织调控社会的活动形式十分丰富，各有特点，如通过祭祀活动强化族民的宗族意识增强民族内聚力，通过讲理、摆古等活动教化族民，但其中最常见，也是最重要的是通过举行会议的方式，议定律令规约，将其上升为整个族群应普遍遵守的行为规范，从而达到维护社会秩序的效果。

(一)祭祀

西南各少数民族无一例外都举行祭祀活动,这跟各民族社会落后的生产方式和低下的生产力水平是密切相关的。族民希望通过祭祀活动得到神灵和祖先的庇佑,获得幸福的生活。同时,可以通过神圣庄严的祭祀仪式净化族民的心灵,唤起他们对宗族的热爱,这在客观上也起到了维持族群秩序的效果。

1. 祭祀神灵

对神灵的祭祀源于自然崇拜。大地在长出五谷为人充饥,降下甘霖为人解渴的同时又给人带来灾难和疾病。人依赖自然界生存又无时无刻不在和自然界作斗争。但是无论人的能力如何进步,自然界总会有疑团继续困扰人类。许多现象因为无法解释因而变得神秘,许多强大的力量人类无法战胜因而也变得威严。还有一些情况是在日常生活中人类从某事物中获得恩惠,这种事物也变得可敬起来。这些例子比比皆是,如对火的崇拜,对熊的崇拜,对五谷的崇拜等。因为上述原因,于是人们认为通过祭祀活动,以最好的祭品,最恭敬的礼仪来讨好神灵必定能从神灵那里得到更大的福祉,于是产生了祭祀活动。以下我们以瑶族对谷神的祭祀为例。

瑶族的谷物耕种主要以玉米为主,又称包谷。包谷在瑶族的饮食结构中占有重要地位,包谷收成的好坏直接关系到族民的口粮以及家畜,家禽的养殖情况。因此瑶族历来都很重视包谷的生产,每年都要举行隆重的祭祀仪式。[1]

主持祭祀活动的人称"活路头",是由瑶族中那些家庭人丁兴旺,农事经验丰富,连年丰收,通晓历法占卜的中老年人担任的。每年开春后,

---

〔1〕 参见黄海:《瑶山研究》,贵州人民出版社1997年版,第457~459页。

在吉日里(一般选择猪日)活路头家早起,全家高高兴兴吆牛犁地,拌灰播种,点种第一块土地。长者砍来芭茅草插在地中央,然后整衣肃立,面朝东方,诵念祷词,汉语大意是:“今天是好天,瑶人来种谷。谷种啊!我们先回家歇息,先回家睡觉,可是谷种你啊,可不能睡觉啊!你要快快地发芽!快快地生长!……”当晚,全家人及远近亲戚欢聚在活路头家,斟上美酒,摆上佳肴,共进“开播宴”。进食前,长者在屋内东方焚上三柱香,摆上三杯酒,三碗饭,三坨肉在供桌上,又面向东方念一遍“播种经”,大家方才入席,说些吉利话,讨论生产,预祝包谷丰收。活路头家动土后,各家紧随其后翻田播种。诸如这样的祭祀活动在一定程度上对社会的生产生活秩序有调控作用,毕竟只有生产顺利,社会才会安定。

图14:西藏桑耶村的“旺果节”,祭祀神灵,祈求丰收。

2. 祭祀祖先

对祖先的祭祀活动同样来源于对祖先的崇拜。它是团结个人、家庭、族群的有效方式。它能在族民中产生内聚力,从而达到稳定社会秩序的作用。在生产力不发达的各族社会中,生产生活经验通过祖先祖祖辈辈传承下来,尊重祖先即是尊重传统的生活方式。举行祭祀祖先的活动既包含有感念祖先恩德,乞求祖先庇佑的意思,同时也是对民族传统的强化。

贵州丹寨县苗族的鼓祭社活动就是祭祀祖先的活动。祭鼓即是祭祖(鼓),目的是“乞求祖神保佑,消灾赐福与后人”。祭鼓的程序很复杂，首先是醒鼓，一般在秋收后举行。到时鼓主选好吉日，请来祭师、礼师、乐师和一对漂亮姑娘等，并事先酿好米酒，提前通知亲友祝贺。醒鼓的目的是召唤祖先的灵魂回来欢度鼓节。紧接着就是祭鼓的筹备工作，要选主祭师，助祭师若干人，选祭祀用的祭牛，筹粮筹款等。到正式祭鼓时要先砍鼓树制作新鼓以替换旧鼓。鼓树一般选用根系发达，枝叶繁茂的世代保护在寨边的古楠木。砍树时要供奉祭品，并念祭树词。新鼓做好后，将其安放在鼓祠中，每 13 天由鼓头敲击一次，意在随时把祖宗灵魂唤醒等待大祭。换鼓时四方亲友前来祝贺，先由主祭师和鼓主及助手们和各户主带上祭品到鼓祠祭鼓，然后由各户分祭。换下来的旧鼓要先用祭品祭祀再烧掉。整个祭鼓活动最隆重的一幕是引鼓，由祭师，鼓头，各户男女主人以及所来客人组成的引鼓队把寄附在楠木上的祖灵引回来，届时要举行隆重的接祖灵仪式，杀祭牛，淋花树。各家各户凑小木条盖新鼓祠。盖好后将新鼓安放其中，夜夜敲击，尽情踩跳，大祭 13 天方才结束。送鼓即欢送祖先升天。洗鼓是祭鼓的最后一道仪式，需砍 12 种树木每种各两截，称为洗鼓木，象征邪魔恶鬼。届时彻夜敲鼓，男女围跳，男人手持刀斧，鼓响一声就砍一刀洗鼓木，直至将洗鼓木都砍成碎片，然后把木屑扫入鼓祠烧掉，洗鼓结束整个祭鼓活动即告结束。

（二）制定规约

各族以举行会议制定规约的形式，议论商讨族群中重要问题的解决办法，这带有原始民主的色彩。会议进行的方式各族间有差异，但是总的说来各自都有一套制度化的程序。其中典型的代表有苗族的议榔，瑶族的石牌议事会等。

1. 苗族的议榔活动

通常议榔活动的程序是：先由寨老议定，集中榔区户主民主选举其中德高望重，主持公道者若干人为“榔头”，组成执行榔约的权力机构。选定吉日（一般为牛日或虎日，取其力大有威严之意）先栽一木或石头

“榔桩”。各置一黄牯牛和一只公鸡祭榔，然后聚拢榔区所有成员于桩前，由榔头把议定的条款当众宣布，再由祭师念“榔词”，众人站立恭听。接下来杀鸡宰牛，把血淋在榔柱上，再以血调酒众人一一传喝，用这样的仪式表明议定的榔约是征得众人一致同意的，并自此生效。苗族过去没有文字，榔规刻在榔柱上。最后将肉煮熟让众人受领，有事未到者也要给其送去一份榔肉，目的是把议定的结果通知到每一个人知晓。议榔之后，平时如果有人违反榔规榔约，由理老评判。

2. 石牌议事会

石牌议事会的召开，首先由村老寨老针对当前的社会问题，动态或突发事件进行分析考察，得出初步的解决方法，拟定出条文草案，然后将草案在相关的各村寨中由村民进行讨论协商。得到认可后选定吉日在约定的地点召集族民举行会议得出最终决议。其立碑，祭碑，喝血酒，分肉的仪式与前述苗族议榔活动的仪式类似，在此我们不再详述。

石牌议事会得出的石牌律具有至高无上的权威。瑶族社会有“石牌大过天”的说法，因为石牌律的内容包括瑶民社会生活的方方面面，所有族民在情感，思想和行动上必须无条件服从，不得违抗。

3. 石碑情结

在此我们单独把石碑独立出来分析。石碑的建立起因于族民对传统一致性的破坏，各族订立的规约最初是不成文的，后来为了“存留后记”警戒后人，所以凿石以记之。在很多少数民族社会都存在这样的石碑，如瑶族的石牌律，苗族的石碑，侗族的款碑等。

将规约刻立于石碑，这源自人们对石头的崇拜。在原始社会中，原始人不能制造先进的劳动工具，石头成了他们天然的劳动工具和武器。他们不仅能用石头杀死飞禽走兽还能利用石头制成简单的石斧等工具。石头在这样的社会中有极为重要的作用。人们对石头产生了特殊的感情，认为石头具有特殊的魔力，于是产生了对石头的崇拜。另一方面，石头不怕火烧，水淹，非常坚硬，这样的特性，可以象征永恒和不轻易改变。所以族民将律令规约刻在石头上，希望规约也能像石头一样永存永远警示后人。石碑的形式分有文和无文两种，无文的石碑有称为“埋岩”。在贵州黔东南的雷山县永乐镇开屯干公路左侧树立着这样一块石碑，[1]碑文如下：

兹将丹、八两属联界邀集各甲长及父老等改造进行决议，规定财礼钱不得多取，所有婚嫁自由，不得强迫女方成婚，倘违当众议决条例，多取及强迫者，均以碑章证明，否则天诛地灭，永不发达。仰望各界父老须知。此碑万古不朽。所议各条开列于后。计开：

第一条：对于回娘头先由媒人说合或由双方子女愿意成婚者，乃能决定婚配。若不得双方子女同情者，而父母决无强迫阻滞及野蛮之行为。

第二条：准定彩礼钱：上富者一十五元八角。

第三条：准定彩礼钱：贫者一十二元八角以下。贫富财礼钱须向娘家取，定平收分。

第四条：准定娘头钱一律七两一钱，依古法律每两扣小钱一千两百文，不许任意折扣。

第五条：施行本简章呈请丹八两属县府核准之日实行。

民国二十八年二月十五日

这是一块苗族婚姻改革的石碑，石碑内容我们可做以下分析：首先，碑中要求财礼钱不得多取，且明确规定了贫富财礼钱的数额，这就维持了社会的淳朴风俗，在一定程度上预防了攀比、奢侈等不良社会风气的

[1] 该碑竖立于贵州黔东南的雷山县永乐镇开屯干南桥公路左侧，距永乐1公里，距县城53公里。该碑建立于民国28年（1939年），高1米，宽0.6米，至今还完好无损，字迹清楚。石碑内容为笔者亲自抄录，标点为笔者所注。该碑文最后还刻有与会者姓名，笔者省略了。

滋长。其次，强调婚嫁自由，不得强迫女方成婚，这在一定程度上保障了女性在婚嫁上的自由权利，也有利于维护族群成员的平等地位，维护正常的社会秩序。最后，最后一条"施行本简章呈请丹八两属县府核准之日实行"体现了当时民国政府对苗族社会的管辖，同时县府认可了族民以石碑的形式颁布此改革文告，这体现了苗族社会与县府的交流，这无疑需要通过社会组织与县府进行交涉来实现。

由此我们可以看出石碑是族群控制的见证，以石碑的形式记载律令规约也能对族民起到良好的宣教作用。另一方面，石碑在很大程度上能限制文化传承发生激烈的变异，即使变异也将维持在利于本族群传统文化延续的范围内。石碑的存在可以时时警醒族民遵循传统，从而强化了族群社会的整合。

此外，在游牧部落中，人们通过盟誓和部落议事等形式来维持并推动部落或部落联盟内部的运转。通过盟誓，部落或部落联盟内部形成一种义务和权利较为稳固的关系，以维护共同的利益。议事会是部落的权力机关，重大事件，如决定战争、打冤家、对外交涉、调整草场、制定习惯法等，多由部落头人及民众推选的代表联合召开部落议事会，甚至是举行部落全体成员大会讨论解决。[1]

四、族群控制的运作机制：赏善罚恶

在西南少数民族社会中有了社会组织体系，有了律令规约，如果没有相协调的运作机制相配合，社会组织的尊严和律令规约的权威都将无所依托。只有在现实的运作过程中族群调控才能实现。分析西南各少数民族社会控制的运作，最大的共同点就是：它们都采用了简单但行之有效的赏善罚恶机制。人的本性是趋利避害的，这是该种机制能发挥作用的前提和基础。西南少数民族社会因为生产力不发达，社会关系不是

〔1〕 具体内容可参见格桑本等著：《青藏高原游牧文化》，甘肃人民出版社 2000 年版，第 82～85 页。

很复杂,民风质朴。人们惯性地依据传统的风俗习惯和既有的族群文化来生活,憎恶破坏族群社会秩序的行为。因为在较为封闭的族群社会中,维护传统是开展正常生活的需要,对传统的任何破坏都会引起族群社会的激荡,不利于族群全体。

(一)舆论的褒奖和谴责

凡是模范地遵守了族群行为规范,为族群社会的发展作出了重要贡献的人都会得到整个族群的认同和尊重,甚至万代流芳,相反对于偷盗,欺诈,恶性伤人,欺压族民等行为将受到族民全体的谴责。

像这样的例子在西南少数民族的传说和诗歌文艺作品中极为常见。比如贵州苗族领袖张秀眉领导起义军反抗民族压迫,为苗民的利益献出了生命,苗民即用各种各样的形式纪念他们的英雄。他们将起义的经过谱成《张秀眉之歌》为传唱以寄哀思。《张秀眉之歌》中对最后张秀眉被俘有这样的记述,当他被押过台供厅城郊南喜、丈浓等村寨时,苗民都跑出来向他哭喊:

“是不是你啊秀大哥/是不是你啊好兄弟/你在我们才幸福/你去我们难生存/粮食照样又要上/伕役照样又应征/晓得如何是好/请你给我们说一声/让我们心里能踏实/以后照着去斗争!”张秀眉听后大手一挥,留下豪言壮语“是我呀各位父老/是我呀各位兄弟/粮食你照样不去上/伕役你人照样不应征/官家假若再压迫/我们照样做斗争/这世我暂时去了/二世我再度转生/转来我们再造反/打杀万恶的狗官兵/像掐树上的嫩椿芽/像割坡上的野藤藤/收回房子自己住/收回田地自己耕/子孙繁荣像鱼崽/幸福赛过狗衙门!”

此外,瑶族头人“果告粮”为苗民求粮立下大功,瑶民为了纪念他,约定全瑶麓地方凡播种插秧一定先等“果告粮”的田动土之后其余的人才能生产。这种习俗一直传袭下来,以示对这位优秀头人的褒奖。这样的措施能够引导族民向先进模范学习,从而形成良好的风气。

(二)强制性的惩罚措施

族群控制之所以有效,规约之所以能成为族群内的最高行为准则还在于一个重要的原因,那就是社会组织借助了强制性的惩罚措施惩治失范的族民。各族中这样的措施五花八门,比较轻的有罚款,检讨,勒令赔礼道歉等,较重的有开除族籍,处死等。以下我们着重介绍一下比较有特色的瑶族"罚酉"制度。[1]

在瑶族社会如果有重婚、纳妾、强奸、虐待、遗弃妻儿或违反部落内婚、氏族外婚的地方规范等不良行为的,石牌组织就会组织"罚酉"施以惩治。罚酉又称为吃酉。"酉"即地支中的酉时,指下午五时到七时这一时间段。罚酉就是有关家庭到乱伦者家中见鸡杀鸡,见牛宰牛,吃酒吃肉,从卯时(早上五时到七时)一直吃到酉时,吃一整天。如果违规乱伦者家中承担不起"罚酉"费用,即由家族集体承担,实行连坐连保。

(三)惩治原则

在西南少数民族社会中,社会圈子不大,人与人之间的关系大多非亲即友,是典型的熟人社会。在使用惩罚措施加诸于失范成员之上时,法理与人情产生了冲突。为了解决这一问题,许多民族采用了家治或族治的原则。即先由家庭内部对案犯进行处置,如果家庭内部不予处理,再由家族,村寨,部落组织等出面处理。一般来说为了维护家庭或家族的声誉,遇到这样的事情一般都能自觉进行处理,这也是各族社会能长期保持安定的一个重要原因。

[1] 参见黄海:《瑶山研究》,贵州人民出版社1997年版,第186页。

第二节　纠纷解决机制

一、西南地区的少数民族如何解决纠纷

在西南少数民族地区，对于违反习惯法的行为，以及社会内部产生的一般纠纷，虽少有专门的习惯法执行机构，但在纠纷处理方面的习惯法是相当丰富的，诸如调解处理审理的机构、人员的职责与权限、处罚方式等均有较为详细的规定，这就形成了少数民族独特的纠纷解决机制，这一机制主要包括当事人个人和解及在第三方参与下的调解、审判制度。

在群居的村寨生活、互助的生产方式之下，和睦相处、团结友爱、同享幸福是社区共同的精神追求。任何纠纷，都是对这种和谐关系的破坏。藏谚讲："与其沟头建寺庙，不如沟尾无争执"，这是西南少数民族较为普遍的追求。即使是纠纷无可避免的发生，当事人首先想到的还是依靠自力解决，藏族还有这样一句俗语，"口伤口养"，意思就是口里的伤由自己去养，不需要医治，纠纷不需要别人去做工作，由自己去解决，大多抱着息事宁人的态度，大事化小，小事化无。这种方式具有纠纷的自愈性功能，对社会影响不大，在此不作赘述。

纠纷一旦超越了当事人自力解决的范围，那就必须由第三方参与，或审判，或调解。

调解一般由村寨的头人、长老、宗教人物、家族内的长辈等主持，有的民族如彝族和早期的藏族还有专职的调解人。这是一种最主要的纠纷解决方式，藏族称为"说口嘴"，吐蕃时期，不管是民事纠纷还是刑事案件，当事人均可以请部落的长老斡旋调停。近世的甘南藏族部落中甚至

有专职调解的“老民”，川康牧区叫“速巴”，[1]这种调解的效力是获得保障的，谚语说：“穿羊皮者调解的纠纷，穿虎皮者也不得翻案”，普通人调解的纠纷，领主和头人也不能更改。

生活在云南剑川地区的白族，把民间的调解称为“议话”（羌族也是如此），就是讲道理的意思。若双方发生殴打，则由其中一方准备酒菜，要求本村有威信的老人、知识分子或旧时的保甲长到家评理。双方到齐后，先由当事人分别叙述事件发生的原因和经过，然后由其他人评理。对盗窃、通奸等违反习惯法的行为，一般也是请人议话。不对的一方即为输理，要赔偿损失并罚款。相同的方式如毛南族的“匠讲”，主持人是村老、排头、学董、文武相公等。[2]

又如瑶族的“交码”，当村子里发生争端需要请石牌头人处理时就要请老。请老可以口头通知，还可以用禾秆一节穿上一枚铜钱送到头人家里，表示请老。判案时，以禾秆为筹。当事人申述发生争端的原委，每讲一条道理头人就折一节三寸长的禾秆放在桌上，有多少条道理就有多少根禾秆。甲方申述完了，头人把禾秆收起来带到乙方去摆禾秆，把甲方的理由重复一遍。乙方如果不同意，又向头人申述理由。这样往返数次，直到双方的理由都摆透了，头人再根据双方的陈述判案。若一方不服，可以请更大的石牌头人来处理。大石牌头人请来以后，一般还要在争端的双方往返数次，听取双方的申诉。如果双方坚持己见，事态有进一步发展的可能，石牌头人就要他们交码。交码就是用禾秆一节扎上一枚铜钱或一个手镯交给头人。交码以后石牌头人再次调停，调停无效，石牌头人就向双方退码，退码意味着只有借助于武斗来解决矛盾了。头人退码以前双方是不许开打的，否则就算是触犯石牌法，要受到石牌头

---

〔1〕 陈庆英主编：《藏族部落制度研究》，中国藏学出版社1995年版，第239页。

〔2〕 参见刘黎明：《契约·神裁·打赌——中国民间习惯法则》，四川人民出版社2003年版，第142～143页。

人的惩罚。所以,交码与退码是纠纷能否和平解决的关键。石牌头人在判案过程中为了惩罚违反石牌法的人,带领村寨群众去兴师问罪,又称为起石牌。[1]

从这里我们可以看出,对哪些纠纷适用审判,哪些适用调解,界限并不明显,所谓"调解"与"审判",并不存在多少区别。其一,在很多民族,只要存在纠纷,且通过双方的自力无法获得妥善解决,不论当事人有无主动请第三方进行调解,肩负着保一方安宁的部落头人或村寨长老,从村寨社区的秩序与价值观念维系出发,一般都会主动调解,以强制手段解决纠纷,由他们主持的调解自然也会带有很强的教谕色彩。他们如上文讲到的瑶族,非经头人调解,双方绝不允许通过私力解决。如 1935 年,长二村和田厂为争山界发生纠纷,长二村没有请长老就擅自抓了田厂的两名妇女作人质,石牌头人知道以后便起石牌到长二村去论理,长二村自知理亏,不仅释放了两名妇女,还被罚款 120 元。[2] 其二,在以"说口嘴"、"议话"、"匠讲"和"交码"等方式解决纠纷的过程中,往往需要调解者调查纠纷的来龙去脉,依据习惯法来判定双方应承担的责任,调解者往往扮演法官的角色。其三,头人主持的审判也有极强的调解性质,即使是刑事纠纷亦是如此,譬如藏族、彝族地区审理故意伤害案、故意杀人案,除要对案件性质及双方责任的认定之外,尚需要民间的审判者就"命价"、"血价"的多少在当事人双方之间进行调解。

在西南各少数民族中,这种混合了"调解"与"审判"性质的纠纷解决机制是极为普遍的。典型的如四川大凉山地区的彝族,在历史上,不论是民事纠纷还是刑事案件,都由专职的德古(关于这种专职德古,本章另节专述)依照习惯法解决,且这种纠纷解决的机制在今天还被民间广泛地采用,下面我们将以专文来探讨彝族的纠纷解决机制。

---

[1] 《广西瑶族社会历史调查》(一),广西民族出版社 1984 年版,第 68 ~ 70 页。

[2] 陈华:"中国少数民族的传统政治组织",载新华报业网,2005 年 1 月 24 日。

二、彝区纠纷解决机制的个案分析

以下是发生在四川大凉山彝族地区的一些个案，让我们来看看，彝族人是如何解决纠纷的：

甲案：解放前，昭觉县的竹核乡甲日借粮食给同乡的阿作说博。现两人均已去世。后者一直未还粮。1997年，甲日的女儿甲巴果果去向阿作说博的儿子阿作曲者要求还他父亲曾出借的粮，阿作曲者不还，两家发生矛盾。后阿作曲者找德古处理此事，德古对甲巴果果说，时间太长了，有无这回事还是个问题，而且，阿作家太穷了，不能拿出那么多，象征性地给一下就算了。甲巴果果同意了。这样，阿作曲者就给了甲巴果果150元钱和一头40斤的猪，还打了酒给德古喝，德古对双方当事人说："这是担保酒，喝了以后双方永不得反悔。"此案双方事后的确没有反悔。

乙案：1988年赶场的一天，吉克有格因醉酒撞到了海来日者，后者问前者为什么撞他，吉克有格说自己"拳头硬"，双方发生争执并扭打起来，在此过程中，海来日者打了吉克有格一耳光。吉克有格借酒装疯，赖在海来日者家里不走，并喊来了自己的家支。家支看他喝醉，就想拉他走，但他不走，家支就回去了。海来日者对吉克有格的行为有点火了，拿石块打伤了吉克有格的前额。吉克有格又喊来了他的家支，他的家支说："打伤了人，就要赔钱。"双方发生纠纷。海来日者喊来了德古出面解决纠纷，德古说先住院，医疗费先自己垫付，再由海来日者报销，但吉克有格称自家穷，垫不起。于是德古再调解：由海来日者家出一只羊，打十斤酒，出650元钱给吉克有格，医疗费不再负责。杀山羊喝酒时定下，以后双方不能反悔。

丙案：1982年，男方姓吉达，女方姓曲木，二人从小订下娃娃亲。曲木曾与男方行了婚礼，但未落夫家（按彝族风俗，双方举行婚礼后，女方要隔2～3年方落户夫家）。但后来曲木认为吉达人才不如她，遂提出离婚，在财产返还方面发生争执，在德古的调解下，曲木家用"依查"仪式即热烫钱，杀一头牛请吉达家吃，意为向吉达家表示歉意，并退还男方婚事费用共5000元钱。案结后，举行了“西过则”仪式，即捏死一只鸡，并说：“今天是猴年马月猪日，你们两家的这桩离婚纠纷在德古的处理下，已经说清楚。将来如果哪一方反悔，就如这只鸡一样死去。”此纠纷得以妥善解决。

丁案：1998年，昭觉县男方姓苏子，女方姓阿顾，两人系夫妻关系，后阿顾与另一男性通奸被苏子发现，两人发生争吵，苏子揪妻子阿顾的“天菩萨”（注：彝族忌讳，天菩萨是揪不得的），按习惯法子要“做几”（即被揪着走几步，赔几锭银子）。后在德古的调解下，赔了5锭银子又给了一匹马（折合成一锭银子，当时一锭银子折合人民币30元），还赔了丝绸做的衣服，最后举行了“依查”仪式。

戊案：1945年3月，美姑县白彝波弃家的八个奴隶逃跑，波弃家无力追逃，只能用“报口信”的形式悬赏通缉。后有人说，逃亡奴隶是瓦火日者、娘古友吉两人送出村外去的。两人都是波弃家的奴隶，波弃家提出让德古处理此事，德古们调解了三天无果，二奴隶拒不承认放走了八个奴隶。于是决定采用神明裁判的方式，由双方各出20锭白银作赌咒费，于羊月虎日在某村外举行端铧口仪式。在距离神判仪式一个月前，德古们举行了打鸡咒誓仪式，他们发誓将公正地主持神判仪式，同时解除瓦火、娘古两人的锁链木枷，让他们去准备白衣服到野外去呼天地灵来为他们公正判决；同时，让双方交来银子，由德古保管好。举行神判仪式日，瓦火日者二人按规定端了烧红的铧口，双方没有被炽铧烫伤，因此德古和毕摩判其二人为“自案”，即两人获胜。

已案：昭觉县的曲论史者把曲比拉一打死后，曲比史者去县公安局自首，被判有期徒刑6年。在这6年期间，拉一的父亲格者去史者的家中，要求史者“抵命”（时史者的父亲达莫说：“史者现在监狱里没法抵命”），于是格者就赶走了达莫家的12头猪、16只羊子、二头牛等财产，在史者释放后，仍坚持要求史者抵命，但史者已经被国家判了，况且你家也有不对地方。一开始，格者不同意，但后来，德古们找来格者家的头人来施加压力：我们给你九十九锭九两钱九厘银子，你接受的话，就解决了，若你不接受，我们家支将把你开除家门（因为在家支头人看来，格者的这种固执是给本家支丢面子的事），格者也只有接受了，双方打了鸡，举兴了“依查”仪式。

这些纠纷妥善解决的“方案”对法律界人士来说，多半是陌生的，被贴上“落后、愚昧”的标签。在他们看来，这些争议应该到法庭上“讨个说法”，于是接下来的程序便是起诉、传唤当事人到庭、举证、质证、裁判、执行，然而彝族人民并未这样做，他们却选择了让德古、毕摩们当“法官”，于是，按制定法程序需要3个月、6个月解决的纠纷，在他们的“土办法”解决下，两三天或一个星期便成功解决了，用现代的话说“诉讼效率不可谓不高”，而这，难道不正是现代法治孜孜以求的目标吗？用法律家的眼光来看，他们的这种做法是“不懂法”、“法律意识淡薄”。事情可绝对不是这么简单！电影《红河谷》中的那位老奶奶在回答孙子的“山外边是什么”的问题时说：“孩子，穷人有穷人的世界，富人有富人的世界。”我们不能简单用自己的已知去给别人的未知贴上一个“愚钝”的标签，正如别人的幸福你做不了主一样！彝区的人民相对于其他内陆地区人民而言，对制定法的认知程度要差得多。但是，他们又何必去知道那个与自己切身生活无关或无甚大关的制定法呢？在他们看来，他们的祖宗之法——习惯法便是解决自己争议的最佳方法，这就是他们能获得“正义”的法宝。在调查中，我们发现，许多按照制定法解决的争议，尽管当事人获得了一纸裁定，然而并未获得实质上的解决，换句话说，他们想要的说法并未讨到，人总不能画饼充饥吧，于是只好“老调重谈”，请德古们出来解决，而经德古们的处理，纠纷还真的获得了“实质正义”。

(一)纠纷解决的模式

家支是彝族的主要社会组织,是一种以父亲血缘为纽带的家族联合组织,通常是一姓称一家,一家之下又分为小支(房)、户。因家支的特殊性,可以把彝区涉及习惯法的纠纷或案件分为发生在家支内的和发生在家支外的两大类。

家支内的一般性案件,由头人裁决,只要当事人双方同意,即算了案。但较大的纠纷案件,则非头人所能独断解决得了的,往往要召开"吉尔吉铁"会,最后再召开"蒙格"会解决。"吉尔吉铁"意为商量研究的意思,它是指由头人聚集在一起商量家支问题,解决内部纠纷或邀请家支内有关的少数人参加的小型会议,又称"家支头人会议",[1]这种会议可以随时召开。"蒙格"意为会议,是当家支内外发生重大事件,如家支成员被杀害,家支土地被侵占等重大问题发生时,需要召开全体家支成员会议作出决定的大型会议。"蒙格"会议同时又是审判法庭。家支范围内的一切重大诉讼,都由它提出,并由它裁决,死刑也是由它决定。对那些犯了重罪的家支成员召开全体家支会议,一方面是考虑到案件重大,需要听取家支成员的意见;另一方面也可起到杀一儆百的作用,以正法纪,从而维护彝族社会秩序。会议讨论问题依据原始民主传统进行,不存在独断专行。决议也由大家自觉遵守,不存在也不需要进行强制。

家支内部无法解决的复杂、重大案件及跨越家支的纠纷,都只能依赖德古的调处。德古对纠纷的调解与判决是习惯法运行的最主要方式,具体纠纷的解决模式亦非单一:当甲、乙两个家支发生矛盾冲突或械斗后,邀请丙家支的德古参与调解纠纷,这时他的职能称"谋目",彝语意为调解、疏导,强调化解激烈的冲突,如彝谚所云:"谋目平屋基,劝架救人命。"

---

[1] 如20世纪40年代,阿侯伙依之女阿侯吉吉姆与呷西私通怀孕被家支成员发现,于是在头人阿侯沙铁的主持下,召开了本氏族头人"吉尔吉铁"会议,根据彝族习惯法,会议作出了处死双方的裁决。

当甲、乙两家支之间发生普通纠纷时，请丙家支的德古来进行评理、裁判，这时德古就要从事“谋凯”，彝语意为裁断、判断。

德古很少单独解决案件，案件的主持者常常和“谋嘎”（当事人双方之间的传话者）、“谋当”（担保人）、“丘西”（德古的助手）等组成松散的“议事会”，如何定案量刑，由几位德古共同协商而定，意见不一致时，通过商量得出一致结论。如果涉及两个家支间的纠纷，双方家支的德古都不能参加裁决。彝语有：“别人的头我来剃，我的头别人来剃”的说法，因此双方的德古都应回避，请第三者出面调解。当德古家的纠纷由别的德古来裁决时，不管结果如何，他只能以当事人的身份参加，只有服从，绝不可以妄加评论。

德古解决纠纷无固定的场所，一般是在野外，为避免纠纷双方冲突械斗，纠纷双方相距百米远，各坐一边，在达成协议前当事人始终不能谋面，德古往来其间进行调解。一般纠纷走五六个来回即可调解完毕。较为复杂的纠纷往往须走几十个来回，用几天几夜、几年的时间进行调解。具体的流程大致为：在甲方说理并听取甲方的主张——到乙方说理，转告甲方的主张并听取乙方的主张——议事会单独合议——再到甲方……

德古解决案件纠纷是本着“父亲的儿子与人说事，不能巴结人；母亲的儿子与人说事，不能站在亲戚的立场上”，即遵循对双方出以公心的彝训去做的。因此，德古在判案时须做到公开、公正、公审，“我不怕人，只怕规矩”，德古判案时依据的是“祖上留下的规矩”，用口耳相传的法律条款分析案情，解决纠纷。德古在充任民间司法官调解案件时，对原告和被告一视同仁，让双方充分诉说自己的理由直至无话可说时，才裁决案件。如1997年11月16日，四川省昭觉县城内一教师的妻子杨××（23岁，彝名阿来）无故死在家中，经法医鉴定全身无打伤痕迹与服毒迹象。17日晚死者家属从德昌县赶来吊唁，一行28人到处寻找死者丈夫，责问其妻为何而死？他们不找法律部门，只找彝族民间德古来调解。德古们根据平时男方轻视妻子的情况进行案情的分析，按照彝族习惯法条款“黑、黑花、花、花白、白、依倭、奈倭”七条犯罪情节对照，无论从何方理由都只能按第六款“依倭”来处理最合理。通过原、被告辩论一天后，双方无话可说时，德古们就果断判为“依倭”案来计算赔命金，由被告吉诺氏族方赔给死者阿来氏族方丧葬费2760元，人命金1775元，共计4535元，双方都同意并永世不翻案。[1] 因此，从案件解决的过程来看，德古运用由远及近的案例进行比喻，以及谚语、格言等在反复进行的说服活动中，历史（历史典故）与现实（当事人的问题）被巧妙地连缀在一起，过去的智慧转换成当下的经验，并借助于德古的力量，使生活中的秩序时常得到了调整。透过这些生活景象，使我们领略到彝族乡土社会中法律与秩序的本土意味和复杂性。

（二）纠纷解决的目标与灵活性

纠纷到最终必然走向秩序的恢复和再生，这是一个社会能够存在必然具有的调适机制。什么样的状态才是纠纷的理想解决，有学者认为，“所谓妥善的处理，是指以一定社会中被视为正义的规范及秩序为前提，并通过某种符合这些规范或秩序理念的安排才达到冲突的结束。换言之，纠纷的解决是否具有正确性、妥当性，主要看是不是符合作为前提的一定规范，并直接取决于这种规范的具体内容”。[2] 棚濑孝雄在谈及准审判制度的解决功能有效性的标准时，认为有四大标准：纠纷的终结、满意的程度、社会的效果和代价。其中，就满意的程度这个标准而言，他认为，即便通过某种纠纷解决过程，使纠纷得到了最终的解决，但如果一方或双方当事人对解决的内容抱有强烈的不满，则该纠纷解决过程恐怕很难说是成功的。当事者不满不仅在于本身所不希望的东西，而且还可能

〔1〕 海乃拉姆：“凉山彝族习惯法的社会功能”，载《彝族文化》1999年第1期。

〔2〕 王亚新：《对抗与判定：日本民事诉讼的基本结构》，清华大学出版社2002年版，第66页。

成为将来发生纠纷的原因，或者积累起来，传播开去，导致对特定纠纷解决过程的回避和拒绝。在谈到社会效果标准时，他认为，在某种社会里，友好关系的恢复被作为准审判过程最重要的目的。[1]

事实上，在少数民族地区，纠纷解决的原则不只是表现为公平，因为公平只是一种原则，绝非是最高原则和最终目标，最终目标是将纠纷解决，避免双方矛盾冲突的激化，对村寨的现存秩序及“友好”关系造成破坏。德古在处理纠纷时，不是仅关注客观上存在的纠纷事实，还要综合考虑当事人双方过去的恩怨、他们的品行、纠纷时的感情、情绪等主观因素；此外，不能仅满足纠纷解决的本身，还需要把当事人之间今后的关系调整纳入视野中。在一些难以辨明双方责任的前提下，德古往往表现出一种极大的灵活性，他们会放弃对案件事实的追问，努力促成当事人之间的妥协，希望双方能分别得到一定程度的满足。即使案情清晰，他们也未必严格按照逻辑的三段论来适用习惯法，当事人双方的关系、家支势力、对结果的预期、社会舆论等复杂的“法律外因素”所产生的张力常常使最终的结果偏离了规范的预设，德古需要对这些因素在头脑中反复博弈寻找到双方心理的平衡点，越接近这个平衡点，他提出的和解建议便越容易为双方所接受。在许多案例中，调解结果在规范运用之形式逻辑的意义上显失公平，然而综合诸如前述的种种“法律外因素”考虑，这个结果却乐于为双方所接受。从上文的甲案我们可以看出，如果按照现代民法的诉讼时效制度，借粮多半早已超过诉讼时效了，也就是说甲巴果果的实体权利——请求归还其父亲出借的粮食已经灭失，而德古在处理此纠纷时尽管提到时间问题——“时间太长了”，但这里的时间问题在德古看来，并非说你不能要回粮食，只是他把时间长作为一种说服的技巧；“有无这回事还是个问题”这并不意味着德古在强调“证据”问题，因为在笔者看来，证

---

[1] [日]棚濑孝雄著：《纠纷的解决与审判制度》，王亚新译，中国政法大学出版社1994年版，第27～30页。

据的特性之一就是要有客观性，即它是真实存在过的，而这与时间长短并没有关系，尽管你可以辩说，时间长了证据难免会发生灭失等问题，然而即便它现在灭失了，但它毕竟存在过的。时间的长短与证据的存在结果与否有关联而与证据的存在事实无关系。再看“阿作家太穷了，不能拿出那么多”这完全是一种道德说教，毕竟人难免都会有“恻隐之心”，所以从甲案的调处来看，德古充分运用了自己的智慧，采取了说服技巧，最终使双方当事人打酒言和。

（三）语言的艺术

语言技巧在调解纠纷中也非常重要。谚语既是一种生动活泼、易于接受的调解语言，更重要的是，它还是彝族人通过口承形式传诵的道德法则和习惯法。在讲道理劝服双方当事人的时候，德古多半会引用彝区的一些典故、谚语来论证自己的主张，如“没有树林在，哪有鸟兽存”、“没有家支在……哪有黑彝存”来说明家支之重要性，这成为他们裁处家支与其成员之间纠纷的依据。再如，“打死人，黑沉沉，杀死人，血淋淋”表达了视杀人罪为诸罪之首。成套的民间惯用语言，具有很大的感动力，易引发当事人在思想上的转变。

德古们这种通过说唱来运作习惯法的方法，在对少数民族的法律进行研究的资料中实不乏见。如侗款质问盗窃行为者的款词是这样的：一个像阳雀子落在蓬篙上/一个像嗡嗡鸟钻在蓬篙里/一个在上面叫，一个在下面应/有人已抓住了你的手/有人已捞住了你的髻/个个都见得，个人都听说，不是你偷还是哪个？[1] 周勇通过对黔东南苗族“佳”歌的法律分析发现，在黔东南的凯里、麻江、丹寨等县市的苗族聚居区，能唱“佳”歌的人在当地极受苗族群众的尊敬，被称为“佳”理或理老。他们通常被请来作为纷争双方当事人的代表或评断纷争的仲裁人，在他们履行其调解评

〔1〕 高其才：《中国习惯法论》，湖南大学出版社1995年版，第427页。

判纷争的职责时，其所主张的观点和提出的纠纷解决方法都必须援引“佳”歌中所记载的规则和案例。只有这样的调处才被视为公正允当，而为纷争双方所接受，比如对于已秦晋之好的夫妇，若一方反悔或者与第三者相拐私奔，致使婚姻关系无法保持，均需当事人所在家族一方赔偿对方所受损失，“佳”歌诵“男人不愿要女人，男人就赔钱女人……”上到金鸡家，不配金鸡身，也拔金鸡的尾巴毛；上到金鸡屋，不配在金鸡的房间，也要拔金鸡的翅膀。[1] 由此可见，彝区德古们采用那样的处理纠纷方式，也绝非偶然而有其历史的必然性。

（四）家支组织与纠纷的解决

家支成员之间有相互照顾的义务，家支组织起着保护本家支成员的作用。凉山有彝谚语：离不开羊子，离不开粮食，离不开家支，“彝族家支管一世，国家法律管一时”，“人类生存靠亲友，彝族生存靠家支”。家支组织对其成员的抚养、婚姻、救济乃至生命等各个方面都进行了全面而有力的介入，以致家支成员的一举一动无不映射着家支的背影，家支组织就像是一张无形的网，全面地笼罩其家族成员。

在已案与上文的乙案中我们可以发现家支在纠纷解决中的作用。乙案中，在考虑到吉克有格的个人品性外（如他或许有点霸道），只因为海来的一耳光，便喊来自己的家支，这说明在他心目中家支的重要地位。而这时家支看上去也并非是无理搅三分，还是有是非观的，看吉克喝醉，就想拉他走，而并非吉克所期望的那样来收拾海来，但后来却发生了变化，海来打伤了吉克的前额，这时吉克的家支再次“光临”海来家，并说：打伤了人，就要赔钱，并且最终也如吉克的家支所要求的那样，海来家赔了650元钱并且打酒赔礼道歉。这种赔偿原则即为结果责任原则；一个人只要被确认是造成损害发生的人，加害事实本身即足以构成使他承担责任的

〔1〕 周勇：“初民社会纷争调处的法则——黔东南苗族‘佳’歌的法律分析”，载《比较法研究》1993年第2期。

充分理由。如果说,乙案中的吉克能否喊来自己的家支具有不确定性的话,即吉克也可以招呼自己认识的其他人,那么己案中的家支势力可谓昭然。史者在被司法机关判处六年有期徒刑的服刑期间,格者仍不断去史者家要求抵人命,并且侵占史者的牛羊、房屋等财产,后来德古们找来格者家的头人施加压力,威胁要不接受就将开除家吉。格者才最终接受了德古的调解方案,并打鸡了结。家支在这里的作用,实质上就是上一节中我们提到的家族的作用。家族有义务保护其成员不受外人欺侮,可一旦觉得格者的行为有辱家支声誉,自然要对其施加压力,而在格者心目中,家支的力量自不可能等闲视之。被开除家支的人,在一个看重家支的社会中,无异于被判了死刑。

(五)结案仪式

前文已及,棚濑孝雄认为,在某种社会里,友好关系的恢复被作为准审判过程最重要的目的,通常在纠纷解决后,作为友好关系的恢复要举行一定的仪式。[1]

第三节 纠纷的解决者

通观上一节的案例,不难发现"德古"这一角色在纠纷解决中的作用。如前述,德古可直译为"一个稳定的圆圈",其本身也就有召开家支大会"蒙格"时之议事地点的含义。另一说则认为"德"是彝语"瘠"、"瘦"的意思,即病态的象征;而"古"是"治"的意思,故"德古"指治理人间的病态,惩罚非正义的行为。这两种说法均有其依据,而从"德古"一词原初的意义我们便可粗识他们的性质与功能。在彝族社会中,人们把足智多谋、能

〔1〕[日]棚濑孝雄著:《纠纷的解决与审判制度》,王亚新译,中国政法大学出版社1994年版,第27~30页。

言善辩,遇到纠纷不仅能明析事理而又能仗义执言、以理服人者,尊称为“德古”,意指是稳定而牢靠的中心人物。他们扮演着彝族民间法律人的角色,是彝族习惯法的创制者、执行者和传承者。

一、德古的源流与角色变迁

彝文文献《玛木特衣》曾谈到彝族社会的等级结构,认为在远古时代出现过兹、莫、毕、耿、卓五个等级。兹掌权,莫调解纠纷判案,他的地位仅次于兹,其职能在古彝文经典中记述甚多,《玛木特依》载:“君贤则理政,莫贤则判案,毕贤则祭祀。”可见在当时莫的职能就是审理案件、判案等司法工作。他们一方面辅助兹处理国家大事,另一方面也从事司法活动,承担着调解各种案件纠纷的职能。此后随着彝族人口的不断繁衍,居住地域不断扩大,新的家支不断产生,“莫”作为统治阶层,人数甚少,而民间发生的各类大小纠纷层出不穷,莫要处理如此繁多的案件,往往鞭长莫及,力不从心。于是,这就为各家支、为民间产生自己的“莫”——“德古”(也是家支的首领),创造了有利的条件。但“莫”是官方的,而德古则是民间的。当彝族进入奴隶制社会以后,掌权的“兹”等级失去了统治地位,各氏族家支互不统属,凉山无统一政权,但传统的习惯法却成为统一的、共同遵守的行为规范,这让德古运用习惯法来调解纠纷创造了极有利的条件,此时的德古已不是一种专门的职业人,而是人人都可以通过自身修养能达到的境地。在近代史上,在阿都兹莫其管辖区,还形成了由著名德古吉都各史勒、则纳比、布子来九、子尔拉莫、舍联日惹五人组成的德古集团,其中舍联日惹是常务主持人,他们统揽了阿都地区主要的案件纠纷调查、起诉、审理、辩论、判决、处罚等全部事项,实际上就是专门的司法机构。此外,阿勒兹莫与沙马兹莫地区同样存在德古集团。德高望重,知识丰富,能言善辩的“德古”,随后便逐渐取代了原有“莫”的社会职能。具体来说:

1. 德古一定是某个家支的首领，但家支首领却不一定成为德古。[1]德古的威望远远超出本家支而及于外家支，而家支首领的地位仅限于本家支。每个家支通常拥有水平高低不等的若干名德古。

2. 德古既非任命，也非世袭和禅让，而是依靠自己的才能，在长期的法律生活中取得的，是得到社会公认的，正如彝谚语云："老人懂事做德古，儿子无知去牵马"，一旦成为德古后，其行为举止都要受到全社会的严格监督和考核。

3. 一个德古的大小，不仅取决于其所处理的案件的难易程度、地域空间的大小，更取决于其在家支与冤家之间、不同等级之间、不同民族之间表现出的公正无私和宽容大度。水平高的德古能处理各类不等的大小案件，特别是涉及外家支的大案，须由高水平的德古来出面进行处理。

在1952年民改以后，基于习惯法不是法的观念，彝区习惯法的实施也受到了国家权力的禁止。但新中国的几十年风风雨雨都未能彻底消除习惯法在彝族人心中固有的权威形象，因为那是彝人创造的产物，他们仍在暗地里寻求德古的调解。担当着民间司法官职能的德古至今仍发挥着巨大的作用。20世纪70年代末，改革开放以后，习惯法再度活跃于凉山，很多过去一个时期不被承认的案例先后重提并由德古们予以追审，很多法院、公安局处理过的案件，又由德古按习惯法以传统方式重新处理。80年代以后，由于国家权力的宽容，民族政策的宽松，彝族的习惯法得以复兴，依靠德古调解纠纷成为彝族民众的首选，甚至出现了有些案件非德古不能调解的势头。我们在凉山的实地考察发现，每个县法院受理和审理的案件大多是刑事纠纷，民事案件通过国家司法救济的很少。如前述提及的布拖县近年来每年审理的民刑案件也就一百余件。即使每年的刑事案件，也主要是在法院的主持之下由德古调解处理。法院可谓是门可落

---

〔1〕 海乃拉姆、曲木约质：《凉山彝族习惯法案例集成》，云南人民出版社1998年版。

雀,而在离法院几十公尺外的路边却围坐着一圈彝人在说法论理。这被当地法官戏谑为“坎上法庭和坎下法庭”。

二、德古的成长经历

“德古”们的成长普遍有如下共性:从小旁听纠纷,接触现实的处理措施,耳濡目染,或者从调处小的纠纷开始,再逐渐调解较重要的,或者在觉得有能力调处纠纷的时候,调解一处在当地有影响的案件,从而“一炮打红”,而且他们一般都有祖传的特征。比如,昭觉县库伊乡的瓦扎屋义德古,其曾祖父、祖父、父亲均是当地有名的德古,他从 17 岁开始旁听他人处理纠纷案,22 岁和其他人一起调处纠纷,至 24 岁时,单独操持此行,其活动范围达到西昌、喜德、越西等地,处理纠纷年平均三十余起。可见,他从旁听到独立调处,经过了 6 年的学习时间。如美姑县柳洪区的日尺哈德古,他十四五岁的时候跟随其叔叔(也是一名德古)旁听纠纷的处理。到 23 岁时,与其他德古一起调解纠纷,其学习时间几将十年,不可谓不长。实际上,一名“从业者”能否独立或与他人调处纠纷,往往判断权不在自己手里,而是来自德高望众的前辈的认可,同意其是否可以参与纠纷的处理。据美姑县巴普镇的吴奇果果(现为该县政协副主席)讲,他的爷爷索拉·说土·古候果果 14 岁时被其曾祖父拉去参与德古场合,20 岁开始处理小的纠纷。由于其听得多了,见得广了,所以至 30 岁时,“业务”能力已经很不错了,这时老一代德古说,今后这样的场合,你可以说话了。他才正式“从业”。由此可见,古候果果的训练期则有十六年左右。

德古们在成为德古前这样较长的培训时间,基本上保证了他们专业知识的扎实。再从参与旁听的时间上来看,他们多半从十多岁以后开始,而这个年龄,对于正常的人来说,已具有一定的认知能力。在此阶段之前,这些“准德古”们只能保持沉默,因为此时如果由他们来对纠纷加以调处的话,由于自身知识的局限性,不能充分预见到他们的这种介入会给当事人造成怎样的后果。所以年龄点的限制是有其合理性的。通过数年的见识，他们自然见多识广，懂得类似案件该怎样处理，毕竟在一个相对封闭的社区里，事情也就这么多，不外乎就是一些日常生活中的利益纠纷，所以他们早期的扎实的训练也基本能够应付得了。对于一些特别重大的恶性案件，多半会由那些德高望重的前辈出面解决。这时德古本人的智慧便显得特别重要，作为一名德古，口才的训练实属必要。因为彝族习惯法，作为一种不成文的法规，主要保留在德古与毕摩的头脑中，在纠纷解决过程中他们有时要说唱一些彝族的"法谚、法语"。如"科阿坡勒"（汉意：不开口的牛，喻铁板钉钉，借指黑案）；"一根树桩插了牛毛，一颗鸡蛋长了牛毛，都是牛"（比喻不论牛之大小都是牛），"欧的拖次，住马史科吾；拖的欧词，西尼弥丁"，（从脚赔到头，从头赔到脚）；诸如此类。德古对习惯法规范的掌握程度，是其是否有威望的主要标志。德古们对这些法规的习熟，奠定了扎实的专业基础。在法律领域，这种专业的表现通过德古们一次次地处理纠纷而突现出来。一个德古如果能独立地调解五个以上的疑难案件，甚至将原本是"黑案"的重刑案，经德古的调解变成"花案"或"白案"，双方当事人都服从他的裁决，那么他的地位和知名度就高，就会闻名遐迩了。[1] 反之，原本属"白案"的，经其调解变成"花案"或"黑案"，该德古地位就会降低，甚至得不到承认。

三、德古的人格魅力与道德

少数民族的法律文化中所包含的丰富的精神智慧时常给我们许多的启示，彝族民间的"德古"们高尚的精神境界以及他们作为正义化身而在人们心目中崇高的地位，更让我们感慨万分。如同彝学者们指出的那样，其一，"德古阿莫"都是一些"大仁大义、大智大慧、大彻大悟"的人物，他们身上所展现的人格魅力和道德感召都是非凡的。他们在处理案件时洞察

---

〔1〕 如凉山地区越西县盲人德古海乃，闻名于越西、昭觉、美姑等邻近十县，人们常牵着马（最高礼遇）请他调解纠纷，甚至政府、法院解决不了或已解决而当事人仍不服的案件，由他调解好的也不少。

力敏锐，机敏善辩而又公正无私；在生活中以身作则，礼数周全，风度翩翩；而更难能可贵的是他们高度的责任心、不求名利的奉献精神和超越家支、民族甚至敌我的宽宏大度。我们在越西县观访著名德古海来体者调解纠纷时，他为了防止当事双方的家支发生械斗，整整一天滴米未进、滴水未沾，寸步不离调解现场，直到午夜才解决纠纷。更有不少德古在危机时刻主动介入纠纷，避免事态扩大、人员伤亡，几十年前昭觉比尔拉达地区马家和瓦渣家发生械斗时，著名德古瓦渣合土闻讯冒着枪林弹雨赶往战场，制止了双方的杀戮行为……诸如此类的例子举不胜举，如果说德古裁决公正是由于存在着民主的监督机制，那么他们高度的职业责任心则是来源于古老传统的道德召唤，是完全自觉的。其二，淡薄名利亦是德古超越常人的美德。按照习惯，德古在成功地解决纠纷之后，酬金完全由当事人决定，多少随意；有时当事人家很穷，德古们通常会主动提出不要酬金；更有甚者，昭觉县庆恒乡的德古石达拉莫为了说合甲古家与木说家的纠纷，不仅不要报酬，自己反替一方当事人出了 400 元钱。总之，德古工作虽异常艰辛，但却非生财之道，恰如彝谚所云：“当德古常穷，做圣人若愚。”其三，政治家的风范和气度最是德古的魅力所在，我们在田野调查中所见之德古，大多仪表堂堂、极善言谈和社交，初次与他们见面便有亲切之感。不仅如此，德古还需以最高层次的道德标准要求自身，一般而言，彝人极重家支，“不维护一片，全家支不保；不维护家支，一片被抢光。”誓死维护家支的尊严和利益，为了家支劫掠杀敌是做一个优秀家支成员的道德要求，但要成为一个德古，便必须超越其上，建立一种普适于家支、民族和敌友之间的公平、道义与和睦。昭觉县著名德古八且多呷为了维护习惯法，奋力驱散本家支人，救出被围困的冤家家支 7 人并将他们护送回家，获救者将他奉为神明；越西普雄地区著名德古阿侯阿格在解决本家与冤家果基家的纠纷时毫无偏私，裁决本家杀害对方的凶手自杀偿命……可以说，超越各种狭隘意识，一心“为众人平屋基”便是德古的标志，他们的精神境界不仅超越常人,还超越了一户一家的头人“苏易”。“勇者杀敌排第三,富豪神气居中间,德古沉稳数第一。”成为德古是彝人最高的理想和价值追求。

尽管在彝区没有成文的法律或规则来约束德古权力的行使,但其权力的基础则是民众的自觉的认同和行使权力者处事的公允。德古非终身制,凉山彝族地区广为流传的一匹马和一只野鸡的神话故事,意在告诫世人特别是德古要公正无私,不畏权势,不敢说真话贪图钱财丧失公允,不仅社会地位受到影响,而且还要遭到神明的惩罚。在彝族民众的眼里,德古作为彝族社会公共语境的符号,是公正的代言人。但如果他在某个案件中表现出偏袒一方,办事不公或接受贿赂,而又不能说服不平者,非议便接踵而来,从而失去众望,以后就不会再有诉主登门,德古的地位也就自然消失。如在60年前,有一个神童式的人物叫余至保,14岁时因调解繁难的纠纷而成了名德古,但在20岁时骄傲起来,并且偏袒不公,不但把德古的头衔丢掉了,而且还遭到家支的抛弃。再如20世纪40年代,越西县普雄地区德古阿侯忌哈是塔,在参与解决阿侯家与果基家冤家纠纷中没有回避,又接受果基家的贿赂,暗中通知果基家做好打冤家的准备,从而损害了阿侯家的利益。此后,阿侯家及有关家支成员都不再找他调解纠纷,他自然失去德古的职位。这正如彝谚所说:“德古受贿赂,办事失威信。”

四、德古的权威

马克思·韦伯曾将权威分为三种:神异性权威、传统权威和科层式权威。其中传统权威是指某种制度在长期的存在中,逐步获得公众的承认,成为具有象征力、道德和行为约束力的存在。“德古”的权威很大程度上便与传统有关,它是彝族人民在历史沉淀中所逐步形成的类似于内心信仰的复杂的观念集合,尊崇和信赖“德古”这种特殊的职业群体,是人们数千年来感性、理智与利害关系共同作用下而形成的惯习。人们在受到敌人威胁、生命财产处于危险之中的时候自然会想到德古，他们是安全的象征；在残酷的械斗了无终期、亲友死伤无数的时候会想到德古，他们是和平的象征；在孤独无助、惴惴不安的时候会想到德古，他们是稳定、牢靠的象征。在《勒俄特依》中，"兹敏"向往的住地是"九代德古在此讲"的滋滋蒲武；在《招魂经》中人们呼唤亡魂时则唱道："过洛俄（地名）河畔吧！洛俄河畔啊，'德古'汇集处，'则波'（协助德古办案的谋士）汇集处，道下坐'则波'，道上坐'德古'。"在彝族社会中，"德古"并非仅代表一种职业，而是已经成为光明与正义的化身，尽管他们在群体中没有任何特权，但却因为享有崇高的威望从而无可非议的成为一种社会分层。这在习惯法中便反映为伤害德古比伤害常人处罚偏重并且不同等级的人犯罪通常会同罪异罚，而伤害德古时却处罚相同。德古的权威全部来源于此种职业在历史中形成的声望。但我们认为，仅仅将德古归结为"代表着某种意识形态"的传统权威，是与现实不完全符合的。实际上，德古亦是通过为众人创造福利而获得声望，从而获得一定支配力量和尊严的"神异性权威"，人们并非如同服从社会中的贵族阶层一样根据传统简单地服膺于"德古"这个符号，法律人的职业决定着德古总是与人们现实的权利义务休戚相关从而较少"神性"；人们总是在经验的反复试错中权衡德古的权威：哪些人应当成为德古，应当成为哪种"档次"的德古，哪些人则不配再做德古，这些都是德古自身的禀赋造化经受社会检验而产生的结果，是因人而异的，同时也避免了职业的终身制所带来的无穷弊端。综上，借助韦伯的概念，德古可以视作"传统权威"与"神异性权威"的结合体，前者使这种职业作为整体而具有象征意义和神圣性，受到人们信仰式的尊崇；后者则使"德古"作为分散的个体，必须通过实践延续"社会承认的合法性"，进而保持权威。

五、德古的法律职责

德古在社会中扮演的角色是多重的，并非单纯是彝族社会中的"司法官”，它尽管已成为一种职业分层，但由于历史、经济和文化的特殊性，与现代社会的职业法律群体相比是有很大殊异的。

（一）习惯法的掌握者与创制者

彝族习惯法属成文与不成文的混合体，除散记在古彝文典籍、毕摩经书、简牍等外，口耳传诵的内容也不少，大多以谚语、格言、尔比俗语的形式流传了下来。德古作为法律的“专职”人员勤于背诵习惯法规则并时常通宵达旦地讨论古规和判例，古老的习惯法规范在漫长的彝族历史中得以传承，德古可以说是居功至伟。

德古对有关法规的论断以及典型案例的成功调解，也可作为习惯法。德古以知道历史上已存在的大量判例以及参与调解自己周围正发生的纠纷为己任，因为藏匿于经典中的习惯法毕竟是历史的，而活法却是根据变化了的社会需要由德古来创制的。彝语称习惯法为“节威”，它含有规矩、制度和案例的意思，是一种规则与判例融合互动、相互生成的整体，似与普通法系的产生有着异曲同工之妙。它沉淀着数代德古的归纳抽象和理性创造。在德古们的努力下，彝族习惯法逐步形成了一个内容丰富、关乎社会生活的各个领域与各个方面的完整体系。在此，我们并非夸大德古在法律创制与革新中的作用，正如罗斯科·庞德指出的那样，法律乃是由理性发展起来的经验，彝族人民的生活智慧形成了习惯法最原初的经验积累，而法律人德古则通过一种智性的努力、一种个体化的创造性因素概括之、完善之，既完成了对“过去”的抽象，又把握特定时空人们的共同利益之趋向，从而实现对法律的前瞻。在谈及德古时，人们往往只重视和强调他们的司法功能而忽略其立法功能，仿佛德古只是既成规范的忠实执行者，这是与现实不符的。同时，这种态度也容易使对习惯法（乃至法律）的认识走向“理性建构主义”的另外一个极端——仅仅将其视为人们在经验的无意识中所产生的工具。而事实上，任何法律体系的完备都如同文字的产生一样，既是一种“集体创作”，又离不开社会精英和专业人员的不懈努力。

（二）习惯法意义上的“司法官”

彝族社会没有形成统一的政权，因而也不存在法院、监狱等机构，行使司法权的主体呈现多元化的特征，包括德古、苏易、家支头人（未成为德古的部分头人）以及高等级的特权代表者。[1] 习惯法的执行者，主要由德古来担任，德古是深谙社会习惯法的人，他们在执行习惯法中起着决定性的作用。正如彝谚说：“彝区是德古管事，汉区是官吏管事，藏区是喇嘛管事。”家支头人处理的事项一般限于家支内部发生的日常纠纷，他的影响和作用与德古是不可同日而语的，家支内部的重大纠纷或纠纷涉及几个家支时，必须由德古来解决。彝言说：“彝区的德古，汉区的官府”，这清楚地说明了彝族中的“德古”的主要功能相当于汉族的法官。

德古按照彝族习惯法解决的纠纷通常包括以下几种类型：1. 婚姻纠纷；2. 债务纠纷；3. 家支或个人之间因田地划界引起的纠纷；4. 人命案件；5. 巴色（保头）权益受到侵犯的案件；6. 娃子逃亡被抓回的处理；7. 因赌博发生争执的案件；8. 下一等级摸了上一等级男子的“天菩萨”；9. 盗窃案件、伤害案件、强奸案件的处理；10. 同一家支或不同等级间发生婚外性关系的处理等。从我们田野调查来看，德古们调解案子的范围很广，涉及生活各个领域。对一些刑事案件的被告，虽受到了国家法律的制裁，甚至有的被判处死刑，但受害人家支不服，仍要请德古按照习惯法对刑事赔偿问题进行调解。

在调解纠纷过程中，德古的言行及公正性受到了来自他方的限制，由多人协商而不是由一人独断专行的分权体制自然而成，是以他对氏族利益的维护和对习惯法的遵从为依据，而全体氏族成员及习惯法就是德古行为的监督者和检验者。办事公者，人们自然趋之若鹜；办事不公者，自

---

〔1〕 杨怀英：《凉山彝族奴隶社会法律制度研究》，四川民族出版社1994年版，第255页。

然门可罗雀。这是一种由时代决定的自然监测和自然选择的方法。

具体来看，德古在具体案件中的角色亦非单一，根据当事人的需求和案件的性质，他们随之履行着多重的职能：当甲、乙两个家支发生矛盾冲突或械斗后，邀请丙家支的德古参与调解纠纷，这时他的职能称“谋目”，彝语意为调解、疏导，强调化解激烈的冲突，如彝谚所云：“谋目平屋基，劝架救人命。”当甲、乙两家支之间发生普通纠纷时，请丙家支的德古来进行评理、裁判，这时德古就要从事“谋凯”，彝语意为裁断、判断。做谋凯的人必须精熟规则判例又能通过充分的论理说服双方服从判决或达成调解协议，这对德古的要求是比较高的。当甲、乙两个家支仇恨较深，双方难以进行协商或分歧较大时，邀请丙家支的人在德古（主持调解者）及当事人双方之间传递信息或意见者，便被称为“谋嘎”。当两个家支发生冲突，其中一方明显理亏且自己也愿意进行赔偿时，双方通过协商达成协议，站出来接受之并担保之的人，便称为“谋当”，意为“接受”（担保），“谋当”通常会得到一定数量的担保费，并以个人威信保证双方不翻案并切实按协议履行义务。另外，作为德古侍从、辅助德古判案者，称为“丘西”，他们除了负责一些程序性的事务外，也对案件发表自己的看法或辅助调解，影响最终的结果。由上可见，在不同案件甚或同一案件中，调处者的身份和职能是复杂的；一个纠纷可能由多个德古分工合作，而一位德古也可以身兼数职，从事上述职能者并非一定是德古，而德古的司法功能却无疑是在这几种职能中实现的。

六、民间解纷者的一般特征

“德古”这种民间法律人在西南地区的其他少数民族中也普遍存在，如壮族的“都老”、苗族的“寨老”、“理老”、东巴人的“师公”以及上文我们提到的藏族专事解决纠纷的“老民”、“速巴”等，虽然其名称各异，职能和形成过程也不尽相同。但与现代社会的职业法律相比，他们一般具有以下特征：

首先，我们发现，这种解纷者往往是由家族、村寨或部落的管理者充任。即使专业如彝族的德古，仍然是家支内部民主产生的头人，他们不仅负责解决纠纷，而且也主导家支大事的决策，主持召开各种级别的家支会议，肩负着培养后代、教育众人的责任，在械斗之时他们还常常充当军事指挥者和先锋。其他如寨老、族长等解纷者，也多如此。这一点，倒颇类似古代中国法中的行政官兼理司法的传统。村寨部落的首领，其主要职责就是维护社会内部的秩序，而制定习惯法、监督习惯法的执行乃至依据习惯法解决纠纷多是服务于这一目的的。是民间纠纷的解决者，就必然具有头人身份。而头人的身份既非选举也非任命或世袭，往往是以个人的才德和威望受到众人信任和拥戴而自然形成的。一旦枉法废公甚至欺压百姓，就自然失去头人和解纷者的地位。能成为群众推戴的头人和解纷者，自然是要具备一定的身份。一般说来，有两个基本条件，其一是年长德厚，在不甚发达的社会中，人们生产生活主要依靠的是经验和阅历，人们认为，年龄越长，经历越丰富，经验也就越多，年龄和经验值基本上是成正比的。让有经验的人来领导大家，为众人拿主意这是符合逻辑的，也是符合生产力发展需要的；其二是口才好，云南西盟佤族一些村寨，称头人为“函痕”，即能说会道善于办事之人，[1]可见口才之重要。

其次，我们发现解纷者往往具有宗教身份。综观历史，“巫君合一”在各民族的早期社会中是较为普遍的。原始宗教的巫师以神的代言人身份，用与神交流的形式，借神的名义作出对纠纷的处理。在佛教传入前的早期吐蕃王朝内部，苯教的巫师控制了神权，以神的名义决定王朝的大事，赞普王室也得听从其摆布，实质上具备了首领的绝对权威。这一点较容易理解，因为在识字率不高甚至是无文字的社会中，知识和教育都由巫师或僧侣掌握，法被视为他们的专有知识，只有他们才能熟知氏族的历

〔1〕《佤族社会历史调查》(一)，云南人民出版社1983年版，第38页。

史，通晓法律和习俗。如苗、瑶等族的民族史诗、古歌、理词及冗长的榔规、款约，既是习惯法或习惯法的渊源，又是记载原始宗教的百科全书，多依靠巫师等一代接一代的口耳相传才得以保留至今，民间纠纷的解决者具有宗教身份自然就不足为怪了。此外，巫师、僧侣等宗教身份又保证了解纷者的权威性，人们遇到纠纷自然要到他们所信仰的神在世间的这些代表们面前去寻求解决之道。

最后，民间法律人在纠纷解决机制中扮演的角色也是多重的。在藏族，某些基层部落的头人称为“老民”，专职处理纠纷，接到诉讼请求后，由老民三四人负责调解，调解时，老民中的一人代表原告发言，一人代表被告发言，其他人处于仲裁地位。[1] 云南佤族的一些地区，遇有纠纷，当事人双方往往都要请理老代当事人说话，[2] 民间法律人在这里不仅是法官，还是律师，前文分析了彝族德古在具体案件中多样化的角色，我们可以用“法官”、“代理人”、“律师”、“担保人”这些概念去比照，但在不同的文化背景下，这些词语仅有比较的意义和功能上的相似性，任何一个细致的层面和内在的机理，则是大相径庭的。

第四节　神明裁判

虽然德古、理师等民间法律人见多识广、能言善道，但面对纷繁复杂的案件，宥于种种条件的限制，有时仍会束手无策，这时就需要求助于神灵之力，这就是神明裁判，又简称神判或神裁。用现代术语表述，神明裁判就是把纠纷的处理诉诸一种当事人都认为是正义源泉的超自然的神的意志力，使嫌疑人或当事人双方处于一种现实的或潜在的危险状态之中，

---

〔1〕 陈庆英主编：《藏族部落制度研究》，中国藏学出版社 1995 年版，第 239 页。

〔2〕 《佤族社会历史调查》（二），云南人民出版社 1983 年版，第 79 页。

并进而以他是否受神意的眷顾而安然无恙作为其有罪无罪的检验标准的一种裁判方法。

在人类法律文化发展的初期,世界上任何一个有文字记载的社会都有关于神明裁判的记录。《圣经·旧约》中记载有古代以色列人以苦水试验妻子贞操,古巴比伦《汉谟拉比法典》则把被怀疑有通奸行为的女子抛入水中以其浮沉来判定她是否贞洁,古代印度《摩奴法典》的补充文本《那罗陀法典》第102条中规定了火审法、水审法、秤审法、毒审法、圣水审法等八种神明裁判的方法,古代希腊常常使受怀疑者浮在海上或从高岩跃下的习惯,毒剂是非洲 Ashanti 人常用的一种方法,JuJu 人则使嫌疑犯在充满着蛇和鳄鱼的池里游过去,苏门答腊人以一握生米或面粉令人吞咽,Borneo 人有斗鸡斩猿的惯例,古代埃及把嫌疑犯拉到神庙,在神灵面前祷告以定罪之有无,古代日本和古代日耳曼有铁火判、捞沸判的记载。古代罗马的占卜则发展得极为完备。古代中国自然也不能例外,单单从中国文字"法"的古体字"灋"的结构即可见一斑。关于灋的解释,最权威的莫过于东汉时许慎的《说文解字》:"灋,刑也;平之如水,从水,廌所以触不直者去之,从去。"就此一点,比较公认的说法就是在上古时期,舜为天子之时,命皋陶为士主治刑狱,在遇到有疑难或事实不清难以决断的案件时,则请出独角兽獬豸作裁判,有罪者触之,无罪者则不触。

神明裁判的核心是对不可知的超自然力的崇拜,是人们在不能利用自己的智力来搜索犯罪证据或迫使嫌疑者吐露实情时,不得已而采取的一种仰赖超自然神力的审判方法,它没有丝毫的现代法律意义上的公正意蕴。唯一"能够保证用在另一个时代另一个社会看来是古怪乃至荒谬的规则实现正义的,的确不是这些规则本身,而是产生了这些规则,并且使他们在其中发挥作用的诸多社会的和心里的因素"。[1] 故而,有很多

---

〔1〕 梁治平:《法意与人情》,中国法制出版社2004年版,第31~32页。

学者称神明裁判是初民社会文化法律刚刚起步——甚至仍在萌芽——不发达之时的裁判法。例如日本学者穗积陈重就认为,“国家初期,法规未立,神意有为人民公的行为之基准之潜势力,故于争讼事件有疑难时,多依神签卜筮而窥神意,以决曲直,或直接请神之裁判……”“低级文化之人民,信仰神有超自然之力,支配人事,降临福祸,赏罚邪正;故在原始社会,关于法律事项有争议时,往往祷神而祈其裁判,或窥神意而裁决其曲直。”〔1〕法律作为人类文化发展的一个重要的方面,它已经完成了从野蛮到文明,从盲目崇拜到理性决断的转变。因此,如果我们仅仅从把法律视为一门人类文化的逻辑发展的角度来说,这种把神明裁判归之于初民的原始蒙昧社会是有其逻辑层面的理由的。因为,“在人类司法实践的历史进程中,证明方法曾有过两次重大的转化:第一次是从‘神证’为主的证明方法向以人证为主的证明方法的转换;第二次是以人证为主的证明方法向以物证为主的证明方法的转换。与此相应,司法证明的历史可分为三个时期:第一时期以‘神誓’和‘神判’为证明的主要形式;第二个时期以当事人和证人的陈述为证明的主要方法;第三个时期以物证或科学证据为证明的主要手段”。〔2〕但是现实的社会却往往不能就此简单地以逻辑理性思维来一笔带过,在现代社会,神明裁判作为一种非常有效的裁判方法仍然在很多地区存在着。中国西南少数民族聚居区正是一个鲜活的实例。

一、西南少数民族聚居区的神明裁判

西南少数民族地区存在形式各样的神明裁判,下表将帮助我们了解

〔1〕［日］穗积陈重:《法律进化论》,中国政法大学出版社1997年版,第15~17页。

〔2〕何怀宏:《神证·人证·物证》,大众文学出版社2003年版,第156页。

其大致情况:[1]

民　族	所在地区	主要神判方式
彝　族	云南、贵州、四川	捞开水、油锅、乃克夺(端犁铧)、嚼白米、打死禽兽赌咒、漂灯草、摸石头、打折棍子、拔木桩
羌　族	四川阿坝	捞油锅、砍鸡吊狗、赌咒盟誓、枪打草人、掷骰子
壮　族	广西	捞开水、砍鸡砍狗告阴状、煮米、斗猫狗、抽签、过火练
瑶　族	贵州、云南 湖南、两广	砍鸡砍狗、盟誓、进社、烧香、装袋
景颇族	云南德宏	捞开水、砍鸡砍狗、喊天喊雷、煮米、烧线香、沾蛋清、斗田螺、鸡蛋卦、闷水
白　族	云南大理	捞油锅、喊天喊雷
哈尼族	云南红河	策贾拉牛牛(捞开水)、喝清水、看手相
傣　族	云南西双版纳德宏	吊簸箕、煮米、煮粽子、煮鸡蛋、过火练、潜水
傈僳族	云南怒江	捞石头、喝血酒、撒血酒
佤　族	云南西南部	捞开水油锅、看鸡骨、看田螺、滚鸡蛋、扎手、打头、顶木板、拿石头
纳西族	云南丽江	捞油锅、钻牛皮
布朗族	云南西双版纳	量米
阿昌族	云南德宏	捧石头、点蜡烛
怒　族	云南怒江	捞石头、怒由(拔石柱)、舜叔(喝血酒)
德昂族	云南德宏	乍鸡舌
独龙族	云南怒江	克尔大(捞开水、油锅)
苗　族	贵州、云南、湖南	捞油锅、砍鸡砍狗、喝血酒、盟誓、煮米、煮粽子上刀梯、踩斧头、踩犁铧
布依族	贵州、广西	看鸡眼、盟誓

[1] 这里笔者参考了夏之乾:《神判》、张冠梓:《论法的成长》(社会科学文献出版社 2000 年版)、高其才:《中国习惯法论》(湖南出版社 1995 年版)、刘黎明:《契约·神裁·打赌》(四川人民出版社 1993 年版)及田晓岫:《中国民俗学概论》(华夏出版社 2003 年版)而作此表。

续表

民　族	所在地区	主要神判方式
侗　族	贵州、湖南 广西、湖北	捞油锅、杀鸡看眼、砍鸡头、喝血酒、喊天喊雷、吃枪尖肉、煮糯米
藏　族	青藏高原	捞铁斧、托铁铧、顶呷乌（护身符）、钻神索、三各日利（转炒面蛋）、倒尕日纳合（捞石子）
土家族	湖南、湖北、四川	打筶（祷神）、猫血酒、上刀梯
仡佬族	贵州	捞油锅
珞巴族	西藏	咬虎牙、多尼波罗丁炸得耐（赌咒盟誓）、达珠儿巴勒（看鸡蛋）
僜　人	西藏	吃食物

图15：在佤族社会，魔巴是神明裁判的主持者，这是我们在西盟县马散乡采访的魔巴岩松。

囿于材料收集的范围有限，笔者未能尽其所有而对诸多西南少数民族的神明裁判的情况作逐一列举。但是，仅仅从这一不完全列举我们就可以看出神明裁判在中国西南地区的广泛存在了，而且这些裁判方法也毋庸置疑地在这些地区发挥着不可替代的司法裁判作用。

神明裁判作为一种司法手段，它完全是一种原始宗教活动，以其对人们的精神灵魂的控制力量，以人们对不可知的自然力的恐惧心理介入并占有了司法活动，它是以人们公认的神灵的力量来作为罪与非罪的裁判者以及惩罚的执行者，神灵及其无上权威的存在是神明裁判得以有效运转的首要前提。下面，我们结合一些相关案例分析一下神明裁判得以展开的主要因素(这些因素并非每个民族的每个神明裁判案件中都同时具备,但在每个以神明裁判作疑难纠纷的解决办法的案例中则至少有其中一个因素起作用):

1. 证据不足、清浊难分的疑难纠纷。只有案件的复杂情况超出了人们的正常的认知范围和知识结构,使人们处于一种无助的境地,彼时,他们以他们现有的知识无法得出合乎人心的判决和结果,于是人们就诉诸于一种超越人力的外界的力量来作评判。

案例甲:四川阿坝羌族捞白石案[1]

20世纪30年代末,曲各西湖寨有一地主,虽家有万贯却时运不好,丢了许多财物,他便怀疑是陈某某等几人偷的,但口说无凭,手无铁证,这个地主便要求陈某某等几人与他一起在神灵前赌咒,之后又烧开了油锅,大家从油锅立抓白石,若抓出白石手并没有被烫伤便证明无罪,不然就是窃贼。结果,地主本人从油锅里抓白石时手没有烫伤,陈某某自己从油锅里抓白石时,手也没有烫伤,但陈某某替其姨妈从锅里抓出白石时,手却被烫伤了。陈某某的姨妈就被认定是偷盗者。

2. 外观上要使嫌疑者处于一种现实的或潜在的危险境地中。通行神明裁判之地的人们大都认为,那个他们所信仰崇拜的神灵是不会保护眷顾为非作歹之人的。因此,使嫌疑者置身于一种带有神性光环的危险境地,如果他能安然无恙摆脱危险,那说明他获得了神明的眷顾,这就说明他是无辜的,否则他若遭受危难,那么就说明他并非无辜是罪有应得的了。

正如上面所引用的案例,双方都需从油锅里抓白石,以不被烫伤为清白的唯一根据。前表所列如彝族端犁铧、壮族景颇族捞开水、阿昌族捧石头等都是使嫌疑人或双方两造处于一种现实的危险中;而赌咒盟誓、砍鸡

---

〔1〕 俞荣根主编:《羌族习惯法》,重庆出版社2000年版,第547页。

砍狗、喊天喊雷等则是使嫌疑者或两造处于一种潜在的危险中的神明裁判的方法。

3. 要有一个为大家所公认的，具有公信力的神明裁判的主持人，能够主持公道、分辨是非、惩恶扬善。他要么是神意的代表，能够传达神灵的意志，是神灵在人间的代言人；要么则是经过严格的选举或因循传统的继承而产生的部族的首领或头人。

案例乙：凉山彝族杀鸡赌咒案[1]

1987年2月底，美姑县觉活乡瓦任村，吉克氏族吉尔基补亚氏族吉元火格家发现装在箱子的600元钱被盗，便猜疑是常住其家的邻居吉克氏族吉史阿史亚氏族吉克石几家15岁的儿子所盗。于3月2日请氏族内各亚氏族德古们调解未果。后两造及德古决定让吉克石几打鸡给失主火格看，并赌咒自白。石几自其家里抓来一只白公鸡，身披白披毡，包着白头帕，头帕上插了27根削了皮的神树枝，右手执一把尖刀，左手拿鸡和一根桃树枝，走到野外，在调解人指定的地点，把鸡塞给德古吉克莫色和阿硕木呷等九人检查。然后，然后石几执鸡握刀，念咒语："我吉克石几家如有人在狗月蛇日偷了火格家的600元钱，就像此鸡一样死去，若是没有偷，便万事如意，长命百岁，像白雪一样清白。"他念完，便侧身向其中一个主持的人，问咒语是否念的正确，被问者点了点头，他便用刀和树枝打鸡头，鸡打死后，把鸡头向北方放在地上，鸡身上放桃树枝，把刀子放在鸡侧，他本人便向后退走，退步时，把打鸡时垫在脚后跟的石头用右脚尖蹬向前，再退一步，把头上的神树枝取下，把神树枝分为九组插在他面前山地上，即每组三枝交叉插于地，对应插二排，在树枝交汇点由外向里斜搭一枝；之后，分别把此树枝自两外侧斜穿向里，即左右换掉，同样，搭于交叉的树枝上，此表示"锁门"意即以此置法门，断绝罪恶之路。这时德古助理大声

[1] 海乃拉莫、曲木约质、刘尧汉：《凉山彝族习惯法案例集成》，云南人民出版社1998年版，第39、47、53页。

命令众人全部退走……

二、神明裁判的程序

正如前文所述，神明裁判是在祭祀法官等主持下展开的。在大凉山的彝族社会，“从事祭祀的人员，大体可分为毕摩（祭司、巫师）……毕摩，又写作比目、兵母、自马、呗摩等。‘毕’是朗诵、念咒、传达、宣读之意，‘摩’指雌性、母的、长者、大的或调解（纠纷）说服人的使者。彝谚说：‘毕是讲道理释疑难的，为人与鬼神通情达意的，摩是中间人，调和的长老或使者。’所以毕摩是指从事宗教祭祀活动的祭司（巫师）。他们精通彝文及历史典故，通阴阳历算，掌握着丰富的传统文化”。[1] 除毕摩以外，主管纠纷调解的法官德古也是彝族神明裁判不可或缺的人员，其他如瑶族的目老、布朗族的召曼、阿昌族的乌蒙作、苗族的理老、景颇族的山官都是在神意指导下的传统中产生的，而且往往调解纠纷的法官与执行神明裁判的神职人员是重合的，他们一般被认为是神意权威的代表者。当然，在任何司法活动中，程序均占有着极其重要的位置，而在各少数民族的神明裁判中，程序的价值意义则更为重要，即使祭祀们有着非凡的公信力。因为“庄严的仪式，繁琐的程序，以及各种各样辅助性和限制型的规则，使得应用神明裁判的那种制度能够成功地保持其神圣性与权威性”。[2] 可见，必须要有庄严的神明裁判的操作程序，否则是难以保持其结果的权威性的。

“神判所必须的庄严而公正的仪式，既满足了宗教所要求的神秘感，又满足了法律所要求的公正性。一般的神判仪式大多包括如下一些内容：一、当事人、主持人、见证人；二、公认的神判用品；三、公认的举行程序；四、公认的巫术用语。”[3] 所谓当事人，除案件两造、神职人员、双方的

---

〔1〕 王学辉：《从禁忌习惯到法的起源运动》，法律出版社1998年版，第22页。

〔2〕 梁治平：《法意与人情》，中国法制出版社2004年版，第31～32页。

〔3〕 张冠梓：《论法的成长》，社会科学文献出版社2000年版，第488、496页。

证人以外，一个更重要的参与者即是双方所属氏族，在神明裁判的执行过程中，双方所属氏族均站在己方一边，并备有械斗的武器，一但裁判过程中出现有不公的行为双方便会用武力来解决。公认的神判用品除了上文中所列各类神判方法所需的必要用品外，其他如物品的颜色、数量、搁置方式都有着深刻的宗教意义或当事人的愿望。比如在彝族的一些神明裁判中，原告一方往往身穿黑衣，手执黑旗，表示他们希望神明裁判的结果是"黑"的，即被告是有罪的；而被告一方则身穿白衣，手执白旗，表明自己是清白无辜的，是会得到神灵的眷顾的。物品的数量如前文所引彝族杀鸡赌咒案中鸡的数目，神树枝的数目等；该案末尾被告一方把神树枝分九组插在地面上的"锁门"即是对物品的搁置方式的研究；公认的巫术用语，则是神明裁判中的关键内容，神职人员、双方当事人均需极小心谨慎地念咒语，否则会引起双方所属氏族的械斗，典型的神职人员的咒语有苗族鬼师的叙事唱词：

吃成就转，
转到牛空太阳之门；
饮毕即散，
散到天上太阳的家乡。
请你们听我说出事情根底，
请你们回头看我讲出事情的原由。
我们上到高山请雷来看，
邀龙观察，
引导水往下流，
公判人间纠纷。[1]

而比较典型的当事人的咒词在彝族打鸡赌咒中可详见，打鸡者说：

〔1〕 张冠梓：《论法的成长》，社会科学文献出版社2000年版，第488、496页。

"若案件与我有关,我就像鸡一样死去,若我是清白的,我就像雪一样白";或"我作了案,就像此鸡一样死去,若我没作案,诬告我的人像鸡一样死去"。[1] 可见这些都是极为严肃的,丝毫马虎不得。下面我们以一个具体的神明裁判的案例来作说明:

案例丙:彝族端犁铧判盗牛案

1929年春,今昭觉县吉克丹里家两头耕牛被偷了,便怀疑是丢牛当日来他家隔壁走亲戚的日布尔哈所盗。找来当地德古调解无效,后决定以端铧口的神判仪式来判断日布尔哈是否偷了耕牛。随后,德古们便去请了马比毕尔毕摩主持神判。

在端铧口前的13天,日布尔哈请了本村汉日达都毕摩,为他作祭祖法事。他全身穿上白衣服,带上白干粮,抱着白公鸡,住在山上。每天请毕摩为他祭天地日月星辰众神灵,他在毕摩念经时,抓住白鸡向天上扬几下,嘴里不停地喊:"我尔哈没有偷牛,阿鲁比史(吉克丹里的主人)仗势诬良为盗,日月天地神,祖灵神圣,快来公正地作证吧!"他每天在三个山头上烧三堆火,冒出三次火烟,他喊三次冤,叫冤声催人泪下,使得山坡上的农人,野外的牧人都哭了又哭。

在离神判仪式三天时,马比毕尔已赶到,仪式的主持人之一,铁匠地日克普也赶来了。原告吉克家凑齐了80锭白银,被告日布尔哈凑齐了80锭白银,共160锭交由仪式的执行者德古和"莫萨"(谋者)保管。德古们一天打三只鸡赌咒发誓,宣誓秉公主持仪式,分别与毕摩、铁匠和原告、被告打一只鸡,宣誓说,谁在仪式中作弊参假,谁就如同被打死的鸡一样死去。谋者和德古等人举行了这些仪式之后,他们才能放心地进行下边的仪式,而且他们组织了十多人,持枪保护赌资,维护神判事务,准备应付不测。

---

〔1〕 海乃拉莫、曲木约质、刘尧汉:《凉山彝族习惯法案例集成》,云南人民出版社1998年版,第39、47、53页。

神判的场地选取在今美姑县莫泥乡来十俄苦村野外的荒坡上。羊月羊日，清晨，原告三十多人坐在场地右侧，即吉克氏和阿鲁氏的人，他们全身穿着黑衣服，端着十几支枪，插着一面黑旗子；左面坐着被告及其氏族和主子的人，他们背着二十多支枪，四十多人，全身穿着白衣服，座前插着一面白旗子。中间地上打了一个地盘炉子，铁匠地日克普用羊皮风箱鼓风吹梨柴炭火烧犁铧。在炉子上方，毕摩马比毕尔插了一片神树枝，设置道场神案，坐于案前，左手拿经书，右手拿神扇，身穿灰法衣，背着神签统，头戴法帽，在念诵经文。德古和谋者以及维持秩序的十多个武士，坐在毕摩与铁匠之间。神判前的气氛十分紧张，特别是原告与被告双方，更是剑拔弩张，谁也不敢吭气，只有毕摩念经的声音。

毕摩念完经，德古木果木稼命令被告端铧口。日布尔哈紧张地站在炉子前，德古在他双手掌中放了八颗玉米粒大的水晶石，再放上四根笔杆般粗细的神树枝，上面放了一块白布。木果木稼告诫众人不许站起来看，须就地静坐。他宣布端铧口开始，铁匠即刻用大铁嵌把烧红的炽铧夹起来，放在日布尔哈手中的白布上。日布尔哈端着炽铧，在德古的引导下，按规定，分别向东西南北四方点了一下头，走了九步路，到道场前，把铧口扔进神枝丛中。铧口压住的绿草被烧焦着了火，而端铧口的日布尔哈的双手以及手中的白布没有被烧坏。日布尔哈兴高采烈地举起了双手，狂呼"白了！白了！"奔向穿白衣服的人群中，穿白衣服的人群挥舞白旗，欢呼胜利，传递着大酒坛子，嚎叫狂欢，在场的人，除原告氏族的人之外，全参与被告氏族的人一起欢庆。

按习惯，端铧口的人当晚不能回家，也不能寄宿别人家里，日布尔哈以及毕摩、德古等五十多人，住在村外的岩洞里。日布尔哈赢得银子，请人吃酒狂欢。次日，分付毕摩、铁匠、德古和谋者的银子。[1]

---

〔1〕 海乃拉莫、曲木约质、刘尧汉：《凉山彝族习惯法案例集成》，云南人民出版社1998年版，第39、47、53页。

由这个案件我们可以大概看出彝区神判的主要程序是:(1)产生纠纷,由德古调解;(2)当事人、德古等商定举行神判仪式及相关事宜;(3)请毕摩、铁匠;(4)仪式举行前嫌疑者做法事等以求神灵保佑;(5)神判举行前德古、毕摩、铁匠、谋者等做法事以保证公正;(6)仪式开始毕摩设置道场神案,念诵经文铁匠烧犁铧;(7)被告端犁铧;(8)宣布神判结果。以现代法学的眼光来看这简直是不可思议,但是当地人却对他充满了信任和惧怕,而且许多其他案件可以证明,通过这样的方式得出来的结果,两造双方及其氏族均虔敬地服从,不会再引起任何矛盾或纠葛。

三、神明裁判与巫术

巫术是原始人的观念和信仰,它的产生和原始社会生产力发展水平、人们的认识水平相一致。在原始社会,由于社会生产力水平低下,原始人不可能有足够的力量去战胜自然,相反,要依赖和祈求自然。在原始人眼中,周围的世界充满了巫术——一种不可知的力量。这种力量到处存在着,随时都可能对生产、对社会、对原始人自身产生破坏。巫术的力量防不胜防。另外,原始人有自己独特的思维方式,那就是他的直觉性。他们凭经验办事,认为客观的物质世界和物质世界以外的某种超现实、超自然的力量是互相联系的,而且超自然的东西,也是一种客观存在。他们敬畏这种超自然的力量,又企图用自己的行动来影响和利用它,于是产生了巫术。巫术是原始人企图利用和战胜超自然力的一种技术和愿望。神明裁判就是人们因为对这个超自然力量的敬畏和崇拜的结果。正是在日常生活中发生了人们不可能有足够的力量去战胜解决的疑难纠纷时,人们就诉诸这种超自然的神明裁判。但是还不能把神明裁判简单地等同于巫术,“神明裁判具有相当浓厚的巫术成分,却不能等同于巫术。因为它的基本属性仍然是一种习惯法,它所要达到的最终目的是弄清是非真伪,从而进行公正的裁决。因此,同样可以说,巫术只是神判的一种技术形式,而神判则是原始宗教(特别是巫术)在习惯法上的适用。另外,神判的成功,需要有一种神秘性,使人望而生畏;不具有这种神秘性,神判就难以取信于人。正是在这一关键点上,习惯法本身却是无能为力的。但是各种离奇古怪的迷人巫术,正好可以弥补这一点。"[1]可见,神明裁判作为一种有效的裁判方法其真正起作用的是那一种借巫术的形式而表达出来的诸多社会的和心理的因素,是人们对这种方式所达到的正义理念的坚信与虔诚。而那种荒谬的程序形式则只是加深了其神秘程度和不可知性,而正是这种为人所费解的荒谬,也正是这种不符合逻辑理性的思维方式使人们不想甚或不敢去追究其背后的根源,反而更为那种离奇荒诞所慑服。

神明裁判作为西南少数民族常用的裁判方法,从法律文化的多元现象的角度讲,是很有其存在的价值和意义的。穗积陈重称其为潜势法之一类,中国现今大多数学者则称其为习惯法或民间法之一种。毕竟在中国这样一个以地缘文化和血缘文化为主导的社会中,民族聚居区的社会构造及其运转,主要不是因为国家法发挥了强大的协调控制功能,而往往是凭借其固有的传承的民间习惯法的作用的结果。在法律尚未独立,尚未完全从其他社会控制系统中分化出来以前,在法律还没有开始发挥它的社会功能之先,神明裁判则代替法律发挥了相似的功能:

首先,明确了人们的是非观念,形成了人们关于生活中一切事务的对与错的评判标准;其次,它在纠纷发生时,邪恶行为产生后及时有效地做出了惩治,这是至关重要的,它的这种有效的惩治措施使得社会得以稳定,人心得以安抚,正义得以伸张;最后,更为重要的是它的过程的恐怖引起了人们内心充满了巨大的心理反应,因而产生了巨大的震慑作用,正是这种震慑作用得以使人们循规蹈矩地生活。在它的经常性的适用过程中,神明裁判则具备了强大的规范和引导力量,给予了一个社会威严有力

〔1〕 夏之乾:《神判》,三联书店1990年版,第13、103页。

的正义和邪恶的评价标准,使得人们得以精神上的凭借和依偎。由此可见,“神判与后来产生的法律形式共同具备了仪式性、权威性、普遍性,以及习俗、约束力等属性,共同具备了判断、惩治、震慑等社会功能,而且即使在人类社会的早期,他们的这些属性也基本上形成了互相交叉的关系,并首先是由神判培养了这些属性,担负了这些功能,确定无疑地影响了法的变迁。”〔1〕

第五节　宗教与西南少数民族习惯法

宗教、法律、道德在各个社会中都是社会控制的基本方式,伯尔曼曾经认为“在最广泛的意义上,我们所有的一切法律无疑都可以说具有宗教的一面”。〔2〕 对于这种法律所具有的宗教的一面,国内有的学者称之为“西方法律的宗教性”。然而,中华法系的法律是否具有宗教性?许多研究中国法律的学者都持否定意见,他们认为,“在我们祖先的意识形态中,根本没有像希腊人那样以为每一法律皆为神所拟定的观念。同时我们的法律也不曾依赖巫术宗教的力量来维持。没有一条所知的法律是附有诅咒的。握有司法权的人也非具有巫术或神权的人。在中国,法律制裁与宗教制裁或仪式制裁是分开的”。〔3〕 又如,“在中国,人们关于法律起源的观念与上述其他国家不同。有史以来,没有一个中国人认为任何一部成文法源于神的旨意,即使是最完备的成文法也不例外”。〔4〕 这些论述

〔1〕 张冠梓:《论法的成长》,社会科学文献出版社2000年版,第496页。

〔2〕 [美]伯尔曼:《法律与宗教》,梁治平译,中国政法大学出版社2003年版,第3页。

〔3〕 瞿同祖:《瞿同祖法学论著集》,中国政法大学出版社2004年版,第282页。

〔4〕 [美]D. 布迪、C. 莫里斯:《中华帝国的法律》,江苏人民出版社1998年版,第6页。

或许针对的是占据中华法系主流地位的法律制度。我国成文法不仅发达早，而且世俗化程度高。因而在中国，法律与宗教的分离，相对来说早一些，分离的程度也更为彻底，从而使法律终于成为一个独立的社会领域和完整的体系。从这层意义上说，中华法系确实不具有西方法所具有的神意性。但是，民族对宗教的需要却始终不会终绝，法律与宗教联系的纽带也不可能被彻底切断。这一点，尤其表现在少数民族的习惯法中。上一节我们所谈到的神明裁判即是宗教影响习惯法的一个鲜明例证，而在本书的第一章中我们将神意性概括为西南少数民族习惯法的一大特点，那么，在这一节里，我们将会看到西南地区形形色色的宗教对习惯法的影响除了表现在神明裁判这一领域外，到底还有何表现。

西南少数民族社会与宗教有着密切的联系，藏族、门巴人、珞巴人等是信仰藏传佛教的，傣族和布朗、德昂、阿昌、景颇等民族的一部分是信仰小乘佛教的；回族等是信仰伊斯兰教的，羌、彝、苗和瑶族的一部分是信仰基督教或天主教的；壮、瑶、白、彝、京、仫佬族中的一部分人则信仰道教。此外，在多数少数民族中还保留着一部分原始宗教。[1] 本节将分原始宗教及高级宗教两个方面来分析宗教对习惯法的影响。

一、原始宗教对习惯法的影响

这类民族的原始宗教信仰包含着宗教发生学上一个最初的很长的系列过程，或者说包含着有神观念早期的几个不同发展阶段。在西南少数民族地区中，这种原始宗教主要是自然崇拜、灵魂观念、祖先崇拜与鬼神崇拜等，其中有的民族灵魂崇拜还处在有鬼无神的阶段，如黎族；在苗族、瑶族、畲族等南方山地民族中，还普遍存在着多图腾崇拜及相关的种种神话传说，有学者认为这是一种属于母系民族社会发展阶段的早期宗教文

---

〔1〕 李民胜等编著:《中国少数民族宗教概览》，中央民族学院出版社1988年版，第1页。

化表现形态;[1]但同时又普遍出现了由巫师主持的各种宗教祭祀仪式活动,有了系统的宗教教义,如苯教、东巴教等。实际上,在人类社会的初期,人类普遍存在着对以上种种原始宗教的信奉,自然崇拜与祖先崇拜笼罩着先民们的整个生活,包括其法律生活。

首先,宗教作为一种信仰支配着人们的内心世界和社会生活,扮演着社会控制的主要角色。此时,宗教即是法律。例如在早期的西藏,少有法律现象,原始宗教的某些教义和生活习俗就是人们普遍的行为准则。据藏文史料记载,6世纪以前,藏族各部落以"苯"、"仲"、"德乌"治理政事。此处的"苯"即藏族的本土宗教——本教;"仲"有故事、神话之意,"德乌"则指谜语,宗教仪式和习俗占据了社会生活的统治地位。特别是在民族形成的过程中,宗教更是起到了"轴心"作用,同时它还是维系这一民族历史存在和发展的重要力量,以至于成为某个民族的文化标识。静态地看原始宗教在民族社会中的功能,我们发现,宗教给予我们的是一种情感的统一性,它关注生活的普遍性和根本的同一性,统一的宗教即是统一的秩序。对此,西塞罗曾有论述,"宗教仪式和习俗并不仅仅是宗教问题,而是国家的基本秩序……为此,在明智的政府统治下,人民总是需要一些头面人物的咨询和权威;牧师的指令应成为正统的宗教教义……共和国最重要的官职之一就是具有最高权威的占卜官"。[2] 他还指出,如同柏拉图视音乐为理想国的基本法一样,宗教仪式和习俗也是罗马共和国的基本法。关于这一点,我们仍可以从我国西南少数民族中找到对应之例证。比如祖先崇拜,它塑造并维护了父系氏族的血缘纽带,违者,将适用献祭刑,即将犯者开除出父系氏族共同体,让其在被遗弃中赎罪;重视宗教就是推崇这种父权制的习惯法。甚至人类社会中的等级制度也要从鬼神的

---

〔1〕 参见施正一:"中国少数民族宗教文化形态简论——兼论宗教文化形态学",载《广西民族学院学报》1996年第2期。

〔2〕 西塞罗:《论共和国》,王焕生译,上海人民出版社2006年版。

世界中寻找依据，在彝族的原始宗教中，就有以等级身份命名的鬼，如“嘎哈诺雀鬼”，嘎哈即山坡的上部，“诺雀”意为黑彝变的鬼，送这种鬼时，必须把它送到山坡的上部；与之对应的是“嘎剂曲雀鬼”，即白彝变的鬼，这种鬼只能送到山坡的下部，即“嘎剂”。

其次，有些宗教式的规则本身直接发挥着法律的效力，突出表现在人法和婚姻家庭继承习惯法中。如在婚姻的缔结中，婚姻被认为是“上天”的安排，如果男女双方的八字不合，多数情况下婚姻是肯定不会成功的；而在苗族的有些地区，人们最怕与被认为是有“老虎鬼”的女子结亲。又如立嗣的习惯法规定，其实也多出于传宗接代，保证宗祀、家统不绝的需要。又如泛灵论宗教教义中对神山、神树、神水等的保护，也直接发挥着法律的效力，这一点我们将在下章详细叙述。

再次，人们对习惯法的某些认知即来自于宗教。信奉万物有灵论的原始宗教多认为，因为万物都拥有灵魂，故而神灵鬼怪也具有同人类相似的情感，于是人们在生活的某些方面受制于灵魂和神灵鬼怪的意愿，非洲的阿散蒂人则相信“神灵和祖先的魂灵控制并指导着宇宙间的一切权力的行使”，而且“一切严重违背祖先或神的意志的行为都是作孽”，“如果一个群体不对作孽者予以惩罚并为其错行赎罪”，祖先将惩罚整个群体。以上都是这些处于原始状态的民族在处理纠纷时运用的推理前提。明显地表示出对超自然力量的崇拜。[1] 霍贝尔认为“作孽”是一种违反禁忌的行为，[2] 禁忌来源于对自然力的恐惧。它们可能是对于保持正常生活所需条件的神化以维持该条件的实现。

最后，习惯法的施行也依赖宗教。在人类认知能力不甚发达的社会中，人们不可能对周围的事物作出可被普遍接受的合理解释，包括“习惯”，只能依托原始宗教等神秘力量来控制人们的行为。这正如梅因所指

---

〔1〕 任志毅：“中国宗教法总述”，载北大法律信息网。

〔2〕 ［美］霍贝尔：《原始人的法》，贵州人民出版社 1992 年版，第 73 页。

出的:“习惯是为群众所遵守的,但他们当然未必能理解它们所以存在的真正原因,因此,也就不可避免地要制造迷信的理由以说明他们的永恒存在。”[1]此外,西南少数民族社会中多没有专门的法律执行机关,宗教巫术与巫师在纠纷中扮演着重要的“裁判”角色。首领并不具备永恒的绝对的权威。只有巫师以神的代言人的身份,用与神的交流的形式,借神的名义作出对纠纷的处理。由于人们对神的恐惧,巫师的判决也就容易接受并被遵守,神判在很大程度上是这一传统的遗存。与神判相浑然一体的法律行为是盟誓,盟誓不仅是维护人际关系、部落氏族关系的一种手段,它的作用还在于借用了宗教的神圣性维护了习惯法的权威,并对习惯法的实施及其社会效果有决定性的影响。例如在苗族的议榔组织通过榔规的过程一般是在榔头宣讲榔规后,由巫师取一只鸡,割鸡颈,将鸡血滴入酒坛搅拌,榔头和巫师先各饮一碗,此后所有参加议榔的人轮流喝鸡血酒,并带一串猪肉回家煮给全家人吃,以示男女老少均遵循榔约行事,违者“魂同猪走,头似鸡落”。[2]

图16:2003年,本书作者在西藏就藏族宗教的有关问题采访红教活佛洛桑次仁。

图17:佤族的神树祭祀台。

[1] [英]梅因:《古代法》,沈景一译,商务印书馆1959年版,第69页。

[2] 参见龙生庭:《中国苗族民间制度文化》,湖南人民出版社2003年版,第59页。

图18:佤族杀牛祭祀后存放牛头的山谷,近处为人头桩。

图19:湖南怀化苗族的民间戏剧。

二、高级宗教与习惯法

在西南地区,全民族信奉高级宗教的为数不多,仅有藏、门巴、珞巴和傣等几个民族,下面让我们来看看这种高级宗教的影响是如何表现在藏族习惯法中的。

藏族是几乎全民信仰佛教的民族。佛教早期在藏地的传播过程中,重密咒和修炼,不治僧伽和理论,很快几乎被原始苯教和民间信仰中的巫咒观念所取代,徒存形骸和名称。松赞干布执政之后,治文字,崇文明,佛教大规模传入,并被强调其信仰价值,后经历前弘期、后弘期等近千年的曲折演变,逐步与原始本教相融合,形成独特的宗教类型——"藏传佛教",又称喇嘛教。藏传佛教在藏族人的生活中占据极其重要的地位,它从一开始就与世俗政权紧密相连,为政教合一的政治组织模式奠定了基础。吐蕃时期,佛教一度被奉为国教,并在法律上明确规定人们一定要信仰佛教、僧侣参与政治决策,据《新唐书·吐蕃传》载:吐蕃"喜浮屠法,习咒诅,国之政事,必以桑门参决"。藏王赤德松赞更"封比丘为政教掌相",[1]创立了僧相制度。此后,在元朝,萨迦五祖八思巴受封为元帝师,并以此身

〔1〕 恰白·次旦平措:"简析新发现的吐蕃摩崖石文",载《中国藏学》1988年第1期。

份总领西藏事务，政教合一的制度即告完成并一直延续了下来。清初时，顺治帝封阿旺洛嘉桑措为“西天大善自在指所领天下释教普通瓦赤喇恒达赖喇嘛”（即五世达赖喇嘛），正式以法律的形式确立了达赖喇嘛对西藏地方的政教大权，至此，政教合一的政治制度日趋完善，寺院的寺主成了“拿起铃铛是活佛，放下铃铛是头人”的跨越僧俗两界的统治者。政教合一制度的建立，使藏传佛教僧侣集团世俗化的色彩更重了，将世俗社会纳入自己的意志中。

在这种政教合一的社会中，宗教所承担的功能是三位一体的，即政府的正统宗教、主流意识形态与民众普遍信仰三方面结合在一起。[1] 执政者需要用宗教来维护自己的统治，他们或宣称自己是神或神的子孙，或者宣传可以与神沟通，从而找到自身的合法性。因而执政者需要宗教，不过必须是得到他们所承认，便于控制的宗教，即所谓的正统宗教。执政者会不遗余力地推行这种信仰。使它成为操纵主流意识形态的力量，或成为主流意识形态本身。主流意识形态涉及的是国家生活的精神方面。它是判断领域之中流行的思潮可存在与否的依据，是执政者从精神方面对国家进行控制的依据，也是政权不致分裂的保证。作为精神性的主流意识形态很难通过强力或压制得到推广与接受，而通过正统宗教的宗教性打扮之后，却易于为一般民众接受，并自然进入他们的精神生活当中，指导他们的日常世俗生活。它首先借神的名义证明了王权的神圣与政权的合法性，统治者往往被塑造为神意的代表者（本教时期赞普被塑造成天神什巴的儿子）或由被确认为护教的法王（如松赞干布和赤松德赞），称赞普是“天神化现，来主人间”，[2]那么赞普的法律也就是天神的意志，只有具有神意的国王才有操纵刑罚的能力。

教义对于法规范的模糊替代作用是最突出的。法律所管辖的对象即

---

〔1〕 任志毅：“中国宗教法总述”，载北大法律信息网。

〔2〕《吐蕃金石录》“赤松德赞墓碑文”。

是教徒,宗教的教义指导着人们的行为,融合于人们的行为规范当中。宗教、礼仪、法律并没有严格的分裂,特别是在民事领域,宗教教义实际上起着民事法律规范的作用。祖先在这样的环境中生活,后代也是如此。他们畏惧的是神,敬奉的是神,他们依循着神的要求而生活。如松赞干布执政时期制定的20多部法律,基本上可划分为两大类:一类是“却尺母”,另一类是“甲尺母”。“却尺母”是藏语的音译,意为僧侣的戒律,相当于“教法”,它不仅是藏族习惯法的重要渊源和重要组成部分,而且是吐蕃时期各项立法的依据和根本原则。如《神教十善法》,即是一部出家人的戒规,内容是不杀、不盗、不淫、不妄语、不恶口、不两舌、不绮语、不贪、不嗔、不邪,不过是佛教戒律的翻版。但它不仅为出家人所共有的戒律,而且是其他立法的依据,在此基础上形成了《十六人事准则》和《法律二十条》等王法。这样佛教教义与法律规范就紧密结合起来,“宗教因法律而具有社会性,法律因宗教而获神圣性”。[1] 至此,吐蕃王朝在吸收习俗和佛教宗教戒律的基础上建立了一套较完善的法律体系,佛教的教法与吐蕃的王法在治理社会各阶层的行为中交替并行,互相发挥作用,社会秩序稳定,人们安居乐业。宗教即法,法的最终目的也是维护宗教的教义,维护神在信徒心目中的至高无上的地位,保证信徒对神的绝对崇拜和绝对服从。[2] 突出表现在将宗教世界的戒律引入世俗法,如《十五法》规定了离间罪和五无间罪,无间即为佛教用语。五无间即杀父、杀母、杀阿修罗、破僧、往佛身上洒血五种行为。挑拨离间与破僧(引诱僧人破戒)、往佛身洒血本非世俗法内容,但因其违反宗教戒律,帕竹政权的大司徒绛曲坚赞主张,“应严惩和严厉管教罪魁祸首,纵然过度一点也无关紧要”,也即为维护政

---

〔1〕［美］伯尔曼:《法律与宗教》之序“死亡与再生:新世纪的曙光”,三联书店1991年饭,第5页。

〔2〕吴倬:“宗教道德与世俗道德的融通与分殊”,载万秉祥、罗俊人编:《宗教与道德之关系》,清华大学出版社2003年版,第41页。

教大业，离间罪和五无间罪成为两大罪名，并被定为重罪，违者重者处死，轻者肉刑。

在藏族习惯法的处罚方式上，宗教的身影也无处不在。例如藏族“赔命价”习惯法的适用理由与佛教的“生死轮回”和“因果报应”等宗教观念就有直接关系。在佛教传入藏区以前，藏族人对杀人、侵犯统治阶级根本利益及十恶等重罪常处以绞、砍头、剥皮、活埋、绝嗣等生命刑或断肢、挖眼、割舌、砍鼻、刺字等肉刑，松赞干布时曾制定“杀人者偿命”的刑法。但随着佛教的传播，慈悲、因果报应和生死轮回等佛教观念开始深入人心，帕木竹巴政权的开创者绛曲坚赞制定的《十五法》就改变了“杀人偿命”的规定，允许罚交命价。绛曲坚赞对此解释说：“尤其元代蒙古，杀人以命相抵的法律规定，使恶业越积越重，因此以贤王十善律的优良传统为依据制定本法，只要求杀人赔偿命价，而不允许杀人者偿命，同时害死两条生命。”此后，赔命价又得到了噶玛政权时期颁布的《十六法》和五世达赖颁布的《十三法》的确认，以法律的形式将命价分为三等九级，最高级的藏王等统治者“无价”或价值等身的黄金，妇女、流浪汉、乞丐、屠夫、铁匠等的命价最低，仅值一根草绳。宗教对处罚方式影响的另一个重要方面是宗教处罚成为习惯法处罚方式的一种，如给予施害人宗教上的处分，断绝其宗教关系或其家人死后，喇嘛不得开路、念经、进行超度，以咒其永入地狱，永不超生。这样的处罚对那些不信因果的现代人来说毫无任何实质意义，但对深信因果的藏民来说这意义可就大了，对他们来说在终极世界里找不到自己的位置，这比任何惩罚都可怕。藏族在其部落时期，宗政府处理民间纠纷，采取宗教罚款的形式给寺院放生，称为“芒加”。此外，还对罪犯施以驱鬼和面壁思过等宗教处罚。驱鬼即将犯罪者架在牛背上，面朝牛屁股，背朝牛头，寺僧吹动法号并念经咒对其羞辱。被作为驱鬼的人，因怕别人讥笑不敢留在本地生活，只好四处漂泊流浪。面壁思过即将罪犯关押于监狱或密室，让其念经悔过。

宗教对藏族习惯法的影响不仅直接体现在习惯法的规范性条文中，表现为具体的禁止性规范，而且也给习惯法提供了精神方面的支持。藏族习惯法的一些规则十分严苛——以现代文明人的眼光看简直就是残酷，而藏民总是遵从无违，我们不禁会问是什么构成了藏族社会法律与秩序的约束力？马凌诺斯基的解释也许会让我们茅塞顿开。他认为："每一人类文化中都存在着沉重加诸每一个公民，要求他们做出巨大牺牲的诸多法律、禁忌和责任，它们根本不是因为人们的'自发自然，而是由于道德、情感或某些实际的缘由才被人们奉守无违的。'"[1]据此思之，藏族习惯法在它一千多年的历程中幸存下来，它的后面一定有深刻的传统文化背景。那藏族传统文化的精髓又是什么呢？我想恐怕是对神圣和精神的追求吧。宗教满足了社会维持精神上的律法与治安的需要，此时它的作用在于"奠定某种势力某种人格的存在，使人相信部落的律法即由这种势力或人格而来"。[2] 藏族来世主义的文化模式决定了宗教在其社会生活各个方面的巨大影响，正所谓："欲明了西藏之文化、政治及人民生活之状况。非对喇嘛教有一种详确之解剖不为攻。"[3]

宗教影响了人们的法律观念。所谓法律观念，是指人们在长期的法律实践中形成的对法律表面现象的评价、看法和态度，它是民族文化长期积淀的产物。处于不同文化背景下的各个民族将其所创造的法律思想及价值加以积累，在民族心理中凝聚并内化成一种稳定的观念。[4] 法律观念指导着人们的法律行为，对人们在具体法律实践中是遵守还是违反该

---

〔1〕［英］马凌诺斯基：《初民社会的犯罪与习俗》，许章润译，广西师范大学出版社 2003 年版，第 12 页。

〔2〕［英］马凌诺斯基：《巫术、利学、宗教与神话》，李安宅编译，上海文艺出版社 1987 年影印本，第 65～66 页。

〔3〕张辛南：《西藏喇嘛教》，转引自王尧等著：《中国藏学史》（1949 年前），民族出版社、清华大学出版社 2003 年版，第 175 页。

〔4〕刘作翔：《法律文化理论》，商务印书馆 2001 年版，第 119 页。

法律有决定性的影响。藏族在长期的法律实践中形成了具有浓厚宗教色彩的法律观念。但由于藏区地广人稀，部落众多，并没有形成统一的法律观念，主要散见于神话、史诗、箴言、格言、谚语、诫条等口承文化载体中，尤其以谚语为多，它是藏族在长期社会生活中形成的习惯法重要的传承形式。这些法律谚语因其哲理深刻、生动形象、简单易记，而深扎于人们的心里，活跃在人们口头上，规范着人们的行为，具有警示和预防作用。藏族的法律谚语或借用宗教语言来加强其权威，或以宗教来做比喻，从这些带宗教色彩的法律谚语中我们可以窥见他们不十分统一甚至是互相矛盾的法律观念：比如"官吏所说都是法律，喇嘛所说都是经教"反映了世俗法律的权威性与重要性；"菩萨不佑窃贼"则以宗教语言反映了藏区严惩盗贼的法律观念；"折磨迫害父母者有罪孽，虐待践踏子女者有恶果，欺压蹂躏妻室者有报应"显示出佛教的善恶因果报应观；"灭一条鱼而受万命罪"的谚语则给杀生者、破坏环境者以极大的震慑。一些法律谚语反映了人们信仰佛教法规而对世俗法律颇有微词的态度："教规好似雪白的绸带，该严紧，也要放松些，国法犹如黄金牛轭，该轻饶也要重惩"；[1]"不要抵抗来犯的敌人，这是法王的法律，不要轻饶来犯的敌人，这是国王的法律"[2]反映了宗教法与王法的冲突。还有些宗教法律谚语则满含抑郁，表达了人民的不满："喇嘛盼丧事，官吏等告状。"这些谚语以一种机智而又容易理解的形式把具有"权利义务性"含义的社会规范凝缩在短短的句子里，[3]体现了习惯法的基本精神和要求。

高级宗教的仪式和神职人员对习惯法也存在较深远的影响，只不过这种影响与原始宗教相比表现得更为常见和规范化。这一点，在藏地表

---

〔1〕 李涛主编：《嘉戎藏族研究资料丛编》，四川藏学研究所，第227页。

〔2〕 山南地区民间文字三套集成总编委会编：《山南民间谚语集成》，西藏人民出版社1994年版，第5页。

〔3〕 [日]滋贺秀三："清代诉讼制度之民事法源考察"，载王亚新编译：《明清时代的民事审判与民间契约》，法律出版社1998年版，第56页。

现得尤为突出。在藏族社会中，佛寺往往有自己的属民部落，形成大大小小的“佛国”，这些“佛国”以寺院为中心，包括周围的村庄，根据佛教的清规戒律进行管理，寺院既是行政机构，又是司法机构，寺院的活佛直接主持司法工作。寺院的僧侣会读书识字，能解决人们日常生活中的问题，甚至能抓药治病，因此僧侣作为藏区的文化阶层受人尊敬、膜拜也就不足为怪了，有道是：“山岳之上是日月，国王之上乃上师。”藏民遇到纠纷首先要做的是请活佛或一些有名望的喇嘛调解，他们的意见往往比法律还起作用。这种宗教影响之深远，以至于直至近年，仍有报道称在青海、藏北等牧区存在活佛干预司法的情况。

三、法律的宗教性及摆脱了宗教的现代世俗法律

多数文化中的法律最初都是由某个宗教产生，直至近现代，法律与宗教之间的这种紧密联系仍是习惯法文化的一大特色。而在中华法系的正统法律制度之中，这些宗教因素已被逐渐清除，经历近代百年的法制变迁之后，从西方移植而来的法律制度很难说有多少宗教的因素。今天，我们习惯于用“理性”、“合理”等一类词语来解说现代法律，据说，现代国家的法律已经完全变成实用的人类活动，它为人所制定，其职责是有限的，仅是去发挥某种功用，让人按特定的方式行事，如此而已。既没有神圣的渊源，也没有恒久的有效性，并不反映生活的终极意义。这种法律被认为是存在相对主义的，以至于纽约大学的托马斯·弗兰克（Thomas Frank）认为，法官在作一项判决的时候，并不是在宣明真理，而毋宁说是为了解决问题在做试验，如果他的判决被上级法院推翻，或者随后就被驳回，那并不意味着判决有误，而不过是说，它不能（或者由于时间的关系变得不能）尽如人意罢了。[1] 但是很遗憾，弗兰克也承认，过分地强调这种哲学可能损害公众对于合法性的尊崇。它可能使法律制度更容易“引起争议，而

〔1〕［美］伯尔曼：《法律与宗教》，梁治平译，中国政法大学出版社2003年版，第3页。

不大可能激发公众矢志不移的忠诚”。我们要更进一步问一问,一种不可能唤起民众对法律不可动摇的忠诚的东西,怎么可能又有能力使民众普通愿意遵从法律?如果法律仅仅是一种试验,如果司法判决也不过是执法者种种预觉(hunches),为什么个人或者团体应该遵守与他们的利益相悖的法律条文或命令?

拥护工具论的人通常这样来回答,人们一般要服从法律,因为他们害怕不这样就会招致司法当局的强力制裁。这个回答绝不能令人信服。正如心理学研究现在已经证明的那样,确保遵从规则的因素如信任、公正、可靠性和归属感,远较强制力更为重要。法律只在受到信任,并且因而并不要求强力制裁的时候,才是有效的;依法统治者无须处处都仰赖警察。今天。这一点已为一有力的反证所证实:在我们的城市里,惩罚最为严厉的部分法律,也就是刑法,在它以其他手段不能引人尊敬的地方,也没有办法让人畏惧。如今,每个人都知道,没有任何警察可以夸耀的力量能够制止城市的犯罪。总之,真正能阻止犯罪的乃是守法的传统,这种传统又根植于一种深切而热烈的信念之中,那就是:法律不仅是世俗政策的工具,而且还是生活终极目的和意义的部分。

第三章　民商事习惯法

第一节　民事习惯法的起源

法的起源是法学基础理论的一个基本问题，中外学者都有深入的研究。在这里，我们主要根据田野调查的资料，从景颇族民事习惯法的产生探讨一下有关的问题。云南景颇族是一个有悠久历史文化的民族，据《勒保冒迷》的远古传说和创世纪《目瑙斋瓦》史诗记载，[1] 景颇族经历了原始洪荒时代、氏族部落时代、蓄奴时代和征战迁徙时代。景颇人历经苦难，在历史的迁徙、奋斗中不断发展，最终落脚在"瓦何瓦蓬昌"意为布满龙竹的地方，即今天云南省德宏州、保山地区和缅甸克钦邦一带。

根据景颇文化学者的考证和研究，景颇族习惯

[1] 参阅李向前整理：《目脑斋瓦》，德宏民族出版社1991年版。

法与其山官制度密切相关。山官,景颇语称“崩早”,意为山上的官。山官制是景颇族社会的经济、政治、文化制度的总称,它形成于景颇族历史上民族酋长制瓦解奴隶制形成过程之中,灭亡于20世纪50年代中期,约有一千年的历史。景颇族山官制社会根据出身和血统把人分为三个等级,即贵族官种(督阿缪)、百姓(达然达瑞)和奴隶(木央)。木央奴隶属社会最底层,没有人身自由,可以被贡萨督山官任意买卖、转让或处死,“木央”还要为山官服劳役,从事家庭和田间的各种劳动。随着社会变迁和经济的发展,加之汉族、傣族封建势力的包围和强大影响,还有贡萨族内部矛盾以及百姓中发展起来的异性贵族与山官抗衡,景颇族奴隶制发展遭遇很大阻力,已经丧失了发展基础,因此原有的奴隶制度不得不和平演变为封建领主制,新的封建领主皆由旧时的奴隶主上升变化而来,依然承袭原来的山官政治法律制度。当然,百姓比过去的奴隶自由多了,他们有自己的经济,在山官辖区内有迁徙的自由,可以在荒山上自由“号地”耕种,但是,他们与山官依然存在着很大的隶属关系,实际上是封建领主制度下的农奴。

山官制度实行神权政治,山官的权力是政治和神权的结合,他们假借神鬼的力量来增加其权力的神圣性和权威性。山官的统治机构主要由督(山官)、钦曼(总管)、董萨(神师)、嘎督(地官)、寨头(阿及督)、司朗(苏温即寨中各姓领袖)、管(片官)、偏督(军事长)、恩道(杂差)等组成,其中山官是一定辖区内最高统治者和最大的行政官。但由于各辖区内相对独立,互不干涉,因此,山官之间差距大,有的势力强大,地位显赫,而有的仅辖一寨数户,势力弱小,生活贫穷。而且,董萨地位仅次于山官,是山官的高参,是人与鬼神之间的沟通者,是景颇族中的知识分子,在景颇族人法律生活中,董萨起着举足轻重的作用,山官的政治有赖于董萨的占卜、巫术的帮助才能得以顺利施行,百姓的纠纷要有董萨参与调解。通过董萨的活动,实际上也传承了景颇族的民族历史文化,所以村村有董萨，整个社会离不了董萨。[1]

谚语说“靠法律做人，靠席子晒谷”，[2]这说明景颇人有法制的传统，但是，历代封建王朝并未颁布过专门的景颇族法典，景颇族也没有成文法的法规条文，也没有司法机构和诉讼程序。一千多年来，仅有一部口耳相传的“督德拉法”。这是一部维护山官制度的“督德拉”。“督”为官，“德拉”意为法，因此，“督德拉”意为“官法”，实际上是一部习惯法。其内容宽泛，涉及山官职权、特权以及百姓的义务等，“通德拉”即简易的民事习惯法是其中的一个重要部分。景颇族山官制社会，没有专门的立法和执法机构，它经历的奴隶制和封建制极不典型，无论是经济形态或政治形态，都保留了氏族公社的很多传统或遗迹，因此，景颇学者认为“山官主要靠原始社会民主性和阶级社会专制性兼而有之的、不成文的、约定俗成的习惯法——‘通德拉’来协调处理人际关系和维护社会秩序”。[3]“通德拉”意为阿公阿祖传下来的做人道理或习惯规则，人人必须遵守，即使山官违反习惯法也同样要受到处罚，这显然是原始氏族社会的遗风，也是能被广大百姓接受的一个重要原因。景颇族习惯法内容广泛，根据我们田野调查接触到的资料，仅对其中有关民事关系的习俗、习惯做一些简介和评析。

（一）景颇族习惯法维护山官经济利益，确认山官们对土地、山林的所有权，确认山官对百姓有收劳役地租“官工”、“官谷”、“官烟”、“官礼”的剥削权和“吃贯”的特权。百姓在封建领主制下虽然有了比奴隶更多的自由，比如可以自由开垦荒山“号地”，但是，每年必须要为山官出4～6天的“官工”，杀牛祭鬼神要送官家一条牛腿，猎获野物要交纳一条兽腿。官家红白喜事要送鸡、猪、牛、酒等“礼物”，否则，百姓就不可能有

[1] 郭老景著：《景颇族风俗文化》，德宏民族出版社1999年版，第19页。
[2] 郭老景著：《景颇族风俗文化》，德宏民族出版社1999年版，第259页。
[3] 郭老景著：《景颇族风俗文化》，德宏民族出版社1999年版，第26页。

其他的自由了。在德宏景颇族中,陇川县与梁河县交界的王子树、邦角地区封建领主制发展最为典型,特别是邦角地区,不仅经济发展快,封建领主制发展也比较完善,因此,民事习惯法的内容也更为充实,发生的民事纠纷关系也更为复杂。邦角山官向辖区征收的徭役贡奉主要有:官工(每年 300 个)、官谷(包括官租田、地租田、水口租、各项租谷每年收 3000 多箩)、保头(每年收 100 多箩)、官烟(每年收 4000 多两),还有名目繁多的杂派。同时,出现了田地自由买卖、转让、抵当、抵押、出租等经济关系,并获得习惯法的确认。当然,这也说明邦角地区的经济形态已向地主经济发展了。[1]

19 世纪 50 年代,由于山官的残酷统治压迫,爆发了群众性的反"贡品贡萨"山官制度的斗争,据资料记载,斗争持续到 20 世纪初。如盈江支丹山地区经过 20 多年武装斗争,18 个寨子有 14 个寨子推翻了山官统治,废除了山官制度。再如,铜壁关地区先后爆发过 14 次农民起义,大部分村寨起义都获得了胜利。陇川的弄贤、葵当两寨民众也推翻了山官制度。获得胜利的村寨废除山官制度,创建新的政治制度,景颇族称为"贡荣贡咱",意为"自由、民主"制度,简称"贡荣"制度。社会变动也带来了习惯法的演变,在这些山寨,习惯法不再维护山官的特权,山官沦为村寨中的普通成员。各寨自由选举头人为领导。过去的等级关系已不复存在,村寨头人已没有任何特权,再也不能向群众摊派负担。村寨的土地分别为各户私有,可以自由买卖、租佃、转让。婚姻方面也废除了等级,百姓之间可自由通婚,表现封建等级差别的称呼陋习也随之废除了。虽然,能建立这种"自由、民主"的"贡荣"制度的村寨毕竟是少数,但是对整个景颇山官制度的打击还是沉重的,对山官制下的习惯法也是一种冲击,这种冲击势必对原有的习惯法产生影响。

---

〔1〕 参阅杨清明主编:《中国景颇族山官》,德宏民族出版社 2001 年版,第 6~8 页。

（二）山官制习惯法对人口迁徙也有规定。这里的人口迁徙是指一家一户的整体迁入或迁出，事先必须征得双方村官或寨头的同意。迁入者要给迁入寨的山官和头人送一小桶米酒，多少不限。迁出者要象征性地拔掉自己拴牛的木桩，表示已与原寨脱离关系。辖区内土地不准买卖，一家人不准单独砍掉一片土地，不准随便烧野火，牛猪糟蹋了别人的庄稼，牲畜的主人要负责赔偿。

（三）债权债务方面的规定。一般是借一还二，如青黄不接时借谷1箩（15公斤），秋后还2箩，秋后如还不起，延期一年，到时还本利3箩。如借债人故意不还，债权人有权拉走借债人家里的猪、牛抵债。借债人死亡，由其子孙偿还，否则不准死者的坟沟合围，让其子孙时时记着还清债务。借一还二，利息达到百分之百，这在西南少数民族习惯法中应是很高的了。凉山彝族习惯法粮食利息是百分之五十，虽然也承认"父债子还"，但如因家庭贫困，确实无力偿还，债户可备酒肉招待债主，请求债主免利。债主视其实际困难可以免利，甚至连本带利全免。由此可见，景颇族习惯法的利息标准实际上是一种超高利贷。[1]

（四）烧土蜂——对私有权的维护。这里有一个景颇人的传说，如同雪域高原广为流传的猴鸟故事一样，烧土蜂也反映了景颇人习惯法对私有权的维护和处理纠纷过程中的智慧和精神。传说，蜜蜂和土蜂比本事，蜜蜂说："我3年可以养活一个孤儿。"土蜂听后轻蔑地说："嗨，这算什么本事？我3天可以吃掉一个孤儿，3年可以吃完一个寨子的人。"双方争执不下，这时太阳神刚好从这里路过，蜜蜂与土蜂就请太阳神评理。太阳神问明情况后，进行了裁决："蜜蜂心好，旱季、雨季都可以生活。土蜂心毒，只能雨季生活。土蜂窝，哪个见了哪个烧。"土蜂听了委屈地说："哪个见了哪个烧，我们不就绝种了吗？"太阳神接着又说："哪个先见，

---

〔1〕参阅西南政法大学赴凉山调查组：《凉山彝族习惯法汇编》，2001年，第一部分。

那个号着。别人号了就不要烧。硬烧的，蜂窝赔大鋩；蜂儿赔肥猪；包蜂儿的白丝丝赔偿一捆绸子；挖土蜂的棒棒赔刺老虎的刚叉；土蜂抬出来的土有一米宽，赔 10 箩谷子；烧土蜂的草赔米酒。"说完扬长而去。后来，果然蜜蜂旱季、雨季都可以生活，土蜂却只能雨季生活。因此土蜂恨透了蜜蜂，在哪里见着了就在那里抓吃。蜜蜂是人们的好朋友，大家都来帮助它，常常利用各种机会寻找土蜂的窝，到时间烧来吃。找到土蜂窝后，人们用一棵削尖了的木桩插在蜂洞口，并在木桩的上端用刀劈开，中间夹上一些草做记号，别人看见就不烧了。如果有调皮的人去偷烧号了的土蜂窝，查出来要赔大鋩、肥猪、刚叉、绸子、稻谷和米酒。每年农历 9～10 月是土蜂最多的季节，这也是小伙子们烧土蜂大显身手的时机。一窝土蜂多则 20 多公斤，少则也有 2～3 公斤。土蜂蛹的肉，嫩而味美，景颇人放上佐料用芭蕉叶包着烧熟吃更有风味。[1]

烧土蜂的故事说明在景颇人的习惯法里，已经有了类似罗马法、法国民法典和意大利民法典中关于"先占和发现"的所有权取得方式的规定的萌芽，这不能不令人惊讶![2]"号"就是"先占"和"发现"不属于任何人的财产的一种形式，凡经过"号"过的物，"号"者即取得了对"物"的"所有权"（虽然这不等于现代民法的所有权）。当然，这种先占原则在许多少数民族习惯法中都存在，甚至今天还在发生效力。景颇谚语中所谓"不能与别人的妻子偷情，不能拿别人的丝毫东西"，这也有尊重私有权含义。其实，在西南少数民族的生产生活中，都是较为重视保护私有权的，表现出对财产所有权归属的重视、确认和尊重。而且对这种古老的习惯规则的遵守程度甚至超过汉地，凡经习惯法调处了的纠纷，当事

〔1〕 参阅郭老景著：《景颇族风俗文化》，德宏民族出版社 1999 年版，第 144、145、267 页。

〔2〕 参阅《意大利民法典》，黄安玲、丁玫译，中国政法大学出版社 1997 年版，第 257 页；王泽鉴：《民法概要》，中国政法大学 2003 年版，第 513 页。

人一般没有反悔，所谓“旧矛盾不能再说，臭大粪不能再翻”。[1] 在苗、侗、瑶、壮、藏、彝、羌等民族习惯法中也有保护财产的规定，比如，你打的柴、采的果子、收获的粮食，一时拿不回来，就在上面压一块石头，或者插上草标，[2] 就表示是你的，放在那里，多少天都没人动的。关于所有权的标志，苗族中有“结草为记”的习惯法。无论是准备开垦的荒地、砍倒的树木、打到的猎物、待运的柴草，只要用一把野草挽成一个草结放在上面或拴在上面，便说明该物是有所属的了。这些财物除了该物的主人，其他任何人是不会私自去触动的，物的主人也不会担心有人去偷盗。[3] 广西南丹瑶寨村民的财产包括粮食等存放在房屋外，贵州黄平僅家人将储粮食的仓库修建在水塘中，这是为了防鼠防火灾，而不是为了防盗，因为这是一个“天下无贼”的社会，这表明许多少数民族地区对所有权、私有权的尊重，不仅仅作为习惯法的重要内容，而且是传统的和现实的良风美俗。[4]

人类的私有观念和私有权意识是伴随私有财产、私有制的产生而产生的，其间经历了漫长的岁月。云南金平的苦聪人和莽人20世纪50、60年代还在高山上过着原始的游牧式的狩猎生活，后来政府把他们接下山并给盖上房子定居，但他们从来都认为房子是政府盖的而不是“我的”，甚至留恋过去居无定所的生活。他们“我的”、“你的”的私有观念很淡漠，“有饭大家吃，有酒大家喝”还是一种传统风俗。景颇人离开原始狩

[1] 参阅郭老景著：《景颇族风俗文化》，德宏民族出版社1999年版，第144、145、267页。

[2] 夏勇：《朝夕问道》，上海三联书店2004年版，第295页。

[3] 徐晓光、吴大华：《苗族习惯法研究》，香港华夏文化艺术出版社2000年版，第83页。

[4] 2004年7月26日晚，笔者在贵州丹寨县拜访了王凤刚先生。王先生早年毕业于中央民族大学，著名的苗族学者，一直在县史志办工作，近年他卧病在家，但还在思考苗族传统文化问题。他热情地接待了我们，并强调认为苗族文化传统重视对私有权的保护，在“榔规”习惯法、习俗、道德三大方面都有保护私有财产的内容。

猎生活已有千年的历史，又经过了奴隶制、封建制，积累了丰富的维护私有权的经验，因此，他们的习惯法在田地房屋所有权方面，在买卖、租赁、借贷等债权债务方面都有较为明确的反映，但同时原始的习惯和原始公有观念、原始平等精神留存的也较多，至今景颇谚语还保留有："打着野鸡自家吃，打着麂子全寨吃"、"独自吃暂时舒服，遭人非议长期难受"的说法，实际生活也是如此。景颇人由于封闭的自然历史条件，虽然经济落后，但又因其特殊的地理环境，近代以来受到西方文化的影响，特别是基督教的渗透，一定程度上基督教宣扬的平等、博爱、诚信对其习惯法提供了文化上的滋养。景颇族约有三分之一的村寨建有简易教堂，村长（也是基层教会负责人）告诉我们，它既是举行宗教仪式的地方，也可以作为村民和解纠纷的场所，在上帝面前和解比在山官、董萨面前和解具有更大的诚信力、说服力、威慑力，这能否说中西法文化在这些僻静的山村实现了"相补相合"，教会十条戒律中"孝敬父母、不可奸淫、不可偷盗、不可作假证陷害人、不可贪念别人的一切"同习惯法，甚至同乡规民约的要求也是一致的。虽然，这是一种极粗浅的表层的现象，但又是极具民族特色的法律生活，给人还是有一定的启发。

景颇人与其他少数民族一样，20 世纪 80 年代以来，他们依据国家法，结合传统的习惯法，创造了"乡规民约"这一法律形式，并且在维护社区秩序、巩固民族团结、促进经济与文化建设方面起到了很好的作用。目前，在德宏州景颇族聚居的 48 个乡（镇）、147 个行政村（办事处）、603 个合作社普遍制定了乡规民约、村规民约或社规民约。乡规民约内容丰富，涉及生产生活的民事方面内容已融合进去。例如：有保护和美化生态环境的；保护国家、集体和个人私有财产的；崇尚科学破除迷信的；树立良好道德观念的；控制人口、实行计划生育的；民族团结的；家畜家禽管理的；建设公益事业的；禁毒和社会治安等。瑞丽市户育乡 1990 年 4 月 1 日起执行的乡规民约中第一条就是山地、山村管理，第八条、第九条专讲保护森林。盈江县太平乡芒棒三社民约共二十一章计九十九条，其章目有:第一章总则、第二章社员民主管理的权利和义务、第三章社管委员会和社干部的职责、第四章山林土地管理、第五章资源管理、第六章集体财产处理、第七章社容社貌、第八章移风易俗、第九章计划生育管理、第十章五保户的管理、第十一章教育与科技、第十二章民族团结、第十三章禁毒条约、第十四章社会治安联防、第十五章邻里关系和夫妻关系、第十六章民间纠纷调处、第十七章财务账目管理、第十八章牲畜家禽管理、第十九章村社企业管理、第二十章违约责任及实施、第二十一章附则。该民约特别突出了社员的政治权利和民事权利，强调宪法和国家法律赋予的各种权利，比如社员可依法参加管理社内一切事务，对社员代表、社干部享有监督、批评建议和检举、控告权，享有承包集体土地、山林和自留地、自留山、家庭副业、饲养家禽、参与劳动、休息和劳动报酬的权利，社员的合法财产受保护，任何单位的个人不得非法侵占等。这些条款不单是国家法的具体化，而且由于条款实在具体，有较强的针对性，也易于操作和切实有用。

同时，村规民约在形式与内容上是对习惯法的继承和发展，其中不少规则经过千百年演变仍然存留在景颇人的心坎里，牢牢地植根于广大群众的脑海中，因此，它是有源之水、有本之木。许多景颇村寨，制定村规民约本身就是一个尊重历史、依靠群众、宣传群众、组织群众的过程，其程序往往是领导层首先深入调查研究，总结历史经验与教训，拟订方案，然后召集各家各户的家长和成员开会通过。这种讨论会一般要开若干次，首先从大的问题到具体的条款细节，逐段、逐条、逐句讨论，会议常常开到凌晨 2 ~ 3 点钟，然后统一认识，举手通过，签字或按手印后生效执行。民约的这种广泛深厚的群众基础是其具有较强约束力的根本原因，村社发生纠纷、出现问题，村社干部和社员就用自己制定的民约对照处理，由于民约保留了传统习惯法适宜于今天的内容，汰除了过时的不良风俗,因此执行结果当事人服气,群众满意,因为既符合国法又符合老祖宗的习惯。这样乡村干部和政府省心省力,就有了更多的时间和精力抓经济建设,达到了一举多得的目的。[1] 前面引述的盈江县太平乡芒风棒三社民约就是一个典型,由于发挥了乡规民约的作用,有力地促进了景颇村寨生产力发展和法制文明、精神文明的建设。该村1998年有121户、621人;拥有卡车6辆,吉普车2辆,拖拉机10辆,摩托车1辆;人均纯收入1410元、粮食485公斤;有席梦思6户,电视机45户,有线电视7户。1995年以来连续被评为社会治安综合治理先进单位,云南省精神文明建设村寨示范点,1997年得到省政府发给的奖金3000元,1999年又被评为省级文明村。[2]

景颇族乡规民约的成效说明习惯法与国家法有相通相合的一面,特别是其中有关民事的内容,不仅与国家法相通,而且它内容的具体、细致,补充了国家法的不足,促进了国家法的落实。同时也说明习惯法是可以改造并在法制建设中发挥作用的。

第二节 财产习惯法

一、物权的占有形式

历史上西南少数民族财产所有权的占有形式大都为私有,但也不排斥许多公有财产的存在。一般来说,两类财产为家族或村寨公有,一是荒山、野林等无主物;二是坟地、侗族的鼓楼、贵州各民族的斗牛坪和游

〔1〕 参阅郭老景著:《景颇族风俗文化》,德宏民族出版社1999年版,第328、329页。

〔2〕 转引自郭老景著:《景颇族风俗文化》,德宏民族出版社1999年版,第330页。

方坡等公共场所；其他的诸如牲畜、农具、田土、宅基地等皆属私人占有，可以买卖、租佃。

图 20：地界石：贵州锦屏县苗族、侗族曾用于标明土地之间的界线。

（一）个体私有

西南少数民族财产中最主要的有田土、生产工具、牲畜、林木、生活用品等。笔者实地调查贵州台江县巫脚交[1]苗族。这个寨的田土全系私有，60 年前的面积共约 1600 亩。根据当地村委会提供给我们的历史资料，可以发现，私有的田土及其他生产资料完全由有产者持有，各阶层拥有的土地并不相同。

表二：（1955 年 10 月 4 日统计）

项目 / 阶级成分	人口			解放前土地占有情况							
	原有人口	现有		土地（单位：挑[2]）			农具、耕牛				
		户	人口	水田	旱田	合计	犁	耙	锄头	镰刀	耕牛
贫农	349	92	428	1030.5	600	1630.5	50	34	98	129	36
中农	315	69	379	2204.5	1233.5	3438	68	56		188	59
富农	32	6	32	496	231.5	727.5	8	7		29	13
地主	36	6	39	867	270	1137	8	9	26	44	12.5
其他	3	1	4	43	42.5	85.5	1	1		3	1
合计	735	174	882	4641	2377.5	7018.5	135	67		393	121.5

〔1〕 巫脚交寨位于台江县城东南约 25 公里处，海拔 1100 ~ 1300 米，现有 143 户、684 人，是一个苗族聚居的村寨。

〔2〕 挑，田土面积计量单位，约 6 挑合 1 亩。

从表二统计看，人口只占 4.90% 的地主阶级，却占全部土地的 16.22%，全部耕牛的 10.04%，平均每人占有土地约 31.58 挑，而贫农平均每人却占有土地 2.95 挑。地主和贫农平均每人占有土地量相差 28.63 挑，这在苗族地区来说，贫富悬殊如此之大。

至于林木的所有权归属，也比较复杂，但大都是私有。凡私人地界的树木，由所有者处理。私人地界的划分，在这里有一个习惯，例如某人有一丘田在别家族的山上，则此田上面 3 丈，左、右、下三面各 1 丈 5 尺都是田主的，地界内的草木归田主所有。如果同时有两丘田又分属不同的两家所有，则两田相邻处之空地仍按此规矩办事。如果中间空地不够宽（即上下不够 1 丈 5 尺，左右不够 3 尺），若是上下相邻的两丘田，则下面田向上占 2/3，上面田向下占 1/3；刚好 3 尺宽的，田坎下面的占 2 尺，上面的占 1 尺。如果是左右相邻的两丘田，则各占一半。如果正在分界上有树，则砍倒以后平分，其余的地为山主所有。[1]

除成片的山林外，凡在田边地角种树，田为谁所有，树即为谁所有。一般地，私人占有林木，有两种情况，一是山权林权都为私人所有，二是只有林权。这是因为卖树不卖山的传统习惯所致，或者因私人租山养木，故没有山权。

（二）家族或亲房共同所有

各少数民族在思想上仍保留着家族的情感，许多支系的村寨，彼此间存在族系关系，因此民族成员的财产除了个体私有外，也包含了家族共有和亲房共同两种形式。家族关系越紧密，这种共有的东西就更多。

族有土地中，面积最宽的要算山林（包括林地、荒山、轮歇地）。以贵州台江县巫脚交苗寨为例，该寨山林约占全寨土地面积的 2/3，而族有的山林又占山林总面积的 9/10 左右。这些族有山林分属于张、万两家的某个公的某几房后代共有，面积无法估计，大家都以“湾”、“岭”来计算，界线也只是

〔1〕 参见贵州省编辑组：《苗族社会历史调查》（一），贵州民族出版社 1986 年版，第 58 页。

大体划分。无论族有山林还是亲房山林,其树木都不许随便砍伐,否则要受罚,罚多少不等,有的甚至要罚杀一只猪。但是,本族成员可以随便利用该林木修筑房屋、堰栅,只要不是为了私人出卖的目的就行。族内山林没有专人管理,也不受理老的约束,族内无族长,只需通知共有者各家。

在各共有者内部,族有山林可以随意买卖,但对外只卖树木不卖地。族有林木出卖以后,价款由所有权人按户平均分享。族有的宜林荒山,私人可以"借土养木",即私人可以借族有的荒山植树育林,林木长大后归私人所有,可以自由买卖。但砍伐后,老根再生的树秧归本族所有。值得注意的是,族有山林中有几种树是不能砍伐的:1. 杉树秧(这是为了更好地保护树苗,使其能长大成材);2. 果树;3. 神树。

对于轮歇地,[1]一般没有买卖、典当的现象,要耕作这种地,只要事先征得土地所有人的口头同意即可。如果未履行通知义务便开山播种,则此后出产的作物归土地所有者。履行通知义务后,就可砍树播种,收割后不必交租。

除了共有山林外,宅基地、坟地等都可能成为共有的对象。例如贵州从江县加勉寨苗族的坟地共有五块。"嘎卯"为梁、王二家的坟地,"爰方"为龙、王、梁三家共有的坟地,"古艾"为韦、梁、王三姓共有。关于各姓坟地的划分,主要是和居住的情况有关,居住相近者,可共用一块坟地,故占有坟地上有一姓、多姓的区别。共有坟地不得作他用。

(三)公共占有

公有,指一定范围内的所有民族成员公共所有。西南少数民族中公有财产并不多。据我们调查了解,一般只限于游方场、斗牛场、芦笙坝等社交场所和未开垦的原始山林。例如,侗族公有的财产有寺庙田、桥梁田,一般是民族成员捐款购买,收入用于修建寺庙,修架桥梁等公益性事

[1] 轮歇地,指尚未长成林的族有山坡,树木并不太多、太大。

业。祖辈留给子孙后代的游方场,一般在各寨的附近。这些地,很早以前就有,现仍保存,通常作为青年男女社交的重要场所。傣族的公田如祭鬼田、佛寺田等在村社成员中以家庭为单位分配,当成员个体迁离或脱离村庄时,必须交回村庄。彝族的公有地,一般为全家支共同所有,对公有地的买卖,必须经全体成员讨论通过,方可进行。占有权不受等级界限的限制。至于原始森林,面积很大,地势险恶,一般也不宜纳入私有的范畴。

公有财产的另一种形式来源于历史遗留。例如,苗族中存在大量"学田"(苗语称"里学"),为政府所有。据说,清末台江县有学田千挑。这些学田是在咸丰、同治年间张秀眉起义失败后,被清政府没收充公的"绝逆田",作为办学用的。贵州反排共有学田二十挑,都是下等田,产量很低,由政府租给农民耕作,每年交"死租"二十五斤,不准退佃。绝嗣户的遗产,即"绝业田",也有可能成为学田。

二、物权的变动形式

通过财产的买卖、赠予、继承等物权变动形式,将所有权、使用权移转给他人,是物权习惯法的重要内容。随着西南各民族社会经济的发展和私有制观念的加强,有关物权变动的习惯法不断得到发展和完善。这些习惯法对民族地区经济的发展具有重要的规范、指引、评价、预测功能,从而极大地维护了民族地区的社会秩序。

(一)财产的买卖

买卖是财产所有权转移中最为普遍的一种形式。西南民族地区财产买卖始于何时,现已无从考证。以贵州苗族为例,清代便有了田土的买卖。据一些家谱记载,贵州苗族最早有从江浙一带迁徙过来,定居贵州山区后,他们首先以"插草为标"占有土地,奉行先占原则,插到哪里便占到哪里,插占以后即为私有。[1] 最开始土地成为人们生活的命根子,一般

〔1〕 这种说法是否合乎历史的本真,还有待进一步考证。

不轻易买卖祖宗留下的基业，到100年前，苗族地区普遍发生自然灾害，加之当时国内战乱不断，土匪、军阀横征暴敛，为了生计，出卖田土的人剧增。与之不同的是，锦屏的木材交易远在400年前的明代就开始了。木材成为当地境内主要经济来源，木材交易非常频繁，因此，木材所有权的变动也在很早以前就有了书面凭证——契约作为公示的手段。[1]

因有清水江连通长江的水运便利条件，锦屏县的人工造林历史已有500年之久。长期大规模的木材采运贸易和人工造林，导致了异常频繁的山林土地权属和劳动利益的复杂转换和分配关系，相应地伴生了大量作为确定经济权属凭据的林业契约。这是继徽州之后，成为中外学术界聚焦的又一个“契约之乡”。

图21：锦屏县文斗寨参与人工造林和木材采运的花甲老人。

图22：从事木材买卖中介交易的卦治木行。

图23：文斗寨村民保存的幼林买卖契约。

图24：陈金全教授等人在文斗寨与当地村民一起整理研究遗存契约。

〔1〕 下面这些契约是笔者于2004年9～10月在贵州锦屏县文斗村姜元泽家收集到的，字迹清楚，尚还完整地保存着，标点为笔者自己标注。

契约一：

立卖杉木栽手字人黄养杨昌甲、杨昌子弟兄。为因缺少钱用，无处得出，自愿将到先年佃栽买主一块，地名南容。界至上凭犁嘴，下凭大路，左凭冲，又凭路，四至分明。此木分为五股，地主占三股，栽手占两股。今将栽手两股请中出卖与文斗下寨地主姜钟奇弟兄、世模弟兄二老家又世清一小家名下，蓄禁为业。当面凭中议定价银二千三百八十文，亲手取用。其木自卖之后，任凭买主修理管业，卖主弟兄不得异言。恐口无凭，立卖字为据。

栽手二股作三股，钟奇弟兄占一股，世模弟兄占一股，世清一人私下占一股。

杨昌甲　批

度中　姜映元　杨昌甲　亲笔

同治三年五月二十六日立

契约二：

立断卖山场杉木字人龙飞池。为因家中缺少银用无出，自愿将到难或山场杉木一块，其木分为五股，本名占地木三股，栽手占两股。其山上凭顶，下凭溪，左凭姜老安破岭为界，右凭姜载渭老木以冲为界，四至分明。自将名下三股出卖与姜映飞兄，承买为业。凭中议定价银八两五钱整，亲手领回应用。其山自断卖之后，任从买主修理管业。如有不清，卖主理落，不与买主相干。口说无凭，立此卖字存照。

凭中　姜胜祖　姜映科

亲笔　吴映六

嘉庆二十年九月十三日立

契约三：

立卖栽手杉木字人龙作林。为因缺少银用，无处得出，自愿将到先年佃到三老家之山，地名南休，其石界限：左凭地主，右凭地主，上抵沟，下至溪。凭中出卖与姜钟壁名下，承卖为业。当面凭中议定价银一两五钱八分，自卖之后，任从买主管业，卖主不得异言。立此卖栽手为据。外批股数地主、栽手分为五股，地主占三股，栽手占两股。栽手两股分为八小股，弟兄占四股，本名占两小股出卖。

凭中　任伍喜　龙松茂

代笔　李作金

光绪九年十二月十八日立

这三份契约是关于锦屏杉木买卖的具体规定。它极其典型地反映了西南少数民族物权变动过程中当事人双方的权利义务关系。“此木分为五股，地主占三股，栽手占两股。”这说明民族成员的所有权意识并非像有的民法学者论断的那样很淡薄，相反很早以前就存在按分共有的约定。“其山自断卖之后，任从买主修理管业。如有不清，卖主理落，不与买主相干。”这说明自杉木所有权移转后，买卖双方当事人权利义务已结清，买方自立约后便取得杉木之所有权，可以对其任意使用、收益和处分，卖方获得价银后，“卖主弟兄不得异言”，必须负有移交杉木所有权的义务，“口说无凭，立此卖字存照”，契约的订立已成为杉木所有权公示的必要手段，既有证据性质，又是一个物权凭证。

不动产买卖的程序，要比动产的买卖复杂得多。以田土买卖为例，卖主决定出卖田土后，先请中人一至二人（多为亲戚）去寻买主、讲价钱，买主定下后，将田款经中人转交给买主，再办酒宴，请中人和卖出者共进餐，并写字画押。有的还要给中人少量费用（苗族称中钱）。不需订立契约的地区，在一节竹筒上刻上纹道，然后对半劈开，买卖双方各执一半，作为对该田土享有所有权的标志。可以说，同锦屏契约一样，某些地区的竹筒乃至这一系列烦琐的仪式也具有物权公示和公信的效力。至于田土上的树木、坟地，事先讲好或卖或留。

值得注意的是，买卖田地时，家族有买田的优先权。卖主必须先告知其家族成员，只要他们所出价格不比外人低，必须首先出让给家族成员。除此之外，苗族还有“卖田不卖坎”之说，在田产出卖后的第一年秋收时，卖主按例要按卖价每两银子折合十斤谷给卖主，作为“补买田坎”。

（二）财产的赠予

财产的赠与，一般是因绝嗣或其他原因而赠送给房族或已婚的女儿一定的财产。较为普遍的现象是赠给女儿“姑娘田”，但这类田，数量有限，一般都不能作为姑娘夫家的财产，只有姑娘本人和姑娘的亲子才有权占有。如姑娘亡故，又无子嗣，娘家有权将该田收回。

表三〔1〕

姑娘姓名	出嫁地	赠与数量	赠与及处理情况
万窝梭	张家小寨	田 4 挑	父死绝嗣，交给娘家的亲房耕种，作为他们回娘家的开支
万振洋	张家小寨	田 1 挑	同上
万宜洋	未出嫁	田 8 挑	父死绝嗣，女又年幼，无人照顾，留给照顾她的人万文周，万宜洋随万文周住
万那九	张家大寨	田 12 挑	父死绝嗣，田带到夫家
万榜九	张家大寨	田 8 挑	父死绝嗣，田带到夫家
万榜久	张家大寨	田 6 挑	跛脚，父母赠给她的“陪送”，带到夫家

从表三我们可以看出，这种行为在贵州台江县巫脚交苗族绝嗣户中几乎成了惯例，只有个别情况例外。例如有的女儿因身体缺陷不能劳动，这就影响了她的出嫁，做父亲的只能从家族财产中拨出一部分财产作为陪送。但是，这里还有一个限制：姑娘嫁到外村，就不送田而送钱。姑娘出嫁后，对姑娘田的处理有不同的形式。1. 姑娘可以带到婆家，但由姑娘自己占有。2. 出嫁后，其父母健在，可把该田继续留在娘家，由父母代为

〔1〕 该表见贵州省编辑组：《苗族社会历史调查》（一），贵州民族出版社 1986 年版，第 64 页。

耕作，年底给姑娘一定补贴，如米、肉等。3. 父母已逝的，姑娘可把田交给其弟或兄，收获时同样送米、肉等。

在西南少数民族中还存在其他形式的财产赠送。如当某人长期外出或父母早故，遗子年幼，一般都将房屋送给房族或至亲居住，毋需交租。也可以赠送一般动产。这种赠予，要经过特定的手续，方才实现所有权的移转。如比较重要的财产赠予，要受赠人举宴招待赠予人，并立下盟誓，永不反悔。这种仪式，代表了一定的识别意义，有利于维护财产的占有秩序。

（三）财产的继承

遗产继承，也可以导致所有权权属的改变。西南少数民族成员之遗产大都由其子孙继承，但只限于男子，女儿只能得到一份姑娘田；夫妻之间可相互继承；绝嗣者，遗产由死者的同胞兄弟均分。

因此，在讨论西南少数民族遗产分配之前，我们必须搞清楚这样一个先决问题，即父母财产如何分配给诸子？根据我们的实地调查，其大致情况是：

1. 长子结婚后即分家，首先父母各留一份“养老田”，作为父母的丧葬费用和养老费，其数量各地不一，有的几挑，有的数十挑。父母死后，养老田由赡养父母的儿子继承。若父先死，由母先继承，直至母死后再由赡养之子继承。

2. 因长子曾协助父母管理家务，抚育年幼弟兄，分家时要另分“长子田”作为酬劳。

3. 虽然按习惯女儿无继承财产的权利，但也有父母为了给未出嫁的姊妹备办出嫁之衣饰等原因而临时留下的田地，这种田叫“衣饰田”。

丧葬费用以及被继承人生前的债权、债务由继受者承担，如这笔费用数额太大，继受者不能负担，由亲房摊还。此外，谁继受了绝嗣户的遗产，该户女儿出嫁时，谁就有义务负责该女婚礼用的首饰。

表四[1] 单位面积:挑

调查户	成分	继承父母	家族绝嗣	买入	典当人	亲戚赠送	开荒	合计
张耶计	地主	29	121	7				157
杨皆牛	富农	42	30	8.5	3.5			84
杨通荣	中农	30	55				15	100
张保倮	中农	30	10	4				44
万荣当	中农	11.5	5	28.5	1			46
万皆荣	中农	30		17			1.5	48.5
杨翁岁	中农	20						20
张皆乡	中农	20				5	12	37
唐牛抱	贫农	3		11				14
张胜德	贫农	15	10		2			27
唐羊岁	贫农	23	8					31
唐波荣	贫农	20						20
张胜全	贫农			10			5	15
唐九流	贫农	14	18				5	37
张胜宽	贫农	18		3			6	27
杨当波	雇农	11		4.5				15.5
唐九倮	雇农	10						10
张正才	雇农						10	10
合计		326.5	257	93.5	6.5	5	54.5	734

表四是台江县反排苗族[2]1948年各阶级土地取得情况的抽样调查统计(调查了18户)。我们发现,这里土地所有权的继受取得方式多种多样,但通过继承的方式取得财产所有权却占了整个继受取得方式的78%,其中继承父母的占44%,继承绝嗣的占34%,买入的占13%,开荒的占7%,赠送的占1%,因典当而取得的占1%。这有力地说明了继承是少数

[1] 该表见贵州省编辑组:《苗族社会历史调查》(一),贵州民族出版社1986年版,第142页。

[2] 反排是台江县东南的一个苗族聚居的寨子,距县城约40里。

民族成员取得财产所有权的主要方式。通过继承，初步形成了少数民族（以苗族为例）独特的物权变动模式，这反映出民族地区商品交换并不频繁，仍以自然经济为主，因为商品经济发达的地区所有权的取得主要通过买卖而非继承取得。

三、有关担保物权的习惯法

现代民法认为，“担保物权是以保证债务履行、债权实现为目的而设立的物权”。[1] 尽管在西南少数民族习惯法中并不存在现代意义上的担保物权的系统规定，但为了保障民族地区借贷关系的有序化，促进当地经济的发展，也有不少民族习惯对此进行了规制。这些不成文的规范虽只是个别的，非系统性的，但在现实经济生活中却发挥着重要作用。具体而言，体现在以下两个方面：一是典权，二是抵押权。

图25：佤族人用木刻记录财产的借贷情况，图中的木刻表示“限五个月内还清，若到时不还，我将拉走牛一条或小孩一个”。

（一）典权

解放前，西南少数民族典当多于买卖，一般是因为急需用钱，将自己的财产（如土地、林木）典当出去，转让一定时期的使用权，以换取一部分款项，典当所得之款不再负利息。此外，承典人也愿意承典，因为典当价贱，承典人可以以较低价格典进更多田地或其他财产。典当的期限由双方协商，有的当期一年，有的三年。到期以后，有钱就赎，无“死当”期限，

〔1〕 李开国、张玉敏主编：《中国民法学》，法律出版社2002年版，第342页。

十年八年皆可，甚至是父当子赎。出典人也愿意，因为到期之后可以随时赎回，且价不太高（典价一般为卖价的1/2，有的是2/5），积累这笔赎回田地的资金应该不太困难。到期后实在无法赎回，可以将田地出卖，卖给承典人或另卖他人皆可。如果卖给承典人，承典人按市场地价扣除典价后，找补差额作为购买。

亲房、家族有优先典当的权利，只有无亲房、亲房不需要或亲房所出的典价比外人低廉时，才能典给外族或外寨人。但从西南少数民族过去的典当看，典当土地的典当双方，一般都是田地相邻，以便耕作。即使是当给比邻村寨，也大都是边界地带相邻的土地。典当其他动产的，不受地理限制。

典当要请中人，中人一般为当事人双方的房族。达成典当协议后，中人到场，说明原委，不需立约，但凭中人为证。典当之后，财产使用权暂时移转承典人，直至典当期满后由出典人赎回。一般说来，田土的典当，通常是出典人再将典出的土地承租回来耕作。下面笔者以契约为例，具体阐释西南少数民族典权的性质和内容。

契约四：〔1〕

立借当字人范宗尧。今因要银无出，自愿将到嫂姜氏福香继受夫杉木三块。一块地名翻到，此木八股均分，本名占一股。一块地名卧谷八股，本名占一股。又一处地名引补两，此木四股均分，本名占一股。今将此三处木植出当与兄姜映辉。本银一十两整，亲手领回应用。其木自当之后，不惧远近，卖托将银照月相还，不得有[ ]。如有[ ]情，凭从地主管业。今恐无凭，立此当字为据。

外批引补两之木，内有一股当与李先和名下，未有赎清亲笔立此是实。

〔1〕 参阅西南政法大学赴凉山调查组：《凉山彝族习惯法汇编》，2001年，第一部分。

将来开木林之账

凭中　范继尧

嘉庆二十四年八月二十四日立

这是一份关于贵州苗族典当的契约文书。由于“立借当字人范宗尧”急需用钱，故“将此三处木植出当与兄姜映辉”，典价“本银一十两整”。这是亲房享有典当优先权的具体体现。双方约定，“其木自当之后，不惧远近，卖托将银照月相还，不得有[ ]”，在“银照月”期间，承典人姜映辉在履行了支付“本银一十两整”的义务后，对这三处杉木享有占有、使用、收益的权利，典期“银照月”届满后，出典人范宗尧有权回赎该杉木，“不得有[ ]”。由此可见，这份契约对当事人双方的权利义务都作了详尽的规定，出典人范宗尧的所有权受到了姜映辉的典权的限制。事实上，当典期届满时，出典人必须偿还典价才能取回典物，实质带有清偿债务的性质。这说明典价是一种价款，而承典人对典物的占有则具有担保典价得到偿还的作用。

（二）抵押权

西南少数民族的借贷中普遍出现了抵押担保。在借贷较大数额的货币或实物时，债权人（往往是当地地主、富农）为保证借出的款或物能按期收回，要求债务人以田或其他财产（通常是田土、房屋）抵押。如到期不能清偿债务，债权人可以逼迫债务人把抵押的财产折价抵偿。

西南少数民族的借贷主要在本寨范围内进行，涉及外寨的不多。债务人借钱买田土时，一般不以产业作抵押；借谷物等粮食维持生计时，数目较大时，要二三挑田作抵押，当不能还时，就得将田作价抵偿。与汉族相比，少数民族的家族性观念更强，民族成员之间互助合作十分密切。因此，一般本寨人放债的利息要低些，相应地，收回债款的手段也要缓和些。据调查，在贵州台江县巫脚交寨解放前有万九莫、万文高、张羊你三家，在本寨放债时不放大债，债务人到期不能偿付或全部偿付，他们一般都不会立即对抵押之物作价抵偿，而给予一定的宽限期。相反，当他们放债到外寨，欠债不还就“踩田”、“踩山”(即将抵押的田、森林作价抵债)。万九莫曾“踩”过反排寨。虽然他也“踩”过本寨，但并非他直接踩的，而是使用其他方法迫使债务人自动把田土“踩”给他抵债，他却假装推迟一番。台江债主邵、杨、伍几家也“踩”过巫脚交寨的田。例如，杨家“踩”过张九往田19度；[1]张耶梭田12度。巫脚交寨张正刚的父亲“踩”给张明祥祖父14度，张定九连田带屋都完全“踩”给台江县城边巫孟沟的债主了。一般地，田地房屋等不动产抵押物折抵的价钱要高些。

契约五：[2]

立佃字人姜老士。为因家中缺少银用，无处得出。自己问本房姜映祥叔名下，实佃本银四两整，亲手取回任用，其银限在本年五月内归还，如有逾限，照月加三行利，不得有悔。自愿将到地名卧滥山场杉木作押，山场与映辉所共，栽手光华占一股，地主占一股。地主之一股分为三小股，老士两股，映辉占一股。老士名下两股作押是实。

凭中　姜绍清

代笔　姜绍牙

嘉庆十五年正月初十日立

这份契约具有双重内容，是物权和债权的有机结合。借款人姜老士“因家中缺少银用”，向出借人姜映祥借“本银四两整”，约定“本年五月内归还”逾期不能偿还，姜映祥有权折卖抵押物——“卧滥山场杉木”，并从其价款中受偿。同时，“卧滥山场杉木”是姜老士与姜映辉的共有财产，前者占一股，后者占两股，只有姜老士的两股才是拿来抵押的，所以，这两股

〔1〕 度，苗族田地面积的计量单位。在苗族的田，都种稻谷，从前，苗民收割时用摘刀拾穗，连同穗茎一起摘下来。每足一握事扎成一束，为一把，两把交叉扎成一非，十非就为一度。苗族没有“亩”这个词。其换算关系大致是1度=0.16亩=0.53挑。

〔2〕 参阅西南政法大学赴凉山调查组：《凉山彝族习惯法汇编》，2001年，第一部分。

杉木便具有了担保物权的性质。因为它的设立不在于杉木本身的使用、收益，而在于利用财产的交换价值使债权获得清偿。另外，当事人双方通过"自愿将到地名卧滥山场杉木作押"的约定设立了抵押权，但这约定具有从属性，它从属于被担保的债权，即"实佃本银四两整"，"其银限在本年五月内归还"的约定。没有借贷关系的存在，就不会有抵押权的设立。另外，当姜老士到期偿清债务后，债权归于消灭，也不会存在对这两股杉木折价作偿，因此，此时抵押权也归于消灭。

第三节　商贸习惯法

古代西南少数民族，其商业活动尤为频繁，内容广泛。除内部交易外，据其商业发达程度和交易市场形式，其商业市场大体上可分为两类：一是以村寨集市或墟市为主的传统商业交易市场；另一种是大规模的商业交易场所，如集镇、关市。明清以后，甚至出现了商业城镇。前一种交易市场在西南各少数民族中普遍存在，唐人对此曾有记载，云"夷人通商于邕州石溪口，至今谓之獠市"。[1] 这种墟市，是一种初级的农贸市场，少数民族人民一般以其生产的剩余产品在此互通有无，这种交换多采取以物易物的形式，如在藏族地区，每年都有固定的时间在固定地点（一般是寺庙附近），进行农牧产品的互相交易，价格多为临时议定，但长期以来也形成了一个大致的标准，在此类市场交换的，多为农牧民，只有极少数的从事小规模商业的经营者，商品生产还处于补充、从属的地位。后一种商业城镇的出现，若仅从西南少数民族内部发展水平和内部交换关系来看，似乎是不相适应的，但都是在特定的历史条件下，与外民族交换关系

〔1〕（唐）刘恂：《岭南录异》卷上，广东人民出版社1983年版，第8页。

的发展中形成的。早自秦汉始，周边诸少数民族即开始与中原腹地的商业交往，最初的形式是关市贸易，《史记·南越列传》言及："高后时，有司请禁南越关市铁器"，这说明当在汉高祖时即已有了与少数民族地区的商业交往。这种关市主要由各族统治者组织进行，有一定的场所和时间规定，在不同地区，对参与交易商品的品种有不同的限制（如上文所引的"禁南越关市铁器"）。关市的贸易形式是"互市"，多在和平时期进行，周边各少数民族以马、骆驼、牛、羊、兽皮和本族手工艺品等，换取中原的盐、粮、农具、药材和装饰品等。各民族的贩运商人，通过互市交易商品的形式，在促进各民族的友好往来，互通有无，发展经济，交流技术与文化等方面，起到了一定的积极作用。

图 26：现今在藏区草原仍然可以看到的物物交换，从事商业贸易的商人用卡车将牧民们需要的衣物、碗盆生活用品运到牧民的帐篷门口，牧民用酥油、奶酪、雪莲等产品来交换这些生活用品。

有史可载的最早的西南少数民族商人当属巴寡妇清，她利用丹穴之利，开采盐丹，运销中原，以成巨富，"能守其业，用财自卫，人不敢犯，始皇以为贞妇而客之"。[1] 巴寡妇创业之地当是今天的渝东南的彭水、黔江、酉阳、秀山一带。至迟在距今 2600 年以前，这里的先民们已开始用陶器加工天然卤水，[2]"采铁石鼓铸，煮盐，一家聚众或至千余人"，[3] 足可见当时商业发达之盛况。不仅如此，巴蜀少数民族商人还开辟了南方丝绸

〔1〕《史记·货殖列传》。

〔2〕郭正忠：《中国盐业史·古代编》，人民出版社 1997 年版。

〔3〕《盐铁论·复古篇》。

之路，这是我国古代通往东南亚和非洲大陆的一条民间私道，全长3000多公里，原称“蜀身毒道”或“五尺道”，据《汉书·张骞传》记载：“臣（张骞）在大夏（阿富汗北部）时，见邛竹杖、蜀布。……大夏人曰吾贾人往市之身毒国（印度）。”可知巴蜀贩运商人早在张骞出使之前就经过印度等地从事贸易活动。

拉丁语中有一句格言：“哪里有贸易，哪里就有法律。”发达的商业贸易必然伴随着商业交易规则的出现。就在巴寡妇清开丹煮盐的渝东南一带，我们在土家族聚居地区发现了一些记载商业贸易习惯法的碑刻和规约，这足以证明西南少数民族地区商贸习惯法的存在。

一、西南少数民族商业城镇的发展及商贸习惯法的产生

单一性商业功能的城镇出现，标志着商业贸易水平的发达。前文已及，这种发达形式似乎与少数民族地区自身经济发展水平是不相称的，一般都是在与中原汉族地区的商品交换中发展起来的。这些商业城镇，多分布在交通要道或是盐铁等资源产地。如贵州的锦屏县，是苗、侗等少数民族聚居的地区，这里有清水江连接到洞庭长江的水上运输之利，以杉为主的林业开发较早，促使这个地区的商品经济比贵州其他少数民族地区更为发达，出现了专门性的以木材交易为中心的商业集镇——茅坪、卦治、三江等。又如渝东南的土家族地区，这里地处武陵山腹心，整体像一个楔形，插入鄂西、湘西、黔东北的边境之间，崇山峻岭，层峦叠嶂，沟壑纵横，酉水、乌江各奔东西，湍急滩险，直通长江——洞庭水系。特殊的自然环境，决定了靠山吃山的经济贸易规则，如彭水出产盐和丹砂，人们不断聚集于此获取盐、丹之利，产生了我国第一个女实业家巴寡妇清。[1] 历代统治者对渝东南长期采取羁縻、土司之制，不征赋税，只要纳贡，北宋时又废除了限制民族经济发展的条款，鼓励发展民族经济，规定“酒不禁榷”

〔1〕《彭水苗族土家族自治县概况》，四川民族出版社1989年版，第18页。

的优惠政策，给当地各族人民提供了较安定的生活环境，并创造了较好的周边环境，已有的商业得到发展。《宋史·食货志下》记载："溪峒缘边州县皆置博易场，官主之。"宋代开始在这里设立了交易场所——博易场，即互市贸易、赶场的官方渊源，不同地点根据一、三、五或二、四、六或三、六、九作为赶集的日期。[1] 清改土归流之后，这里的商业贸易达到了顶峰。乌江流域的龚滩镇、酉水流域的龙潭镇都曾是著名的商业重镇。

龙潭镇是酉水河流经的一个狭长平原，距酉阳县城90华里，土地肥沃，环山林树，物产富饶，尤其是水路交通便利，河面宽阔，水势较平缓，船只可直达湖南沅陵，盛产的山货、土产都集中于此贸易，自然发展成为商贸集镇。龚滩镇地形恰好相反，它处在乌江和阿蓬江汇合处，坐落于乌江东岸，江对岸是高耸入云的悬崖峭壁。镇上的房屋建筑在约40度的斜坡上，临河一边的房屋建在石基上的不及一半，多以木柱支撑。靠山的房屋多半建在石阶上，所以石板街道甚为狭窄，最窄处仅一米。整个集镇沿江的古老石板街逶迤三里多长。黑瓦木屋的吊脚楼高高低低，层次分明，遥望如飞阁凌云。在如此地势险峻、人烟稀少之处，在历史上竟然产生了繁荣的商业集镇。相传，这里原来只是过往行商、船只搭建临时帐篷、堆放食盐等货物的地方，长此以往，逐渐发展成货物集散地，由临时而到固定，并在此荒芜之地修建了集镇，商贸开始繁荣。集镇完全由商人修建。到清末，龚滩镇的商贸规模达到鼎盛，食盐市场广阔，山货出境量大，日用百货如布匹、红、白糖、酒等丰富，有"钱龚滩"的美称，当地人俗语云"吃了早饭，不管夜饭"，意思是挣钱容易，不劳神费时，其繁荣可见一斑。由于镇周围无田土，镇里的人完全凭商贸求生存，商人没有与土地结合。集镇在土家族地区的产生，是自发生成的过程，与汉族其他地区集镇产生有相似之处。

---

[1] 邓辉："两宋时期鄂西南土家族地区的经济与货币"，载《湖北民族学院学报》社科版1996年第4期。

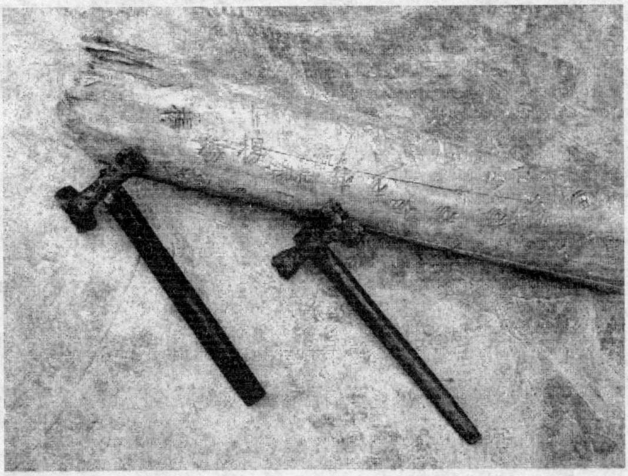

图27：商事习惯是在长期的商业贸易中形成的，例如在锦屏的木材贸易中，无数木头一齐堆积在码头上，人们为了确认杉木的归属，使用斧印打上各自的姓氏和行号。

随着商贸的繁荣，围绕经济活动的习惯规范和法则逐渐出现。这二者是相辅相成，不可分割的。马克思说："法的关系，不能从它们本身来理解，也不能从所谓人类精神的一般发展来理解。它们根源于物质的生活关系，这种物质的生活关系的总和。"[1]在土家族地区，由于社会生活的需要，形成了商贸习惯法规则，实际起到了法律的作用，规制了人们的交易行为。土家族商贸习惯法的发达，足以成为我们研究西南少数民族地区商事习惯法的范本。

这种习惯法，我们认为就是哈耶克所理解的那种在人们重复交往中出现的一种事态，一种结果，一种情形的"自发社会秩序"。市场中的许多秩序并不是经由人们刻意设计而成，而是从人们相互交往中自发地演进而来，是习惯法产生的社会生活基础。我们在龚滩镇实地调查时，发现的一块"永定成规"石碑（内容详见下文），规定了抬盐脚夫的力钱多少以及由脚夫头管理脚夫的相关规矩，这表明当地的盐业已具备相当规模，并出现了以装卸、抬运盐为业的专门"搬运工"，为使这里的商业贸易有序进行，为规范大量的脚夫，脚夫也为了共同利益，因此由脚夫、士绅共同议定了脚夫的行为规则，该规则报与当时清政府在龚滩设立的巡检司，并报西

[1]《〈政治经济学〉序言、导言》，人民出版社1971年版，第2页。

阳州府，得到清地方政府许可、认同："州□立案外合行给示□碑，以壮成规"。该永定成规的产生，也因之于当时出现的有关纠纷，即有脚夫故意使"该船户等几费周折"并多收力钱，"紊乱盐号"，于是产生了一套适用于该地的地方性知识。从规则产生看，不是由国家权威规定并颁行，不是人为的理性建构，这种非国家法是基于土家族自身的生活需求而产生的，是本土的，是对社会生活环境的一种适应。这种商贸习惯法的建立，促进了土家族地区日常商业生活、经济秩序的建立，推动了该地区经济的发展。土家族的商贸习惯法来源于社会，服务于社会，其生成的内在性使它获得了普遍认同的正当秩序。土家族传统的习惯法是基于千百年来人们的价值取向和土家族地区日常社会生活的内在逻辑，来进行对社会关系的调整，这些知识、过程、结果都为土家人了解、熟知、接受并视为理所当然。

清朝改土归流后，土家族与汉族的交往日益密切，儒家伦理思想迅速渗透，进一步促进了土家族商贸习惯法的发展，山寨和集镇的商贸习惯法共同繁荣，并有成文化趋势。从地理位置上看，土家族居于湘鄂黔渝四省（市）交界处的武陵山区，历史上的土家族就是一汉化深重的少数民族。这里"州属辽阔，通江达湖，商贾萃聚，贸迁有无，市肆既繁"。[1] 商业交流的力量是强大的，据统计，民国时期彭水县城、郁山镇的商号中，本地商人只占23%，外地商占77%。[2] 这些来自五湖四海的外地商人一般以籍贯为依据成立了商业帮会，如江西帮会、湖南帮会、福建帮会、陕西帮会、安徽帮会、四川帮会等，是籍贯不同的商人聚会、解决纠纷、维护其利益的组织和场所。这种同乡商业网络，乡缘关系起着重要的作用。这些组织不仅给土家族地区带来先进的经商经验，广泛的商贸信息，而且带来了当地经济的空前繁荣，土家人不断吸取汉族经商的成功经验，根据经济发展需要，产生维护交易秩序的新的习惯规则。如民间金融业组织摇会、月月

---

〔1〕《酉阳通志》，酉阳县档案馆藏，清乾隆版。

〔2〕《彭水苗族土家族自治县概况》，四川民族出版社1989年版，第55页。

会习惯法、典当习惯法等，都打上了汉文化的烙印。

二、盐业贸易习惯法

土家族对盐的认识是很早的。据有史记载的资料看，早在土家族的原始时代就已大量使用盐。土家族先民古代巴人最早的首领是巴氏子务相，他与居住在武落钟离山的赤黑两穴五姓氏族，通过比剑击石独中，乘土船漂而战胜其他四姓氏族首领，被集体推举为五姓氏族联盟酋长，号称“廪君”。他率领五姓氏族向盛产鱼盐之地的清江进发，战胜了其女性氏族酋长盐神，并将氏族布居于鱼盐富庶之地。清代土家族诗人彭秋潭的一首竹枝词写道：“土船夷水射盐神，巴姓君王旧有闻；向王何许称天子？务相当年号廪君。”[1]说明当时对盐的占有已成为土家族先民的生存追求。渝东南土家族的盐业习惯法文化以乌江流域的郁山镇盐丹文化和龚滩盐业贸易为代表。

清朝改土归流政策以前，渝东南的盐业主要由本地商人经营，郁山镇有盐泉飞瀑而下，秦汉以来当地人们在这里煮盐为利。宋朝统治者曾经想控制郁山盐税，结果遭当地少数民族强烈反抗，公元1002年，“蛮人数扰，本无他求，惟欲盐耳”，宋统治者只得开展“以盐易粟”的商业贸易。[2]自改土归流后，清政府的盐榷政策进入了渝东南，但被变通施行。史载：“酉无盐井亦无盐税即乾隆三年时已改土，商人李名均、支以安等认配彭水县郁厂井盐行销州境。其引税总向彭水领纳者也，州有盐课自乾隆。二十二年州商认配郁盐与犍厂之盐亦相率来州请引盐行于楚课输于州每岁奏销解缴盐库收贮其引，有水有陆，陆引十二张半当水引一张。州初行郁盐止有陆引而犍引则水陆并行者也，以故州地不产盐而有税额。”[3]可

〔1〕 周兴茂：《土家族的传统伦理道德与现代转型》，中央民族大学出版社1999年版，第48页。

〔2〕 《彭水苗族土家族自治县概况》，四川民族出版社1989年版，第63页。

〔3〕 《增修酉阳直隶州总志》（清同治年），酉阳档案馆藏。

以看出,酉阳州自清乾隆年间才由官府征收盐税。州志记载,酉阳州、湖北省的咸丰县、来凤县等的盐业经营分别由不同商人负责,酉阳州由商人由居仁、陈景朴等承办,咸丰由商人李文聘、古辅仁等承办,来凤由商人徐永泰等承办,负责包销。不得相互损害利益,也不得独霸盐业市场。这样就形成多家盐商共同经营的较繁荣景象。盐商只需在官府办盐引,就可经营盐业。所以除了有关税收的规定外,有关经营盐业的一些规矩,是由商人协商议定,官府并不强行规定。官府的盐榷制度在这里被变通执行。盐榷指的是由官府对盐实行垄断经营,禁止私人经营,私人商贾就失去了营业牟利的机会。从清朝以来对渝东南土家族的管理看,虽然清末在酉阳州设立了官运盐务总局,但官府并未对盐实行垄断经营,允许私商经营盐业,实行自我管理的原则,清初彭水县登记熬盐的业主有 81 户,共发水陆引 4583 张。[1] 私商之多,可见一斑。各盐业主所产之盐全部交其组织——公垣统一出售,并负责核实产量向政府纳税。因此促进了民间私人商业的发展,商人经济实力雄厚,修治了龚滩到涪州的路。清光绪三年(1877),四川总督丁宝桢奏称:"……龚滩小河……绅耆商民等自愿捐资集款,因势利导,酌加修治,以利舟楫,俾官商均可畅行盐船。……惟此次工程系属商捐商办,分厘不关公款。"[2]

由于龚滩河水湍急,险滩多,船只多为木船,洪水无常,故每年的 9 月至次年 3 月为货物运转期,在此期内运足堆储龚滩。龚滩实际成为食盐的批发市场。当时在长约 2 公里的狭窄的龚滩镇里,装盐的仓库就有董家仓、友兰店、夏家仓、罗家店等十多处,清以来出现了很多盐号,如天字号、利字号、祥发永、详记、吉亨、双发河等,到民国时期龚滩镇已有大业、久大、中南、蜀通、蜀运、玉成等十余家较大盐号。

---

〔1〕《彭水苗族土家族自治县概况》,四川民族出版社 1989 年版,第 22 页。

〔2〕酉阳县政协文史委编:《酉阳文史资料选辑》,第 9 辑。

三、山货贸易习惯法

土家族所属的武陵山区，盛产丰富的土特产，主要有桐、茶、生漆、五倍子、青麻、兰靛、猪鬃、牛皮、朱砂、水银、麝香、黄连、杜仲、金银花、水杉、楠木、红豆杉等。土家族山区的用材林树种有几十种，以松、杉、柏面积最大，蓄量最多。其中珍贵树种有水杉、鸽子树、银杏、楠木、红豆杉、金钱松、红樟木等，特别是水杉在世界其他地区已绝迹，被誉为“土家族山寨的活化石”，而珍贵的楠木在明清时期曾是土司进贡朝廷的佳品。[1] 土家族对林木的经济意识是较早的，不仅自用，主要是建房、做家具和棺木，而且伐木拖至河边，运往外地出售，俗称放木排。土家族的经济林主要是桐油、油茶，对油桐、油茶的营造历史悠久，榨油主要用自己发明的木质榨油器具，我们在酉阳县大溪镇土家山寨看到过此榨油机，现在已废弃不用，而成为历史的见证。桐油可用来作化工原料，又可用来刷漆、点灯照明等，质量上乘，深受外地客商青睐。油茶主要供食用。土家族还有意识地每年播种桐茶种子，培育成林，并于每年农历的七八月间中耕一次，牛犁不到之处，就用人力，精心培育。农谚云：“七月挖金，八月挖银”，道明土家族人的经济意识。土家山寨的油茶、油桐山面积广大，我们随一土家族年长者在山寨实地调查时，他教我辨认油桐、油茶树，并回忆说解放前土家族的山山岭岭都栽满了油桐、油茶树，桐、茶子成熟收捡时满山遍野都是欢快的人群，大人、小孩山歌声不断，在山岭间回荡。其他山货如板栗、核桃等因个大、味美都是出售的佳品。

由于土家族人很早就意识到山货是天财地宝，能为其带来财富，正如土家族古老的《摆手歌》所唱的“今年桐籽打得多，打出桐油流成河；桐果一身都是宝，今年用钱都有了”。因此，为了使生活有序，不生纠纷，共同生存，土家人在长期的生活实践中对涉及其重要生活的林木山货等约定

---

〔1〕 田荆贵主编：《中国土家族习俗》，中国文史出版社1991年版，第50页。

了规矩，世代遵循，其经济方面的俗规俗约主要有：

（一）封山禁林条款[1]

规定封山地区立禁牌，标明四至界限，周围树上捆好草标或挂涂鸡血的白纸，此习惯土家人一看便明白此山已封禁。封禁期限有10年、20年、30年或40年不等或永久。禁山的具体内容有：禁止放牧牛羊；禁止拾柴割草；禁止砍伐林木；禁止落叶烧灰；禁止刨土积肥；禁止放火烧山；对桐子树、茶子树、木油树、倍子树这5种生树，不准砍伐当柴烧，有违者，每枝各罚桐油、茶油、木油、倍子各一个，罚漆四两，可按价折成钱币；对枯死的桐、茶、木、倍、漆5种干树，也不能由山主随意砍伐作柴烧，应按统一规定的时间即每年农历7月14、15、16日这3天为背枯死的5种树木的日子，并事先由管山员在枯树上标记。因这3天极易辨别枯死树木。管山员鸣锣告众后，大家才能将枯死树背回家。有违者，以与砍伐生树一样，受处罚。对封山区域，山寨土家人公推管山人看管，管山人应忠于职守，不循私情，如执行巡山任务时发现违反者，当场抓住，可抢去他的斧头、柴刀或扣住其背篼，将情况报村寨主持人处理。其处置的办法有：鸣锣认错，犯者在村寨边走边敲锣高声喊："为人莫学我，快刀砍禁山"。另外还有罚款、罚粮、罚栽树、罚修路、罚酒席。从处置办法看，鸣锣认错涉及土家族的面子观，俗语说"树要皮，人要脸"，如果丢失了面子，在村寨里遭唾弃，比死还难受。当地土家老人回忆，除极少数顽劣分子外，大多数人都遵守规约。在大炼钢铁以前，土家山寨森林茂密，抬头不见天，常遇到野兽。

（二）议收桐茶条款

规定了统一收摘桐茶的日期，一般于农历寒露3天后开始拾桐子，叫"封秋"或"开款日"，根据桐茶子多少定时间，有3、5、7、10天不等；封秋期间，任何人不准在山上寻觅桐茶子，不准提前收摘，不准到别人的桐茶山

---

[1] 田荆贵主编：《中国土家族习俗》，中国文史出版社1991年版，第54页。

中捡拾遗落的桐茶子，不准扰乱捡桐茶子的正常秩序。违犯者称“乱秋”，必受条款制裁，背篼被砍破挂在入村道路的树上，喝令其立即离开，被鸣锣游寨或罚款、罚酒席。如不服，则送官衙处理；“放款日”或称“放秋”即全村寨的所有桐茶捡摘完毕之日，准许复捡桐茶子者入茶山、桐林，巡捡遗落的桐茶子；推选三至五个看管桐茶子的“头人”或称“包头”，各配一把雪亮的长把大柴刀，日夜看守，并在经过的桐茶树上捆上草标，以示禁止入内；头人们的报酬，按各家的桐茶子多少分摊。

（三）山货的收购销售

土家族人的山货，一般都运到水码头自然形成的集镇，卖给经营山货的商号，尤以桐油、生漆为大宗买卖，价格依市场行情而定。从清乾隆年间至民国年间，龙潭镇每年出口生漆二万余件，约值白银二百余万两，桐油三万余件，约值白银一百余万两，倍子一万余件约值白银一万余两。[1]龙潭河在涨水期间，大船每只可装桐油500桶，一般水位每只可装300桶，枯水期每只可装100桶。驳船大的可装50桶，小的装20桶。停靠码头的大小木船200多只，每日进出港口船只30～40只，沿镇码头有十多处。[2]贵州境内乌江沿岸的山货也运到龚滩镇交易，运输的船只全是木船，有厚板船、杂货船、舵笼子，有经常行使的货船56帮，约500只。这种交易数额是庞大的。码头的山货运输、管理，都遵循自然形成的习惯法，由山货行收购经销，每到收购季节，按约定俗成的规矩办理。有关木材的贸易，一般是在涨水季节，由专门放木筏、木排的人运到湘西、汉口、上海等地销售。经营山货的行业，在集镇上都成立了行业帮会，议定有关规矩，解决帮内纠纷，此种行为规范得到普遍遵守。

四、劳务市场习惯法

在渝东南历史上的商贸重镇龚滩，我们在调查时发现了一块很重要

〔1〕　酉阳县政协文史委编：《酉阳文史资料选辑》，第16辑，第114页。
〔2〕　同上。

的石碑。随着古镇往昔繁荣商业的衰落,该碑被埋没在历史的尘土中。该碑位于镇上原中街的极繁华的商业地段,因1969年秋天的一场大火,烧掉了青石板街两边摩肩接踵的木质吊脚楼,现在狭长的中街已极荒凉,被称为火烧坝子,唯有石碑静静地嵌于路边墙中。由于这场大火,石碑中部断裂,加上风化作用,碑文字迹有的已模糊不清楚,碑文名称"永定成规"仍依稀可辨。为便于分析,现将碑文录于下,不清楚的字用"□"代替。

酉阳州龚滩分司加□

纹纪□□□为(禀)请给示勒石定□□□案据罗永长刘先□等□□□□本镇上河船户凡装船□□□□码盐处所抬运盐□□上船□□每抬□号口客盐兹蚁等□□□计本镇脚夫何桓邓昌信王兴元朱光寿为首督率脚夫人等由□盐□处抬运上载每包盐五文河(众)□□店内抬出每包六文以定成规抬运□号又据镇民何桓邓昌信王兴元邓昌寿等禀称情本镇有客盐□□□码盐处嗣因上河船户装载水□由码盐处所抬运盐包上载每包□文客盐号口该船户等几费周折□次今上河船户人等雇请蚁蚁等为□以作倡率伊船户等只到滩上载每包力加五文搭盐每包加六文以散抬运脚夫并夫头工资在内遇有上载尽属尔等抬运以定成规紊乱盐号等情据□除当堂验保着□□头并取造脚夫九十六名注册(处)报□

州□立案外合行给示□碑以壮成规□此仰上河抬运客盐上载脚夫□等知悉(嗣)后众脚夫等上河码盐处所抬运客盐上载务须尔夫头加意照料令散夫抬运□□(悉)昔□(准)夫头抬运倘脚夫抗玩懈怠该夫首指名禀除亦不得借□□□凛之慎之立碑成规毋违持示

维有运清溪盐包上载历系客令

船户□等抬(运)此□店规长短两右给□□

何桓 邓昌信 王兴元 邓昌寿

路□□□不得紊乱

□□□□三十日吉立

碑文共四百多字，从碑文内容看，是有关脚夫、力夫、夫头力钱即劳务行为的习惯规范。虽然立碑的时间已不清晰，但可断定该碑立于清朝雍正年。史载“龚滩镇在州西180里川盐入黔要道，雍正廿三年设巡检司于此”，[1]碑文所说的“龚滩分司”即“龚滩巡检司”，在改土归流后设立。

（一）有关力夫的规定

1. 集镇上力夫的规定。为规范镇里脚夫、力夫的行为，由专门的脚夫头进行管理，当时的脚夫头有四人即文中所说的“镇民何桓、邓昌信、王兴元、邓昌寿”，脚夫头管理脚夫，有权规定下力的地方范围；有权规定抬盐的力钱，“本镇脚夫何桓、邓昌信、王兴元、朱光寿为首督率脚夫人等由□盐□处抬运上载，每包盐五文，河□□□店内抬出每包六文”，“到滩上载每包力加五文，搭盐每包加六文”；有权监督脚夫按议定的规矩办事，不能乱收脚力钱，不得为难客商，“抬运盐上载，务须尔夫头加意照料，令散夫抬运□□□昔□”；有权开除违犯规矩的脚夫，一旦被开除就意味着失去生活来源，“准夫头抬运，倘脚夫抗玩懈怠，该夫首指名禀除，亦不得藉□□□，凛之，慎之，立碑成规，毋违持示。”从碑文还可看出，该规矩的订立并勒石是由一案例引起，因脚夫故意为难船户，“该船户等几费周折”，破坏了正常的交易秩序，“紊乱盐号等情”，令客商不满，于是大家立下成规，规范脚夫行为，使商业贸易有序进行，增强诚信。该规范得到官府承认，“州□立案外合行给示□碑，以壮成规”。据我们调查了解，此碑由当时镇里商人出钱所立。据调查访问，龚滩镇劳动力市场在清朝改土归流后随着行业的不同而有分工，如抬盐和抬油等脚夫分属不同夫头管理。发货人与夫头用竹签作为收发货依据，夫头再对脚夫每抬一包盐或其他货物发一竹签，脚夫凭竹签多少最后与夫头结账领钱。夫头领取脚力钱，按脚力最高的标准抽取。这种劳务习惯法维持了货物秩序和安全秩序。

---

〔1〕《增修酉阳直隶州总志》（清同治年），酉阳县档案馆藏。

脚夫在出卖劳力的时候，难免有失误，对此规定了抬运货物中损失的分担，即谚语所说“落雨天打倒油不赔，天晴天打倒油要赔”，意思是下雨天由于路滑造成货物损失，属于过失，脚夫不承担赔偿责任；天晴天造成货物损失，属于故意，脚夫要承担赔偿责任。至于夫头的产生，习惯是这样：由脚夫共同提议、协商，选出正直、公平、敢作敢为的、负责的、身强力壮的人担任，如果夫头有不公平、不正直的，众脚夫重新聚集，另选信任的脚夫当夫头。从碑文中还可看出，当时在土家族地区的商人已分为行商和坐商。碑文中所说的“客盐户”即是做盐生意的行商。行商是从市场交易发展起来的游动性交易形式，其习俗是采取把某些地方需要的物品或当地不生产的货物主动运到该地出售的方式，最早称这种商人为“客商”。[1] 行商具有卖主向买主主动会合的特点，即送货上门。坐商就是在镇里开商铺的商人，有固定的地点、店房、交易时间，具有买主向卖主主动会合的特点。[2]

2. 其余力夫的规定。由于渝东南在1936年以前没有一条公路，境内多为高山，从龚滩镇运往境内各地和湘西的货物只能由人力步行背运。史载民国时龚滩至龙潭的仅是盐夫（背盐的人，俗称背老二）就达六千多人。[3] 力大的背二百多斤，一般的背百多斤，背夫每人手里都有一个“丫”字形的极坚硬的工具，当地土家人称为“打杵棒”，木做的，下方用铁皮裹包，是用来歇脚（休息）的，累时把打杵棒放在地上，身背的背兜靠在打杵棒上，以减轻重压。上坡、下坎、翻山越岭，“三步两打杵”。现今仍留在龚滩镇古老石板街上的深深的、直径3～4厘米的打杵印，是当年背夫艰辛岁月的见证。背篓高约二尺许，方底圆口，上大下小，呈喇叭形，最大

---

〔1〕 王静、许小牙著：《掮客·行商·钱庄》，四川人民出版社2003年版，第139页。

〔2〕 同上。

〔3〕 《酉阳县志》，重庆出版社2003年版。

特征是从底部到腰部全被寸来宽的大纤篾所包，底部用大锤也砸不烂，极扎实。这些背夫一般是土家汉子，为生活所迫而从事此下力活。盐业的兴盛为这里提供了广阔的劳动力市场。这些背夫可自愿参加，遵循一定的规矩。为盐业主背运盐，有长期为某一盐商背运的力夫，也有临时背运的力夫。这些力夫各有组织，分别对各自的盐业主负责。每一盐业主的背夫都有背夫头，负责所背运的盐按时按量送达目的地，同时负责临时背夫的选任。背夫将货送至目的地后，经验收，按背运的多少获得力钱。

（二）有关船工、拉纤工的规定

船工、拉纤工由船家即木船所有人管理，按习惯法，船工分撑蒿工、舵工、纤缆工、船工、拉纤工，要遵循很多禁忌，据调查访问，弄船人在弄船前可以吵骂闹，但是一旦上了船大家就齐心协力，人人心里抱着“我不尽力，就会失败”的信条，恩怨暂且放下，因为土家族生活区域的河流，十里九滩，水急浪高，上了同一条船，必须同舟共济，方能对付险情，顺利到达目的地，故俗语云“五裂（土家语即吵架之意）早来，孝和吃”，“上坡决（骂）石头，上船决（骂）木头”，“到了茨滩、凤滩，船行像射箭，浪花打进船舱，崖礁要咬破船底”，“齐心合力，咬紧牙关。背纤的，嘴巴舔着石壁；撑船的，屁股站在船底。哎嗬，汗流完，力使尽，闯过了茨滩、凤滩”。[1] 弄船人是在血盆里抓饭吃。按理船工、拉纤工不能乱说话，在船上最忌讳讲龙、虎、鬼、梦、翻、滚、倒、沉，俗称“八大忌”，[2] 生活上如吃东西也有禁忌，切忌“翻”字。每次行船平安抵达目的地，船家备办酒席，请船工们畅饮，庆贺行船顺利，席上鱼最丰盛，因靠码头吃鱼，是“余”字谐音。如果有船工或拉纤工偷懒、不全力以赴，到岸后大家都会指责，令其大失颜面，无地自容，从而改正。要当船工、拉纤夫必跟船向长者学习，耳濡目染，长者言传

---

〔1〕 萧洪恩著：《土家族口承文化哲学研究》，中央民族大学出版社1999年版，第111页。

〔2〕 冉春桃、蓝寿荣著：《土家族习惯法研究》，民族出版社2003年版，第34页。

身教,在实际生活的磨练中逐渐成长为合格的船工、拉纤工。学徒由船主供饭吃,没有工钱。船工、拉纤工除由船主供饭外,另有工钱,工资形式一般是给实物如米或盐,船主以获利的三成给船工开工资,自己得七成。[1]由于滩多水险,从龚滩到涪陵一般单只船不行驶,必配成船帮,每帮6~8只船,每只木船配梢公5~8人,纤夫15~18人。过小滩时,船夫拉各自的船,过大滩,如羊角碛、沿滩、大银滩等船帮共同组成几十人的纤夫,一只一只地拉船,全帮船拉上滩后,再拉各自的船。

五、商业帮会及商贸习惯法的施行

根据法人类学家的见解,法具有四种基本属性,即权威、普遍适用的意图、当事人双方间的权利义务关系、制裁,由波斯皮士尔提出。波氏将权威解释为具有使大多数人接受其决定的影响力的个人或次群体。他将权威划分为两大类:第一类是有限权威和绝对权威;第二类是非正式权威和正式权威,将两类的标准合在一起又可得出四种权威类型:正式的和绝对的权威,非正式的和绝对的权威,正式的和有限的权威,非正式的和有限的权威。波氏试图抽象出有普适性又注意地方性特征的法的特性。其研究具有方法论的意义,可作为我们考察民族习惯法的借鉴。土家族地区商贸习惯法已具有权威性特征,当出现纠纷时,不是求诸于官府解决,人们的心中首先想到的是被社会承认的处理纠纷的、说话着数的人或集团,由这样的人或集团对违规者作出制裁。权威与制裁密切相关,具体纠纷一般由村寨头人,有威望的长者,梯玛(土老师)或商会处理。

改土归流后,大量外地客商涌入龚滩。光绪年间,陕西商人张朋九首先在龚滩修建了"西秦会馆",汇集本地商人经营生意。重庆、涪陵、江津帮商贾纷纷云集龚滩。盐业组织应运而生,由盐业行会发展为盐业同业公会。同业设行,有史可溯的历史是在唐代,开始有了供商旅存货寓居的

[1] 酉阳县政协文史委编:《酉阳文史资料选辑》,第9辑,第122页。

“邸店”,行就发展为一种商业组织。[1] 行的作用是保护同行商人利益,调处同行业纠纷,划分会员营业范围,规定会员的权利义务,规定货物的价格等。同时行会应付官府征课之事。就龙潭镇和龚滩镇的各种组织看,各行各业都逐渐成立了自己的组织,称帮会,并有各自聚会的庙宇,如衣帮公会的轩辕宫,船帮公会的水神祠,五匠公会的巧圣宫,农民聚会的五谷庙等,[2] 各帮会每年都开例会一次,议决帮内重要事项,解决帮内纠纷。加入各帮会的人,遇有纠纷,都会得到帮会的解决,其人身、财产也会得到帮会的保护,老弱病残、鳏寡孤独者还能得到帮会周济。因此当时集镇中的人除下九流之类不能加入的外,都加入了各帮会,严格遵守帮规,因为帮会能为加入者排忧解难,能满足其需要。

随着各商业帮会的发展,商会组织产生了,“这是中国历史上民间新生社会势力第一次合法地打破各个省区的分散隔离状态。”[3] 商会是自发性、独立性的组织,龚滩、龙潭商会的宗旨是维护商界利益,联络商务往来,促进商业繁荣。其设立只向当局申报备案,地方政府不参与和干预其内务,只负责征税。龚滩、龙潭镇商业管理完全由商人自己负责,对码头船只进港离港进行登记,对行坐商进出口货物的总量进行登记,对商务纠纷进行调处。商会设会长、师爷(文书)、庶务(会计)、工友、厨师各一人,其薪津和商务往来的支付以及会务费均由码头船帮和各商号按运量和营业额的0.3%~0.5%筹给。商会会长是由商人选举产生,一般由较大商号的掌柜,并且公正的人担任。商会还兴办了慈善事业,逢年过节,商会给镇上的乞丐和“干人”每人发足大半个月的费用,如果死了,商会发棺木一副和适当经费予以埋葬。由于商人自己的有效管理,不仅市场秩序井

---

〔1〕 王静、许小牙著:《掮客·行商·钱庄》,四川人民出版社2003年版,第139页。

〔2〕 酉阳县政协文史委编:《酉阳文史资料选辑》,第16辑,第114页。

〔3〕 朱英:“网络结构:探讨中国经济史的新视野”,载《历史研究》2000年第5期。

然，贸易繁荣，还赢得了威望，官方人士和驻军也极尊重商会，并不时拜访商会会长。商会对集镇的纠纷享有调解权利，在调处纠纷时，以理服人，不偏袒某一方，其威望也是在处理纠纷中树立的，是一种公众认同的权威，这种权威也容易为人们接受。如有关盐业贸易的纠纷，一般不通过官府，而是由商会解决。商会调处盐业纠纷的方式，我们通过案例说明：

民国初年，秀山县经营盐业的瑜源商号的周老板到龚滩大业商号出货，同时酉阳一家商号也在大业出货。酉阳、秀山两家商号同时向大业商号递交了出货的凭条，秀山周老板出到了食盐，而酉阳那家没有出到货。于是酉阳商号向龚滩商会状告秀山周老板出货时耽误了时间，致使酉阳商号没出到货，要其赔偿损失。双方同到商会会馆，会长主持调解。经查证，酉阳商号所述情况属实，秀山周老板有过错。于是由秀山周老板赔偿酉阳商号损失。输方同时摆酒席，请商会调处人员和赢家，表示谢罪，不反悔。

清末民初后，龙潭、龚滩两镇的各帮会几乎都加入了袍哥组织。龙潭镇自清末到民国，有西汉社、仁字号恒蜀社、汉川社、汉蜀社、义字号汉全社等。龚滩镇有仁字号聚蜀衡、协汉社、乐群社、新民社、义字号镇一社、礼字号福和社等。[1] 加入袍哥组织的，能得到有效保护，其纠纷也由该组织排解，扶贫济弱，在民间具有很高的威望和地位。因此集镇出现这样一种局面：各行各业的商业帮既有行业特点，同乡特点，又具有袍哥组织的特征。其纠纷解决就呈现多层次特征：同乡帮会解决，商会解决，袍哥组织解决，各自有一定的解决范围，共同规范集镇的日常交易规则、贸易行为、平缓物价等，构成民间调控系统。

渝东南土家族商贸习惯法运行的成果，可以从当时商贸集镇的繁荣

---

〔1〕《酉阳县志》，重庆出版社2003年版。

得到验证。“钱粪滩，货龙潭”、“小南京”的美誉，是清末以来当地商人的总结。何以至此？透过实践，我们可以看到这种习惯法能最大限度地满足当地民众的需求。如收捡桐茶公约，桐籽，茶籽都是土家族人最重要的经济收入，涉及大家的经济利益，每个村寨为维护全寨的利益，保障捡摘桐茶果的安全秩序，各寨议定了款约，为使其落到实处，各村寨都选出几个看守人，每个配备一把雪亮的长把柴刀或土枪，日夜看守，白天并鸣锣示警，村民还赋予看守人一定的当场惩处权。我们到土家山寨调查，年长者都回忆说：采摘桐茶籽时，很少有偷盗的，因为桐茶籽是大家的。看守人的惩处权甚至大到用枪打死了偷盗者而不负责的地步。从这里不难看出，习惯法的权威能被村民认同，是因为满足了他们的需要，能保障他们的经济利益。如果不能满足大多数人的利益，不能保障与他们生活紧密相关的利益，村民不会积极主动遵循这种习惯法，并会漠然视之。

六、西南地区其他少数民族的商贸习惯法

除渝东南的土家族以外，西南地区的其他少数民族也不同程度地存在着形式各异的商贸习惯法。自宋以降，西南地区多处于中央政权的统辖之下，与内地的商品交换空前频繁，清改土归流之后，市场类型已可分为集会（集市）、定期市和常市三种：集会（集市）多与少数民族节日和婚庆日有关，人们一面过节，一面从事商贸活动，如大理的“三月街”就是如此；定期市是农村中最常见的一种形式，人们每月逢3日或4日或6日举行。街期比明代大大减短；常市有固定的店铺，人们每天交易，傍晚方散，如丽江城西关外的一大片场地，四面皆有店铺；另外，一些专业化性质的集市具有商品集散地的功能，如丽江的乐马会、“办班会”交易马匹和农具，大理的“草帽尖”交易草帽，迷州（今开远市）的红糖等；此外，在对外贸易方面，永昌地区与缅甸的传统贸易除交换农产品外，玉器、陶器、布、皮革等也大量交易。[1]

在云南，曾经盛行一种集货物运输与商业贸易为一体的商旅组织——马帮，以回族、汉族、白族、彝族和藏族5个民族的马帮为主，其中尤以回族马帮的规模最大，其经营活动的范围最广，资金最雄厚，持续时间最长，社会影响最巨。自元代回族人进入云南之后，他们即沿着西南丝绸之路开展云南与四川、西藏地区和缅甸、泰国、老挝和印度等国贸易，至清代中期以后达到高潮，出现了一批回族商帮、商行和商号。[2] 在长期的实践中，他们还总结创立了一套马帮组织制度，有效地维系了马帮的运作。据云南大学姚继德的调查，马帮的组织结构由掌班→锅头→班→把组成。掌帮为整个大马帮的总统领，由所有锅头公推一位资深而能孚众望的锅头担任，其职责是领导整个大马帮，执行议决的规定，如货物交易时的定价，赶马伙计与老板之间的劳资纠纷仲裁，排难解困，旅途偶发事件的处理等。"锅头"为马帮中最基本的一个独立单位，无论人马多寡，组成旅途中共同煮食开伙的一级单位，因大家共食一锅饭菜，故名之曰"锅头"。锅头也是该马帮商队首领的称谓，通常是这个商队的老板，俗称"马锅头"，同一锅头的商队可以独立行动，也可以随大队出发。锅头以下的商队组织单位为"班"，即按骡马牲口的多寡编班。"班"下面称"把"，每4匹牲口编为一"把"，6"把"以上编为一班，每"把"设一位赶马人，他必须负责照顾这4匹牲口的途中驮运及饲养。云南回族马帮为了保守自己的商业机密，曾利用其先民使用的古老母语阿拉伯语、波斯语和通用的汉语中常用的动词、名词和数词，发挥自己的聪明才智，结合马帮商队的实际

---

〔1〕 陈永郴："古代云南的农、矿、商业发展情况概述"，载《云南财贸学院学报》2001年6月第17卷，第121页。

〔2〕 参见申旭："回族商帮与历史上的云南对外贸易"，载《民族研究》1997年第3期。

需要，创制了两套重要的商业暗语（黑话）。[1]

近代云南的商业贸易中，还有一种特殊的商品——鸦片。解放前，云南各少数民族多有种植鸦片的情况。如佤族，他们种植鸦片，却不吸食鸦片，而是作为特殊的高价值商品卖给外民族，换取他们所需要的生产、生活用品。[2] 这种交易还促使佤族各地形成了多民族的“街子”，每逢鸦片收获季节，赶街的人就较多，内地汉族带着佤族所需的商品前来换取他们的鸦片。在佤族，还有一种称为“打牙”的中间人，在较大的交易中或为双方牵线议价，或为过秤，西盟佤族地区的奴隶买卖中甚至形成了较为固定的“打牙”。[3]

这种中人在贵州清水江流域锦屏县的木材交易中，更是发展成为制度性的规定。明、清之际，黔东南所产之杉木，已成为远销外省的商品。按照定例，本地从事木材贸易的商人（山客），只能将木材运至锦屏县的王寨、茅坪、卦治三地通过寨中行户，再售于外省客商（水客）。三寨行户按年依次轮流开行歇客，称为“当江”。行户当江时的主要工作是，代水客找货源，选配木材花色品种，安排坞子，兑付款价，雇夫运输，结算账目；代山客编单木材，保存木材，学买主；买卖时，行户从中喊盘定价，具有“一口喊断千金价”的权威。[4] 关于清水江木材交易的习惯法，我们将有专著详论，在此不作赘述。

凡此种种，不一而足。虽然从有文字记载的材料来看，西南少数民族地区的商业贸易尚处于一种比较低级的小规模交换和运输水平，但这告

---

〔1〕 姚继德：“云南回族马帮的组织与分布”，载《回族研究》2002年第2期，第67页。

〔2〕 罗之基：《佤族社会历史与文化》，中央民族大学出版社1994年版，第137页。

〔3〕 参见《佤族社会历史调查》（二）之《西盟县岳宋佤族社会经济调查》，云南人民出版社1983年版。

〔4〕 参见《侗族社会历史调查》，贵州民族出版社1988年版，第34～35页。

诉我们，晚清商事立法前，不论是中原地区，还是边疆少数民族地区，事实上都存在着丰富的商事贸易习惯法。不仅是上面我们所列出的，而且据我们调查了解，西南少数民族地区还有关于商事主体、商事行为、商业名称、商业组织、商业账簿、行纪、仓库、运输、代办商以及收徒甚至票据等方面的约定性规定，这其中有汉文化的影响，也有少数民族的独创。

第四节　环保习惯法

美国当代著名环境史学家唐纳德·沃斯特1998年曾来过中国，美丽的山川和中国古代文化给他留下了深刻和印象，他说："中国在科学和哲学上拥有她自己的丰富遗产，她的遗产有很多可以提供给其他国家，去建立与自然的新关系。"[1]这是对中国存在自然生态文化资源及其价值的肯定，这种生态文化资源在西南少数民族习惯法中也甚为丰富，在我们调查过的藏、彝、苗、侗、瑶、壮、佤、纳西等民族的习惯法中，都有很多保护土地、山川、森林、草原、动物等自然资源的规定。西南少数民族大多有艰辛的迁徙史，他们经历过很多的生态灾难，尊重和爱护自然以及其他生灵构成了民族的文化心理与习俗，这种文化心理已经上升到生命平等相待的哲学高度，甚至可以说同海德格尔为人类回到大地、与自然和谐相处设置的"诗意地栖居"思想相通。[2] 藏民仁青桑珠说："我们村民保护环境，是遵从传统文化，很乐意去做，没有其他的目的"。"神山圣湖"不是迷信，而是文化与传统。诚如乔治·夏勒博士所言："必须保护地球上的每一寸土

〔1〕［美］唐纳德·沃斯特著：《自然的经济体系》，侯文惠译，商务印书馆1999年版，第12页。

〔2〕［德］海德格尔：《海德格尔选集》，孙周兴编译，上海三联书店1996年版，第470页。

地，我们所有的土地都是‘神山圣湖’。”[1]下面仅就云南丽江地区少数民族保护自然环境的习惯法做一简介和评述，以展现西南少数民族保护自然环境的习惯法之一斑。

一、丽江少数民族环保习惯法的内容

丽江少数民族自然环境保护习惯法已有数千年的历史，它通过东巴经、神话传说、谚语、格言、碑文等世代相传，内容极其丰富。下面以典籍和田野调查所获得的资料从水、山林、动物三个方面进行论述。

（一）与水相关的环境保护习惯法

丽江古城居民依水而居，水构成了古城的灵魂。洁净的水是东巴教每个仪式必用之物。纳西族的宗教活动充满对吉祥、如意、平安、顺利的祈求，这种愿望借助于流水加以表达，寄托于满塘活水得以体现。因此，在纳西族人世世代代传承的教育中，首先是要求孩子不做任何污染水源的事。因为在人类起源之初，缺水给纳西族的生活带来了严重的危害。东巴经《迎净水》中记道：“太阳从若罗山左边出来，月亮从山右边出来。但是出来的太阳有九个，所有的人热得坐不住，活儿做不成，饿了没饭吃，渴了没有水喝。所有人都互相商量，要去寻找水，天上神灵指点，要寻找水的母亲。经历千辛万苦，人们终于迎来了净水。”[2]在历经重重困难迎来净水之后，人们汲取了与“署”神之争引起洪水暴发带来灾难的教训，于是在东巴经中便留下了关于保护水源的种种习惯和禁忌的记载。东巴经中常见的禁律有：不得在水源地杀牲宰兽以免污血秽水污染水源、不得丢弃污物于水中、不得在水源旁大小便、不得在水流中洗涤污物等。

2003年7月28日，在摩梭博物馆里，摩梭小伙子多吉向笔者讲叙了一个泸沽湖地区世代相传的关于蛇的故事：宁静的山脉围绕着泸沽湖形如马蹄的湖面，湖岸细沙绵绵，湖中有岛，以黑瓦圣岛、里无比岛、里格岛

[1] 参阅“‘神山圣湖’守护者”，载《南方周末》2005年12月8日，第13版。
[2] 和芳讲述，周汝庄翻译：《迎净水》，丽江县文化馆1964年9月20日印存。

最为著名，像一只只美丽的小船飘荡在湖面。天人们生活在这犹如仙境的湖水旁。天晴时，如洗的蓝天上飘浮着片片白云，湖水似镜。薄雾蒙蒙的晨曦中，金色的波浪轻抚湖岸，及至朝阳初升，湖周围重山滴翠，红花掩映，湖上鸟飞鱼跃。美丽的摩梭姑娘，架着独木舟泛舟湖上。忽然有一天，一条巨大的蛇打破了这种祥和的气氛。这条大蛇从湖心岛一直伸向里务比岛，一动也不动，三天三夜都不走开。全村男女老少，敲锣打鼓想赶走这条巨蛇，但是它还是没有离开。于是，村民就去请摩梭地区最有威望的巫师松嘛。松嘛来到泸沽湖边，带上牛奶等供品乘船到了湖心岛开始做法事。第二天当松嘛回到岸边时，人们发现大蛇已经不见了，于是询问事情缘由。松嘛告诉湖边百姓，说因为湖边的百姓把不干净的东西丢入了泸沽湖里，弄脏了湖水，触怒了神灵，巨蛇就出现了。他告诫人们说泸沽湖是神居住的地方，不能弄脏。从此以后，湖边的居民都不再把不干净的物品放湖水中冲洗，不再把不干净的东西丢入湖里，泸沽湖恢复了往日的洁静。这个传说体现了纳西族人敬畏神灵所居之地的水的精神，并形成了保护湖水、不破坏湖水洁净的习惯。现代法人类学认为："确认是不是法的根本标准在于一种社会控制现象是否具备了法所应有的四个属性：权威、普遍适用的意图、权利与义务的关系、制裁。"[1]据此分析，摩梭人所形成的不向湖内丢弃任何不洁净之物的习惯，在当地有共同普遍适用的意图，人们享有泸沽湖各种利益的权利，但同时也有保护湖水洁净的义务。如果有人违反这一民间习惯则会受到人们共同的制裁和神灵对此的惩罚与报复。因此该约束在人们心中便权威化了，形成了法人类学概念中的习惯法规则。

纳西族地区有很多镌刻着保护水源的石碑。1998 年 8 月 19 日，丽江县博物馆文物工作者在丽江九河乡中左村雄支三社杨应寿家中收集到一

〔1〕 张冠梓：《论法的成长——来自中国南方山地法律民族志的诠释》，社会科学文献出版社 2000 年版，第 3 页。

块清代石碑。经考证系香各里村水源保护碑，立于光绪三十四年三月十三日（公元1908年3月12日）。[1] 石碑用料为丽江特有的五花石，碑高54厘米，宽37厘米，阳刻十一行正楷汉字，由于长期风雨剥蚀，部分字迹模糊不清。碑首“石碑”二字及碑文右起“香各里雄古两村中小箐”、“村中老幼商易，老名和加合，管事和小王，杨成先精心出力，请石匠师（傅）合修”、“禁止水塘内男女洗衣服”、“光绪三十四年三月十二日吉旦立”等字仍清晰可辨。历代的诸如此类的石碑保证了纳西族民族习惯法的延续性和实用性。

在丽江坝区的束河古镇，78岁的老者杨沛诚向我们回忆了束河古镇关于用水和保护水资源的乡规民约：(1)在居民吃早饭之前是不能在河水里洗衣服、菜等东西，必须让取水者先取饮用水。(2)小孩的尿片、妇女的衣裤等不洁并会触犯水“署”神的物品不能直接放河里洗涤，只能用盆子接水在岸边洗，并且洗过的水必须泼在离河较远的地方，以免污染河水。(3)对于违反上述规定洗涤者，众人可以把他的物品和盆子一起扔掉，以示警示。(4)不能向河中倒垃圾、扔杂物和死猫狗等家禽。这些看似琐碎的生活规定，在纳西族地区具有很强的可操作性。每一代纳西人从小都在长辈的教育下不去违反这些规定，使今日的河水仍清澈见底。与当今发达地区在无限制排污后形成的黑色河水相比，人们内心会形成强烈的冲撞。

未来大研古镇人们很难想象丽江水之妩媚。在家家户户的楼下、门前、后墙，总是有或大或小，或急或缓的水流。引导水流的河床、墙基、楼座、街沿都由大大小小的石头砌成，经过千百年的冲刷，布满了层层的青苔，石头缝隙间长出萋萋芳草。在中国其他地方恐怕很少还能见到如此清澈见底的水流，人们可以用木瓢直接在河里汲水痛饮。丽江城的河水

---

〔1〕 李锡：“丽江发现有关香格里的石碑”，载《丽江教育学院学报》1998年第2期。

如此清澈，主要是因为种种水源保护习惯法仍在发挥作用。大研古城饮用玉河水的居民形成凌晨挑饮用水，上午洗菜，下午洗衣服的习惯。[1]堪称一绝的是古镇的“三眼井”。大研古镇城区地下水位高，地势略呈北高南低，小坡小坎之处，每每会有地下水渗透外溢。纳西族先民们利用小巷的拐角墙脚开阔地带修建了三级井水。第一眼为饮水井，供居民提水挑水。其旁边通常有几个小碗，行人渴了，可以自己拿碗舀水饮用。第二眼为洗菜井，供居民洗菜、洗涮炊具。第三眼为洗衣井，供居民洗涤衣服、鞋袜等。这里，除了先民们这种依地势高低所设“三眼井”的构思让人赞叹之外，更让人佩服的是纳西古城人民自觉维护三眼井顺序的民族道德。洗菜井水不人为侵犯饮水井，洗衣井水更不人为侵犯洗菜井和饮水井，三眼井各司其职，各尽其能，即使在夜深人静之时，也无人图一两步之方便而违反顺序使用。最有名的“三眼井”要数白马龙潭和甘泽泉了。甘泽泉边立有一石碑，上题“永远遵守”，为清朝道光年间竖立。或许纳西先民的词汇里没有“环保”这一概念，但是体现于纳西人行为之中的环境保护习惯法却十分生动、形象，无须过多地用语言来阐述。在丽江的乡村，我们还能找到水资源保护习惯法的更多踪迹：

1. 大具乡距离丽江城区 85 公里，位于虎跳峡畔。所辖头台村的水源为山泉水。在这里有许多不能污染水源的禁忌，水源处的森林和鱼都是神圣的。如果破坏水源会受到神灵报复和惩罚。

2. 泸沽湖镇木垮村，当地人认为，如果在水源处做不干净的事，比如把水弄脏，或者在水源处砍树，会使眼睛得病。

3. 中甸县三坝乡白地村，白地被称为东巴文化的发源地，传统纳西文化在这里得到了很好的保留。白水台的水纯净的没有一丝杂质。古树下的泉眼是人们祭署神求雨的场所，平常家里有人生病时也来此烧香。因

[1] 李汝明主编：《丽江纳西族自治县志》，云南人民出版社 2001 年版，第 897 页。

此，水源泉眼被视为神圣不可侵犯。

看过白水台的祭“署”仪式之后，我们会更深入地理解这种古朴的自然保护观。祭“署”神的仪式反映了人们力图与大自然和谐相处的愿望，东巴教认为乱砍滥伐、污染水源、盲目开山劈石、乱捕野生动物是惹怒“署”的几个主要原因，祭“署”仪式也为那些因上述行为遭致“署”精灵报复的人禳解灾祸，安抚“署”神，向它们赎罪。正是因为这种对“署”神的敬畏，所以在纳西人没有人类中心主义的主观征服自然、主宰自然的意识，不会对大自然进行随意的侵犯。亲身经历白水台的祭“署”仪式之后，在你我心里会油然而生人与自然和谐相处的神圣理念。按传统习惯，祭署仪式在每年农历正月或二月属龙、蛇的日子举行，地点一般在村寨附近的泉水旁或井旁。仪式中必须准备祭桌、香烛、酥油灯与署神沟通并导引病者灵魂的白麻布、神粮爆谷子、鬼粮爆苦荞，以及用柏枝、杉枝、松枝、竹子、白桦等做成的各种祭木、绘着各种署神灵的木牌画、锁署门的铜锁、解纠缠绳的白铁刀、黄绿旗，还有用酥油、茶、岩蜂蜜、岩花、复掌参、白海螺、海贝等做成的神药等。仪式举行的凌晨，众人先要漱口洗脸，然后在祭坛前烧天香除秽，献祭米，鸡叫后唤醒署神，给署施药，咏诵各种与署神有关的东巴经书，其中很多是描述人与署神之间纠葛的神话故事。除了东巴吹海螺、摇板铃外，其他人还吹麦管笛、竹笛。然后进行分署神之寨、送署神的仪式，将各种祭牲面偶烧于香堆中。在祭坛处除秽、撒祭米、点酥油灯、诵《烧天香经》，举行仪式者绕火堆转，向五方磕头，祈求署神赐福。最后送诸神回归其所居之地。整个仪式的目的是安抚署神，请它宽恕人类对它的冒犯，赐福泽给人类。在此仪式过程中，不能喝白酒，只能喝黄酒，忌吃荤、蒜、葱，不能在祭场内高声喧哗，所用的灶灰必须清理干净，禁用破烂器皿。[1] 在所有的文化里，法律都具有与宗教共享的四种要素：仪

〔1〕 杨福泉：《走进图画象形文的灵境——神游纳西古王国的东巴教》，四川文艺出版社2003年版，第83页。

式、传统、权威和普通性。[1] 这四种要素赋予法律价值以神圣性，并且因此而强化了民众的法律情感。若不曾对法律中的宗教要素予以充分注意，我们就会忽视它执行正义的职能，甚至可能使它丧失生存的能力。由于人们对水的神圣性的充分了解，很少有人敢破坏水的洁净，同时也不敢在水源处砍伐树木影响水源。纳西族民众心目中的朴实的生态观是只有不污染水源，人们才能用上洁净的水；只有不过度破坏水资源，神灵才不会发大洪水来惩罚民众；只有上游水的洁净，下游可利用的水才会水不断，周而复之。用现代环境资源法原理阐述则应该是水资源的经济价值与生态价值应得到平衡。水的经济和生态功能是相互依存、影响的，只有在不破坏水生态系统平衡的前提下进行开发，才能保证水资源能够源源不断地为人类永续利用。如果过度开发，或在利用的过程中破坏水资源的质量，就会使自然状态下的水循环发生演变，依赖于水循环而存在的生态系统也会相应发生变化，从而引发诸如断流现象加剧、水质等级下降、生态环境恶化、洪水风险加大等系统问题，[2] 由此使水资源演变为不可再生资源。所以，从这两方面分析之后，水资源的开发利用不能只像其他的物质财富一样，仅仅追求占有、使用、收益的效率最大化，还需考虑到“水”这一生态系统的平衡以及水圈与生物圈的其他部分的协同作用，不致出现水资源枯竭，引发人类的生存危机。因此结合纳西族朴实的水环境保护习惯法和现代环境资源可持续发展理论的分析，纳西族水资源民族习惯法最大的原则是：①适度利用水资源；②尊重“署”神不破坏水质；③维持水资源的循环利用；④对破坏水资源行为给予的平等处罚。

---

〔1〕 转引自[美]伯尔曼：《法律与宗教》，梁治平译，三联书店1991年版，第39页。

〔2〕 王伟中主编：《中国可持续发展趋势分析》，商务印书馆1999年版，第134页。

（二）与山林相关的环境保护习惯法

人类中心论认为，人是唯一的道德代理人，也是唯一的道德主体；只有人才有资格获得道德关怀。[1] 相反，纳西族人的祖先已把善恶的观念扩充到自然界中，形成了尊重一切生命，尊重事物的自然道德观念。纳西人从这种观念出发制定了许多禁条以约束人们违反自然道德的行为，形成其质朴的民族习惯法。在纳西族先民的心灵家园里，每一棵树木都有它自身的“署”神，都不能随意伤害，更不可任意砍伐。东巴经中的《大祭风·开坛经》要求人们：“不到利美署许汝的泉水里去洗衣服和其他破烂东西，不到白色的高原上采摘山花和野花。到了雪山上，不随便去攀折长斑纹的古老的树木；走到九座大山上，不随便去砍伐大树，砍削白色的木板瓦；到了大山箐里，不随便去砍绿色的竹子；到了森林里，不去毁坏大片小片的森林，不去砍伐大大小小的树木。”[2]

纳西族的“署”神中有个叫司汝捏麻的，相传其为高山之署。有一次由于米利亨主到高山上放牧牦牛犏牛，高山受到污染，致使司汝捏麻生气。司汝捏麻作法，米利亨主的牦牛犏牛全部杳无踪影。米利亨主便以嫁女为条件，广募勇士去杀捏麻。一位叫古生土称的英雄应募前往高山征战，并最终射死司汝捏麻，娶到了米利亨主之女享命素受玛。但是，米利亨主因指使人射死山署受到众署的惩罚而患上了重病。他只好请东巴来主持祭署仪式以赎罪。[3] 由于有山署和树署的保护，一般人不会冒险去破坏山林而触怒“署”神。居住在泸沽湖附近的摩梭人也十分崇拜山神，山神是除天神外他们最为敬畏的另一种神灵。对于世居高山的摩梭人来说，山与他们的生活关系最为密切。“一个部落或民族生活于其中的

---

〔1〕 参见曹明德：《生态法原理》，人民出版社2002年版，第7页。

〔2〕 和开祥释经，和宝林译，习煜华校：《纳西东巴古籍译注全集》，云南人民出版社2000年版。

〔3〕 和芳讲述、周耀华翻译：《古生土称和亨命素受的故事》，丽江县文化馆石印本1964年版。

特定的自然条件和自然物，都被搬进了它的宗教里。”[1]摩梭人正是如此，他们把世代居住的山川赋于人格化，对之顶礼膜拜。由于崇拜山“署”神，摩梭人历来十分爱护山中林木，禁止乱砍滥伐。整个摩梭地区的每个村都有自己的神山，神山上的一草一木都是不能动的。如果在神山上动了一草一木的话，自己的家里就会发生瘟疫、火灾等不幸的灾难。神山的确立是由祖先代代传承下来的。到了摩梭人的好日子，即每月初五、十五和二十五，特别是农历的七月二十五，他们都要去祭拜神山，朝拜“革姆”女神。摩梭的《达巴经》中就记载着被称为“吉库补”的仪式。因为摩梭人认为万物有灵，所以在每家人必须伐木、造房、动土前，都要进行这种仪式。举行“吉库补”仪式时，需要用青稞面塑很多表示珠子、牛奶、五谷杂粮的东西，然后将所塑的东西供奉给自然神。摩梭人请达巴念经时也会向自然神祈祷：“我在不能伐木的地方砍了树，在不能采石的地点采了石头，又在不应动土的地方动了土，是因为一家大小急需一个地方避风遮雨，迫不得已才这样做的，请自然原谅我的行为，不要降灾难于我的家庭。”摩梭人认为如果不在仪式时向自然神祷告，那么在采石、伐木、动土的过程中会有断手、断臂等不好的事情在自己身上发生。这种对自然“署”神的敬畏，把一些宗教的规定渐渐演变成了环保习惯法。伯尔曼认为，如果我们依据辞典，把法仅仅看成是由政治当局制定的各种规则的体系或实体，同样，把宗教仅仅视为一种关于自然的信仰和实践的制度，那么，法律与宗教就好像无甚相干，或者只在少数极有限和具体方面有关联。[2] 但是实际上，情形远非如此，法律不只是一整套规则，它是在进行立法、判决、执法和立约的活生生的人分配权利和义务，并据以解决纷争，创造合作关系的程序。宗教也不只是一套信条和仪式；它是对人类的终极意义和目标表现出共同关切的活生生的人，它是对各种超验价值之共

---

〔1〕《马克思恩格斯全集》（第27卷），人民出版社1972年版，第63页。

〔2〕［美］伯尔曼：《法律与宗教》，梁治平译，三联书店1991年版，第38页。

有的直觉与献身。“事实上，在有的社会（比如古代以色列），法律，《摩西五经》便是宗教。但是，即便是在那些严格区分法律与宗教的社会，它们也是相辅相成的——法律赋予宗教以其社会性，宗教则将其精神、方向和法律赖以获得尊敬的神圣性给予法律。”[1]

谚语作为纳西人常用的民间表达形式也涉及了环境保护习惯法的相关内容。比如说：1. 勿践踏田里的青苗；2. 勿采树上未成熟的小果子；3. 勿砍神山的树木等。最为完整的保护山林的乡规民约是现存于黑龙潭公园内的石碑。该碑为清朝道光二十八年（1848）季春丽江合郡绅士耆民同立的《象山封山护林植树碑》（永远遵守），兹抄录如下：

晓谕封护主山，永禁采挖放牧，以培风脉事案。

据丽江阖郡绅耆公词呈称：缘丽江象山，风脉凝聚，所有文、武庙、府治、县治县自此山发脉。为因 工食力之流，希图近便，任意扳石挖土，采樵放牧，年深日久，每遇水潦，时有倾圮，以至山骨暴露，形势枯槁。土民等窃思：四乡各村主山，尚知保护，况属城府主山，为本郡风脉所关，尤宜爱惜。兹当同公议……东至阿卢罗大阱上，西至黄山，南至大路止，北至此山项，四至开明，周围五六里内，永禁扳石挖土以及樵牧等事。情愿设立看山二人，每日轮流查看，且各认地界种植松柏。庶几十年间，蔚然深秀，为一郡之观瞻。伏乞天恩出示晓谕，土民等谨遵勒石，以垂久远，则风脉凝聚，人物兹丰，沟为利益地方，培植将来之盛意，当顶祝鸿慈涯矣！等情。据此，象山为丽郡主山，自应保护，以培风脉。除公呈明晰批示扎饬丽江县知照外，合行出示晓谕。为此，示仰阖郡军民等人知悉：自示之后，尔等遵公议，自东南西北四至——阿卢罗大阱、黄山、大路、山项等处五六里内，永禁挖石取土，采樵放牧。以免山骨暴露，山势凋残。又于各地界种植松柏，殊足培形势而壮观瞻。唯栽植之始尤当护惜培养，尔等居民牲

---

〔1〕［美］伯尔曼：《法律与宗教》，梁治平译，三联书店 1991 年版，第 39 页。

畜各宜他处放牧，不许践踏禁山。倘敢不遵约束，妄于禁约界内攻凿土石，砍伐树木，纵放牧畜，任意践踏，确有证据者，许看山人役通知绅耆，指名赴地方官衙门禀报究治，决不姑贷。各宜凛遵勿违，特示。

（一）东至阿卢罗大阱，严禁采挖放牧。纵有卖石度日者，只许于瓦窑村护山外，捡寻碎石，不得大开大挖，以破山脉。违者禀官究治。

（二）设立看山二人，每人给麦子三石。议定：通学公项拨出贰石，武庙出壹石，大佛寺出壹石，礼拜寺出壹石，城内四甲出壹石。成熟时，历年如数量，不致参差。

（三）山岗一带公种松柏成树之日，仍公行管理，勿得争竞。各家坟茔自行培植。凡近坟山或水阱，即经公处种植，不得认为己有，擅自砍伐。

（四）于公山四至内，无论公私起建，不得挖石取土，即有丧茔而无力买石者，听其于自己坟内拾石垒坟，亦不得借故开挖，图利兹弊。违者罚倍充公，禀官惩治。

（五）于禁界内纵放牲畜，践踏树木者，重罚禀官。

（六）于坟头偷石伐木者应治罪。

（七）看山二人务宜仔细严查，倘有怠玩，徇情，贿纵等弊，禀官惩治，即行黜出退。

看完这块石碑前后完整的内容，笔者心中充满了一种难以言表的激动，这里对封山护林所列条约之细，让我们欣喜地看到了丽江少数民族传承数代的环境保护思想和习惯法的完备。从保护山体土地到禁止放牧至严禁砍伐，而且在此基础上还规定了植树造林，从多方面真正做到了让青山永在，树木代代枝繁叶茂。在百年前，人们已远见卓识地封山育林并有了完整的习惯法约束。这种在森林受到破坏前就用习惯法来保护森林，比起现在我们在水土流失后而实施的补救性工程来说更具有远见性，同时也更具有可操作性。用现代法价值来评价，这类民族习惯法是低成本、高效率的典型。

在对丽江周边近二十个村镇进行调查的过程中，都能找到在各村镇乡规民约中对环境保护的相关条款。由于篇幅所限，文中仅对典型的相关内容给予了介绍。同时前面提及的杨沛诚老人，也给我们详细谈到了从清朝起就实用于束河古镇的护林方面的乡规民约：

1. 每个村都有自己的神山，而且都有护林员。护林员平时都在山上巡逻，防止他人偷伐树木。特别是清明节前后，如果偷砍了树木，影响了树木的生长，则护林员有权将砍刀、斧头等伐木工具予以没收。

2. 到了冬天，可以按规定拾落在地上的树叶，还可以砍已经枯干的树枝。

3. 清朝开始实施的旧规定是每3年一次，家家可以砍堆起高3尺、宽5尺的一堆柴，但只能砍栗树的树枝。现改为每年可以砍15背柴。

4. 关于山上松树的使用，过去是5年砍一次，砍下来的树由分配人员编号，进行抓阄，抽到36号或81号者可多分得一些（抓到36号或81号可以多分的原因是：在纳西族习惯中，36岁和81岁是人年龄中不太吉利的数字，抽到不太吉利的数字则相对多分一些树枝以示心理上的补偿）。

5. 如果哪户村民违反上述规定，则不准该户参加全村周期性的有计划的砍伐集体林后的分配。这些从清朝起就实行的乡规民约至今仍然起着环境保护习惯法的作用。

案例：贵峰一带村民护林爱山的意识是很强的。过去有个在方圆几十里很有势力、手下“弟兄”众多、一呼百应的人称“和大哥”的帮会头目，有一次在山上不小心引发了一场小火灾，烧毁了一些树木。他在扑灭了火之后，惶恐愧疚地从山上回家，一路上见到每一个村民都下跪磕头，一直磕到村里，表示他对造成火灾的负疚悔罪心情。[1] 由此不仅可见环境保护习惯法对保护山林的作用，而且还可以看出纳西人心中自发的自律

〔1〕 参阅杨福泉著：《走进纳西人的心灵和家园》，云南民族出版社1999年版。

约束和对破坏林木自觉的内疚。这在中国其他地区是较为罕见的。

过去,丽江不仅各乡各村都有保护山林水源的乡规民约,而且,各村寨都推选出德高望重的老人组成长老会,督促乡规民约和环境保护习惯法的实施。20世纪50年代前,丽江县白沙乡玉湖村传统的村民长老组织称为“老民会”。“老民”是对人选的德高望重的老人的称呼。一般情况下,每三年对“老民会”人员进行一次选举,选举时间是在农历六月火把节期间,召开村民大会进行公开选举,一般选七八人至十多人。在任期间不称职的,下一届中就得不到选举者支持。老民会负责制定全村的村规民约,并负责评判事端,调解民事纠纷,监督村民选出的或由老民会指定的管山员和看苗员看管好山林和田地。如果有乱砍滥伐的行为或违反村规民约者,由老民会依村规民约对其进行惩罚。特别是对木材使用方面,村民盖新房子需要木料,首先要向老民会提出申请,经老民会批准后,由村里的管山员监督进行砍伐,绝不允许多砍或乱砍。更细的是,新人结婚时要做床的木料也要经老民会批准之后才能按指定数砍伐。很多老民执法如山,对亲友也不留私情。这些由村民大会选出的老民都是义务为村里服务,不收取任何报酬。一旦发现有破坏山林的情况,老民对肇事者视情节轻重进行处罚。即使是地方上的村长、保甲长等头面人物的亲属犯了村规民约,破坏了山林,也一视同仁。直到20世纪50年代早期,丽江还保持了全部土地面积中有73%的林地和12.8%的草原,森林覆盖率达53.7%。

(三)与动物相关的环境保护习惯法

东巴教的宇宙观和生命观体现了人与大自然同体合一的思想。东巴教认为日月星辰、鸟兽虫鱼以及人的生命最初皆起源于蛋卵,大自然和人都为有生命血缘关系的物质实体。因此,每一个鸟兽虫鱼都是由它的“署”神掌管的。动物们在“署”神的掌管下,如果受到任意杀害会触怒“署”神,给人类带来灾难。东巴经《高勒趣招魂》中记述到:斯汝是山署,拥有山里的獐子、熊、野猪、虎、马鹿、山驴、鹿、狐狸、野鸡、雉鸡、豹等野兽。由于高勒趣及其父亲俄高勒入山中狩猎，山署斯汝囚禁了俄高勒，给他手脚戴镣铐，热时被曝晒，冷时遭水浸。后来，高勒趣入山寻父，并为署的子民黑白蛇、黑白山驴、牛马等劝架。山署斯汝地界壁垒森严，总共设有九道门，第一道由斯汝自己守护，第二道由斯汝之女守护，第三道则由虎豹守护，第四道由马鹿与山驴守护，第五道由獐鹿守护，第六道由熊和野猪守护，第七道由狐狸守护，第八道由野鸡箐鸡守护，第九道由鹤与鹰守护。高勒趣历经艰险救回了父亲，之后为重病在身的父亲向山署斯汝行祭赎罪，使人与署的矛盾得到缓解。[1] 远古时期，由于纳西族的生产形式以牧猎为主，因而与署神的冲突主要表现为人类对自然界中野兽的猎取，因此一般情形下署不主动施害于人，大都是受到人的侵犯，例如任意猎杀动物之后才进行报复。[2] 在这种敬畏署神的心理影响下，人们就很少任意无节制猎杀动物。

东巴经《祭署·仪式概说》中说："居住在辽阔大地上的人类，为了一点吃食，不择手段，食人类不得食用的东西，将毒鬼的红鹿杀掉，把仄鬼的红色野牛杀掉，把树上的蛇儿杀死，把石头上的青蛙杀死，食其肉；到山上去放狗打猎，到山箐中去拿鱼；放火把大山烧掉，把大树砍倒，把大湖的底戳通。人们不知道可以不可以和谁争斗，偏偏去和署族结仇争斗。于是署族将毒鬼与仄鬼放到人们中间来了。"[3]

纳西族是多神崇拜的民族。老虎、狮子、大象、牦牛和大鹏鸟等都是崇拜的对象。大鹏鸟在东巴画中，被描绘为兽头、鸟脚、人身和有翅的奇鸟，口中咬着赤、绿两条龙，是经常出现的一种神鸟。牦牛在古代纳西族

---

〔1〕 和正才讲述，赵净修翻译：《高勒趣招魂》，丽江县文化馆石印本1963年版。
〔2〕 白庚胜：《东巴神话研究》，社会科学文献出版社1999年版，第94页。
〔3〕 和土诚释经，李静生译，王世英校：《纳西东巴三籍译注全集》，云南人民出版社2000年版。

先民经济生活中占有重要地位，纳西族把自己看做是古牦牛夷的后裔。也有的人认为纳西族的门神是牦牛和老虎，因为纳西族先民经常用布、土棉纸或刨光的木牌等物做成两面三角形小旗，请东巴画师画上牦牛和老虎，牦牛旗插在左，虎旗插在右。这两面小旗，纳西语称“盘拉孔钦主”，意思是“守护大门的牦牛和老虎坐在两边”。此外，青蛙在纳西族的宗教活动中也极为特殊和神秘。青蛙是东巴占卜的图像，就类似汉族的罗盘，以此推算阴阳五行、四方四隅、八卦、干支和六十花甲等方面。在二十八宿中，以蛙嘴、蛙肢、蛙尾尖命名室、壁、娄等宿。当这些动物被奉为纳西族人崇拜的神物时，人们绝不会轻易去伤害在他们心目中的神灵之物，因此对这类动物在纳西地区所受到的保护就十分全面了。这体现了宗教与法律相互依赖的辩证关系：“正如没有宗教的法律会丧失它的神圣性和原动力一样，没有法律的宗教将失去其社会性和历史性，变成为纯属个人的神秘体验。”[1]纳西族人对“署”神的崇敬，在东巴教的信仰中，体现了“人与自然是兄弟”的哲学理念，它与环境保护法强制禁止人们破坏自然、伤害动物的要求是一致的。

纳西人对神山、黑龙潭等有一种敬畏，因此很少猎杀生活在雪山、神山、黑龙潭等地的鸟兽鱼虫。黑龙潭又称“玉泉”，坐落于象山脚下，水源从山麓栗树根下的沙石缝隙中喷涌而出，汩汩流淌，汇集成潭。一般纳西人认为黑龙潭水源头的鱼是不能食用的，否则会触怒神灵而生疮。因此，黑龙潭游鱼如梭，有些甚至游到古城的河沟里，却没人抓捕。青蛙和蛇是“署”神的象征，在白水台或任何祭“署”的地方，人们不会伤害蛙、蛇类动物。每年立夏时节，正是动物繁衍的季节，这时各村的神山都会封山，禁止上山狩猎，更不能伤害雌性动物和幼小动物。

丽江地区山脉、湖泊众多。玉龙雪山是纳西人的圣山，山上动物特别

---

〔1〕［美］伯尔曼：《法律与宗教》，梁治平译，三联书店1991年版，第95页。

是鸟类受到大家的爱护。而位于离丽江古城西部十余公里处的拉市海，是丽江纳西族自治县地区最大的高源湖泊。古往今来，拉市海周围的纳西人都十分重视水源与环境的保护，这里逐渐成为候鸟越冬的乐园。玉带海雕、黑鹳、中华秋沙鸭、天鹅、灰鹤、苍鹭、斑头雁、绿头鸭、针尾鸭以及红嘴鸥等30余种野生水禽生活在这里，它们在湖中觅食，甚至偷吃湖边纳西人的庄稼，而居住在湖边的纳西人却不会因庄稼被吃而杀害鸟类。

日常生活中，纳西人对小动物更是爱护有加。“科空”即前面提及的谚语，总结了平时纳西人世代相传的一些规则。将这些“科空”翻译成汉语则是：

(1)不能用长矛戳小松鼠；

(2)进山不许射杀马鹿、山驴；

(3)进森林不得射杀野鸡、箐鸡；

(4)不得杀害水塘里的蛇和蛙。

二、丽江少数民族环保习惯法的现状

拉德克利夫——布朗认为理论研究的结论必须有实用价值，即有助于解决土著居民的实际问题。通过田野调查，我们搜索、整理了一些丽江少数民族保护自然环境的习惯规则，当然它不等于现代人的环境与资源保护法。但从上面论及的内容来看，许多基本的东西却都是一致的，甚至是相同的，这些规则在历史上起到了很大的作用。但是，由于社会历史的变迁，特别是人类对自然界掠夺性地开发，这些古老的习惯规则又常常显得软弱无力。

(一)当今丽江少数民族自然环境保护所面临的问题

丽江旅游业的蓬勃发展，在给当地居民带来高收入的同时，不可避免地对当地环境保护形成了较大的负面影响。

1. 水污染问题。无论是丽江大研古镇还是玉龙雪山或是泸沽湖景区，每天游客的接待量剧增，使原先平衡的生态系统承载量失衡。由此也产生了一系列对水资源构成威胁的环保问题。

(1)生活污水和生活垃圾对水资源的侵害。每天大量游客产生了数百倍于原来丽江地区的居民所产生的生活污水和垃圾,加之排放系统的不完善,古城的水流和泸沽湖等湖泊都或多或少地受到了污染。例如,古城河流在20世纪60年代以前,水质洁净清冽,古城居民多饮用城中河水。解放后,随着人口大幅度增长,旅游业的开发,到90年代,玉河水受到轻度污染,只能作为洗涤用水了。泸沽湖地区,沿湖建筑的房屋离湖面太近,一些生活污水就直接排放入泸沽湖。尽管沿湖村子禁止在湖内洗衣服、洗车等,但是我在调查时发现,仍有人直接在湖边洗衣服。特别是沿湖的旅店、饭店在湖边洗菜、杀鱼,洗锅之后将剩下的脏水直接倒入湖中。受经济利益驱使,环境保护意识渐渐地淡漠。

(2)现代洗涤剂、电池及汽油等化学物品对水资源系统产生的污染。旅游景点由于游客居住量很大,每天清洗床单和其他相关生活用品时所使用的各类洗涤剂;游客所携带的干电池用完之后抛弃,由于丢的位置分散,处理时难以全部收集,有些便直接进入了河水湖泊中;大量的旅游和运输车辆,清洗之后的水夹杂有汽油等燃油汇入污水中排放。这些化学类污染难以用常规方法处理污水,产生的后果也十分严重且事后难以治理。

(3)水源林的大面积砍伐,造成水土流失的问题。水土的严重流失对下游水质的影响较为明显。

2. 树木等植物所受侵害。①在20世纪50年代初,丽江地区的森林覆盖率为54.4%。1958年的"大跃进"中,全民大炼钢铁,农村组织开荒,天然林被大量砍伐,许多防护林、水源林、风景林、村边路旁树木也被砍光,使全丽江地区森林资源遭到一次惨重的破坏。1985年开放木材市场后,丽江境内的森林资源又一次遭到过量采伐。这样的后果是森林资源消长失衡,森林覆盖率下降至49.2%,局部地区出现水土流失,水源枯竭。

②旅游的开发,原始的玉龙雪山等山区被大量的人为因素侵害。对树木的乱砍乱伐;骑马等项目对草场的踩踏;人为火种带入森林后火灾因素的增加;对天然植被花果的乱采乱摘行为,这些都直接打破了原始森林的生态平衡。③木制工艺品的产业化进程加快,野生菌、药材等植物被商品化,造成一些珍贵的植物物种的大量采伐,使其面临绝种的危险。

3. 对动物的伤害。由于森林资源丰富,水域广泛,丽江地区的动物种类十分繁多,其中包括国家一级保护动物:滇金丝猴、金钱豹、黑鹿、云豹等稀有品种。县境内过去曾有老虎,但近几十年未发现过。鸟类和鱼类品种也达到数百种。①由于水域污染的影响。许多鱼、虾类及其他水生动物数量急剧下降。裂腹鱼是泸沽湖特有的鱼种,是一种洄游的鱼类,在水急、水清处产卵,再进入泸沽湖,现在数量已较为稀少。②森林的大面积被伐,动物生存的环境受到影响,食物也较以前难以寻觅,所以兽类数量有所减少。③湿地的缩小,人居住宅的大幅扩展,森林的减少,鸟类的品种和数量也呈现较为明显的下降趋势。④最为可怕和触目惊心的是,为了满足自己或游客的食欲,或者对毛皮制品的需要,人类大量的捕杀野生动物,兽、鸟、鱼类无一幸免。

(二)丽江人对传统民族环境保护习惯法的继承和对环境问题的解决方案

大量的环境问题触目惊心,使纳西人心灵中的乐土面临着危机。面对外来思想中种种对环境保护的挑战性理念,纳西人经受住了考验,经过了几十年的摸索,找回了几乎忘却的历史记忆,习惯法重新获得了生机。同时,随着国家环境立法的日趋完善,近年来颁布了多部相关法律。国家制定的环境法在丽江地区的施行,结合丽江少数民族环境保护习惯法的重新回归,产生了一股强大的合力。

首先是传承于丽江人数千年历史的“人与自然是兄弟”这一思想的回归。人们在面对大自然被破坏后的种种后果时,先民在《东巴经》中记述的许多破坏自然后被大自然报复的教训使丽江当代人心灵有了新的感悟。当代的东巴们在祭“署”仪式时向丽江青年们传播着古老的行之有效的丽江少数民族环境保护习惯法文化。人们对东巴经中的禁律更加重视,从而善待流水,善待树木,善待小动物。老一辈的丽江人除了在祭“署”仪式上教育年轻人,还向新一代丽江人传承一种对自然“欠债与还债”的观念。在东巴教经文中有这样的警示:人们为了自己的生存,使用大自然所拥有的物质,如伐木、割草、摘花、采石、淘金、打猎、捕鱼、汲水,取高岩上的野蜂蜜、树林中的食用菌,甚至使用一些树枝和石头等用于祭祀礼仪,这些都取自大自然,是欠了大自然的债,现在人们无节制地向大自然索取,日后是要向自然界还债的。东巴经《超度放牧牦牛、马和绵羊的人、燃灯和迎接畜神》告诉人们:“死者上去时,偿还曾抚育他的树木、流水、山谷、道路、桥梁、田坝、沟渠等的欠债”,把对自然界的任何索取都记为要向每一样自然“署”偿还的债。“你曾去放牧绵羊的牧场上,你曾骑着马跑的地方,用脚踩过的地方,用手折过青枝的地方,用锄挖过土块的地方,扛着利斧砍过柴的地方,用木桶提过水的山谷里,这些地方你都要一一偿还木头和流水的欠债。除此之外,你曾走过的大路小路,跨过的大桥小桥,横穿过的大小森林地带,放牧过的大小牧场,横渡过的黄绿湖海,坐过的高崖低崖,也都一一去偿还它们的欠债。”[1]现代人可能难以真正理解对大自然的这种心境,体会到自然界是人一生赖以生存的恩惠之源。从这种敬畏自然,感恩自然的传统思想中就不难理解为什么过去丽江人盖一幢房子、劈一块石头、砍一棵树都要举行一个向自然界种种“署”神告罪的仪式。正是丽江先民这一种观念和习俗,反映了丽江先民将大自然视为像人一样的生命体尊重它、呵护它,不能过分盘剥它的思想。正是这些现代人看来可能会觉得迂腐的思维与行为,才使丽江人所居住的地域

---

〔1〕 和云彩释经,和发源译,和力民校:《纳西东巴古籍译注全集》,云南人民出版社2000年版。

长期保持了人与自然和谐的良好生态环境。

其次，当代丽江人在接受“人与自然是兄弟”这一环境保护的基础理念之后，表现出来的是一种更为理性的思考和行动。丽江人站在更高更全面的角度去理解对大自然索取之后所应担负的“债”务，用科学的、系统的约束和法律来保护我们赖以生存的大自然。在20世纪90年代，丽江少数民族居住的许多村子都制定了详尽的保护自然环境的村规民约，在这里，兹将云南省丽江地区宁蒗县永宁乡泸沽湖村村规民约中有关内容摘引如下：[1]

第八条规定：划船人员和游客禁止向泸沽湖内乱扔垃圾和废弃物；严禁在沿湖一带洗车，违者处以罚款10元至50元。

第九条规定：门前实行三包。每天早上接待户必须打扫和清理门前的垃圾和湖面的漂浮物，并集中堆放，在规定的时间、地点内清运与处理；公共场所由划船组负责，违者处以罚款10元至50元。

第十条规定：为保护泸沽湖的水质和自然植被不受污染和破坏，在我村地界内（从司那至红岩子），我村一律实行特级保护。在此范围内严禁乱倒垃圾，严禁向湖中直接排放污水，严禁炸鱼、打野鸭，捕杀野生动物，并协助有关部门搞好护林防火工作，严禁乱砍滥伐，违者处以罚款50元至500元。

第十一条规定：在我村水源区（鼓节得罗至依歪罗）禁止砍伐任何树木，打草积肥，开采石头，取土等，违者处以罚款100元至500元。

第十二条规定：除本村民自用外，在大鱼坝泥石流区取沙采石每立方收取6元的土地损补费。

第十三条规定：为合理利用和珍惜土地资源，禁止一切非法占用公共场所、人行马道、破坏水利设施等行为。

---

〔1〕 摘抄于泸沽湖村村民委员会1999年5月25日所制定村规民约（共计二十二条）。

第十五条规定：凡在我村从事经营旅社、饭食的外商，每月收取环境资源管理费70元，咖啡屋、茶馆50元，美容美发厅、歌舞厅70元，小卖部40元，烧烤店40元。

这些规定看似较为琐碎，却真正从实际情况来维护着泸沽湖的环境。纳西族环境保护习惯法在这里进入了一个新的里程。

除了详细的村规民约之外，针对具体问题，丽江地区还制定了一系列的相关规定。特别是各个旅游区更是如此。全区建有玉龙雪山、泸沽湖、拉市海高原湿地三个省级自然保护区，保护区总面积40,656公顷，占该地区总面积的1.97%，区域特有的生态景观和资源环境开始得到系统管护。进入20世纪90年代，环境保护作为可持续发展的重要内容被人类重视。1999年8月，行署发出《关于禁止销售和使用含磷洗涤用品的通知》，从源头根除水体富含营养化物质和化学物质，有效改善河流湖泊水环境质量。2000年6月，行署发出《关于禁止在泸沽湖养殖银鱼的通知》，明令禁止引进外来物种，保护湖泊特有水生生态系统。从2003年7月1日开始，在丽江市古城区和玉龙纳西族自治县城区范围内禁止使用一次性不可降解泡沫塑料包装物。这些行动在全国范围的环保行动是处于领先位置的。丽江人在经过了一段对环境、自然漠视的经历之后，重新回到了“人与自然是兄弟”的心灵家园。在白水台的古树下，在四方街的绿水间，我们能强烈地感受到自然生命一体化的境界，感悟到一种千年流传的与自然同体合一的人格理想。走在宽窄的尖滑的五花石路面上，随处溪流淙淙，垂柳成荫，一座座青石桥，桥面和桥身布满了青苔，长满了青草，跨过石桥，延续着古老的充满生命力的丽江少数民族环境保护习惯法的成长历程。

第四章　婚姻家庭继承习惯法

婚姻家庭是人类社会生存和发展的独特方式，它意味着避免混乱的性竞争以寻求安全的生活；达成经济协作和共同分享的和谐机制以维持生命；繁衍种族，哺育后代，完成家庭的生物性功能。另外，在地域相对封闭的西南少数民族社会中，家庭的存在又保证了族群社会机制的正常运转。各种习惯法规则将社会责任、义务与社会的个体成员直接联系在一起，通过婚姻组成形形色色的家庭形式，族群意识获得不断的强化与认同。

西南少数民族婚姻家庭继承习惯法作为一种文化现象，虽然在不同地域中有一定的差异，甚至在同一地域的不同村寨也呈现出各自的生态特征。但由于大致相当的经济条件、自然环境，其婚姻家庭继承习惯法表现出一定的共性，本章的前三节试图通过对苗、侗、羌等族的描述来反映西南地区各少数民族在婚姻家庭领域的通行习惯法。“占里侗族人口控制习惯法”一节展现的是少数民族人民在人口生产领域的远见卓识和独特智慧。本章最后两节“西南民族社会中几种独特的婚姻家庭模式”和“逝去的婚姻形式及婚姻习惯法的变迁”反映的是西南少数民族一些特有的婚姻家庭习惯,这些习惯或已被时代所湮灭,或顽强地生存至今,以致新的法统建立以后,它依然可能长久地影响民心,维系社会秩序。我们在此系统地记录这些习惯法,不但可以帮助我们了解各民族历史发展的性质和特点,而且对我们研究西南少数民族习惯法的社会基础、命运走向,正确看待民族地区的多种法律知识和多重法律秩序以及实现其与国家法的二元互动,都具有重要意义。

第一节　婚姻习惯法

一、通婚范围

(一)民族内婚与氏族外婚

历史上,西南地区的很多少数民族都实行严格的民族内婚制,禁止同外族通婚,以维持本民族的信仰、风俗和维系民族种属的纯正,如彝族、苗族、侗族、布依族、瑶族、撒拉族、云南的回族等。特别是苗族,不仅不与外民族通婚,而且本民族内不同服饰的各支系之间也互不通婚。又如藏族,因为宗教信仰的问题,禁止与回族通婚,但不太严格。其他少数民族如壮族、水族、毛南族等与外族通婚现象较为普遍。

氏族外婚比较复杂,在各少数民族习惯法中有多种表述,下面我们缘着血缘和宗族两个层次分析这个问题。

西南各民族的氏族外婚原则都可概括为血缘外婚,人们普遍认为有血缘关系之人如婚配或发生性行为,必然玷污祖先神灵,紊乱伦常。在藏区,人们认为“这种人(指有血缘关系而婚配的人)踏过的地方不长草,趟过的水不能喝”,“近亲结婚会使整个村庄连续八代不吉利”,“青草要干枯，水源要枯竭，老天都不下雨”。如果男女双方有血缘关系而成婚，一旦被发现，双方需到佛塔前去洗垢，且要被舆论斥责为罪人，亲朋好友也与其断绝来往，甚至还要告官惩办。那么，藏族的血缘外婚，究竟多远的血亲，才算“外人”而可以通婚呢？最通常的说法，应是按照藏族习惯的手关节数数法，即无论父系母系，从手指头的关节开始数，一个骨节为一代，到肩膀时是第七代，就可以通婚。由此引发的还有“骨系”理论，即以此原理来建立家族谱系，根据骨节的远近，来确定血缘及亲近关系的远近。[1] 在彝区，氏族外婚表现为家支外婚，习惯法规定同一家支的男女不能通婚或发生性关系，违者应处死。

苗族、侗族、瑶族、布依族等少数民族的氏族外婚原则表现为同宗不婚。这种同宗不婚与血缘外婚相比，有一定的差异，“宗”在某种意义上可以说是拟制的血缘关系。先看下面这个案例：

案例一：贵州黔东南反排苗族的张姓和乌脚北的张姓，分村居住了十八代人之久，但至今仍视为同宗兄弟，不能通婚。又如，这里的唐姓与乌角南的张姓以及同寨的万姓，尽管他们的姓氏不同，但是，由于历史上认为是兄弟关系，现在也不能联姻。如果犯了这个例规，就要遭到宗族的处分，罚他（她）杀一头白牛，白猪一只给同宗的人分吃，以资告诫。据说，之所以要罚处白牛、白猪，是因为这种牲畜难找，以达到限制同宗、同姓通婚的目的。

在这里，首先需要指出的是这里的“姓”，是苗姓而非汉姓。至于苗族的汉姓，基本上是在明清时期，统治阶级认为“苗人多同名”，应“各照祖先造册”，而“不知本姓者，官为立姓”，[2] 这才开始有汉姓，并出现了

---

〔1〕 徐平：“藏族的婚姻规则和道德观念”，载《中国藏学》2000年第1期。

〔2〕 参见民国《贵州通志·宦迹志四》。关于苗族汉姓的来历，还有另一说法，苗族祖先“果”和“由”，兄妹二人违犯了族内不婚的禁例，引起了一场大风波，才迫使他们的老人打开族门，重新分支、定性，进行通婚。这两种说法孰是孰非，我们不能凭着主观论断做出判定，但可以肯定的是，同姓不婚确是流传至今的禁例。

几个苗姓共用一个汉姓，或者一个苗姓分有几个汉姓的现象。事实上，“苗族婚姻在姓氏上有限制，这指的是苗姓，同姓不婚，只有不同的苗姓才可通婚”。[1] 这说明苗族婚俗文化中存在的同姓不婚现象，实际上也是苗族的一种共性文化和认同心理的基本特征，但从另一角度看，它却是处于文化劣势的族群在强势文化面前所做出的维护族群生存的一种封闭性质的调适方式，基本反映为一种内倾与外抗的消极策略。

上述案例中所讲，唐姓与乌角南的张姓以及同寨的万姓，被认为是兄弟关系，即同宗，这又是何原因呢？据我们实地调查，相传反排居民在迁徙来此之前，是“固果”（果公）的子孙。今日反排的张姓是“固果”前妻生的后裔；唐姓是“固果”后妻生的后裔；杨姓是“固果”后妻的“随娘崽”的后裔，万姓是张姓姑娘的私生子，后来确定为唐姓的后裔。据当地老人介绍，原来上述各姓彼此之间是不能通婚的，后来固果的子孙固播、固皎的后代，才分裂为现在的婚姻集团，即现在的张、唐、杨、万各姓，除唐、万二姓互认为兄弟不能通婚外，各姓间均可通婚。但在姓氏内部，因为原系同宗绝不能开亲，哪怕早已分支分系，分居在其他寨子，甚至改用了其他姓氏也是这样。宗、姓之间的关系，确是较难讲清。我们在贵州锦屏县文斗苗寨调查时发现，当地人主要姓姜，是最早定居此处者，此后陆续迁进的李、易、张等小姓结合为同一个房族，各小姓之间不得通婚，只能与姜姓通婚。再如贵州瑶麓的瑶族同宗不婚的原则表现为“播冬及朵”内不婚。“播冬及朵”是几个播冬（血缘氏族）为了某种利益结成的联盟组织，这种“宗”有的原本就是一个血缘播冬，后分化成几个播冬再联合组成的，有的是收容外人结盟而成，这显然又与苗族的“宗”不相同。由此可见，对于同宗的意义界定并不是依据姓氏相同与否，而是凭借族群传统知识中关于族源所确立的血缘联系的解释。但无论宗、姓之间的

〔1〕 参见《苗族简史》，贵州民族出版社1985年版，第246页。

关系如何变化，可以将同宗不婚归纳为以下三点：

1. 同姓同宗，不得开亲；

2. 异姓同宗，不得开亲；

3. 同姓但不同宗，可以开亲。

如是而来，便存在这样一个问题，同一家族的成员必须到好几里以外的其他部族的地方寻找配偶，这就增加了缔结婚姻方面的困难。如果两家族之间的语言、服饰、生活习俗不完全相同，那问题就更麻烦了。这多少会影响家庭应有的融洽程度。于是，西南少数民族社会普遍出现了同姓村寨分化为几个姓的现象。在这种改姓的过程中，我们可以得出这样的规律：凡是由母体中派生出来的一些不能通婚的小支，在初期与母体支系尚有足够联系时，不得不回到母体中可能通婚的那部分解决；当这些小支已在当地生了根并与母体相距遥远时，婚姻只能在距离不大远的其他支系中解决。等繁衍到一定程度后，生产力的发展要求彼此进一步缩短通婚圈的距离时，婚姻就在当地解决了。[1] 由此可见，改姓和放松对同姓不婚的限制，是西南地区各少数民族改革婚姻习惯法，解决社会矛盾的创造性的方法。

(二)等级内婚

在存在等级制度的藏、彝等西南少数民族中，等级内婚是一条十分严格的习惯法规。如解放前的藏族社会分为贵族、差巴、堆穷等。农奴主阶级只能在同等级内互相通婚，严格实行阶级内婚制，贵族和贵族通婚，一般等级的人和一般等级的人通婚，“不干净”的人和“不干净”的人通婚。一般等级的人和“不干净”的人通了婚，所生育的子女也被认为是“不干净”的。女儿出嫁是这样，招女婿也是这样。限制最严的是对杀羊的，连最贫穷的“堆穷”也不愿和其通婚，即使是一户富裕的杀羊人。因

---

〔1〕 参见《苗族社会历史调查》(三)，贵州民族出版社1987年版，第95页。

为人们认为杀羊人的骨头和血统“不干净”,因此杀羊人只能与杀羊人通婚。铁匠和杀羊人一样是下贱的,但是杀羊人和铁匠也不能通婚。如通了婚生孩子则被社会上认为是最下贱的,比铁匠和杀羊人还要下贱。他们的孩子专门有个叫法“梯查日”,意思就是最坏、最肮脏之物。阶级内婚在农区比牧区严格。以上的阶级内婚制基本上都在农区实行,而牧区由于对等级的划分不甚严格,也就不存在所谓严格的阶级内婚。[1]

(三)姑舅表婚

姑舅表优先婚是西南各少数民族婚姻习惯法的一个突出特征,它有两种表现形式:

一种较为常见,即姑姑家的女儿一定要优先嫁给舅舅家的儿子,舅家对外甥女的婚姻拥有优先权。除非舅家表示不要,才得许配他人。为了缓解婚姻无法缔结的压力,通过协商,舅家也可放弃这种权利。但嫁出甥女后,甥婿必须给舅舅家一笔身价钱。这笔钱,瑶族叫“血统养育金”,苗族称“西江”(即回头钱),其数目之多少,要看甥女的才貌而定。起初“回头钱”由双方商定,后来各村寨大都通过议榔大会,在“榔规榔约”中对“西江”的数额做出限定,一般为四元四或五元五。这笔钱,或由舅家登门索取,或由甥婿送去,通常是在婚后二三年交纳,也可以分期交付。交纳时舅爷一般将尾数退回,意思是还给甥女买伞的钱;也有人说,这是为了保持亲戚关系。

姑舅表优先婚是古老的两合族外婚制(即两个固定氏族成员或两个母系家族成员互相缔结婚姻)的残余,至今在某些地方还存在着。在从母系氏族社会向父系社会转变过度时,一个女儿由常住娘家转变为常住夫家,总是怀着留恋娘家的心理,母亲也同样抱着怀恋女儿的心情。光阴流逝,母亲又娶回一个血肉相承的外甥女,彼此又亲热往来,在情感上

---

〔1〕 参见亚西:“藏区少数民族的通婚”,载西藏民俗网。

是一种安慰，也近乎人情。

姑舅表优先婚制反映了母权制被父权制代替的历史进程，实质是维持“舅系”在亲族的繁衍和发展上的稳定性，从而形成母系兄弟的子女和母系氏族内姐妹的子女之间的联姻规则。一方面，姐妹们失去了继承氏族财产的权利，因此，将自己的女儿嫁回兄弟家去享受自己享受不到的那部分财产；另一方面，姐妹们嫁出之后，带去一部分首饰，为保证氏族财产不受损失，兄弟们要求姐妹将女儿嫁回来，俗称“还娘头”。从这个角度看，实行姑舅表优先婚，既是女子的交换，更是财产的交换。但是，这种婚制由于种种原因却遭到破坏。如舅舅家没有儿子或儿子年龄不当，外甥女有权出嫁。这样一来，必须通过一定的程序，由外甥女婿献给舅舅一笔钱，这就是“舅爷钱”。“舅爷钱”制度出现后，在苗族社会变得越来越普遍。女青年通过“舅爷钱”赎取了婚姻自主的权利，这更大程度地促进了西南各少数民族婚姻由“包办婚”向“自主婚”的嬗变。

另有一种形式是舅父家的女儿优先嫁给姑妈家的儿子（布依族俗称“侄女赶姑妈”）。有的少数民族，如景颇族、独龙族等规定，男子只固定地与舅方家族联亲，并形成较固定的婚姻集团，构成单面循环的婚姻关系，景颇人将这种婚姻称为“木育—达玛制”，其特点是：甲家族的男子固定地娶乙或丙家族的女子为妻，但甲家族的女子绝对不能嫁给乙或丙家族的男子。[1]

至于实行“血统养育金”和“回头钱”制度的苗、瑶等族，是否允许姑姑家的儿子娶舅父家的女儿呢，我们目前还缺乏相关资料，但可以肯定的是，在布依族中，不仅舅父家有娶外甥女作儿媳的优先权利，而且姑姑家也有娶舅家女的权利。

---

〔1〕 参见《景颇族社会历史调查》（三），云南人民出版社1986年版，第16页。

(四)姨表不婚

这是一个与汉族相比,较为特殊的原则,旧时汉族都存在姨表婚的风俗,但西南大多数少数民族都规定姊妹出嫁后所生的子女互不通婚,且这些子女所生的下一代也不能通婚。就我们目前所知的,这些民族有苗族、侗族、布依族、彝族、景颇族、独龙族等。在贵州黔东南苗族中,姊夫和妹夫以兄弟相称,并依女方来论两婿的大小,姊夫称兄,妹夫称弟,他们所生子女也以兄弟姊妹称呼,如同亲兄弟姊妹一样。所以理所当然地也绝对禁止通婚。这种限制,在汉族以男性为中心的父系家庭制度下并不多见。它是母系社会群婚制度的残余。因为母系社会妇女是家庭中心,子女随母而居,一群男子是一群女子的丈夫,姊妹们所生子女都是共同丈夫所生。这种血统关系很早就被排斥在婚姻之外。

(五)其他规定

选择婚姻还要受到禁忌和信仰、职业等其他方面的限制。这种限制性质很复杂,种类繁多,各地方、各民族差异也很大。此处只是列举数例。

1. 宗教、信仰方面:如上文我们讲到的藏、回因信仰不同一般都不通婚。又如在贵州台江,女的犬牙若长长了些,则认为是“虎牙”,将来要吃丈夫或子女。嘴太长,嘴唇太厚,脸太红,都视为不吉。如果眼皮有痣,则认为是“眼泪痣”,将来要死人的。贵州黄平的苗族迷信一种能够依附到新娘身上的“鬼”。这种“鬼”随姑娘出嫁到男方,要吃人和牲畜,但旁人无从得见。被称为“老虎鬼”的,常受人辱骂,甚至房屋还被冲击打坏。谁要是娶了“老虎鬼”的姑娘,他家就会沾上“老虎鬼”,遭人厌恨。究竟哪种女孩染上了“老虎鬼”,众说纷纭,但一旦被公认为“老虎鬼”,则无论长得多么秀美,如何能干,婚姻上都会遭到排斥。即使结了婚,男方也可以无条件地解除。所谓“放蛊”,指苗族中有些妇女专门饲养毒虫,汲取毒汁,乘人不备时放毒害人。被诬有“放蛊”的姑娘,婚姻前途不容乐观,只是没有“老虎鬼”那样严重罢了。受汉族文化的影响,西南少数民族也要请人算命来配合双方的八字。凡八字不合的人，婚姻就不能成立，有些地区结婚虽无须排算八字，但也要看双方生庚是否相克。据我们调查，雷山的部分苗族，属虎的与属猪的，属狗的与属鼠的都不能通婚。当地老人这样跟我们解释说：虎常吃猪，狗常逐鼠，相处在一起必然相克。因此这两种属相的人不能通婚。

2. 辈分、职业的限制。不同辈分的人，即使年龄相仿，但也不能通婚。即使这种婚姻成立，也会受人非议。据调查，在贵州清水江流域一带的苗族，凡违反辈分的婚姻，男方都必须杀鸡、羊、猪来祭祖，并以祭品来款待全族，以示谢罪。关于职业对通婚范围限制，上文已讲到，如藏族人一般不愿与铁匠等结婚。

综上所述，西南少数民族婚姻的限制具有普遍性。它有力地驳斥了当前中国婚姻法学界关于文化落后的民族野蛮，不讲规则，乱择配偶的观点。显然，西南少数民族地区的婚姻立法并不能完全以汉族为标准，过去，法学界没有认识到民族婚姻习惯法的价值意义，完全把它看做需要革除的落后习惯，这种认识是片面的，同时，将之强制改革也是不可取的。一种法的作用，应该看它在特定领域中，是否有特定的人去遵守它，是否较好地维系这特定领域中的社会秩序。从这一层面看，无论在过去还是现在，西南少数民族婚姻习惯法都会发挥着重要作用，正如民族学家摩尔根曾经指出的那样，人类社会制度中凡能维持长久的，都与一定永恒的需要有关。西南少数民族婚姻习惯法也不例外。

二、婚姻的缔结

西南各少数民族的青年男女早婚现象较之于汉族要显著得多。据对贵州雷山、台江等地区的28岁以下的28个青年结婚年龄调查，18～20岁结婚的19人，占68%，21～28岁结婚的9人，占32%。目前婚龄有提早趋势，有些人家十六七岁就结婚了。一般而言，男女婚龄相等或相差一二岁。在过去，很多少数民族还有童婚的习俗。一般说来，西南少数民族社会青年男女的结婚年龄大都为男二十来岁,女十七八岁。

西南各少数民族结婚的时间很讲究,一般在农历正二月和八月至十二月之间。这是由于在农闲季节中,作物已经收割,家庭经济比较宽裕,亲友间往来较方便。至于结婚日期大都喜用卯、丑、子、午等时日,据当地老人说这些都象征着吉利。婚期决定后,男方即通知女方,在一般地区,结婚仪式男家举行二至四天,女家只举行一天。

西南各少数民族婚姻的缔结方式大致有两种:〔1〕一是父母包办的婚姻;二是青年男女通过对歌的形式私订终身,例如苗族叫"坐姑娘"。相对而言,少数民族青年男女的婚恋要较汉族自由。但无论是"自由婚"还是"包办婚",它们同样都要受到民族习惯法的规制,婚姻的缔结也要符合相应的婚俗制度。下面我们以苗族为例来谈谈这两种婚姻的缔结形式。

(一)包办婚

这种婚姻形态包括父母包办婚姻和经男女青年自由恋爱,双方父母认可的约说亲婚姻。这是一种在白天迎送的公开接亲方式,是家族长辈们所愿意的。传统婚缔结的程序较为正式和复杂,一般经历"请媒说亲"、"订婚"、"结婚"、"回门"四个阶段。当青年男女长到十七八岁时,父母开始在逢年过节,走亲串寨,斗牛、吹芦笙等场合为他们物色对象。相中某一姑娘或小伙儿后,父母便央请媒人〔2〕携公鸡一只前往说亲,以唱"嘎别福歌"的形式,婉言表达联姻的意愿。如对方同意,便杀鸡摆酒,热情款待媒人并以暗喻的形式表达出来。如女方不同意,则仅以便饭相待,有时父母故意回避,或父避母陪。在交谈中,借口种种理由表示谢绝。说亲过

〔1〕 值得注意的是,笔者的归纳仅就普遍习惯而言,事实上,西南各少数民族婚姻习惯地区差异较大,有的地方别具一格。例如,天柱地区部分苗族出嫁前有唱"伴嫁歌"的习俗;榕江八开、丹寨排调一带部分地区以牛作为聘礼;台江台农一带新郎在新娘进家到婚礼结束这几天都不露面,白天照常上山干活,晚间到家族家借宿。

〔2〕 媒人,苗语中称为"哈歇",即中介人,男女均可担当,但一般为男方或女方有姻亲关系的长辈。

后,双方家长约定吉日举行订婚仪式。订婚,在苗族中,苗语叫“鲁吉”,意指选择吉日开八字,订婚礼,议定“你姜”(即财礼),商量婚嫁接送日期。然后便杀一只鸡,煮熟后看鸡眼卜吉凶,如吉利,则喝订婚酒。第二天再举行满寨酒仪式,女方家族逐户设宴招待男方来的客人。订婚后,男女双方正式结为亲家,双方老人可以互访,已订婚男女仍可参加“游方”等社交活动,但不得发生越轨行为。

结婚时,女方父母不作什么新东西陪嫁,平时给女儿备制的银饰和衣裙等物就是最好的嫁妆。接亲的前一天晚上,男方请房族叔伯、兄弟等至亲3~9人,携带银元、鸡鸭、糯米、花线等礼物,前去接亲,喝完“拦路酒”后方可进女家大门。女方安排“吃客饭”,席间对唱“开亲歌”等古歌。之后,举行送亲仪式。新娘动身前往夫家前,亲族老少都聚集到女家送别,嫁妆一般由男方担回,但离家前新娘照例要哭,对婚姻不满的,哭得更厉害。到达男方家门,要举行入门仪式,然后新娘要象征性吃饭,并表演挑水、舂米等劳动。完后,男方安排新婚喜宴,开席前,须请一个德高望重的长者颂词作贺。酒至半酣,还得请歌师演唱婚礼祝福歌。

新娘在新郎家住1~2天后,仍回娘家居住,即“坐家”,俗称“不落夫家”。在此期间,男女双方不能同房。在以后的3年时间内,新娘可来往夫家小住。坐家的原因,据当地老人说,一是留念父母;二是在男家还感到不习惯;三是马上留落夫家,怕被人嘲笑。从结婚到回门的时间有长有短,因此西南少数民族结婚并不是实际生活的开始,详情在下面的部分论述。

西南少数民族社会包办婚的性质与汉族不同,它还保留着阶级社会以前对偶婚制的许多残余。包办婚姻的主动权出自男方,很少有女方托人向男方说亲的。父母替子女包办婚姻后,若子女坚决不从,仍可结婚后不同房,尽管父母不断施压,但却依然出现许多抗婚的现象。据调查,在雷山陶尧地区曾经有一青年,为了抗拒父母对他们婚姻的包办,悄悄地引进一个女孩回家,而这个女孩已经是与别人结婚了的。在这种木已成舟的局面下,他的父母经各方“理老”协商、撮合,只好花钱把他的前妻离去,又出钱为新引来的姑娘离去前夫。从这一点言之,西南少数民族包办婚一般来说是不彻底的。事实上,与汉族不同的是,民族社会舆论乃至婚姻习惯法对子女们这样顽强的抵抗某种程度上也持宽容态度。

（二）自主婚

对歌,是西南各少数民族青年男女自由恋爱的主要形式,一般在逢年过节或农闲季节时举行。为了更好地说明“自主婚”的缔结程序,下面笔者以苗族为例。苗族男女的这种社交恋爱活动,苗语称做“游方”。每到夜晚,男女青年三五成群,游村串寨。到达游方场后,男青年吹口哨唤姑娘,在火光或月光下看相,满意后便互相交谈对歌。只要不在禁婚范围内,无论本寨还是外寨的男女青年都可以对歌。对歌的歌曲有古歌和新歌两种。歌词采用拟人、拟物的比喻写法,来表露自己的爱慕之情。如苗歌《青春歌》唱道:“趁现在年纪还轻,大家赶快来游方。如果现在不抓紧,等到青春过去了,谁还能相会,谁还能够在一起。”“你是哪个妈生的姑娘,样子长得像桃花一样,你是哪个妈传的手艺？衣裳绣得那么漂亮！你是哪个妈教的歌儿,歌声好甜蜜流进了我的心房。”等等。[1] 通过多次对歌,男女双方产生爱恋后,常以互赠礼物、银饰、衣服等,私订终身。

私订终身后,双方各自禀告自己的父母。若父母同意,男方便请媒人去女方说亲,举行订婚。订婚仪式各异,但为了慎重起见,一般邀请亲友参加,从而使婚姻的缔结更具有约束效力。若女方父母不同意,由姑娘转告小伙子,或中断联系,或采用私奔的方式达到目的。通常男方采用抢婚的形式,将姑娘接到男方家中,但并不同居。数日后,派人通知女方父母,要求结为亲家,经多次劝说,女方父母只好应允。之后男女双方父母再商

[1] 参见《苗族古歌》,贵州人民出版社1976年版。

定结婚相关事宜。若女方父母坚决不答应，男子就得将姑娘送回家，并赔偿相应钱财（各地数额不一）。

必须指出的是，"包办婚"和"自主婚"在婚礼仪式和规则制度方面并没有绝对的界限。比如，婚宴的举行仪式，"坐家"制度，讲"财礼钱"等，不论是自由婚，还是传统婚，大都如此，有时甚至很难区分二者的关系。以财礼制度为例。"财礼"，是结婚时男方给付女方的货币。讲财礼的日期是在双方联姻取得一致意见后在订亲时进行。"财礼钱"数目的多少，由女方家长提出，男方就此衡量，旁边人从中调和，最终协商敲定一个适中的数目。双方认可后，男方将现金交给本族中的长者清点后立即交与女方，女方清点完毕，大家才端碗喝酒，以示庆祝。但是，财礼数目受到各地习惯法的严格限制。因贫富和地区不同而异，一般是男方以 120 东毫或 120 元人民币（等于一头水牛的价）作为财礼；家境贫寒的，一般是 60 东毫（等于黄牯牛的价），但不少于 30 东毫[1]（等于一头小牛的价）。西南少数民族的财礼制度反映了在封闭性的乡土社会中，婚姻通常不只是个人行为，更重要的是它体现了不同家庭、族群之间物质利益的交换（exchange）关系。[2] 因为民族社会至今仍然是以农耕劳作为主要生产方式，女方父母生下女儿并将之抚育成人，花费了不少心思和财力，姑娘出嫁，意味着女方将就此丧失一个劳动力，相反男方将获得重要的"经济资本"——女性出嫁夫家，不仅可以直接为男方增添劳动力，而且通过性的族群繁衍，还能为男方延续香火，实现人口的再生产。因此，财礼制度实质上是获得潜在利益的男方家庭给女方家庭劳动力损失的一种补偿，是

[1] 东毫，民国时期广东省铸造的银币。

[2] 人类学家莫斯在《礼物》一书中指出，人类文化的接触，存在着广泛的交换关系，并赋予了一个极具象征色彩的文字予以总结——"礼物"（gift）。并认为，"礼物的交换原则适应于那些所谓'完全服务'（total services）——从氏族到氏族，家庭到家庭等的社会之中"。详见 Marcel nlauss：The Gift，Guildford and King's Lynn，Great Britain，1990，p. 46.

民族社会人际关系网络的一种协调，无论是传统婚还是自由婚，都关联到家族利益，婚姻缔结的个人色彩较之汉族淡薄许多。

三、婚后的居住形式：坐家、入赘与从妻居

在我们的田野调查中，发现西南少数民族普遍存在"坐家"的婚俗。[1]"坐家"，意即"坐在父母家"，是指新婚夫妇婚后一段时间内，并不居住在一起，新娘住在娘家，只有当农忙或逢年过节时，经招唤后，才到夫家短住一段时期。这种短住，多少带有做客的性质。至于"坐家"时间的长短，各地区差异巨大，此处仅就普遍现象进行归纳。

(一)"坐家"的开始和结束

新婚后，新娘究竟多少时间后才回娘家，各地不一。有的地区二三天就回，有的要等到一二个月才回，较多的地方是十几天。但不管时间长短，"坐家"都有一定的仪式，仪式结束后，便在娘家居住。

新妇在夫家开始"煮饭"，意味着新妇有决心结束坐家，常留夫家。夫家选定日子，并当天祭祀祖先。新妇煮饭后，由婆婆等人陪同回娘家一次，小住两天便归，从而结束坐家。当然，也有的地方苗族以"穿纱织布"作为结束坐家的仪式。

(二)"坐家"期间的夫妻权利义务关系

坐家期间，男女双方并不立即同房，除个别地区外，一般不在丈夫家长住。只有当农忙或节庆时，妇女才到丈夫家小住几天。例如，在贵州黄平、施秉一带，妇女一年只去三次。栽秧、秋收、过苗年时各去一次，每次通常不超过一个月。居住时间内，妇女还得保持娘家的崇拜和信仰。男方把她当做客人，每次都派人接送，并附带礼物。在夫家短住期间，也要受到一些照顾。夫家的日常事务，虽也要做，但如插秧等重活是豁免了的。

---

[1] 又称"不落夫家"，这在壮族、苗族、瑶族、侗族、布依族、水族、哈尼族等民族中都存在。

坐家时，妇女在娘家仍然劳动，但由于需要准备日后到夫家生活的衣物，而这种刺绣，需花大量时间，所以受到减轻一定劳动强度的待遇。同样，少妇在娘家照样可以“游方”，享有当姑娘时的地位。凡是由父母包办结婚的，如果她在“游方场”上找到了合乎他理想的对象，她可以坚决要求和前夫离婚，以便与自己的情人相配，即使不敢向父母提出，也可以先偷偷地嫁进相好家，其他事情待日后解决，一般也只按悔婚处理。若系自主婚，虽也可参加“游方”，但仅为消遣，一般会回避有关系的人，以免被本夫发现。

另外，有的地区的妇女还享有一定条件下可以享受财产的权利，如台江县反排寨的苗族，分家时女儿可以获得三五挑田产，“坐家”期间继续享用，定居夫家后可以带走。[1]

(三)“坐家”的性质和原因

西南少数民族的“坐家”制度是母系民族社会夫随妻居向父系社会妻随夫居的过渡形态的历史遗留。在这个过程中，必然有前一阶段的不少残余形式在长时间内保留下来。因为一个女子从有母系传统的家族中出嫁到一个陌生的家族，不可能与自己的家族完全断绝联系。相反，在刚出嫁的几年内，需要一段时期来适应新的生活。这种新娘两头居住的坐家形式，在民族社会中不断得到新的支持，并凝固为一种长期遵守的婚姻习俗。

“坐家”往往与西南少数民族社会盛行的双轨婚姻制度有关。前面已述，西南少数民族普遍奉行父母“包办婚”和“自主婚”两种婚姻缔结形式。在这种制度下，父母固然可以替子女做主婚姻，但子女也有权利自找配偶。当子女对父母选择的对象不满意而坚决离婚时，“坐家”制度对这些青年，尤其是女方有双重有利的意义。第一，可以减少甚至避免夫妻双方

〔1〕 参见《苗族社会历史调查》(一)，贵州民族出版社1986年版，第376页。

的性接触，有利于摆脱夫妻关系。第二，坐家期间家仍然允许“游方”，这使他们仍能物色适合的对象，规避已经缔结的婚姻。另外，“坐家”还源于少数民族的早婚习俗。过早结婚，男女双方生理、心理发育都尚未成熟，“坐家”的存在，有利于保护青年男女的身心健康。

（四）入赘

女方无子，父母晚年为获得依靠，所以“招婿上门”。据我们调查，苗族男子大都把“男人出嫁”当做耻辱，等于出卖祖宗，多少受人鄙视。所以入赘在西南少数民族地区一般是不光彩的事。另外，如果父母没有男孩，只有女儿，由于女子无权承继家业，根据当地习惯法，只能由叔伯或近族来顶承，这些人当然不愿意通过入赘的方式让族外人来继承家业。至于入赘后男子是否换宗改姓，可听男方自愿。例如，贵州从江县韦老芒到王家入赘时，韦、王两姓同在一寨，且两姓在寨中比例相当，因此韦老芒虽然入赘王家，仍然保持韦姓。当然，在仫佬族、藏族等民族社会，入赘是一件非常平常的事，并不会受到什么歧视。

（五）从妻居

从妻居是母系氏族制繁荣时期流行的一种婚姻居住形式。男子从过去走访女子，过偶居生活，改为迁往妻方氏族公社居住，通常称这种居住形式的婚姻为妻方居住婚。由于这时夫妻仍未组成独立的经济单位，因而夫妻间仍然易合易离。随着母权制向父权制的过渡而为夫方居住婚所代替。解放前，部分拉祜族地区盛行妻方居住婚，在已基本实行一夫一妻制的布朗、哈尼、景颇、佤、傣、壮、瑶等民族的某些地区，也还保留着短期或长期妻方居住婚的残余。短者住一年至三年，长者住十余年。

四、婚姻的中断及相关制度

“白头偕老”是人们对美满婚姻的向往。但是，现实生活与理想往往不一致。有时人们不可避免地遇到婚姻的中断。西南少数民族婚姻习惯法对此也进行了详尽的规定，具体体现在以下几个方面：

(一)寡妇再嫁

西南各地少有“守节”观念,妇女丧偶后,一般都可再嫁,且由自己做主,并没有汉族“从一而终”的封建观念,社会对再嫁也不加指责。未生育的青年寡妇,夫死后,不久便回娘家居住,照常可以“游方”,自找合适的对象,夫家及她父母都无权干涉。贵州剑河、台江一带有这样的说法:“头嫁归父母,再嫁由本身。”这充分说明了西南各少数民族奉行再嫁自由的原则。当然,现实中人们对寡妇多少也有些另眼相待,再嫁时一般只能嫁给条件比她差或已丧妻的男子。

生有子女的寡妇,再嫁时有所限制,为照顾子女,一般都得常住夫家。但在下列三种情况下例外:第一,鳏夫主动请媒说亲,女方同意。第二,在征得本人同意后,由娘家主动为她找对象。第三,由寡妇自己提出再嫁。但这三种情况都必须事先通知夫家,并不以征得夫家同意为限。若小孩太小,可随母亲抚养,长大后归前夫家。代养时间一般 3 年,费用由前夫家支付。

再婚也有一定的仪式,但很简单,到夫家后立即执行主妇职务。一般出嫁后两三天内回娘家一次,小住一两天便回。再婚后,不坐家。同时,新夫须以一定的祭品向前夫祭奠一次,以示赔礼。至于前婚中夫妻财产的处理,原则上退回结婚时带来的东西,如有子女,根据女方自愿,留部分给予子女享受。

(二)转房

转房是再嫁制度的另一种变通形式,即丈夫死后,寡妇有权利和义务嫁给前夫的兄弟,而夫之兄弟若尚未娶妻,也有义务和权利与之结婚。转房在苗族、瑶族、羌族、独龙族、彝族等民族中是为社会所允许的,它并不受别人讥笑,在家庭中也不受歧视。但是,今天转房并非一种必须遵守的制度,寡妇不愿转房的,也可改嫁别人,但这多少也对西南少数民族再嫁自由有了一定的限制。

转房的仪式很简单，只需祭奠祖宗。至于前夫的遗产因是否有子女而异，在苗、侗等族，寡妇未生育子女的，遗产由各兄弟平分。生有子的，财产不动；生有女的，每女留有一份，其余由兄弟平分，所留田地，由后父代管，待至长大后，全部交还。

西南各少数民族的转房是氏族社会族外群婚制的一种遗留，也是群婚制向对偶婚制过渡的一种形式。在群婚制下，一家的兄弟们原来都是她和姐妹们的共同丈夫。到对偶婚后，一个人一般只与一个配偶同居，几个兄弟已不可能同时作为她的丈夫了，但在其丈夫死后，她仍然可以保留与故夫之兄弟结婚的权利义务。

（三）续弦

妻子死了，年轻男子，尤其是没有子女的，都要续弦。中年丧偶但有子女的，唯恐引发家庭纠纷，30% ~40% 的人不再续弦。鳏夫续弦，需遵守一定的民族习惯性规则，“要在妻死后一年后，在事前征得前妻方同意，才能再娶”。否则将会受到前妻父母的责问，为社会舆论谴责。一般要罚牛一头，给前妻娘家，以示谢罪。

续弦的仪式也很简单，一般只是近族人聚餐即可。但由于它与前妻死亡联系在一起，因此至今还保留着不少禁忌。例如，后妻人夫家时，只能从后门进入，一面撵走前妻鬼魂。这种禁忌深深地扎根在民族成员的心中，作为一种文化积淀，它们得到了民族成员的强烈认同，甚至比国家制定法更能获得苗民的自觉遵从。在他们看来，向族群传统挑战、破坏社会秩序和谐的行为是不可饶恕的，因为这种反叛将对他们族群的生存方式和文化心理构成威胁。

凡通过“续弦”所娶的妇女，不论初婚还是二婚，一经结婚即与丈夫同住，不再坐家。后妻带来的子女也没有权利要求享受后父的财产。

五、婚姻纠纷的处理

(一)离婚

离婚,是解除婚姻关系的主要手段,也是西南各少数民族婚姻纠纷中较为普遍的现象。离婚的完成,标志着夫妻间的权利义务归于消灭。如果是在订婚阶段,一方不愿意继续维持婚约,较易处理,一般只需退回“财礼钱”,布朗族的做法是给对方送一串槟榔即可解除婚约。离婚更多的是发生在婚后不久。

关于离婚的原因,在苗族社会中,主要有以下几种:1. 不劳动或小偷小摸。2. 败家。3. 夫殴打、虐待妻。4. 通奸,乱搞男女关系。5. 公婆对媳妇不满。6. 不育。每种原因中都有父母包办和青年自主两类人,但前者的比重更大,约占 3/4,后者只有 1/4。妇女主动提出离婚的情况比较多。娘家对出嫁女儿依然关怀,不像汉族封建社会,奉行嫁出去的女儿如泼出去的水的观念,他们也会过问女儿在夫家的生活。因此,如果女儿在夫家发生重大事故时,娘家就会给她应有的支持。例如,十几年前,贵州雷山县开查村有一个妇女坚决要求离婚,未得男方同意,后服毒自杀。后女方家约集数人,持刀报复,男方虽逃脱,但家族的猪、羊却被杀吃一空。后经理老调解,除男方把死者安葬外,还被罚 100 元作为赔礼金。男方为此倾家荡产。

通过实地调查,我们可以总结出苗族在处理离婚时应遵循这样几个惯例:

1. 双方自愿离婚的,父母调解无效时,由双方父母私下商量解除婚姻关系,结婚时所花费用和礼品,概不退回。

2. 男方主动提出离婚,经调解无效的,男方就出酒十斤,杀一只羊来请客,这叫“羊酒服理”。之后,便解除婚姻关系。但因男方逼迫离婚导致女方自杀的,男方要被处以“五牛分尸”。

3. 女方主动提出离婚的,也要经过“羊酒服理”才能解除婚姻关系,男方不负任何赔偿责任。男方知其妻另有情人,可以直接制止,女方要多给男方一头羊或牛。

4. 已婚男子与妇女通奸,视情节轻重,或公开批评,或“羊酒服理”。受罚费用由通婚双方分担。未婚男子与已婚妇女通婚,若为亲夫捉获,处罚与已婚男子同,即“裸体杖”。如系强奸,只杖男方。

5. 若夫妻争吵,属丈夫无理,致使其妻不能忍受,回娘家居住。事后,男方得请理老登门劝告,并以一头牛作为赔礼。属妻子无理回娘家居住,事后自知屈理,则以猪或羊一头送与丈夫,表示重来“开门”。

一般地,离婚由双方家长代表进行,本人很少出面。调解人是双方邀请的有一定威望的“寨老”或本族首领,经过协商达成协议。关于纠纷解决费用的承担,通常是女方先提出离婚的,男方家的“财礼钱”及相关婚礼费用(如结婚喜宴的开资)需要赔偿;如果是男方先提出离婚,则要补偿女方名誉上的损失,且不得索回定亲时的财礼。[1] 据我们调查,摆卡寨有一姑娘,与高沙寨梁老里结婚但尚未坐家。这门婚事原本父母包办,姑娘本人不愿,后另嫁他家。当地寨老在解决这一纠纷时,判罚女方 100 两银,并退财礼。龙早寨村民郑老友按姑表婚的习俗,要娶姑妈的女儿高老匾为妻。但高老匾及其父母不同意。后经寨老银正良调处,女方给付郑老友钱 100 东毫。聘请调解人所花费的饮食、误工补贴等,先由提出离婚的一方全部承担,调解或纠纷解决后,视双方过错情况,由“败诉”方承担。

双方约定时间,待寨老、理老或首领到齐后,听取各方陈述,然后依理评判。起初,理老们谈天论地,由远及近,皆系古理典故,还是劝解双方和好。例如,在苗族执意离婚的,寨老或理老通过演唱“劈筒歌”,论理断法。在贵州黔东南施秉、黄平、镇沅、凯里等苗族村寨寨老演唱“劈筒歌”的形式十分典型。当地理老吴者当(苗族,男,70 岁,文盲,农民)为我们演唱

[1] 贵州榕江县苗族婚姻纠纷的一般规则是:结婚后,若男方不要女方,财礼丢失;若女方不要男方,退还财礼,罚银 100 两;拐骗他人妻子,罚银 100 两至 300 两。

了这样一段苗歌:

“地上的人扯皮,要天上的人解交。你们两个青年人,我们再劝也劝不好。你们在天上,本不是一对,来到人世间,也难配成双。黄牛要上坡,水牛要下河,隔夜的糯米饭,捏不成一砣。男不穿女鞋,女鞋男不拖。你俩从今后,还是各走各。男走男富贵,女走女快活。日后路相见,女称男叫哥,男喊女做妹,相遇笑呵呵。”

唱完“劈筒歌”,寨老即“破竹”离婚。“破竹”地点多选在男女双方两寨之间的路旁,谁先提出离婚,破竹地点距其寨要远些。“破竹”时,寨老手持长刀,对着竖立于地上的竹筒猛劈一刀,竹筒立刻破作两半。双方各执一半为凭,以后男可再娶,女可再嫁,互不干涉。社会对离婚的女方也并不歧视。这种经过寨老、理老调处的纠纷,双方都遵守不渝。

离婚后财产的处理,一般是女方带回婚前的全部财产,如系男方提出,除女方获得赔偿外,男方财产女方不能带走。有子女的,离异时男方给予女方适当补助,女方不能带走子女,因为姓氏随父,正如苗族谚语所说的,“妇女好像树上的花,男子才是树上的果,花谢就算完,生果留此种”。子女作为“种”,当然不能带走。即使因小孩太小被母亲带走,长大后也必须归还,否则要受到少数民族社会的责难。

(二)其他婚姻纠纷的处理

1. 赖婚。赖婚主要出自女方。在父母包办婚中,一个少女被迫嫁到男家,如她不满意对方,或已有情人,就可能与之私奔,造成离异前夫的情形。解决赖婚纠纷一般是由赖婚方赔偿了事,严格讲,赖婚也是离婚的一种。当然,男方可邀人半路抢回,并罚其牛一头。

2. 悔婚。悔婚有两种:第一,婚前交换“信物”后的悔婚。恋爱时双方留下诺言,交换信物,并有人佐证。事后,某一方背叛诺言,另找情人,另一方可到女方质问,合则作罢,否则给对方牛一头。第二,父母包办的婚姻的,男方悔婚的,则罚牛两头,一头作为向女方兄或弟赔礼;另一头作为“推牛”（即把女方推出门外）。

3. 重婚。在实行一夫一妻制的民族中，对重婚的规制主要限于女性。一个妇女有了两个丈夫，要受到重罚。重婚以逃婚或拐婚（逃婚主动在女方，拐婚主动在男方）的形式表现出来，但逃婚和拐婚不一定都是重婚，只有已出嫁的妇女投奔另一男子或一个男子诱拐了有夫之妇，才算重婚，在各民族社会引起严重的纠纷。重婚在原夫看来是莫大的耻辱，一般要求拐夫退回原妻，杀猪敬酒，并以几十元作为赔礼，严重的会引起械斗。

总的来说，西南少数民族婚姻纠纷的处理以经济补偿为主，体现了习惯法运作过程中的物质利益性，但也不排除惩戒性的规范。例如，贵州黔东南雷山县丹江镇《小固鲁村村规民约》规定：“乱通奸的，罚男女双方各150元，如果在男女双方家庭以外的其他地方发生不正当行为的，由男陪礼道歉并罚猪肉150斤，酒20斤，大米40斤。”“明显违反本村历代婚姻制度的，男女双方要受到全寨的责备，并罚黄牛1头，肉33斤。牛和肉由全寨各家共分，并且男女双方要当众认错。”相较而言，这种以补偿为主，惩戒为辅的责任形式比任何国家成文法更为便利和有效，更为民族成员熟悉和接受，既降低了经济学上所说的交易成本，同样也达到规制人们行为的作用。

第二节　家庭习惯法

族群的组织形式在人类学研究的历史上，最先是在亲属关系——血缘、姻亲、祖先的基础上讨论的。事实上，任何形态的社会组织都脱胎于亲属关系，它往往是指以广义的亲属关系为中心的一系列问题，虽然这不仅仅是亲属关系。家庭是由亲属所组成的共同生活组织中最基本的一个，是社会的细胞、社会关系的起点，自人类进入文明时代以来，每个人无不生活在特定的家庭中，充当家庭成员的角色，在一般情况下，都不可能脱离和逃避家庭生活。在近代以前的中国社会，社会的细胞是家庭而非个人，这一点同样也适用于西南的少数民族。西南民族社会是较为封闭、自成体系的小型社会，在这种社会中，家庭作为社会结构的基本单位，复合了多种社会功能，它既是同居共财的经济实体，又是繁衍人口、教育子女的由血缘与姻缘建构的群体组织。社会的大量活动转移到家庭内部进行，社会的诸多功能由家庭运作。

组成家庭的背景常常有很大的区别，婚姻形式的差别或许是造成不同家庭形态的诸多因素中最重要的一个。不过在本章，我们的注意力集中在家庭的结构及家庭内权力的分配，暂且不讨论因婚姻形式造成的家庭差异。

一、家庭的诸种形态

在原始社会中，人们以血缘亲属关系结合在一起，成为社会组织的基本聚居单位，即氏族公社。氏族的成员出自一个祖先，他们被血缘关系牢固地联系在一起，居住在共同的地域，因而出现了许许多多的家庭、氏族村落。原始社会末期，虽然出现了对偶家庭，但“这种对偶家庭本身还很脆弱，还很不稳定，不能使人需要有或者只是愿意有自己的家庭经济，因此，它根本没有使早期传下来的共产制家庭经济解体”。[1]

随着生产力的发展，明清以来，西南各族多以脱离原始氏族公社，形成了以核心家庭为主，主干家庭、扩大式家庭和多偶婚家庭为辅的多种形式并存的家庭结构。主干家庭包含两个或两个以上的核心家庭，它凭借血缘纽带把几代家庭成员联结起来。核心家庭系指父母及其未婚子女所组成的家庭形式，西南少数民族的核心家庭其规模一般都不大，多在3~5口直接导致核心家庭制的，是儿子婚后分家析产的习俗。一些少数民族

〔1〕《马克思恩格斯选集》（第4卷），人民出版社1972年版，第43页。

图 28:笔者与日喀则的一个藏族人家庭合影。

对结婚后分家形成了特定的看法,布依族俗语说:“人大分家,树大分椏”,黎族也有谚语:“男大要分家,女大要出嫁”,土家族则认为:“家不分不发”。分家的时间在各个民族中并不完全一致,多是在结婚之后即开始分家自立,而哈尼、毛南、仫佬、畲等几个民族则是在儿子结婚生育子嗣后与父母分居并建立核心家庭,而在盛行幼子继承制的景颇族山官社会,除幼子外的其余各子结婚后都要携带妻子离开老家,去另辟山头,在新的土地上自谋生计。当然,不管是采取何种分家方式,总有一个儿子,或是长子或是幼子会始终与父母居住在一起,承担赡养父母的义务。

僜人中曾有部分一夫多妻制家庭,据调查统计,西藏察隅僜人中一夫多妻家庭的比例占到 11.3%,这种家庭虽然也是核心家庭,不过这种核心家庭比较奇特。妻子们虽都住在丈夫的长屋内,但并不组成统一的生产和消费单位,而是每个妻子各住一两间,各有自己的灶塘,分别种植丈夫开垦后交给的土地,各有仓库分别保管自己种植的土地上的收获物。有奴隶的家庭,一般也是把奴隶分给各个妻子,各妻子既不互相支援协作,也不统一调配劳力,实际上每个妻子都各构成一个独立生产和消费的单位。〔1〕 在任何一个群体中,人口总与食物供应息息相关。西南少数民族生活的地区多为山地,环境较差,地形破碎,地方狭窄,可供耕作的土地是极为有限的,生产力又极为落后,部分地区直至解放前仍不会使用耕牛和

〔1〕 中国社会科学院民族研究所:《僜人社会历史调查》,云南人民出版社 1990 年版,第 158 页。

铁制农具，这样的山地农牧业无法承受大量的人口，因此，必须分家析产，各自谋生，方能勉强维持起码的生活水平，使社会得以继续发展。此外，西南民族的聚落多依山而建，也无法建筑容纳大家庭共同生活的大型房屋，这亦为小家庭制形成原因之一。

不过，生产方式极度落后又极可能产生另一种情况，在云南横断山区，生活着的独龙族、布朗族等在近代仍存在着不少家庭人口众多且所有家庭成员均居住在同一幢超大型房屋中的扩大式家庭。扩大式家庭的一个显著特点是家庭中有两个或两个以上的子女在结婚和生育后不分家，而是与父母共同生活，形成一个祖孙三四代同堂共居的亲属群。如云南澜沧县的拉祜族中曾存在一种名为“底页”的母系大家庭，数代人共居于名为“耶类玛”的大房子中，由成员中辈分最高、年纪最大的妇女担任家长。如同蜂巢一样，“底页”孕育着若干个“底谷”，最大的热那·娜珠朴“底页”拥有25个“底谷”，130多人。这种扩大式家庭的存在，乃是决定于刀耕火种[1]的旱地农业经济对集体劳作的需要，在这种经济方式下，砍伐大片的森林垦荒是耕作的前提，这绝非个人的能力所能做到，必须集体协同劳动，且这种耕作方式下土地肥力消耗巨大，耕作一两年后必须大面积地轮歇，金平拉祜族一般每隔1年就短途移徙一次，每隔12年左右就须长途跋涉到另一片原始森林。不过有意思的是，即使是在如此需要集体劳作的经济条件下，小家庭化的趋势仍顽强地显露出来。在拉祜族的母系大家庭中，除开荒需同一“底页”集中劳动外，耕种则是各“底谷”之事，且“底谷”也有自己的谷仓，各设“火塘”自行开伙，但在土地共有和脆弱的刀耕火种方式下，“底谷”难以自立，耕作往往采共耕方式，收获也要留存“底页”一部分，当各“底谷”粮食耗尽后，“底页”有责任提供其储粮。不过这种由一夫一妻的小家庭“底谷”只是个体家庭的萌芽，并不是独立

[1] 近代西南地区仍存在刀耕火种农业的主要有贵州的乌蒙山、黔桂交界之月亮山大小麻山和滇西的刀耕火种地带。

进行生产生活的基本单位。与之相类似的还有西双版纳布朗族的“戛滚”（布朗语音，译意为大家庭）。所不同的，“戛滚”具有父系民族的特征，而“底页”则是母系大家庭或是双系家庭。[1]

又一个鲜明的例子是独龙族。除了与藏族及怒江地区其他民族接触较多的北部独龙族外，独龙族人结婚后不分居，他们紧接着父母原来的住宅加盖一间房子，下一代再依次加盖，排列成一行，最长的有十多间，分为两厢，中间留一条过道，大家住在一起，共同劳动、共同生活，一切粮食财产都归大家庭所有。早期的独龙族扩大家庭中实行“额杂布朵”的主妇分食制和“棒千”的主妇管仓制，每家只有一个公仓“棒千”储存着全家的粮食，由主妇掌管的公灶供给全家饮食。为了照顾每对夫妇及其幼子，把他们的食物分在一起，以便他们围着自己的“姆拉木”进餐，久而久之，“姆拉木”便形成了一个消费单位，即通常所说的火塘。后来，干脆把一部分粮食分给各个“姆拉木”，每个“姆拉木”都设立一个小仓库，公仓“棒千”吃空以后，则由各个“姆拉木”轮流负责供给全家生活。这几个民族扩大式家庭的存在，主要原因是刀耕火种这种低下生产力下伙有共耕的生产协作方式，同属一个大家庭的人们共同出力耕种某块土地，收获的粮食平均分配。一旦土地开始变为家庭所有，或是生产力提高，这种扩大家庭就很难存在，下文我们将撇开这些独特的扩大家庭不谈。

二、家庭内的权力分配

就近代以来的情况看，西南各族多以进入父系社会，家庭结构以核心家庭为主，但就具体民族而言，家庭内部的分工、男女老幼的地位、家长权的表现形态等各不相同。在这里，我们不妨以羌族的情况来作一具体分析。

羌族是我国有着悠久历史、活动区域相当广泛的民族之一，但在长期与汉族以及其他民族的融合中，仅有岷江上游的一部分羌人延续至今，并

---

〔1〕 史继忠：《西南民族社会形态与经济文化类型》，云南教育出版社1997年版。

保存了羌族的基本特征。羌族与西南地区的其他少数民族的社会发展历程大致相仿，元明之际，羌族进入封建领主制时期，至清、民间，通过改土归流，进入封建地主时代。个体家庭是羌区[1]社会的基本组织，每个家庭都是一个生产和生活单位，家庭成员最多只限于祖孙三代，尤以父子两代居多，平均一家三至五口。母系血缘形式的舅权（母舅分为两种，母亲的兄弟叫小母舅，奶奶的兄弟叫大母舅）仍起着一定的监控作用，从而防止了父权、夫权的专断。就社会而言，羌人的家庭可称之为功能齐备的小社会；就家庭而言，羌人社会又可称之为处处受血缘关系左右的大家庭。

（一）家长权

在小农社会中，父亲是一个家庭的强劳动力，上养父母，下养妻子儿女，又有丰富的生产、生活的经验，是一家人的主心骨，父权作为家庭的内在权威自然产生，受到家庭成员的承认和维护，尊父就意味着保家。随着汉族中央政权对羌区加强统治以及儒家文化的渗透和影响，"父为子纲"的原则也得到了羌民的普遍认同，父权在这一观念的维系和支撑下更加牢固和强大。

在羌区，父母对子女的权力几乎是绝对的和长久的，只要父母健在，子女无论是未成年还是长大成人，他们都从属于父母，而没有独立的人格和自主权，处处受父母的主宰和支配，父权实质上是一种对子女的所有权。当儿子成年了，也成为父亲之后，他就部分地继承了父权，但即使他已经从其父亲的家庭分离出来，他的这份父权仍受其父亲的父权限制，直到他的父亲死亡，他才能拥有完全的父权。

1. 管教权。羌民认为，子女的生命是父母给的，没有父母便没有子女，父子之间是一种天生的不平等的领属关系。在这种条件下，父亲的意志不容违抗，父亲的权威不容置疑，父子之间的尊卑地位，不容篡改和颠

[1]　羌区是指四川阿坝藏羌族自治州茂县、理县和绵阳地区北川县等地。

倒。羌族人的规则是:父母对子女有抚养和教育的责任,子女则有尊重善待父母并为父母养老送终的义务。子女对父母的尊重表现在如下几个方面:其一,讲究座次,羌族家庭的火塘是饮食、会客的重要场所,其正面有一神龛。神龛之下,面对门口,是上把位,由父母专坐。左把位,由儿子坐用;右把位,由女儿、儿媳坐用;下把位,设灶,不设座位。生活中,家庭成员各居其位,不能混淆座次,以免形成对父母的不尊敬。其二,"父母在,不庆寿。"按羌人习惯,60岁以下的人过生日叫"做生",60岁以上的人过生日,叫"祝寿"。祝寿是人生重大礼仪之一,亲友、房族、邻里都要送礼朝贺,晚辈要向"寿星"磕头,然后设宴庆贺。但是,若父母在世,即使年满花甲,也不能举办"祝寿",因为"尊亲在不敢言老"。其三,听任父母的训诫。父母对子女的管教,一是在技能上,要求他们虚心学习,子承父业,凭本事吃饭,养家糊口;二是在品行上,顺从父母的教诲,不远走他乡,而是留在父母身边服待他们。如果子女违反父亲的意志,不遵约束,父亲可行使父权予以处罚。轻者责骂,重者体罚。子女对父辈的管教,只能"骂不还口,打不还手",有顺无违,因为"天下只有不是的子女,没有不是的父母"。如果子女赌博、盗窃、犯奸、斗殴、杀人,父亲可剥夺子女的财产继承权,断绝父子关系,将其逐出家门,甚至乱棍打死。人们只谴责子女的不孝行为,而不追究父亲伤害子女的任何责任。

图29:贵州锦屏的一个苗族家庭。

2. 财产权。羌族家庭中,无论男女、长幼,都要进行力所能及的劳动,共同创造家庭财富。男子一般从事上山砍柴、挖药、伐木等强体力劳动，女子一般从事田间耕作和家内劳务，如安排饮食，织衣，哺育子女，侍奉老人，喂养牲畜，财产归家庭所有，父亲是家庭财产唯一的合法掌管者，由他统一决定财产的提留、支配、使用和消费，子女一般无权过问。

为了维护父亲的家庭财产权，民间一切有关财物交易的契约在通常情况下，必须要由一家之长的父亲署名画押，方能产生效力。官衙、村寨、家族下达事项，大多责令作为家长的父亲遵行。子女若不经家长许可私自动用或处分家庭财产，要么视为“越权”，要么视为“家盗”，都要受到家法的严厉制裁。如果子女背着父母典卖家中财物，如土地、房屋、耕牛、粮食等，社会不予承认，违者，物还原主，财没不追，家长还要重罚子女。解放前，不但家财是属于父亲和家长的，子孙也被看做是他的私有财产，可以将他们典质或出卖于人。

当然，羌族的这种父权并不能等同于古罗马的家父权。羌人社会中，父亲并不能单独占有财产，他实质上只是家庭财产的监管人而已。

（二）两性的分工与地位

无论是在何种社会，家庭生活颇受两性分工之影响。美国人类学家罗维认为，这种分工大半由于传统的习惯，并不一定和两性的生理特征有关，这是可以由比照不同的民族甚至接连的民族之规则而得到证明。[1] 不过在西南各族中，倒较少见因习俗不同带来的男女分工的重大差异，限于经济水平的原因，夫妻一般共同分担家庭的大部分劳动，其劳动项目虽有某些侧重，比如缝纫、织布仅由妻子操作，而伐木、犁田等重体力活则多由丈夫完成。笔者在云贵高原调查时，感受到少数民族家庭的民主氛围并不比现代社会的家庭差多少，夫妻双方都有提出离婚的权利。总的来说，夫妻双方还是较为平等的，尤其是受“男尊女卑”、“三从四德”等汉文

〔1〕［美］罗维著：《初民社会》，吕叔湘译，商务印书馆1935年版，第88页。

化影响较少的苗、瑶、侗等族，丈夫虽然作为家长在生产活动、财产管理、儿女婚姻方面有支配权，但往往都要事先与妻子商议方才决定。生活在连山的排瑶家庭，夫妻双方都有提出离婚的权利，而且丈夫常为妻子所出，“妇无为夫出者，若夫好懒惰，或反目，则常为妇出”。[1]

不过这种民主的氛围并不是每个民族都是如此。有些民族受男尊女卑的观念影响较深，比如羌族，他们认为，女人始终受男人的意志和权力支配，应居从属地位。加之羌族婚姻大都带有买卖性质，表现为男方在迎娶女方之前要向女方家长支付一笔相当可观的彩礼，以作为其嫁女的经济补偿，无钱交纳彩礼的则长期给女方提供无偿的劳动。另外，无论是逢年过节，还是女方举办大事，男方都得赠送礼品或出力相帮。由此看来，男方娶妻等于是拿钱买妻，妻子实际上成为丈夫买得的物品，对妻子行使类似于物的所有权。因此，婚后，社会上的男尊女卑演变为家庭中的夫妻地位的不平等，妻子白天和丈夫一样要从事较重的农活，晚上还要包揽一切家务，服侍丈夫，妻子言行举止受丈夫节制，不得在社会上抛头露面，在家里也没有财产处分权，其家庭地位比较低。受汉族文化影响较深，羌族妇女结婚后必须放弃己姓，改从夫姓，以示脱离女方家族，归属于男方家族。

（三）舅权

舅权在西南各族中是一种有代表性的现象，几乎所有生活于西南的少数民族在历史上、在现实生活中都或多或少、或强或弱地都存在舅权。羌区亦然，进入父系社会之后，母系血缘关系逐渐淡化，羌区广泛流传着母系血缘“一代亲二代表，三代四代认不到”的说法。当然，我们在说一个社会是父系社会还是母系社会时，指的只是在这个社会中占主导地位的原则，母系血缘天然地决定了舅权的存在，它作为母系权力的变型与遗存仍然存在。

---

〔1〕《连山县志·瑶排志》。

羌族谚语曰:“天上雷公,地上母舅。”羌人男性亲属中,舅舅居“四大门亲”(舅舅、伯叔、姑夫、姨夫)之首,是受人尊敬的社会权威。母舅有大母舅、小母舅之分,大母舅是祖母的兄弟——舅爷,他们有的已经过世,有的年迈体衰,不再理事,由祖母的兄弟出面干预祖母夫家事务,机会不多,实际权力相对较弱;小母舅是母亲的兄弟,他们年富力强,且与父系家庭成员的关系十分密切,在主持和参与处理涉及出嫁姊妹和外甥的合法权益的各项事务中,握有实权,树立了威信。羌族谚语曰:“大不过大母舅,亲不过小母舅。”大母舅辈分高,声誉高;小母舅情感深,关系近。羌区推崇的舅权,实际上指的是小母舅之权。羌人的舅权主要体现在如下两个方面:

一是对出嫁姊妹合法权益的保护。当出嫁的姊妹与其公婆、丈夫、儿子、儿媳产生家庭矛盾和冲突,往往需要母舅充当中间人,出面调停,协调男方家庭各方的利害冲突,母舅一方面要考虑到出嫁姊妹与自己情同手足的关系,另一方面又得顾及出嫁姊妹日后还要在男方家庭长期生活的现实所以其意见较为公允,对两方都有劝慰作用,容易消解矛盾,达成共识,促进家庭和睦。对于夫家的家庭暴力,母舅则一定要施暴者给一个说法,向女方家庭赔礼道歉,并作出丈夫不再虐待妻子、儿子不再虐待母亲的承诺,母舅也才善罢甘休,不然会趁机闹事,向男方家庭讨还公道。母舅对其出嫁姊妹死亡具有验棺权,每位已婚羌族妇女死亡,要立即派专人请其母舅到场,男方向母舅详细回顾死亡妇女的人生经历,在世恩德、病情及医治过程,表述自己的哀伤心情,以及打算如何筹办丧事。舅舅要亲自验尸,并作出定论,若属正常死亡,则与死者沉痛告别,钉死棺木,由男方家庭将死者入敛安葬;若系非正常死亡,如虐待致死,逼迫自杀,或死因不明,母舅就可以率领母系氏族成员到男方家庭“打丧火”,“打丧火”是舅权最重要、最集中、最激烈的一种表达方式,它明显打上了母系社会血亲复仇的烙印。母舅率领女方亲友来到男方家庭发难,有的对男方家庭财产实施打、砸、抢，有的住在男方家里杀鸡宰羊，大吃大喝，勒令男方认真款待，赔礼道歉，赔偿损失，待怨去气消之后，才撤离而去。例如，1952年茂县回龙乡兰曹氏与媳妇不和，跳河自杀了，兰氏娘家就来打丧火了，情势非常紧张，当时区里派人进行调解才没打起来，结果请客赔礼，念经做道场了事。[1] 再如，汶川龙溪乡巴夺寨刘建秀（30岁，离异）于1970年跟同寨村民余时中（未婚，26岁）结婚后，感情不和，争吵不断，于1988年服农药自杀。余时中将凶讯通知刘家，刘氏家人愤怒至极，在刘氏舅舅的带领下，二十余人到余家闹事，砸坏锅盆，掀翻家具，迫使余时中跪地求饶，直到余时中写下赔偿刘家经济损失的保证书，刘家人才撤离余家。由此看来，“打丧火”虽不会对屈死妇女带来任何好处，但它却对男方家庭有着威慑和警示作用，让丈夫善待妻子，儿子善待母亲，和睦相处，如果虐待妻子，舅舅的出嫁姊妹，致使其非正常死亡，其后果不堪设想。

二是对外甥的监护和教诲。羌区外甥的成长离不开母舅的言传身教，外甥有困难，不便于向父亲提出，或其父无能力解决，均可向母舅求援，母舅责无旁贷，会在道义上、经济上给予一定的支持。逢年过节，外甥都要带上礼品去拜望母舅，舅舅则借此机会了解外甥的情况，并给予教诲和鼓励。外甥的人生大事，舅舅都得出席，外甥娶亲，母舅的女儿有优先婚配权，母舅以十分重要的身份参与议婚，行使或放弃优先婚配权由母舅说了算，因此，外甥的婚姻，只要舅舅表示反对，就很难成功。外甥成家立业，从父母家分离出来，要另建新房，新房落成的重要仪式上梁则必须由母舅主持，其仪式庄严而热烈，旨在给外甥祝福，并向社会宣告一个新“门户”的建立，母舅不出席上梁仪式是件十分丢人的事，房子即便建成，小家庭即便独立门户，也不吉利。分家析产也须由母舅到场并由其和家族长辈主持，订立的分関契约要有母舅的签名，否则不能获得承认。此外，母

[1] 《1953年茂县人民法院关于婚姻情况的专题报告》，现存茂县档案馆。

舅对外甥的社会失范行为有矫正、处罚的权力。外甥为害一方，母舅有权责骂殴打，也可召集亲友，共同予以严惩。

舅权在西南各族中是普遍存在的，这可从“姑舅婚”的盛行可见一斑，舅父作为母系亲属中唯一可以确认的男性，在父系社会中，充分享受着女方代表和父权原则的优势，交织着父权制的普遍原则和母系制遗留下来的历史惯性，在对男系家庭父权、夫权的约束与抗衡方面发挥积极的作用，忠实地执行着其姐妹和外甥监护人的职责，以维护其姊妹、外甥可能受到的伤害和损失，并对其姊妹、外甥的社会失范行为进行矫正，甚至给予处罚。功能学派认为，文化的各种项目和制度之所以能延续至今，是由于它们具有现代的功能，而不是因为它们具有远古的已死寂的遗迹。舅权制是一种文化现象，并不仅是母权制向父权制过渡的遗留，而是由多种不同的原因所致，其发展线索并不完全与母系制的发展线索相吻合。〔1〕玛格丽特·米德在研究阿拉佩什社会时发现舅父对外甥有一种“加害权”，尽管在多数情况下它属于滥用，但这从另一个方面证实了舅权有某种控制社会、亲属关系的社会功能。〔2〕对于此，彭兆荣所著《西南舅权论》一书有较为详尽的论述。

三、家族

组成社会群体的一个重要原则是亲属关系，聚族而居是所有民族从氏族社会开始就自然形成的居住习惯。所谓家族，是一种世世代代延续下去的群体，作为社会上的一个独立单位，它保持着实质上的独立性，这种群体通常是单系的，群体成员资格的取得或根据与父亲的关系，或根据与母亲的关系。就近代以来我们还能看到的家族，多是单系的继嗣群，其成员都可以从家谱上追溯到他们共同的祖先，如果是父系的，则由男子、

---

〔1〕彭兆荣：《西南舅权论》，云南教育出版社1997年版。

〔2〕［美］玛格丽特·米德：《三个原始部落的性别与气质》，宋践等译，浙江人民出版社1988年版，第147页。

男子的子女及他们未嫁的姐妹组成,可以一直追溯到最早的男性祖先;如果是母系的,则由女子、女子的子女和兄弟组成,他们也可以追溯到一个最早的女性祖先,[1]而妻子(或丈夫)则依据与男子(女子)的婚姻关系被结合到对方到家族中去。除有确定的血缘关系和系谱关系外,家族还兼有地域化特征,西南各族往往合族聚居,或是居住于同一个村寨,或是居住在相毗连的几个或十几个村寨内,即使有的村寨内有几个家族,他们往往也互不混杂,各自居住在自己的范围内。

一般说来,家族是以血缘为纽带结成的,但也有非血缘结成的。这种家族的形成原因是多样的,有的原本是同一血缘组成的家族,后又吸收了迁居此处的小姓结成;有的是几个无血缘关系的家族因为某种利益联合成一个大的家族。如我们在贵州锦屏县文斗苗寨调查时发现,当地人主要姓姜,是最早定居此处者,此后陆续迁进的李、易、张等小姓结合为同一个家族。但不论是否为同一血缘纽带组成的家族,都视为同一祖先的后代,家族内同一辈分的青年互为兄弟姐妹。这种现象,世界上很多民族都存在,汉族也有,称为"认亲",并且还要举行"入族"的仪式。由此组成的家族颇类似于氏族群体,它是扩大了的家族,成员之间虽然可能彼此没有血缘联系,找不到谱系关系,没有共同的祖先,但是他们之间还是相互以父系亲属相称(若是在母系社会,则以母系亲属相称)。这种家族的外部边界也是由族外婚这一原则所确定的,同一家族内的男女,尽管可能无任何血缘联系,他们之间仍然严禁婚媾,甚至在一起"行歌坐夜"都是不被允许的。

家族组织的元素包括祖先信仰与仪式,继嗣制度、家族公产等。组织严密的家族设有头人或管事集团管理族内各种事务。如羌族规定,"族有千口,主事一人"。家族同居,合族公推一人为长,称为族长,族长一般由

〔1〕[英]雷蒙德·弗思:《人文类型》,费孝通译,华夏出版社2002年版,第95页。

家族中辈分高、年龄大、品行好、办事能力强的人终身连任，族长在族内行使族权，其地位至高无上，其权力硕大无比，只要是家族内部的事务，他都有权过问，他的训诫，族人都必须遵行，不得违抗。月亮山地区苗族的族长还在头顶上保留着一束挽结的长发以表明自己的身份。贵州黄平的俤家人由阴、阳二系管理家族，阴系为宗教组织，分设阴阳族长各司其职，阳族长由办事公正、德高望重之人担任，民主推荐产生，任期较短；阴系族长须经专门训练，通晓族史，在每隔十至二十年举行一次大祭祖时当众以蛋卜产生，故任期较长。（蛋卜见图）有些家族即无族长之设，族内事务也多由族内年龄较高的有威信之人处理。[1] 一般每个家族都有共同的墓地，公共的族产，其形式有神山、族田等。神山通常由聚族而居的同姓家族共同占有，成为同一族姓的某一村寨的共同财产，族人均享有种山和樵收的权利。外族人无权擅自闯入，要想有所收益，需经该族同意。家族的田产由家族内各户轮流耕种或租给他人耕种，其收入主要用于族内的经济开支，包括祭祀祖先、修缮祠堂、增订家谱、兴办公益事业、支助学子应试、救济贫困族人等。族产是家族赖以存在的物质基础，也是强化宗法关系的经济支柱。大的家

图 30：侗族鼓楼一般按族姓建造，是阖族议事之所。

〔1〕 黄平县志编纂办公室：《黄平县志》，第 139 页，黄平县档案馆藏。

族还建有祠堂，它是家族存在的象征，这里供奉着列代祖宗的牌位，是追忆祖先，让族人有归属感的地方，有祭祀祖先、约束族人的社会功能。定期合族祭祖，旨在强化家族观念，加深血缘感情，牢记族规祖训，履行捍卫本族利益的神圣使命。家族内的重大事务也在此举行，例如审核家族人丁增减的情况，商议族内重大事宜，审理家族内部发生的纠纷和违反家法族规的案子等。族规是族人必须遵守的行为规范，它在敬祖宗、明宗法、信神灵、孝父母、睦邻里、重信义、保族产、戒争讼、禁奸淫、惩盗贼等诸方面都有具体的规定。家族纠纷大多以族内调解的方式解决。如果争讼双方不服从家族裁决，才可以上告官府，但这种情形十分罕见。触犯家法族规的族人，在祠堂接受家族施加的处罚，羌族地区茂县士门乡马家村卞家宗祠内挂有木棍和竹板，上刻“公置家法”，这就是惩罚有过错和犯罪的家族子弟的刑具。

图 31：贵州天柱县伍家桥何氏宗祠。

图 32：侗族民居屋内供奉的祖宗神位。

图 33：贵州锦屏县文斗寨姜氏宗谱。

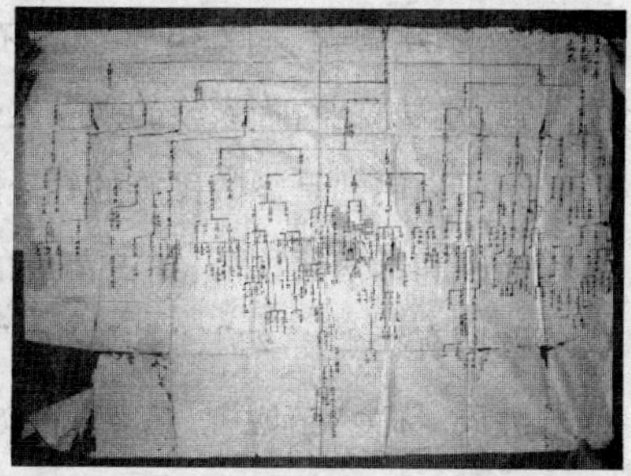

图 34：文斗寨姜氏的宗支图，又称瓜藤图。

明清以来，受汉文化影响较深的西南部分民族地区也开始订立家谱。订立家谱的目的，如羌区汶川县赵氏家谱序中所言："从来家之有谱，犹国之有史，所以昭信纪实，重本笃亲，使后世子孙不敢妄其所自出。"家谱的存在，使延绵的宗族在子孙后裔不断滋长蔓延的情况下，维系家族内的等级辈分、长幼秩序，加强宗族成员间的识别，联系和团结、教育族人。家谱的功能在于：(1)家谱是个人取得族籍的依据，只有具有一定血亲关系或者宗亲关系的人才有资格列入家谱的名单中。(2)明序。家谱有统一而明确的辈分排列，尊卑长幼关系一目了然，以便尊长对卑幼的管教，卑幼对尊长的服从，这也确定了二者之间的权利义务关系。家谱使血缘脉系固定化、规范化，加强了同族亲属之间的联系，使血亲成员按等进行有级排列，并构成一有机整机。(3)羌族人讲："前人不讲古，后人失掉谱"。羌族家谱一再重申："尝思根之深者，其叶茂；源之远者，其流长；物本乎天，人本乎祖，盖木本水源不可不究其始，物天人祖不可不晓其初"。[1] 家谱记载了家族姓氏的由来，始祖渊源，先辈创业的艰辛，族内兴盛的概况，发展的历程，而家谱字辈排行，连在一起，就是一首伦理训诫的四言（或五言）诗，例如理县蒲溪羌人龙氏宗族16代还宗字辈排行为："福启政世，文

〔1〕 汶川漩口姚氏家谱碑。

登清荣，朝廷德安，永治和平”。就在于教育子孙不忘根本，品德彰明，发愤图强，建功立业，为家族的兴隆发达作出自己的贡献。

需要说明的是少数民族的姓氏问题，历史上西南各族多无汉姓，仅有古代氏族和部落的称谓，如古苗族的部落称谓有“方”、“黎”、“嘎闹”等，氏族称谓有“柳”、“勾”、“勒”、“向”等，这些部落和氏族的称谓相当于汉族的姓氏，称为“苗姓”。苗族用汉姓大约始于明代到清雍乾年间，王朝编户齐民，便以苗族氏族和部落称谓及人名音译为姓，如方姓即“方”，李姓乃是“黎”的谐音；也有相互认姓，如某人某寨先用汉姓之后，同家族的人或同寨同宗分出去的其他寨子，均用同姓。[1] 瑶族的姓氏情况要较苗族简单得多，瑶山的白裤瑶社会共有9个姓氏，每个姓氏都有它自己的瑶语名称，同一姓氏的人都认为他们是同一祖先的后代，共一个木鼓。[2]

家族的存在不仅是因为血缘关系，它具有一定的社会功能，如果这些社会功能丧失，家族也必然失去存在的基础，这就如同在现代城市社会家族之踪迹无处可觅。家族重要的功能有两点，一是生产生活上的互助，二是保护成员的生命财产不受侵犯。广西南丹瑶族在解放前存在一种名为“破补”的家族组织，“破补”是瑶语，即“同宗同祖”之意，凡同住一村的各姓氏，各按姓氏组成破补，每个破补由二至十五家组成，超出十五家，则另立一个破补。破补有内部的共同财产：质量较好的水田和畲地，其收益按户平均分配，成员因故不能劳动时，其他成员有义务进行帮助，婚丧病疾之事亦需出资协助，甚至各户的生产也要由每年春冬两季举行的破补会议统一安排，[3]“破补”这种家族组织实质上就是一个互助的利益共同体。家庭在某些方面看来是经济性的单位，但在落后的技术条件下，个人

---

〔1〕 雷山县志编纂办公室：《雷山县志》，第92页，雷山县档案馆藏。

〔2〕 贵州省民族研究所：《月亮山地区民族调查》，1983年，第23页。

〔3〕 张有隽主编：《广西通志·民俗志》，广西人民出版社1992年版，第162页。又，“破补”即“油锅”，油锅是汉、壮等族对破补的称呼。

的力量微不足道，家庭并不是自给自足的，建房、开荒、伐木、迁徙、抗击自然灾害，都必须依靠他人的力量。另一方面，出于防匪防盗防御外敌的考虑，也极需要家庭之外一个更为广大的群体的积极参与进来，人们必须集结成一个共同体才能在恶劣的环境中生存下来。这种共同体的团结也只有因血缘关系所产生的强烈宗族认同感和强大凝聚力才能维系，同时共同体的此种功能又加强了群体内部的认同感和凝聚力，因此，我们可以说给予帮助乃是亲属关系的一部分。[1] 同一家族内部的成员有互相帮助的义务，家族也有为其成员承担责任的义务，保护其成员不受外人欺侮。若族内有人违反法律，本家族有责任出面处理，甚至是承担赔偿责任。为了维护家族利益，家族一般都会主动提出对犯者进行惩处，若须处死，亦由犯者族内执行，侗族人称之为“自己的孩子自己教育”。[2] 开除族籍是对族人最大的惩罚，意味着他失去了这种保护，身家性命随时都会有不测之虞。

在通常情况下，人口不断繁衍，家族的规模必然不断扩大，限于环境压力，这一群体总是要通过分裂、衍生、分支等分化过程产生亚群体，并且亚群体还会进一步地繁衍、分裂。这种亚群体即是房族，也有叫“宗支”或“轻”（毛南族）的，一般是家族在强盛阶段几兄弟势力壮大后分衍而形成的下属血缘结构，如贵州务川仡佬族大家族邹姓，在清代乾隆年间势力最强，分为邹宦、邹正、邹福、邹时、邹朗五房，繁衍至今成为五大房族。[3] 还有一种情况也较为普遍，即以三代或五代以内的血亲为一个房族，多半

〔1〕 甚至在一些经济不发达的社会中，借贷也多发生在亲属之间。这一点，与《努尔人》一书的描述颇一致，该书称“（努尔人）只把牛借给那些与自己存在一种确定社会关系的人”，见埃文思—普里查德：《努尔人》，褚建芳等译，华夏出版社 2002 年版，第 109 页。

〔2〕 以上参见邓敏文、吴浩著：《没有国王的王国》，中国社会出版社 1995 年版，第 28 页。

〔3〕 冯祖贻等著：《仡佬族文化研究》，贵州人民出版社 1999 年版，第 141 页。

居住于一个村寨内。五代以上的，只要是同一个族姓，能追到同一个共同祖先，就承认是同一家族的人。随着时间的推移，亚群体的数量就不断增多，层次也不断增加，就形成了塔形的外观结构，上小而下大，底座是最低层次的家庭，是家族的基础，逐层而上，顶端则为各房共同的姓，家族就这样被有条不紊地组织起来。这座"塔"的层次数量也不尽相同，如广东连山的排瑶人，其"房"下有"房"，"大房""小房"层层叠叠，房族的层次能达四五层之多。[1] 亲属的范围越大，关系相应就由亲而疏，彼此之间的联系也会越渐松弛。往往范围较小的亲属群体的功能主要在处理家庭事务和安排日常经济的合作上，而较大的亲属群体的主要功能主要表现在典礼仪式上，如婚礼、成年礼、丧事和宗教仪式。[2] 瑶族有"三代亲，四代疏，五代了"之说，壮族三代以内的房族，必要时还需互相给予经济支持，三代以外、五代以内只在婚丧嫁娶时互相邀请参加，很少会有经济联系。[3] 当族内某一成员无法独力承担对外赔偿时，一般只在其近亲属范围内分摊，除非这一层次的房族力量不足，就会不断扩大范围，直到动员所有族人的力量。

第三节　继承习惯法

现代法律概念上的继承，主要指遗产继承，即被继承人死亡之后，其生前的财产和其他合法权益转归合法继承人所有的无偿行为。相对而

〔1〕 练铭志、马建钊、李筱文：《排瑶历史文化》，广东人民出版社1992年版，第309页。

〔2〕 [英]雷蒙德·弗思：《人文类型》，费孝通译，华夏出版社2002年版，第96页。

〔3〕 参阅张有隽主编：《广西通志·民俗志》，广西人民出版社1992年版，第151页。

言，少数民族法律中的继承较为复杂：一是继承人从已死亡的被继承人那里承受的不仅有财产权利，而且还有身份上的权利；二是继承可以在被继承人死后进行，也可以在其生前以分家析产的方式进行。因此，这是一种广义的“继承”，为什么说是广义呢？因为一个家庭的大部分财产是以家庭集体共有形式出现的，家庭的子女们既参与创造了这部分财富，且本已拥有这份的共同所有权，分家析产时此部分财物的继承，只能说是子女们继承了父母对该财物的支配权，所以我们也可以看出，财产的转移部分地取决于身份的转移，[1]这一点，我们在本节中还会提到。

一、几种继承法则

（一）单系继承原则

1. 母系继承

在母系社会里，只有母系子女、孙辈才能算是家庭成员，其财产按母系继承，即母死财产由子女继承；舅死其财产由甥女和甥男继承。拉祜族、布朗族、傣族、佤族等民族有女儿继承制，如云南孟连县公良乡公吉村的佤族，男子外出结婚，女子结婚五至七年后分家立户。分家顺序一般由长及幼，父母分给长女、次女等人一部分牲畜、粮食及土地，幼女留家与父母共同生活，财产主要由幼女继承。[2] 这是罕见的女儿继承制，男性没有任何继承权，男子外出结婚时只能带走自己的衣物被盖、背袋和烟袋，若带走长刀和火枪，到分家时也要归还姐妹。宁蒗摩梭母系社会中却并不排斥男子的继承权，儿女有同等继承家庭财产的权利，只不过儿女只能优先继承其母亲的私人财产，而其父亲的私人财产则由其甥男、甥女优先继承。不过最终继承住宅的，只能是女儿，而不能是儿子；若家中无女继承人，则意味着家族绝嗣了，须过继养女作家屋的继承人。

---

〔1〕［英］拉德克利夫·布朗：《原始社会的结构与功能》，潘蛟等译，中央民族大学出版社1999年版，第43页。

〔2〕《佤族社会历史调查》（二），第90页。

2. 父系继承

除上述我们提到的少数几个民族外，西南地区的少数民族多数实行的是父系继承制度，男性的继承权相当突出：父母去世，遗留的家庭财产及个人财产多由儿子继承，几个儿子则将遗产平均分成几份；没有亲生儿子，可以过继兄弟之子或收买养子、招上门婿为继承人；未立嗣或未招收养子、未招上门女婿者，其家产由本家族从亲到疏血缘关系中的男性继承；如果无家族成员继承，或者家族中无人愿意继承，该遗产即作为绝业遗产处理，由家族或村寨收归所有。不过正如我们上文所讲，儿子继承也并不是指其中一部分财产将成为儿子个人的私有财产，他享有绝对的处置权，名义上或许是如此。但在实质上，他从他父母亲那里继承的更多的是这份财产的处分权，此份财产从被他继承那一刻起即成为他的新家庭甚至是他子孙后代的共同财产，日后他将此份财产再分给他自己的后代时，他也必须如他父亲一样遵循习惯法律规定的分配原则，而不能肆意而行。为了行文方便起见，我们在下文仍用"由儿子继承"此类的文本，希望读者明白他们的所指。

父系继承制度下女性原则上没有继承权。土家族人就认为，女子"只吃得肉，吃不得骨"。分家时，父母要留三五挑谷的田给未婚女食用，但女儿出嫁时，不能带走，要留给父母。[1] 女儿长大成人就出嫁到夫家，成为男方的家庭成员，同时失去女方家庭成员的身份。女儿出嫁时，其父母为她们置办嫁妆，这实际上是以其失去继承权为代价换来的经济上的一种补偿。有的父母不惜通过赠与的方式，把土地转移到自己喜爱的女儿手中，但这种行为在名目、性质上不能称为继承，严禁出嫁女回门争夺遗产。

"在任何有秩序的社会体系中，某种形式的单系制度（指继承：引者注）即便并非完全是，但也几乎都是必需的"，[2] 这种单系继承最为重要

---

〔1〕 严汝娴：《中国少数民族婚姻家庭》，中国妇女出版社1986年版。

〔2〕［英］拉德克利夫·布朗：《原始社会的结构与功能》，潘蛟等译，中央民族大学出版社1999年版，第49页。

的功能即在于对血缘家族的维系。罗维认为,继承法实质上是血族观念的基础,其结果使一个属于死者血族的远亲占取较血族之外的近亲更优先的地位。[1] 关于血族内继承的原则,下文我们还要谈到,这里要说的是,极端的单系继承极为罕见(一个最容易让人想起的例子乃是摩梭人的部分双系家庭,足证此言为确:引者注),一般说来都可能会有一定的调和,当一方的亲属具有优势权利时,另一方面的亲属也具有某些得到认可的权利。[2] 这种权利可能是舅父对财产分割事宜的监督权等,又如在藏族、彝族、排瑶等民族社会中,若一个男子受到伤害,则其舅父等母系亲族还有权利向凶手索取经济赔偿。藏族部落的继承法则,对财产继承方面的调和亦有一定阐明。吐蕃时期的《狩猎伤人赔偿律》规定子女妻室是第一继承人,父母是第二继承人,兄弟近亲是第三继承人。[3] 近代藏族大部分部落规定,女儿与儿子一样享有财产继承权,姑娘出嫁时陪嫁物也可以看做是她从父母处继承的财产。姑娘离婚后返回娘家或入赘于他人家庭的儿子重回自家定居,他们都有和在家的成员一样的继承权。当然,有些藏族地区女儿所得的份额则要比儿子少一些,极个别的地方女儿也没有继承权,如庙顶藏族等。

(二)族内分配原则

鉴于对血族观念的强调,人们把个体家庭的财产看成是夫家家族的财产之一部分,如同有些民族中土地的买卖必得在本姓氏内进行一样,遗产一般也只在本家族内分配,防止本家族财产外流,以维护继承中家族成员的切身利益以及家族的整体利益。肯定族人对宗族内家庭财产具有一定的共同继承权,是宗法制度下宗族共财制的遗存,这为巩固宗族的生存

[1] [美]罗维著:《初民社会》,吕叔湘译,商务印书馆1935年版,第296页。

[2] [英]拉德克利夫·布朗:《原始社会的结构与功能》,潘蛟等译,中央民族大学出版社1999年版,第43页。

[3] 转引自陈庆英主编:《藏族部落制度研究》,中国藏学出版社1995年版,第229页。

和发展提供了便利条件。在继承过程中,家族充当着重要的角色,主持、干预、指导按习惯做法分割、转移遗产。这主要表现在以下几个方面:其一,族长和族人对家庭财产继承行使保障权和监督权,凡继承遗产、分家析产,都须请同宗同族有影响力的人物到场,由族长主持仪式,其他家族成员既是公证人,又是评议人,所签订的契约才具有法律效力。其二,男子无后可立嗣,嗣子一般需从同亲近支或同姓卑亲属中挑选。立嗣的目的是为了传宗接代,以保证宗祀、家统不绝。嗣子的法律地位与亲子相同,不仅可以继承所嗣者的家业,也能够继承所嗣者在家族中的身份地位。即使立嗣后嗣父又生子,嗣子也有权与亲生子共分家产。但立嗣有严格的限制,立嗣的对象必须按血亲宗支由近及远,且辈分相当,不许尊卑失序。立嗣关系一经确立,即不可随意解除,只有当嗣子不行孝道或与继亲相处不和睦时,方可退继,另立嗣子。由于立异姓为嗣子,会扰乱宗族,并使家产从本族落入外姓他族,故为法律所禁止。其三,妻子一般没有继承丈夫遗产的权利,夫亡无子,守志寡妇可以占有、使用和管理丈夫留下的财产,且须凭家族择嗣继承遗产。但若寡妇改嫁,就只许带走自己的嫁妆,她无权带走和处分夫家的财产。有的经家族同意寡妇可以招赘,后夫在不离开前夫家族的前提下可分享前夫的财产,但养子要改从亡夫的姓,待两人死亡后,家庭财产由其儿子继承。有的民族还盛行收继婚,把妇女看成是家庭的财产,为了防止其外流,有兄亡收嫂,弟亡收弟媳的习俗,称为转房或坐床。珞巴族博嘎尔部落中,不仅死者的妻子要转房,而且若死者没有成年的儿子,其儿女亦归其兄弟所有。[1] 其四,男子若无子且未立嗣,其女儿一般仍没有继承权,财产则由同族人继承。岳宋佤族社会女儿没有任何继承权,若她想得到父母的某些东西,还必须出钱向继承遗产的族人购买。

---

〔1〕 西藏社会历史调查资料丛刊编辑组:《珞巴族社会历史调查》(二),西藏人民出版社 1989 年版,第 6 页。

(三)长子继承制与幼子继承制

1. 幼子继承制

西南民族地区广泛流行“皇帝爱长子,百姓爱幺儿”的说法,幼子是诸子中宠命优渥的特殊对象,在身份继承、财产继承甚至是权力继承方面,均有优先权。羌族规定除幼子外的诸子成年结婚后,必须另建房屋,与父母分开居住,亦分给他们一份财产,让其另立门户,自创家业。幼子则留在“老屋”随父母居住,为父母养老送终。父辈建立的亲统、所代表的身份在死后由其幼子代行其事,契约当事人由幼子延续,家庭其余财产统统归幼子所有。怒江白族素有“幼子住正屋,长子住猪圈”之说,家产由幼子继承,其余诸子须自立门户,除了有权和幼子同耕家庭共有土地、平均分配收成外,无权享有任何牲畜及生产工具的继承权。

关于景颇族的幼子继承制或可详尽地说明这种继承法则,景颇族的幼子继承制不仅通行于百姓等级的财产继承方面,亦通行于官种等级的山官官位的继承,这种以幼子身份继承的称为乌玛官,即正统山官。幼子继承制使幼子的地位比诸子要高,兄长们即使已经离开老家,另立门户,仍要尊重老家和幼弟,当老家和幼弟遇到什么困难时要尽可能给予帮助。[1] 按理说,长子、幼子都是家长的直系血统的继承人,都是家族香火的传承者,因此,重长重幼与宗法上要求维护以父权为中心的继承制并不矛盾,都是维护血缘家庭的方式。[2] 但其社会原因在于:首先,幼子继承制的形成,可能是财产积累刚产生时,掌握着财产权的父亲,在群婚制残余及婚前性自由的影响下,怀疑长子不一定是亲生子,[3] 相比较而言,幼

---

〔1〕 龚佩华:《景颇族山官社会制度研究》,中山大学出版社 1988 年版,第 120～121 页,第 125 页。

〔2〕 张冠梓:《论法的成长——来自中国南方山地法律民族志的诠释》,社会科学文献出版社 2000 年版,第 236 页。

〔3〕 杨怀英:《滇西南边疆少数民族婚姻家庭制度与法的研究》,法律出版社 1988 年版,第 706 页。

子为亲生子的概率更大，为了确保父系的直系血亲的继承权，故推行幼子继承制。当然这只是表象，对景颇族来说，更本质则与低下的经济水平相关。景颇族原先主要从事砍倒烧光的旱地农业，而其所处的环境较差，山区地方狭窄，可供轮歇丢荒的土地是有限的，这种农业无法承受大量人口，换言之，有限的土地和低下的生产力无法养活更多的儿孙，所以男子长大结婚后要携带妻子离开老家，出去开辟山头，在新的土地上自谋生计。同时，诸子年龄差距较大，长子已结婚，而幼子尚幼，需父母抚养，待父母年迈时幼子年富力强，能够更好地照顾父母，这样在父母还有能力抚育幼于时先分出长子独立生活是适宜的，留下幼子让其长大后赡养年老的父母并继承父母留下的家庭薄产也是适宜的。幼子继承制就是这样地与砍倒掘光而相对定居的旱地农业生产方式相适应。如果长子没有能力独大出去，就只好从属于幼子，被视做无能之辈。[1]

2. 长子继承制与诸子均分制

与幼子继承的情况恰好相反，长子继承中的长子，作为第一序列的财产继承人，有权继承较多的甚至全部家产。云南沧源县佤族家庭的财产全部由长子继承。父亲死后，长子为家长，财产由长子分给各位兄弟，孰多孰少，全凭长子个人意愿决定。长子是父亲亡故之后的一家之长，兄弟们对他尊若“小父亲”，就连母亲也不能取代他在家中的绝对权威。这种长子继承制有浓厚的宗法色彩，但比较罕见，即使在长子享有较优越的地位的地方亦复如是，更多的是在长幼之间不作任何歧视，这就是诸子均分制，主要流行于苗、侗等族中。

（四）其他

在上述几个法则之外，仍有一些因素需要在此一并考虑，首先是继承者须以履行赡养义务为继承的重要环节，二者密切联系，不可或缺。凡能

〔1〕 龚佩华：《景颇族山官社会制度研究》，中山大学出版社 1988 年版，第 120 ~ 127 页。

孝敬父母、养老送终者，才有资格享有继承权利；分家析产时，与父母在一起居住，承担赡养义务多者多分。自立门户尽赡养义务少者少分。即使在同等财产份额的情况下，多尽义务者也有优先选择的权利。有的父母在给子女平分财产时，往往事先提留“养老田”，哪一个儿子赡养父母，就把“养老田”给他。父母死后，子女必须送终，安葬死者，否则丧失继承权。没有子女的绝户，出资安埋死者，可以得到他的部分遗产。义务先于权利，以权利作为履行义务的回报、补偿，杜绝了唯利是图观念的泛滥，忘恩负义、六亲不认的现象也很少出现。其次是在继承财产权的同时，亦须继承被继承人生前的债权债务，无论是租佃、抵押、典当、借贷哪一种法律关系，都由继承者从被继承者那里原封不动地承袭下来，继续承担其特定的权利和义务。“债务不死”、“父债子还”规则被普遍认可和严格执行。继承人接受继承后，对被继承人所欠债务，应倾其所有，予以全部清偿。当债务超过遗产的实际价值时，也要设法偿清。只有放弃继承者，方可不承担偿还债务的义务。偿还债务是继承遗产的要义之一，法律支持继承者变卖遗产偿还债务，他人不许阻止干涉。例如 1941 年羌族茂县沟口乡椒之堡何何氏其夫何全盛死后，有幼子一人，何何氏将不榴沟遗产出卖偿还亡夫生前所欠债务，族人何全仁、何全忠出面阻止，引起纠纷，后经族长依据法律裁决，何何氏卖产还债，事出有因，应予支持，他人无权干涉。债权债务继承并举的原则仍沿用至今。

另外，前在论及所有权时所述几个原则，必然地使用之于继承。一个重要的原则是“继承的有效应用原则”，[1] 在法律规则许可的范围内，人们总是把财产留给用得着的继承人。上文述及的摩梭社会里，被继承人个人所有的衣物等零星日用品，一般按性别留给下一代，如母亲的衣物首饰等，母死首先由亲生女继承，无亲生女则由其姐妹或姐妹的女儿继承，

---

〔1〕［美］罗维著：《初民社会》，吕叔湘译，商务印书馆 1935 年版，第 294 页。

舅父的衣物等用品，由甥继承。在苗族中，女儿可以继承母亲的首饰、衣物等，藏族也有“父业由儿依次继承，松耳石由女儿保管”的说法。

二、法律继承与遗嘱继承

1. 法律继承

如果家长生前没有分割家产，临终时又没有关于财产继承的遗嘱，在这种情况下，应该根据法律转移遗产，实行法律继承。法律继承，指由法律直接规定继承人的范围、继承顺序和遗产分配原则的一种继承方法。财产的法律继承有以下几项基本内容：

诸子是财产继承的第一序列，有的是幼子继承，有的是诸子均分。若父母双亡，子女尚幼，经亲族商议，指定族人代管，待其长大成人后，无偿归还，不可擅自处理。诸子均分时，如果儿子中有人已入赘他族，即丧失遗产继承权。

倘若无子，嗣子与赘婿亦有继承权。嗣子的继承问题我们业已探讨，这里说说赘婿，西南各少数民族一般都承认赘婿的继承权，不过招赘有严格的条件和复杂的程序。其一，招赘必须经女方家族同意。由于招赘继承与宗祧继承产生冲突，赘婿进入女方家庭成为家庭财产的合法继承者，意味着亲族立嗣继承被取消，宗族成员的利益受到剥夺。羌族家庭若要招赘，女方父母必须在招赘前请酒摆宴，借此礼仪向家族提出招赘请求，家族同意则招，家族不同意则不招；有的家族在同意招赘后往往对招赘实施一定的经济制裁，或罚款，或从招赘家庭的财产中抽出一部分归应立嗣而未立嗣的亲族所有，这既是对亲族利益上的一种补偿，也是对赘婿继承的一种限制和防范。有的家族还有“一代准招二代不准招”的限制，阻止家族成员的财产一而再、再而三地被外姓人以入赘的方式享有或瓜分。其二，招赘必须订立契约，契约内约定入赘后赘婿必须放弃原宗族成员身份，丧失原家族的财产继承权，改换女方家族的姓氏，依女方辈分排行，子孙后代须永继女家香火，永不还宗，可以继承岳父财产。不能以女方家庭成员的身份履行义务之赘婿，剥夺其继承权。赘婿所生之子，一般为族人接受，即所谓“异子不异孙”。有子有女，也可以招赘，赘婿有与妻子的兄弟均分家庭财产的权利。

代位继承也是允许的，当兄弟未分家时，其中有人亡而有子，分家析产时可让他的儿子顶替其父身份继承家庭财产，即叔侄均分。

子女全无的绝户，财产在扣除丧葬费之后，首先由其家族的近亲继承；近亲无人继承或放弃继承，可以由族内亲戚继承，如果族内亲戚无人继承或放弃继承，则由其所居住的村寨继承。

法律规定的继承顺序表明，有无继承权完全依身份划定，居于顺序在前的继承人享有优先的继承权，当他们主张继承权时，顺序在后的继承人的继承权被排斥。只有顺序在前的继承人无法继承或放弃继承时，下一序列的继承人才有资格继承。〔1〕

2. 遗嘱继承

遗嘱继承是按照被继承人所立的合法有效的遗嘱而确立遗产继承人和遗产处理的一种继承方式。遗嘱在不违背法律的前提下，体现家长对家庭财产所有权处分的自我意愿，因此，遗嘱适用范围狭窄，往往成为法律继承的一种补充形式。遗嘱分口头遗嘱和书面遗嘱，口头遗嘱必须有若干亲族、邻里在场作证，证实遗嘱的存在。书面遗嘱则需立下字据，被继承人、族人、中证签字画押，方为有效。由于羌区较为封闭，人际关系单一，彼此都是亲戚，加之人们确信死者有再生之灵，因此合法遗嘱庄严神圣，家庭成员必须服从，无权表示异议。但也有因遗嘱发生纠纷，那就是说诸儿子认为父母的遗嘱分配与法律规则大有乖违，此时只有请族中长辈主持公断。这从另一个侧面说明了父母对家庭财产并不享有独占权，即使是处分该财产，也必须遵循习俗而来。下面这个发生在珞巴族内的

〔1〕 杨怀英：《滇西南边疆少数民族婚姻家庭制度与法的研究》，法律出版社1988年版，第202页。

家产处置纠纷将有助于我们很好地认识法律继承及族内继承两个原则的重要性：

珞巴族博嘎尔部落仰崩村的仁波有三个儿子，两个儿子先后死去，且留有遗妻。活着的那个儿子又是个傻瓜。仁波觉得如果自己一旦死去，两个儿媳及两个孙子都将归自己的侄子布英、布都继承，他的家庭就消失了(这种奇异的继承原则在上文我们已经谈到过)。因此，他思想再三，觉得把这些子媳交给妻弟，即儿子的舅舅更可靠。于是他约请妻弟巴东、巴都，决定在自己辞世后，把子媳、孙子交给他们领养。为表示自己的决心，他们一起起誓。不久后仁波的两个侄子便上门来质问："我们是同一个杭隆的近亲，有重要事为什么不跟我们商量？你背着我们同外族人立石为盟，这怎么成?"还把仁波的一头犏奶牛拉走了。对于侄子的这种做法，仁波无法申辩。为了求得他们的让步，临终前他把一对名叫达宁和亚马的奴隶夫妇送给他们均分。虽然如此，仁波的做法还是没有取得两位侄子的认可。他死后，两位侄子还是坚持传统的继承法，不许外族人继承叔父的遗产。[1]

看来，即使是立有遗嘱，立嘱人真正能自由处置的只是自己的私人物品，正如梅因所说，这恰是区分某财产是家庭共有财产或是个人财产的最好方法，因为父母对家庭共有财产的处置必须在法律容许的框架内，假使他有过分的偏袒，在他死后他的遗嘱绝难生效。

三、分家析产

财产继承有两种形式，一是父母在世时诸子分家析产，二是父母亡后分割家庭财产，不过因为土地分散等原因，父母在世时即分家析产的现象十分普遍。有的是随着儿子结婚而次第进行的，也有的是以分家的形式一次性把家庭财产的所有权进行重新认定，我们想谈谈后一种情形。在

---

〔1〕 西藏社会历史调查资料丛刊编辑组:《珞巴族社会历史调查》(二)，西藏人民出版社1989年版，第7~8页。

这种情况下,分家析产与财产继承实际上是同一过程。即原来家庭成员之间对家庭共有财产所形成的共有关系,通过分家析产,改变为每个主体单独所有。

羌族谚语曰:“树大分丫,儿大分家。”除独子家庭外,多子家庭在儿子长大成人后一般都要分家,羌区分家现象十分普遍,天经地义。分家的原因,虽有儿子成婚后,婆媳关系不好处,兄弟不和睦等情感因素,但主要还是从经济方面考虑,几代共居,众人杂处,互相依赖,彼此牵制,生活难以统筹安排,生产难以合理调配。分家之后,化整为零,别居独处的小家庭从自己的实际情况考虑,灵活自主地安排生产和生活,由于生产行为与既得利益直接挂钩,调动了个体家庭的生产积极性,对发展封建经济极为有利,同时也减轻了父母的生活负担,为幼子继承制提供了方便。

分家是人生中一件庄重的大事,不可草率私下行事。分家多要举行分家仪式,邀请母舅、家族、亲邻到场,分家仪式由母舅、家族长辈主持,众人公证、评议、监督,对争执不清的问题由主持者最终裁决。分配方案确定后,分配者不服,可以强制执行。

近代随着汉字在西南民族地区的传播,分家若涉及田产、房屋等不动产的分割,一般要订立分関契约。2000 年 7 月李鸣教授在羌族聚居地区茂县沟口乡到财主村田野调查时,收集到一份分関契约如下:

立出分関文字人何清莲、何清海、何清儒、何清贤弟兄四人,情因商议愿望祖父遗留田地房屋,弟兄愿将分批各居另住,自请中证家族说合,愿将各业分与何清莲名下只呼共地上下三块,共授种贰石四斗,左边正房乙向;何清贤名下纳乌吹地乙块,授种乙石四斗,日乌多块乙块,授种八斗,墨作卦地乙块,授种五斗,右边上房乙向;何清海名下牙的地乙块,授种乙石六斗,勤立地乙块,授种八斗,八巴地乙块,授种八斗,莱菌地乙块,授种乙斗,正房侧近新房乙向;何清儒名下庙浚地乙块,授种五斗,古咱上下共地叁块,共授种六斗五升,入咱巴地乙块,授种八斗,牙已白地乙块,授种八斗，兹外房乙向。租地均分，并无紊乱。外有河坝里买明房屋乙向，共地一段，何清莲、何清贤贰人均分。再有双磨子买明地段新房一向，何清海、何清儒贰人均分外，有磨房一向，弟兄四人同用，自分之后，弟兄不得异言。此系弟兄心切意愿，立出分□，同执一纸，永远存据。

永远发达

凭中人舅父　杨清喜

依口代笔人　易含富

光绪十七年十月初四日　立

对不动产土地、房屋的分割都要明立分関契约，一一均分，处处写明，不得混淆。对于实在无法分割的土地、房屋也可让众兄弟合伙使用，一切友好协商，酌情处理，灵活掌握，做到“分家不分心”。

家产的搭配均分与赡养老人是分家析产的核心问题，家产如何搭配均分由父母决定，如果兄弟为得到特定的一份财产争执不下，互不相让时，就采取听天由命的办法，即在天地祖宗牌位前抓阄来决定，抓到哪份财产就拥有哪份财产，以示公平。为了避免因儿子分家造成父母生活无依无靠的窘况出现，一般给与父母共同居住的小儿子多分一些财产，让其履行养老送终的义务，或是父母提留一份家业或田产（俗称“老业”或“老田”），父母与哪个儿子生活在一起，所提留的“老田”由该子耕种，“老业”归该子享有，父母百年之后的丧葬费也由其负担。有未婚姊妹的家庭，兄弟在分家析产时要为她们提留部分财产作为以后妆奁的开销，或者让其与兄嫂居住，兄长承担其出嫁的花费。

第四节　占里侗族人口控制习惯法

西南地区多山，地形破碎，山形陡峭，四处峻岭丛生，道路崎岖。由于历史开发、迁徙、封建王朝和汉族封建统治阶级的驱赶等原因，这一地区的绝大多数少数民族居住在深山峡谷和密林深处。面对险恶的生存环境，不依靠村寨集体的力量，单个的家庭或个体是难以生存的。世居于此的少数民族多存在着父系的家庭公社，有些发展到封建领主经济、地主经济阶段之后，又出现了以血缘纽带维系的封建宗法制家族。时至今日，还有很多少数民族保持着完整的族谱、家谱及聚族而居的特点，有的一个村寨往往就是一个大家族，有的则是有血亲关系的几个家族的联合体，近代还在此基础上发展成以血缘为核心、以地缘为纽带的社会组织，如侗族的"款"、苗族的"议榔"、贵州瑶麓瑶族的"努茂"，等等。在这种家族组织内部，集体的生存意识是其成员最主要的价值取向。年复一年的阖族祭祀，强化了家族意识的神圣性，家族是至上的，险恶的环境要求人们为了家族奉献一切，为村寨排忧解难、除害抗敌，这其中也包括为了家族的兴旺多生育子女。这种多生育，主要是指生育儿子，在一些宗法制观念较浓厚的民族，如云南白族，生育就是为了传宗接代，家族容不得不生男孩的妇女，更不容不会生育的妇女，甚至以"养个母鸡不会下蛋"来讥讽不育妇女。[1]

阿诺德以及我国的人口学家认为，这种生育观与"父权、父系和父居的社会"有必然的因果关系。[2] 诚然，巨大的生存压力迫使人们只能依靠人口增殖来保证自我的生存发展。但是，我们也应看到，生态环境和经济水平对人口的增长有一定的承载量，任何民族都不能违背这一客观规律而无限制地发展人口。险恶的生存环境在另一方面也起着抑制人口增长的作用，"贫困这一专横而无处不在的自然法则却可以把它们限制在规

〔1〕 杨国才："白族传统文化与妇女生育观"，载《云南师范大学学报》1997年第3期，第78页。

〔2〕 李冬莉："儒家文化和性别偏好：一个分析框架"，载《妇女研究论丛》2000年第4期。

定的范围内”,[1]至解放前西南少数民族的人口一直没有大的增长,这其中虽然有遭遇连年兵燹之故,但环境制约仍是一个主要因素。据人口学的理论,经济赤贫地区高生育率总是伴随着低存活率的存在,在医疗卫生条件极为简陋的情况下,相当一部分婴儿未及成年即已早夭。此外,贫瘠的土地、低下的生产力水平也无法养活更多的人口。有学者调查认为,迟至1984年,贵州的少数民族仍维持着杀婴的习俗以控制人口的过度增长,[2]杀婴的前提是已生育足够多的男婴和女婴,已保障提供足够的劳动力资源维持家族的生存和发展。在这里,并不存在严重的重男轻女的因素,甚至在绝对数字上被杀的男婴还高于女婴。贫乏的物质生活使维系家庭的财力极为贫弱,多生子无异于进一步削弱家庭的经济,尤其男婴,长大后还面临着娶妻和分家独户的经济困难,加之耕地本就狭窄,对多数贫困家庭来说,三子已是极限了。[3] 清末贵州荔波县人覃金锡曾讲“瑶麓者……极贫而苦,佣以纳丁,不能完纳,积之累累,每催租,受挞楚,恐惧太过。……生子而溺子,冀免将来逋欠之苦……”[4]人的生命完全被置于“物竞天择”的选择之中,甚至你无法说“杀婴”是一种残忍的方式,贫困促使人们采取多生和杀婴两种方式交替进行,以达到理想的人口控制目标。这种传统做法,从现代文明社会的道德观出发,我们无法将之称为“人口控制习惯法”,仍以覃金锡的话来讲,“意最愚而事最苦”(虽然这种“愚”实出于迫不得已)。如何走出这种悲惨的处境,走一条行之有效的人口控制之路,西南地区的少数民族人民一直都在探索。这其中,贵州从江

---

〔1〕 马尔萨斯:《人口原理》,商务印书馆1996年版,第7页。

〔2〕 彭兆荣等著:《文化特例——黔南瑶麓社区的人类学研究》,贵州人民出版社1997年版,第170页。

〔3〕 彭兆荣等著:《文化特例——黔南瑶麓社区的人类学研究》,贵州人民出版社1997年版,第171页。

〔4〕 覃金锡:《哀瑶麓序》,转引自柏果成等:《贵州瑶族》,贵州民族出版社1990年版,第79页。

图35：本书副主编潘志成赴占里村调查时在高增乡与孟顺明乡长合影。

县占里侗族的成就尤为显著，早在几百年前，占里人就形成了自己的“适度人口”和可持续发展理论，从婚龄的限制、通婚群体的规定、生育调节的措施、孩子的抚养教育到财产继承到老年人的社区保障等，形成了一整套行之有效的人口控制和管理机制，实现了人口自然增长率几乎为零的奇迹。

一、占里侗族人口控制的奇迹

占里是贵州省黔东南苗族侗族自治州从江县高增乡的一个侗族自然村寨，坐落于都柳江沿岸的山谷间，海拔380米，距从江县城20公里，土地面积为15.97平方公里。这里四周古树环抱，村外苍山叠翠，山峦连亘，禽鸟啼鸣，门前溪水潺潺，幽深静谧，寨内错落有致的吊脚楼傍山而立，寨中耸立着一座高大雄伟的鼓楼，在云雾缭绕和袅袅炊烟中显得格外壮观。

我们从高增乡提供的户口资料（见表五）中可以看到，1952年时占里村156户，729人；到了2003年，全村有156户，762人，50年来，这个村的自然增长率几乎为零。三年自然灾害，全村人口只有400多人，而在1984年到1986年下降到130户以下，而1965年至1980年的15年间里，由于政府鼓励少数民族多生多育，占里的人口才开始呈现出大幅度的增长。1980年，占里开始执行国家推行的计划生育政策，占里人又重新恢复了古老的习惯法，一对夫妇只生“一男一女”的寨规被全寨人更加自觉恪守不渝地坚持下来。谁家多生一个小孩，就会被寨上的人视为多生一个强盗崽而无脸见人。

表五:1952～2003年占里人口统计表

年份	1952	1956	1959	1964	1965	1975	1976	1977	1978	1979
户数	156	153			131	143	149	148	148	145
人口	729	675	472	479	490	623	641	644	653	654
年份	1980	1981	1982	1983	1984	1985	1986	1990	2000	2003
户数	146	141	147	143	126	127	126	133	154	156
人口	660	661	671	670	664	660	660	695	739	762

不仅如此,这里的人口素质也相对较高。占里侗寨从来未发现先天性聋、哑、瞎、痴呆、跛脚等生理缺陷的人,村里的男女身体都比较高大,孩子聪明伶俐,活泼可爱,老人长寿健康,平均寿命在70岁以上。

二、人口控制习惯法的起源及其传承

据《从江县志》记载,占里侗寨的祖先原本是在广西的苍梧郡,后来由于连年的战乱和饥荒,他们被迫背井离乡,离开了自己的家园,并沿都柳江溯流而上,几经颠沛流离,终于来到从江占里这个美丽的地方,距今约有千年的历史。最初到这里的仅有吴姓兄弟5户,以后演变为5个房族。到了清朝中期,人口增多,使人均占有的稻田越来越少了,森林砍伐量剧增,四周可供造田的地方已经不多,人们逐渐感到生活难以维持,与此同时,人与人的矛盾也日益加剧,村寨里那种淳朴的风情也已不再,族人偷盗械斗的事时常发生。这使得占里人开始对生产和人口的关系进行理智的思考,他们回忆过去在梧州由于地势低下,有水不能浇灌,田土不多粮食不够吃所以生活不能保障以至于远迁他乡的教训,于是在德高望重的寨老吴公等人的努力下,立下寨规:全寨不能超过160户,人口总数亦不能超过700人;并且一对夫妇最多只能生育两个孩子,而且还明确有50担稻谷的夫妇可生育两个孩子,只有30担稻谷的夫妇只能生育一个孩子。如有违规者,轻者将其饲养的牲畜强行杀掉烹煮给全寨人吃,以谢罪;重者则将其逐出寨门或由其亲属处以重罚。之后,随着人均占有田地的相对平衡,在又一寨老的主持下,讨论、改定寨规为一对夫妇只能生育两个孩子,并在款约中强调,如有违反寨规,就将之逐出寨门,或由其亲属处以重罚。[1]

人们还把这规定编进古歌中,世世代代告诫子孙,《劝世歌》中有这样两首:

一

祖祖辈辈住山坡,没有坝子也没河。
种好田地多植树,少生儿女多快活。
一株树上一窝雀,多了一窝就挨饿。
告知子孙听我说,不要违反我款约。

二

家养崽多家贫困,树结果多树翻根。
养得女多无银戴,养得崽多无田耕。
女争金银男争地,兄弟姐妹闹不停。
盗贼来自贫穷起,多生儿女穷祸根。[2]

类似的民歌俗语还很多,如"崽多无用,女多无益;崽多要分田,女多要嫁妆;崽多无田种,女多无银两"、"七百占里是只船,多添人丁必打翻……"等。

除了古歌的教育之外,占里人还为未婚的青年集体举行生育许愿仪式。每当一代人从少年步入青年,寨里就必须举行生育许愿仪式,由德高望重的寨老主持祭礼。祭礼开始之后,青年男女们齐集于鼓楼下,聆听寨老们吟唱寨规"祖公的地盘好比一张桌子,人多了会垮掉;一棵树上只能有一窝雀,多了一窝就会挨饿;山林树木是主,人是客;占里寨是一条船,

---

〔1〕 关于立寨规的时间和内容,各说不一,有说是宋代所立寨规,也有只讲吴公所立寨规,未提及后者。关于后一寨规,本书参考了杨军昌"侗寨占里长期实行计划生育的绩效与启示"一文(载《中国人口科学》2001年第4期)。

〔2〕 摘自刘文光:"中国计划生育",载《文史天地》2004年第3期。

有树才有水,有水才有船……"。每当唱过一段,年轻人们会应答一句,气氛颇为庄重。最后歌中唱道向祖先、向神灵保证,终生只生两个孩子,敬老爱幼,热爱家园。唱完后,他们吹着芦笙,大伙热闹地结队沿着山寨游行一圈,轰轰烈烈地向世人陈示他们的誓言。[1]

在这种方式的教育下,一代又一代的占里人遵从着祖先的规矩,占里形成了独特的生育习俗,取得了令人瞩目的成绩与实效。土地资源相对富足,1999 年全村人均耕地 1.42 亩,而此时从江县人均耕地仅有 0.7 亩。普通人家一年的收成可以吃两年,富足的土地用来种祖传下来产量不高的糯米。占里人历来团结和睦、互敬互助,从未发生过一起刑事案件。人们还树立了朴素的环保文化理念,珍惜寨里的一山一水,一草一木,他们真正认识到"山林树木是王,人是客,占里村是一条船,有树才有水,有水才载船"。在这里,从未听说有毁田造屋这回事,寨里的木楼多建在地势凹凸无序、最不利耕种的地方,每家每代的住房都是早已精心规划好的,谁要是另建房屋就是犯了大忌。这些和人口控制观念相辅相成,构成了占里人可与现代文明媲美的人口和环保理念。

三、神秘的节育方式

占里几百年来之所以一直保持着人口自然增长率几乎为零的奇迹,除了有一对夫妇只生两个孩子的寨规之外,更为关键的是,当地的一对夫妇一般只生一儿一女,男女人口相当。有记者调查称,占里寨 154 户人家,只有 5 户生的不是一男一女,其中 3 户有 2 个男孩,2 户有 2 个女孩。[2] 是如何做到这一点的呢?当地人有一种近乎神秘的解释:"换花草"能决定生男生女。

---

〔1〕 参见吴景军:"只生两个孩子——侗族神秘生育许愿仪式目击",载《新西部》2004 年第 6 期。

〔2〕 "我国一村庄六百年前就有了'计划生育'理论",载新华网,2002 年 9 月 1 日。

换花草据说是一种神奇的药方，村里掌握配方的只有一人，被称为“药师”，且通常是传女不传男的。当女人生完第一个小孩后，倘若第一个生的是男孩，那么“换花草”就会让她的第二胎怀上一个女的；倘若是女的，则第二胎必定会怀个男孩。此外，这种药方还可以让女人顺利地生产、安全地避孕。它的神奇魔力不但为占里人带来了美满幸福的生活，而且也间接地为土地和森林的承载力减轻了负荷，并最终维持了生态的平衡。

如何评价“换花草”，是真有其事，还仅是占里人对外的一种说法，其真伪尚探究，但占里人必定有其特有的控制方式。有学者讲是“溺婴”，[1]认为如果不慎怀上了第三个小孩；或者第二胎与第一胎同性别；也或者生的小孩是残疾的话，那么孩子一旦生下来就必须采取溺婴的方法。将酒滴入婴儿的口里，让其慢慢地醉死。据说，占里人认为，这样死去的婴儿便会回到他们的祖先那里。

四、完善的配套机制

1. 婚姻制度

在占里，由于施行人口控制，这里相对富裕，男不娶外村女，女不嫁外寨郎。人们认为，附近的村寨人多田少，生活比占里差，外人还要多生孩子，负担重，生活哪能快乐。从人口的素质考虑，占里的婚姻关系只限在寨内各房族间进行，同一房族不得通婚，禁止姨表婚、姑表婚。

在婚龄上，占里人崇尚晚婚。谁当“罗汉”（指未婚青年）时间越长，就是大多数青年羡慕的对象。反之，谁结婚早，就意味着他早当老人。占里人一般结婚年龄都在18岁以上，且结婚后，有“不落夫家”的习俗，直到怀孕或年岁已大后才定居夫家，这使得早婚不致早孕，妇女平均生育年龄为

---

〔1〕 刘世一：“占里侗族奇特的生育文化”，载《民族论坛》2004年7月，又“决定生男生女‘换花草’如此神奇”，载《人民日报》2002年11月29日。

23 岁以上,30 岁左右生育子女在全村绝非个别。[1]

此外,占里的习惯法还规定:结婚后,夫妻双方不准离异,尤其是育有孩子的夫妇,如有违反,除禁止离婚外,要罚其 300 斤稻谷、50 斤酒、100 斤肉充公。这些规定,有利于婚姻的稳定和人口的控制。

2. 财产继承和老人的赡养

在占里,儿女均有继承权,一般儿子继承稻田、旱地、山林、宅基地、房屋、禾仓、家畜家禽、家具和农具等,女儿继承棉花地、首饰、布匹和一半菜园。但是由祖先遗留下的财产,女儿没有继承权,即使是没有儿子,女儿也只能继承父母购置的产业,祖业只能由父亲的同房族兄弟平分,或者从房族内同辈中过继一人继承。如果没有女儿,则由儿子代为保管属于女儿继承的部分,到下一代有女儿时再交给她(她们)。但不管是属于何种情况,谁继承了祖业,谁就有义务负责老人晚年的赡养及丧葬,女儿只需提供老人的衣服。这种继承制的存在就使得农耕社会中普遍存在的"养儿防老"的观念失去了存在的土壤,保障了人口控制习惯法的施行。

五、少数民族人口控制习惯法的启示

我国实施的计划生育政策虽然取得了巨大的成绩,但也有不少弊病。近年来,国际、国内对中国出生性别比持续偏高问题的关注越来越多。而占里人已很好地解决了这个问题,这表明少数民族的人口控制习惯法具有明显的合理性。事实上,不仅是占里的侗族,藏族也很好地解决了人口过度增长和男女比例失衡的问题。据统计,1995 ~ 1999 年,在全国各省市自治区(港、澳、台地区除外)中只有西藏的性别比低于 100,且其他藏区的人口都是女性多于男性。[2] 西藏社会从不存在夫权主义,妇女享有较高

---

〔1〕 杨军昌:"侗寨占里长期实行计划生育的绩效与启示",载《中国人口科学》2001 年第 4 期。

〔2〕 向春玲:"汉族与少数民族生育意愿的文化解读",载《民族文化研究》2003 年第 3 期。

的地位，在一妻多夫的家庭甚至还处于中心地位。藏族的生育文化中，也有少生人口的生育观，一般认为生三个小孩就够了，“一个放牧，一个上学，一个出家”，[1]以满足经济生产和宗教的需要。当然，藏族的人口控制除生存条件的严酷、生产力水平和医疗卫生条件的限制外，主要归因于宗教的影响。人们受藏传佛教的影响，认为人生有八苦，人的诞生或生育是八苦之首，生育观念比较淡薄。此外，历史上还有“一家三子，必有两子为僧”的传统做法，而僧侣地大多数属于严禁娶妻的格鲁派，这也抑制了人口的过度增长。

研究人口学的学者将人口控制的方式分为四个层次，最初是自然力量的限制，其次是贫困、战争的制约，然后是政策的控制，最高阶段是带有生育意愿的自觉控制。占里人口控制习惯法的诞生可以说是源自于对第一层次、第二层次限制的思考，习惯法本身属于一种“准政策”的控制，但是在今日的占里，除了这种习惯法的控制外，最主要的还是降低生育意愿的自觉控制，这完全是发自于人们内心的，是人们的内在需要，而且这种方式也不同于前面所说的因贫困迫于无奈而不得不少生。它是人们自觉的行为，是自身发展的需要。习惯法的配套规定也充分保障了这种自觉意愿的长期存在，其合理性、自发性对于推动少数民族地区的计划生育工作，促进社会稳定有极重要的实践意义。

第五节　西南民族社会中几种独特的婚姻家庭模式

人类从群婚、对偶婚、多偶婚到一夫一妻制婚姻，经过了十分漫长的过程，到今天，一夫一妻制演为一个天下通行的法定格式。至迟在清代，

〔1〕 孙怀阳、程贤敏：《中国藏族人口与社会》，中国藏学出版社1999年版。

西南少数民族地区已普遍进入一夫一妻制,但不稳定的“偶居关系”、“多偶婚”、“走婚”等婚姻家庭仍然是一些民族中通行的制度。

一、摩梭母系制婚姻家庭模式

摩梭人主要分布在四川的盐源、木里、盐边、冕宁等县和云南的宁蒗、丽江、兰坪、永胜、迪庆等县,有4万多人。关于民族的称谓,尽管解放后党和国家政府十分重视“摩梭人”的族称问题,但因种种原因,至今未解决。在其族称问题未解决之前,我们暂且称之为“摩梭人”。

摩梭是一个历史悠久而神秘的族群,在这里盛行着一种与中国传统父系制家庭迥然不同的婚姻家庭模式,其中最为核心、最能体现其文化特质的,当为母系家庭和其婚姻制度——阿夏婚。摩梭不但是世界上仅有的几个至今仍保持着母系制度的民族之一,而且这种母系制度有别于原始氏族社会的母系制。摩梭人是由原始母系社会直接过渡到封建领主社会的,从而保留了大量的母系氏族社会的文化因素。在摩梭社会里,管理者是以男权和统治权为象征的土司等级,母系制存在于家庭和家族、宗族制度中,其独特性在于三种婚姻形式与三种家庭模式的并存。

(一)摩梭人的婚姻模式及其特点

对于摩梭人的婚姻,有学者形象地使用了一个较少本民族文化中心的字眼:“制度化的性结合”,而这种性结合,并不以婚姻始,也不限于走婚夫妇之间。摩梭人的婚姻形式,是一种特殊的婚姻形式,走婚关系的建立符合社会习惯法,为社会所承认,而且满足了母系家庭延续后代的需要。摩梭人的婚姻模式主要包括以下三种:

1. 阿夏异居婚

阿夏是摩梭古语,即亲密的情侣。所谓阿夏异居婚,就是男不娶,女不嫁,建立婚姻关系的男女双方,以性爱、感情为基础,各自终身生活在母系大家庭里,白天各自劳动和生活在自己原属的家庭,夜晚男子到女阿夏家居住,过偶居生活。偶居双方不组成共同的家庭,不共同生活,较少承担夫妻的义务和责任，无经济上的关系。摩梭人的阿夏关系不具独占性，仅只是一种性生活关系，关系不稳定性和相对稳定性并存，一般都不会从一而终。摩梭男子在青年时期可以结交数个阿夏，但不是同时结交两个或数个，只有与一个终止了阿夏关系后，才能结交第二个。一旦确定阿夏关系，不能与第三者结交，同时第三者也不能插足。摩梭人视第三者为耻辱，将第三者的男子嗤之为“舔人家的口水”，女子辱之为“拱水牛屎的母猪”。女方同样如此。他们有着自己的道德规范和通婚界限，同氏族不走婚，姨表不走婚，血亲不走婚，凡五代以内的直系亲属的后裔禁止互交阿夏等，绝对禁止母系家庭内部及本母系族群内部结交阿夏。对于那些违反婚姻规范者，为社会舆论所不齿。

解除阿夏关系的方式非常简单，只要女子闭门不纳，男子不再登门访宿或托人捎个口信给对方，阿夏关系就结束了。一般不需要办什么手续，因为不涉及财产纠纷、子女归属（阿夏异居婚所生子女，属女方家庭的成员，姓氏随母，由女方家庭抚养长大，生父与子女不在一个家庭生活，经济财产上没有必然的联系，也无法律保障，男方无法定抚养子女的义务）。

阿夏婚姻更多的是重在心理上、社会规范和舆论上，而非法律上。虽从外表形式看，有其松散性的表征，但就其内在联系而言，从道德观念、舆论准则、行为规范方面有其特有的约定俗成的章法，有着自己的一套行事准则、规范和方式，是一种不依靠国家法律来维持，不取决于金钱关系，而是靠道德、靠舆论、靠阿夏双方的感情基础来决定的独特的婚姻关系，可以说是人类最文明、最纯洁、最不被污染的感情圣地。

阿夏异居婚所生子女，属女方家庭的成员，姓氏随母，由女方家庭抚养长大。生父与子女不在一个家庭生活，经济财产上没有必然的联系，也无法律保障，男方无法定抚养子女的义务，子女出生满月后，都有一个简单的“认子”习俗，甚至有的乡的乡规民约还规定，初生婴儿，认不出孩子父亲来的母亲，要被罚款 50 元，谁被罚款，谁就会被村人耻笑。因此，孩子长大以后，一般都知道自己的生父（这一点与原始母系社会时期的知其母而不知其父是有着根本区别），但知父并不代表要认父，认父也不代表要亲父，父亲原本属于另一个家庭，生父可以常去看望和关心子女的生活与成长，而子女也可在父亲生病时去照料或到父亲家去拜年，参加父亲家里的祭祖活动。如果女方家庭需要帮忙，男方可以短期在女方家生活，但不能成为女方家的固定成员。个别男子家庭无后，在征得女方及女方家庭的同意后，也可以把孩子领至男方承嗣。

2. 阿夏同居婚

阿夏同居婚是在阿夏异居婚的形式上发展起来的，是介于“阿夏婚姻”和“一夫一妻制婚姻”之间的过渡形式。这种婚姻的特点是：凡过阿夏婚姻生活的男女，一旦双方有共同生活的愿望时，便可以组成同居家庭。不须经过正式登记结婚的法律手续和那些繁杂仪程，不受任何限制，阿夏同居婚的男女双方其地位是完全平等的，他们以感情和爱情为基础，自愿结合，关系也较融洽，双方都比较注意维护已经建立起来的共居关系。到女阿夏家同居的男子，其子女从属于女方，血统按母亲计算。女入男方家庭所生子女属男方，为父系血统的成员。男女双方无论到何家，结合自愿，离异自由，不像一夫一妻制那样受到约束。双方感情破裂，一方不再爱另一方时，或女方闭门不接，或男子不再登门，便解除了同居阿夏关系。男女双方各自回到自己母系家庭不再往来，母亲家的所有成员都将其作为家庭一员看待，不受某种法律或族权、神权以及其他人的干涉。离散双方也无怨言嫉恨，同样也不会遭到家庭和社会的非议。这种婚姻虽在不同程度上保存了“阿夏”婚的内容，但与真正意义上的一夫一妻制婚姻家庭尚有差别。

3. 一夫一妻制婚姻

一夫一妻制婚姻是指阿夏同居一家，经过法律认可，从母系大家庭中分离出来的独立的小家庭。在摩梭村落，大约20%的人实行一夫一妻制。

在摩梭人聚居的边缘区，由于历史上很早以前就与其他民族杂居以及其他因素，渐渐走上了一夫一妻的婚姻之路。早在290年左右，即西晋帝司马炎时代就已产生一夫一妻制婚姻，到1956年民主改革以前，已经有6.25%的家庭成为一夫一妻制。一夫一妻制的婚姻与汉族的婚姻方式基本相同，男女双方都要经过父母做主，请媒说合，以重礼聘请等过程。摩梭人没有专门作媒的，需要请人去求婚时，一般都是请自己的亲戚长辈或村中有威望的人，求婚被允许后，要重礼去娶，长辈主婚，举行复杂仪式。这种一夫一妻制婚姻，由于正式举行了婚礼，若要解除婚姻关系，就不像阿夏同居婚的离异那么自由，而要取得双方家庭、家族甚至社会的认可。

总之，摩梭人的三种婚姻模式在漫长的历史中长期并存，是人们根据各自生存环境和家庭情况以及各自生产生活的需要而作出的自然选择。摩梭人的婚姻模式并非一成不变，在以阿夏异居婚为主流的前提下，几种婚姻长期相互演变。就一个家庭而言，没有代代相传的婚姻模式，每一代人都有可能根据不同时期的家庭实际情况选择自己的婚姻模式。摩梭人三种婚姻模式并存和互相演变过程，最终是为摩梭母系大家庭求得最佳生存条件而进行的一种自我调整的手段和过程。从永宁乡八珠村的调查来看，八珠村有摩梭人40户，其中有婚史人数134人，71人为异居婚，占有婚史人数的53%；43人为同居婚，占有婚史人数的32%；20人为一夫一妻制，占有婚史人数的15%。〔1〕从这一调查数据可以看出，就是社会发展到今天，在改革开放的社会大背景下，走婚仍成为摩梭人婚姻模式的主流。不同的是，在走婚中最引人注目的是固定专偶走婚的盛行，并成为一种时尚，一种现代的婚姻模式。固定专偶走婚与阿夏异居婚基本相同，其区别在于，固定专偶走婚的配偶是固定的，且保持的时间较长，是相对于昔日走婚对象的不稳定性而言。这种婚姻模式，克服了一些过去走婚的

---

〔1〕 见李晓斌、陈斌著："摩梭人母系婚姻家庭的现状及未来趋向分析"，载《中央民族大学学报》2004年第1期。

弊端,同时保持了原有的一些长处。因此,固定专偶婚也是顺应历史和现代文明的发展的选择。

(二)摩梭人的家庭模式及特点

摩梭人家庭模式与其所采取的婚姻模式直接相关,婚姻模式的变化,直接促成家庭模式的变化。阿夏异居婚形成并延续了母系大家庭;阿夏同居婚促成并维持了母系父系"双系"并存家庭;一夫一妻制婚发展了父系家庭。摩梭的家庭模式和他们的婚姻模式一样,也存在三种形式。

民主改革以前的摩梭家庭,主要是母系家庭。据1956年民主改革时的统计,在进行调查的335户摩梭人户中,父系家庭为21户,占调查人户的6.25%;母系家庭170户,占调查人户的50.7%;父系、母系并存家庭144户,占调查人户的43%。据1984年年初对551户摩梭人的调查,父系家庭212户,占总调查人户的40%;母系家庭171户,占调查人户的32.4%;双系家庭144户,占调查人户的27.6%。[1] 可见,摩梭人至今仍是三种家庭形式,三种婚姻形态并存。

1. 母系大家庭

母系大家庭是以母系血缘关系为纽带联系起来的家庭,它把母系血缘的成员团聚在一起,由母亲兄弟及(侄)子女组成,是经济共同体,有严格的性约束,"配偶"虽不同住,却有清晰的角色规范,是人类历史上第一个家庭模式。具体说来,家庭成员的血统只能以母系计,无论是氏族、家族或是母系家庭,都是以母系血缘为纽带而联结起来的。家庭中无男子娶妻,女子出嫁,结成阿夏关系的男女双方不成其为夫妻,不组成家庭终身共守共处,而是各自终身生活在母系家庭。男人同姐妹的关系比同妻子关系更牢固。在母系家庭里,只有母系子女、孙辈才能算是家庭成员,其财产按母系继承,即母死财产由子女继承;舅死其子女不得享受,财产

[1] 见《宁蒗县志》第二章,摩梭人。

由甥女和甥男继承。由于阿夏异居，姐妹不外嫁，兄弟不内娶，家庭中无父亲，父亲对子女没有抚养与管治权，也无父系血统的亲属关系。

在母系家庭里，根据古规和传统，女子所生子女为家庭成员，男子在外结交“阿夏”所生子女，则属于另外一个母系家庭。家庭和谐的执著，令摩梭妇女不会把自己子女与侄子女清晰划分开来，而是贯彻跨越私有财产由家庭成员共同分享的原则。在摩梭文化里，舅舅是男性地位与权力的表现，在母系家庭内生活的男人不是女人的丈夫或孩子的父亲，而是她的兄弟、儿子或侄子。舅舅是女人最可依靠的男人，扮演着父系社会里的父亲角色。在家庭权利和分工方面，母系家庭里历来实行一条不成文的规定，即“舅掌礼仪母掌财”。家庭的吉庆祭典，较大的交换或买卖以及社会交往，都由舅舅或其他有本事的男性家庭成员做主。家庭财产的保管使用、生产生活安排、经济开支及接待宾客等，则由母亲或家庭中聪明能干有威望的妇女做主。摩梭母系大家庭的成员是平等的，体现了家庭中的合理分工。但是有重大问题时，如典当土地、房屋建筑、投资经商等都是母亲、舅舅等家庭成人成员一起民主评议商量定夺，无论男女都不独断，共同处理家务，共同管理财产。家庭财产由家庭集体所有，继承权属本集体（母系群体），男女都享有该权利。

2. 双系家庭

所谓双系家庭，即父系、母系两种血统并存的家庭，它是介于母系与父系之间过渡性的家庭形态。双系家庭，并非摩梭人独有，在民主改革前的滇西南澜沧县拉祜族以及佤族同样存在父系和母系并存的形态，它是母权制向父权制过渡的产物，是人类家庭演化发展的一个环节。摩梭双系家庭的特点是：共尊一个始祖，世系按两系计算，一个家庭中，既有母系血统的成员，又有父系血统的成员，从而就产生了母系亲属和父系亲属共同在一个家庭的现象。这种家庭通常有几种情况：一是家庭中，一代为母系成员，另一代为父系成员，互相交织在一起。或者几代为母系，新的一代中出现父系成员。二是同一代中，既有男子娶妻生育子女，也有女子招男子上门入赘。三是同辈中双双成婚，但不分家另住。四是前辈为母系，后辈为父系，下一代又回到母系。五是一代为母系，后代母系父系并存。在摩梭这种家庭中，男子将其配偶带回家里，子女自然属于父系亲属系列。同一家庭中的女子不出嫁，其配偶上门到女家，其子女只能属于母系亲属系列。在这种家庭中，母系或父系亲属兼容并存，成年的同胞兄弟姐妹和舅表、姑表、姨表兄弟姐妹都为同一个家庭的成员，都享有同等的家庭成员资格和同等的自由选择婚姻形式的权利。按这种自然特征，才称其为母系父系并存家庭。不过，这种家庭有发展程度上的区别，有的是以母系为主，父系为辅；有的则以父系为主，母系为辅。

双系家庭的财产继承，由于它是共有性质的大家庭，其财产为家庭集体所有的制度，决定了成员个人没有财产，不存在单个人的遗产。凡家庭成员，不论属母系还是父系，都享有同等的继承权，财产的继承和家庭的延续是联系在一起的。母系为主的家庭，女子是家庭的核心，妇女在家庭经济中是占重要地位的，自然要实行后代共同继承遗产的制度。父系为主的家庭，则根据实际情况，或实行后代共同继承遗产，或实行由男子继承遗产的制度。

总之，由于历史上延续下来的母系与父系两种家庭形态，不可避免地会相互影响、相互渗透。更由于宽松和谐的社会文化心理促成了它们之间的相互转化。但无论怎样转换，母系的成分仍大于父系的成分，按亲族原则处理财产继承一直占着上风，母系家庭一直占据着主体地位，这就是其最大的特点。

3. 父系家庭

父系家庭是指按父系血缘原则，将具有血亲关系的成员组织而成的家庭，他遵守从夫居的居住原则。在中国传统的父权制中，男尊女卑，男主女从，男性的权利已成为不容动摇的基石。表现在婚姻家庭上，就是男权的绝对威力。女子的权利就是在家从父，出嫁从夫，夫死从子，三纲五常成为束缚妇女的绳索，谈不上个人的独立性。摩梭人的父系家庭，不同于中国传统的父权制，也不同于其他民族的父系家庭，有其自己的特点，即家庭中全为父系成员，而无母系成员，家庭中基本上排除了母系血统的成员。父亲在家中起主导作用，血统依父系计算，财产按父系继承。家庭人口少，与一夫一妻制小家庭大体相似。大多数父系家庭，通常只有一对夫妻及子女，有的还包括父母。在分家时，土地、房屋、大牲畜、农具等由诸子均分，幼子有优先选择权。女子无继承权，只能得到母亲赐予的衣物、首饰及一些生活用具。父母一般随幼子居住，也有与相处和睦的儿子、媳妇合居，诸子有共同赡养父母的义务。

摩梭人的父系家庭一般是近几代才从母亲家中分居的小家庭，世系很短。构成这类家庭的基本条件，必须是连续两代以上男子娶妻，或过继其他血统的子女。摩梭人的父系制从元代开始，在统治阶级即土司头人阶层，就已例行嫁娶，实行权利世袭的父系家庭制度。除土司以外，从土司家庭分裂出来的“斯匹”（贵族）阶层，包括那些没落贵族的后代，也都是父系家庭。其次，在摩梭村落，大约20%的人实行父系家庭，〔1〕尤其是边缘地区，如金沙江一带的摩梭人和蒗蕖及其他地区，虽曾普遍实行过母系制，后来由于历史上很早以前受其他民族的影响，并同其他民族杂居以及其他民族与摩梭人婚配，逐渐演变为父系制，确立了严格的父系家庭，并有着十分强烈的父系观念。如“实行男大当婚，女大当嫁”；举行一套十分隆重严密的婚礼制度（求亲、请媒、订婚、结婚、回门等一系列礼节）；重男轻女，以男性为中心，财产由男性继承等。到1956年民主改革以前，已经有6.25%的家庭成为父系家庭，有43%的家庭已含父系成分。历史上的土司及贵族等级的人，距今15代以来都基本例行嫁娶的父系制婚姻，其

〔1〕 参见拉木·嘎吐萨：《梦幻泸沽湖》，云南美术出版社1999年版。

他贵族多为嫁娶和不嫁不娶相间杂。而一般百姓中虽有嫁娶婚存在,但因种种原因,如娶妻需要花很大一笔聘礼;结婚手续繁杂;举行了婚礼的人,若要离异就不容易了,先不说按法律,仅仅按古俗就够麻烦的了,其结果倒退为不嫁不娶的阿夏婚姻。因此,历代维持父系婚姻的人不多。同时,由于这种父系制,是由外因促动而致,在思想观念、风俗习惯、价值标准等方面都保留有明显的母系制的痕迹。总之,这种父系制与传统制下的父系制有着很大的区别。尽管摩梭人在其他民族的影响下实行父系制,但在婚姻方面,男子的独占关系尚未完全确立,在家庭中妇女还占着主导地位。

需要指出的是,上述摩梭村落中的父系制家庭也不全然与摩梭土司的父系制相同。土司的父系制是为了政治目的以适应其统治权力为其本质的,故等级色彩较浓,男性的权利更大,男性中心的特点更显著,而民间实行的父系制,则两性较平等,更贴近自然。除上述父系制家庭外,如今在以母系家庭为中心的永宁,也出现了父系家庭,这些父系家庭的出现,时间较晚。其原因一是与其他民族通婚,另立家庭,形成父系制家庭。另一种是"文革"时期领了结婚证,时间一久习惯了,也就继续下去了。

二、藏族的多偶制家庭

(一)解放前西藏的婚姻家庭形式

解放前的藏族家庭以一夫一妻为主,其次为多偶制家庭。对不同家庭在不同地区间分布的差异,很早就引起了人们的关注。徐益棠引贝尔的看法说,"大概卫省(西藏昌都、云南迪庆、四川甘孜阿坝)每二十家内,采一夫一妻制者十五家,一妻多夫制者三家,一夫多妻制者二家。北方平原一妻多夫制者十家,一夫一妻者七家,一夫多妻制者三家"。"西藏东部行一妻多夫制者占15%,西藏北部行一妻多夫制者占50%"。贝尔认为北部一妻多夫比例大,是因为"藏北多为牧民所居也",意为牧民中盛行一妻多夫家庭。而洛克希尔则持相反的看法,认为"东藏之一妻多夫制度,大都盛行于农民间，而不行于牧民间”，[1]一般而言，藏族多偶家庭以一妻多夫为主，一夫多妻次之。有些村庄、部落甚至还没有一夫多妻家庭，“群众对一夫多妻的认识，一般认为是不好的，主要是不和睦，团结不起来”。[2] 多偶婚还可进一步划分为“兄弟共妻”、“父子共妻”、“朋友共妻”、“叔侄共妻”、“姐妹共夫”、“母女共夫”、“姨甥共夫”等多种形式，但需遵守“血缘外婚”的原则。在多偶婚中，“兄弟共妻是一妻多夫婚姻的基本形态，同时姐妹共夫是一夫多妻婚姻的基本形态”。[3] 除此以外，在各地还有其他数量较少的婚姻形式，如“两夫两妻”、“外室”[4]等作为变异或补充形式。

多配偶婚，在西藏人看来是他们所追求的许多美德的象征，特别是兄弟共妻的家庭，认为都是同一父母所生之子，生活在一起，是最大的幸福。这种家庭中没有妯娌之间的纠纷，一家和睦，父母喜欢，社会称赞。在藏北阿巴部落“兄弟两人或数人共娶一个妻子，舆论认为是好事，认为一妻多夫有优越性：其一，劳动力不分散。劳动力多，出去搞农牧交换有人；支应乌拉差役有人；家里放牧生产，料理家务也有人。其二，财产不分散。

---

[1] 徐益棠：“康藏一妻多夫制之又一解释”，载《边政公论》1948 年第一卷第 2 期，转引自张建世：“20 世纪藏族多偶家庭调查研究述论”，载《中国藏学》2002 年第 1 期。

[2] 《西藏社会历史调查资料丛刊》（三），第 223 页。

[3] 马戎：《西藏的人口与社会》，同心出版社 1996 年版，第 200 页。

[4] 对这两种婚姻形式调查资料较少。从有限的资料看，两夫两妻似乎与没有子女有关。如资龙溪卡的扎德多吉“与妻结婚，几年不生小孩，这时其弟也十六七岁了，就与妻商议，要妻妹与弟结婚，结果娶来后，原妻也是弟妻，弟妻也是己妻”，形成了两夫两妻家庭［《西藏社会历史调查资料丛刊》（五），1988 年，第 593 页］。外室的情况也较特殊，“与有妇之夫正式同居的妇女被称为素莫，意为一旁的妇女。这种当外室的妇女与情妇还有所不同，她是经男方在她巴珠（头饰）上戴了边玉的，所以是公开的。当外室的妇女都是单身妇女，如堆穷、尼姑、佣人。有外室的都是家里有妻，但是兄弟共妻，或因门户不相当而不能娶女方为妻，便作为外室”［《西藏社会历史调查资料丛刊》（五），1988 年，第 320 页］。以上参见张建世：“20 世纪藏族多偶家庭调查研究述论”，载《中国藏学》2002 年第 1 期。

有了上面这两个条件,生产搞的好,容易发家致富。其三,弟兄同是一个父母所生,生在一起,长在一起,婚姻又在一起,这是一件幸事。这种家庭,父母喜欢,一家和睦,社会称赞”。[1]

(二)一妻多夫家庭

一妻多夫是藏区多偶婚的主要形式,而兄弟共妻又是一妻多夫婚姻的基本形态,我们以兄弟共妻家庭为中心来分析一妻多夫家庭。

1. 婚姻

藏族的婚姻既有娶妻婚,也有入赘婚。但一妻多夫家庭均为娶妻婚,尚未发现几兄弟入赘女方家的情况,其婚礼习俗与一夫一妻的娶妻婚相同。在提亲时,有的要明确说明是几兄弟娶妻,也有的不说明。在提亲时就说明是多夫的,由兄长代表娶妻或几兄弟一起娶妻。大多数情况下,先是兄长娶妻,以后弟弟们逐渐长大后,与嫂发生性关系,成为事实上的丈夫,从而形成共夫家庭。这对兄嫂来说是十分正常的,甚至父母和社会还给予鼓励。

2. 夫妻关系

对多夫家庭的妻子,社会上有一种普遍的评价标准,如果能搞好几兄弟的团结又孝顺父母,一家和睦相处,则认为很贤惠,受到舆论的称赞。反之,如果弟兄婚后闹着要分家,则说妻子偏心,会受到舆论的指责。这种观念根深蒂固,大家都知晓。对此,有学者经调查认为,“每一起兄弟共妻的参加者之间都存在细微的差别……好像存在着一定程度的灵活性。作为丈夫的几个兄弟,其地位在其一生中的不同时期经常变化,年轻的兄弟往往受到照顾。人们似乎能觉察到共妻集团中在两性关系和家政关系方面的微妙变动,当出现这种变化时,丈夫们和妻子都必须拿出自己的主意,决定该怎么办。人们希望长兄抑制他的妒忌心,对‘纳玛’(妻子)来

---

〔1〕《西藏社会历史调查资料丛刊》(三),第221页。

说,尽管很难把自己的感情不偏不倚地进行分配,但她必须注意平等对待所有的丈夫。但她的丈夫可能由于她的疏忽而在外面追求情人时,'纳玛'必须克服妒忌心理。"正是由于有此难题,一些地区的藏民尽量从"上等人家中寻求妻子,这样女孩子就可以利用她优越的地位在几个男人间维护其核心作用"。[1] 夫妻同房,以前的资料记载一般是丈夫在门口放置一个信物表示,其他丈夫就会自然回避。女人在婚后会有长者告诫对丈夫们要一视同仁,不能偏爱某一人,如贡觉县丁卡村的松那讲,她与四兄弟结婚,婚后老人对她讲,对几兄弟要平等相待,搞好团结。因此对多夫的妻子来说,也把这一点看得很重要。搞好团结,除日常生活方面外,与一夫一妻家庭不同之处就是要处理好与丈夫们的性关系。丁青县丁青村的阿巴与卢呷两兄弟结婚,她自己讲,两兄弟都不错,哥哥老实忠厚,对人好,弟弟年轻伶俐,相对而言她较喜欢弟弟,但在日常生活中对两兄弟一样对待,在性生活上也不偏心,尽量满足,两兄弟对她也很好,身体不舒服时很体谅,家庭十分和睦。[2]

3. 父子关系及称谓

在一妻多夫家庭中,子女们与父亲们的关系变得复杂了。在康区一般认为子女"不属于某一个人,传承是以家为单位的,外人称其子女也是某家的子女,而不称某人的子女"。[3] 在称呼上,一般称年龄最长的为爸爸,其余为叔叔。但也有不加区别,一概被称做爸爸。据张建世研究称,他在昌都调查过的几户家庭的父亲们没有设想过子女中谁是自己的,谁是其他人(哥哥或弟弟)的,反正这个家庭的子女,均是自己的子女,一视同仁。反之,子女也一样,对父亲们也一视同仁,也不知真正的生身父亲

---

〔1〕 [美]巴伯若·尼姆里·阿吉兹:《藏边人家——关于三代定日人的真实记述》,翟胜德译,西藏人民出版社1987年版,第168页。

〔2〕 张建世:"康区藏族的一夫多妻家庭",载《西藏研究》2000年第1期。

〔3〕 仁真洛色:"试论康区藏族中的一妻多夫制",载《民族学研究》(第七辑),民族出版社1984年版。

是谁。从这些家庭的情况看,子女的所属,主要是从家庭的角度看待的,而不是强调个人。这种习惯也有利于家庭的和睦。

(三)多偶家庭存在的原因

藏族的这种一妻多夫制婚姻形式在世界范围内虽不多见,但也并非绝无仅有。在环喜马拉雅山一带,如印度的巴哈里人、[1]尼泊尔的宁巴人[2]都保持着这种婚姻形式,甚至是在四川木里县,俄亚纳西族[3]也有这种婚姻形式。

早期关于藏族多偶家庭的研究,可以追溯到19世纪的恩格斯,他提出了西藏的多夫制"起源于群婚"。[4]

藏学家戈尔斯坦研究指出,藏族人对其偏爱的一妻多夫制的解释是相当功利的。"他们之所以做这种选择,是为了维护老家的生产资源,使财产原封不动地世代相传。作为一种手段,一妻多夫制可以避免家产在众多男性继承人之间瓜分,还可以集聚家庭劳动力,扩大再生产。因此,它易于为人们理解和接受。同时,社会往往把维护家产的完整统一看成维持联合家庭的生活水平和社会地位至关重要的因素之一,因此,兄弟型的一妻多夫制就成为他们达到此目标的策略。藏族人相信,任何家庭如果同一代人中间并存着两个或者两个以上的婚姻单位,即两个或者两个以上的兄弟各娶一妻,婚后不分家,这种家庭是不稳定的。由于孩子多,他们是不同夫妻生育的后嗣,孩子间的矛盾常常引发妯娌间的纠纷;另一方面,资源在大家庭内部的各个小家庭间的分配不均衡,这就进一步引起

---

〔1〕 参见[美]G.白雷曼:"巴哈里的一妻多夫制:一种类比",载《美国人类学家》1962年第64期。

〔2〕 参见南希·列维妮:"在尼泊尔宁巴社会中,藏族妇女在法律、工作和经济上没有保障的状况",玉珠措姆译,载《国外藏学研究译文集》(第十三集),西藏人民出版社1997年版。

〔3〕 参见刘龙初:"四川省木里县一妻多夫制婚姻家庭试析",载《民族研究》1986年第4期。

〔4〕 恩格斯:《家庭、私有制和国家的起源》,人民出版社1972年版,第78页。

妯娌间的摩擦，从而引发兄弟之间的矛盾。妯娌们原本没有什么亲戚关系，她们从不同的家庭来到同一个屋檐下生活，彼此间往往缺乏忍让精神。于是人们普遍认为，上述现象是导致家庭失和，甚至引起家庭分裂、财产分割的因素。反之，在一妻多夫制度下家庭的同一代男性的所有孩子都出自同一个妻子。从一根枝干产生后嗣的方式避免了家产继承过程中的不稳定局面。"[1]

（四）戴天头

青海藏族，姑娘到十五六岁时，家长要为她改装易服，举行没有新郎的婚礼——"戴天头"。所谓"戴头"，本是"嫁姑娘"娶女婿的泛称。然而，在这里举行的"戴头"仪式的姑娘，所嫁的女婿既不是英俊结实的小伙子，也不是实实在在的男人，而是蓝蓝的青天，是姑娘们抬头就能见但不能与之同床共枕的青天。因为所嫁的对象为青天，所以这种指天为配的无偶单婚仪式又称为"戴天头"。实际上，它是藏族姑娘们的一种成年礼仪式。这种仪式十分隆重，在喇嘛为"戴天头"的姑娘举行宗教洗礼，念诵祝词以后，由母亲、姨母等将姑娘的单发辫改为许多小辫，然后插入她脊饰的两个"加尤"之中，象征姑娘已成年，今后有权成双配对。待姑娘更衣、分辫结束，妇女们便簇拥她来到正屋中央，举行没有新郎的拜堂仪式。仪式包括先拜天地，后拜祖先，再拜父母，最后拜假想中的配偶；唱"拜天地歌"，歌词是：

一拜天地天眼开，
二拜祖宗赐福来，
三拜父母恩情重。

此后，家长就为她准备一处单独的居室，以便她接待来访的情人。

在遵循严格禁止通婚和两性关系的原则下，姑娘留下满意的来访者

---

〔1〕［美］Melvyn C. 戈尔斯坦："巴哈里与西藏的一妻多夫制度新探"，何国强译，载《西藏研究》2003 年第 2 期。

同居,从而立起偶居婚。这种关系的双方互称“着桑”,意为朋友、相好,不是夫妻关系。着桑婚没有共同的经济,双方都在各自的家庭劳动、生活,以男子晚上的走访实现偶居,只有单纯的性关系。着桑婚的基础是双方的感情,结合自愿,离异自由,而且并非独占同居,所生子女属女方,男方对子女无义务和权利。子女的地位与婚生子女相同。这种聚散自由的偶居,男女双方都可以和若干异性交往,着桑的多少并不涉及道德问题。在现实生活里,着桑婚的男子往往过着多“妻”的生活,女子则过着多“夫”的生活。这种婚俗曾在青海、甘肃藏区和土族地区十分流行,与摩梭人的走婚极其相似。

不难看出,戴天头仪式是一种变化了的“成年礼”,是一种为社会提供合格的生产劳动者和婚育生活参加者的仪式。在西藏及川滇等省的藏区,姑娘成年要举行“上头礼”。到时家长将姑娘的发式由单辫分为双辫,或梳成许多小辫,并在姑娘的长袍外扎上“邦带”。改装易发标志姑娘发育成熟,从此姑娘便可以以结交异性,过性生活了。上头礼也是“成年礼”的遗风。2002 年 11 月 1 日施行的《吉林省人口与计划生育条例》第 30 条第 2 款规定的“达到法定婚龄,决定终身不再结婚并无子女的妇女,可以采取合法的医学辅助生育技术手段生育一个子女”,这是吉林省首次以地方法规确认了女性未生育权利一事,不婚母亲生育的子女,实际上也生活在无父无夫的母系家庭中,其血统也按母系计,与藏族及摩梭人家庭有一定的相似性。无论人们怎么看待这一法规的出台,它起码说明了人类的婚姻家庭正朝着多形态的方向发展,而非拘泥在一种模式中,这不是历史的回归,而是一种进步。

三、留下的思考

摩梭人的母系制婚姻家庭模式与藏族的多偶婚是既古老又现代的家庭形式,有学者把从母系到父系称之为“过渡”,是社会发展的“必然结果”,是“从低级到高级社会发展与进步”,而将母系视为原始与落后,认为是落后的习俗。这涉及价值的判断。人类学者马戎对此有精辟的见解，他认为“在人类社会中，究竟哪一种性关系和婚姻关系更‘道德’、更‘先进’？这是不能简单地根据某一个社会的传统标准来衡量的”。[1] 最重要的是要真正地、系统地、深入地了解这个社会的文化，在研究过程中必须坚持人类学的主位调查法，尽可能避免把研究者的文化带入研究过程。认为非一夫一妻婚姻家庭模式“落后”，这显然与事实不符，这至少否定了少数民族人民自身的主体意识和意愿，把男尊女卑、男强女弱的封建伦理纲常的父系社会视做高级与必然，而把女性中心、男女平等和自由婚姻视做落后与低等，否认在以往数百年来一直让不同的情欲与婚姻模式兼容并蓄、共存不悖的事实，低估母系与父系微妙互动的多元发展趋势。任何一种文化现象，有生命力才可能留下来，如果它本身像一些人所说的是腐朽落后的，人们早已丢弃了。作为一种婚姻制度，一妻多夫制与摩梭人的走婚自有其内在的合理性。特别是在摩梭人那里，这个被外界人视为“落后”，乃至“原始”的社区，也少了“先进”地区所特有的离婚、性犯罪和家庭财产经济纠纷。

无论如何我们都必须承认，传统的婚姻家庭观念，由于社会的急剧变迁，已出现了弱化现象。改革开放后，整个中国社会已经和正在发生着深刻的社会变迁，人们对婚姻和性的观念发生了巨大的改变，不再把婚姻看成是人生的唯一价值。组成家庭、结婚生子也不在是唯一认可的生活方式。当代的婚姻已从家族、社会的纽带变成了纯私人的事务，特别是随着生产力的提高和妇女政治经济上的独立，妇女能普遍自食其力而不依赖男子，且妇女掌握了生育权等其他权利，婚后生的孩子法律允许既可跟父亲姓，也可以跟母亲姓，父权制的痕迹进一步减少，从而促使人们考虑人类社会是否一定要以父权制的形式存在？摩梭母系制婚姻家庭模式所产

---

〔1〕 马戎：“试论藏族的‘一妻多夫’婚姻”，载《民族研究》2000 年第 6 期。

生的优越性和其强大的生命力，更使人产生对未来人类生活方式的思考。甚至有学者提出：父权制下的一夫一妻制是否是最好的形式？它本来为了道德的纯洁，却引出了许多的不道德——“卖淫”、“包二奶”等，这正如英国伦敦的外科医学家、哲学家兴登所说：“一夫一妻制的婚制，就已成的格局来说，根本上是一个自私而反社会的制度，娼妓制度的由来与成立，要归它负责；一夫一妻制是一个理由，我们赶得太快了……殊不知过去匆忙地把一个理想演变为一个事实，演变为一个天下通行的法定格式，无论那理想多么可爱，终究是一个大错，结果表面上、名义上的单婚制好像是防杜了不少淫佚行为，实际所唤起的淫佚行为比多婚制所能唤起的还要多”。所以据兴登看来，西洋的婚制是已经腐败的，目前正因腐败而解体。他相信我们需要的是一个比较流动性关系的制度，不是死板的和一成不变的，而是容许相当的改动的……。[1]

在这种情况下，人们必然要询问婚姻家庭制度的合理性及它将如何发展的问题。美国的一位未来学者曾说过，我们不再认为社会只沿着单轨道发展的思想，社会能自然地从一个文化阶段发展到另一个更先进的阶段，可能会有很多发展道路，而不是只有一条路；可能沿着多种道路而达到全面发展的道路。在当今世界，社会的各个方面都在发生着日新月异的巨变，在原有的文化与价值受到冲击的混乱和无序的状态下，人们对婚姻和家庭的观念也将随之而改变。发达国家正在脱离单一式的、固定的小家庭时代，进入一个以各种家庭生活形式为特点的社会，正如社会学家伯纳德说：“未来社会这种婚姻的最大特点，正是让那些对婚姻关系具有不同要求的人，作出各自的选择”。因此，在日趋自由的社会中，每个人都可以选择自己的生活方式，特别是目前采取适应于社会发展的更合理的多样化的婚姻和家庭方式，已成为研讨的热门话题。什么样的婚姻家

〔1〕 转引自谈大正：《性文化与法》，上海人民出版社 1999 年版，第 159 页。

庭才最理想,世上所有人都在思考和寻找。你可以不认同摩梭人或藏人的婚姻模式,但你不可以去否认它、谴责它,因为或许在他们看来,这正是他们找到的最理想的婚姻家庭模式。

第五章　刑事习惯法

第一节　社会治安习惯法

在概述中我们已提到，西方人类学家在解读“功能”时，特别强调“和谐性”，认为“功能”是指局部活动对整体活动所作的贡献，比如社会习俗、习惯法的功能，是指它在整个社会体系运转时对整个社会生活的贡献，这种贡献就是有利于社会的秩序与和谐，即所谓功能和谐。如果我们把社会视为一个生命有机体，那么和谐、安定、秩序良好就是指健康的社会，而动乱、秩序混乱则是指患病的社会。布朗认为公元前5世纪的希腊人就是用这一概念来区别城邦的健康与不健康的。[1] 因此他建议人们应当重新阅读柏拉图的“理想国”从而进一步理

〔1〕［英］A. R. 拉德克利夫—布朗：《原始社会的结构与功能》，潘蛟等译，中央民族大学出版社1999年版，第204、205页。

解“希腊人认定的有机体健康和社会安定，都是指一种甚至各个组成部分能够和谐工作的状况”。[1] 在这里我们把社会治安方面的习惯法放在第一节，也是意在强调民族习惯法的功能甚至价值，在于维护社会秩序，给人的生存与发展提供一个安全和谐的社会环境。西南少数民族的先民们，他们虽然不了解希腊人的哲学智慧，也不具有西方人类学家关于功能和谐的理论，但他们从民族的演变史和社会生活中，通过切身经验，感受到社会秩序与和谐的重要性，认识到创建秩序与和谐的环境就必须要有规则。数千年来，包括各少数民族在内的华夏民族对于和谐社会的追求，对于人与人的和谐、人与自然的和谐的高度重视，构成了中国法律文化的文化特征和文化传统，所谓“天人合一”、“融突和合”，其中西南少数民族在这方面也创造了丰富的经验，作出了自己独到的贡献。

一、习惯法对社会公共秩序的维护

西南少数民族习惯法重视维护社会公共秩序，在各民族流传下来的禁止性规范中，维护社会公共秩序条款常常列在首位，对于违反有关规定的处罚也较重，而且有关犯罪的种类的划分与历代中国古代法中的分类相近相似，这不仅说明民间习惯法与国家法有相通性，而且也说明民间习惯法重视公共秩序又需要利用国法朝纲的权威性。在我们调查过的彝族、羌族、苗族、土家族、瑶族、侗族、布依族、藏族、纳西族、白族、傣族、景颇族、毛南族、仡佬族等少数民族的法律生活中，一般都将杀人、放火、伤害（因抢劫财物或因斗殴而起）、偷盗、非法侵占和使用他人或公有土地、山林、草场、破坏婚姻家庭的行为（侮辱或强奸妇女、谋夫夺妻）、侵犯人身权利、损毁庄稼和林木、侮辱人格（包括损害家族名义、村寨名义）、违反公平交易习惯（伪劣商品、短斤少两、大斗进小斗出等）、犯禁忌等行为视为犯罪，并受到习惯法的制裁。下面以贵州布依族习惯法历史状况为中心作一简要分析。

---

〔1〕［英］A. R. 拉德克利夫—布朗：《原始社会的结构与功能》，潘蛟等译，中央民族大学出版社1999年版，第204、205页。

布依族也是一个具有悠久历史的民族，秦汉以前自称“濮越”或“濮夷”，东汉六朝称“僚”，唐宋称“蕃蛮”，元、明、清至新中国成立前称“八蕃”、“仲家”、“布笼”、“夷族”等，1953年始称布依族。现今布依族主要居住在贵州境内。贵州的布依族人口已达276万，占全国布依族人口的97%，主要分布在黔南、黔东南、黔西南等州县。布依族素有“水稻民族”之称，典籍记载“勤耕织、善养田”，而且林木、畜牧业、手工业、商业贸易亦有数千年历史。解放前，布依族有自己的语言，但无文字，乡规民约通用汉字。经过几十年的努力，现已有了布依族文字，这对布依族人的法律生活必将是一个大大的推进和提高。

布依族同西南其他少数民族一样，其政治法律制度经历了土司制度、改土归流、乡里保甲制度等几个阶段，其中土司制度源于汉，成于元代，完备于明清，其间中央封建政权曾实行“以故俗治之”的羁縻政策。土司下设甲首、亭目，把人分为八个等级，即土司、土目、把事、马排及魔公、粮庄百姓、夫役、私庄百姓、奴婢，其中私庄百姓地位低下，而奴婢地位最低。清末以后被民国时代的保甲制度代替。与国家政治法律制度相适应，布依族还有一套自己的社会组织，主要有“宗族制”、“议榔制”、“寨老制”、“蕃”、“马”、“枝”等，其中宗族制、议榔制、寨老制最为普遍，发挥作用也较大。同宗同姓的一个或数个村寨组成宗族，族长由德高望重者担任，一般在成年人中自然产生。族长承担宣讲、伸张、身体力行家教族规的责任，同时还要负责对外事宜。宗族设有“家族长全体会议”、“家族长代表会议”、“当事人与评中人专门会议”、“有关方面协商会议”等议事形式，既是制定家规族规的组织机构，又是调处纠纷的场所。罗甸县《黄氏族谱》（明万历年修）“祖训七条”就是一部族规：“敦孝悌以重人伦”、“笃宗族以招亲睦”、“正男女以杜燕淫”、“勤农桑以足衣食”、“设家塾以训弟子”、“修祖祠以存蒸尝”、“宝人民以固土地”等，[1]充

---

〔1〕 翁家烈主编：《贵州省志·民族志》（上册），贵州民族出版社2002年版，第185、186页。

满儒家文化精神的严厉的家法族规对维护布依族社区的公共秩序起了良好作用。

关于"议榔制",有的地方称"议各习"。"榔"源于布依族早期社会的血缘组织,又是本氏族对部落酋长的称谓。"议"即"集中"、"聚会"之意。随着社会发展,"议榔"组织小的包括一个或数个毗邻村寨,大的包括数十百寨,不分姓氏宗族,都可以参加。议榔设有榔头、巫师以及分管军事、主持司法的头领。[1]"议榔"组织最高权力机关是议榔大会,大会主要讨论榔内重大问题,制定榔规榔约,选举各种执事头领。规约的主要内容有:保护私有财产不受侵犯;维护生产、生活秩序;维护公共道德纲纪伦常;决定采取保卫集体安全和抵御外侮的具体措施等。榔规榔约体现组织内群众的意志和愿望,必须遵守,违者必究,有较强的约束力,特别是在社会动乱时期,其作用更大。在黔西南布依族自治州兴义、兴仁、册亨、安龙、贞丰等县市,保留了不少类似榔规榔约的古代碑文,为当地群众所必须遵守的习惯法,至今还有影响和一定的约束力。位于南盘江畔的《册亨马黑乡规碑》立于道光二十七年(1847年)。碑文强调乡规之宗旨在于维护地方之安宁。兹将全文抄录如下:

"我等生居乡末弹丸,少睹王化之典,各宜所有,务要出入相友,守望相助,勿生相仇之心,少男当以耕种女渍纺。庶乎家家盈宁,般室安居,乐享光天化日。自立碑之后,严示弟子,贫不可为贼,贱只宜卖气。倘忽行乱偷,通寨一力禁革。上下邻村多有被盗苦案,只因强盗告失主之事。今我寨上,若有为非及行盗告失主者,人众必同力面差吊打,支用银钱不能相丢。倘有白日夜晚,拿得是贼是盗者,众人一力上前砍手剜目,使成废人。若窝藏匪类,勾引外贼,必定擒拿送官治罪。若有贼人枉告中人,以为磕索者,此事指鹿为马,众人不致相丢。兹恐无凭,特立碑为照,再

[1] 翁家烈主编:《贵州省志·民族志》(上册),贵州民族出版社2002年版,第185、186页。

立禁革款目,列载于后:

一禁革不许赌钱。

二禁革不许偷笋盗瓜。

三禁革不许掳抢孤单。

四禁革不许调戏人家妇女。

五禁革不许游手好闲。

六禁革不许窝藏匪类。

七禁革不许偷鸡盗狗。

八禁革不许作贼反告。

寨老 岑抱台 黄朝通 覃抱必 覃应贤

岑抱慕 覃拖赖 杨卜平 陈抱龙 班卜改 黄秉秀同众花户人等立

道光二十七年秋七月谷旦立"[1]

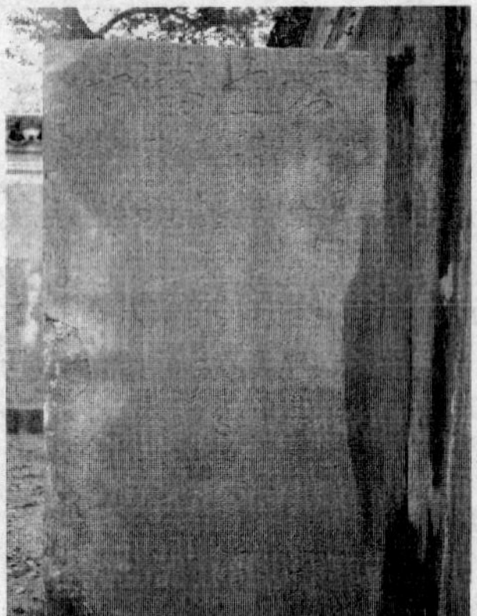

图36:清中叶以后,随着汉文化在西南民族地区的广泛传播,人们开始以碑刻的形式记载乡禁约等习惯法。

马黑寨为清代永丰州与册亨州之分界,地处要冲,有盘江航运之利,社会治安犹显重要,布依族人充分运用乡规民约习惯法的作用,稳定了社会秩序,促进了经济发展和社会安定。

《黔西南布依族清代乡规民约碑文选》搜集了24份碑文,内容涉及乡规民约的意义目的、树立纯朴的社会风尚、立约遵约维护社会治安、维护生产保护劳动果实、保护山林草原美化环境、倡议修桥补路以利交通、提倡保护水源禁止污染、增进人民健康、重言严示持之以恒九个方

[1] 陈新生等编:《黔西南布依族清代乡规民约碑文选》,1986年,第48页。

面，可见议榔规约不仅具体、细致，而且也比较全面地反映了社会公共秩序的需要。据史记载，在平塘县上莫乡，布依族议榔组织曾在民国年间召开群众大会，宣布榔规，并当场处死偷牛盗马、屡教不改的罪犯。惩罚方式是采用大竹篱装犯人，再用石头捆绑沉入塘中溺死。[1] 这说明民间习惯法的刑罚也有严酷的一面，是野蛮时代法制残余的反映，但它又是一定历史环境下人们的一种选择。

关于寨老制，西南少数民族大多数都有这种制度。布依语称村寨为"板'，称寨老为"博板"或"布光"。俗语说"板又光，兰又主"，意为"寨有寨老，家有家主"。寨老是一家之主，一寨的自然领袖，由群众公认推举德才兼备的长者，一般村寨的寨老有2～3人，但也有5～6人，由村寨大小、人口多少而定。寨老地位崇高，历史上曾被视为村寨行政长官，在黔西南的兴仁、兴义、贞丰等县市，布依族村寨几乎都立有一种四柱四角的凉亭式"官厅"。相传部落时代，部落首领曾用作军事瞭望亭和议事亭。后来又发展为主神，每年正月初一至初三，由寨老主持祭祀"官厅"，拜神主，然后议事，讨论议决来年应做大事，并当众宣布。寨老还要对青少年进行一次严肃的社会道德和乡规民约规范宣讲，并且还有一定的仪式。由于寨老的崇高威信和威望，乡规民约的推行很有效果。如贵州镇宁布依族苗族自治县扁担山石头寨共200多户人家，有5～6位寨老，其中一位叫伍起良的寨老，曾参加抗美援朝立过战功，广见博识，办事公道，作风正派，他不仅主持和办理本寨的日常事务，调解处理寨内纠纷，还要代表本寨利益，作为本村全权代表参加解决寨与寨之间有关问题，是活跃在民间社会的"法律人"。

近现代时期，有的地区议榔制与寨老制融合，寨老亦即议榔的榔首。如前面所述马黑寨乡规民约就是十几位寨老与村民共同订立的。另外，

〔1〕 翁家烈主编：《贵州省志·民族志》（上册），贵州民族出版社2002年版，第187页。

还有苗族、瑶族、壮族、毛南族、仡佬族等都有寨老,他们对内对外的职责与布依族大同小异。例如,清代广西庆远村(治宜山)一带壮人,民间发生纠纷,以年高的寨老判断。[1] 广西龙胜县龙脊乡壮人至今还存有清道光二十九年(1849 年)制定的乡规民约,寨老在制定和贯彻推行乡规民约中起了很大的作用,如维护生产秩序方面的乡规民约中有这样的规定:“在牧牛羊之所,早种杂粮等物,当归其盛长之时,需要紧围,若遇残食,点照赔还和值时届禁关牛羊,践食者不可藉端罚赔”。“遇旱年各田水渠,各依从前旧章取水灌溉,不得改换取新强塞隐夺,以致滋生讼端,天下事利己者谁其甘之”。在《通龙脊拾叁寨会议集约》中规定:“田边、地边、园边之牛草不许乱割,务宜各占之叶,各自去割,违者罚钱□千文。”在光绪四年(1878 年)的禁约及稍后的订约中除重申上述规定外,还增加了“人有不尊,任凭地方乡老头甲送官究治”的规定。[2]

解放后,寨神庙会已趋消失,但寨老制度残余仍存在。1980 年以来,布依族同其他少数民族一样,有些地区请寨老同村民商讨订立的村规民约根据转型时期生产关系、法制建设的实际情况,条款结合国家法与政策进一步细化,也很有成效,这对维护民族地区的生产生活秩序起了很好的作用,同时也说明在民族地区寨老制度是不可忽视的传统力量。比如新的村规民约要求家家户户牛马有栏、猪有圈、鸡鸭有舍,不许随意放养家禽家畜残害农作物,违者除向受害户道歉外,还要按损失赔偿。按政策落实的自留山,各户种下的竹木、果树谁种谁收,任何人不得侵犯和破坏。如受破坏必须赔种,保证成活。未分配落实的山林地和未封山育林的林地、天然山林、果树,任何人不得乱砍乱伐,违者按木材市场价格赔偿。在不妨碍晒场、交通和公益事业建设前提下,各户在零星小块土地上种的竹木果树,谁种谁收,不得侵犯。饮用水源,不准任何人洗澡、

---

〔1〕 张有隽主编:《广西通志 · 民俗志》,广西人民出版社 1992 年版,第 177 页。

〔2〕 张有隽主编:《广西通志 · 民俗志》,广西人民出版社 1992 年版,第 177 页。

洗涤其他污物，也不准放鸭、鸡和在附近栓绑牛马。凡瘟疫、食物中毒死亡的家禽家畜或带有毒性的毒物，必须深埋，不准丢下池塘、水沟，以免毒害人畜，违者处罚。鱼塘已落到户承包，除承包户外，他人不得随意捕捞，违者除如数赔偿外，重者要负法律责任。田边、沟边、池塘边、村边等所筑有的石堤石墙，任何人不得随意拆除破坏。[1]

二、习惯法治盗防匪、保护私有财产权，对地方经济秩序的维护

治盗防匪，维护地方正常的经济秩序也是西南少数民族乡规民约的重要内容。羌族、苗族、侗族、土家族、瑶族、壮族关于御防盗匪的乡规不少。前述广西龙胜龙脊十三寨道光初年的《会议禁约》是一典型例证，条款订得细密，规定：盗窃猪牛者罚钱×千，如违送官究治；盗偷布帛鹅羊者罚钱×千，如违处置。清道光二十九年（1849 年）乡约写到：见田地种稻、粱、菽、麦黍、稷、薯芋、盐业、瓜菜、山上竹、木、柴、笋、棕、茶、桐子以及家禽等项乱偷者，拿获，房族送官究治。民国初的乡规规定：偷盗包粟、红薯、芋头、黄粟、旱禾等物，一经拿获，罚钱九千九百文。清道光二十九年（1849 年）的联合御侮共同防盗禁约规定：离团独村寡居，恐被聚集贼匪昼夜掳掠窃抢，鸣团一呼而至，不得萎缩逡巡，立即四路捕守拿获送官究治。清光绪四年（1878 年）龙脊十三寨订立互相支援的合同，规定如有匪犯，一呼百诺，患难相顾，通村齐临，如若各寨远望旁观，均同送官究治。

瑶族习惯法对治盗匪也有种种规定。广西金秀滴水、容洞两村清光绪十七年（1891 年）石牌法律规定：偷禾仓、挖屋、偷坟各罚银 50 两；偷猪牛偷棉花各罚 50 两。清宣统三年（1911 年）六拉三姓石牌规定：山中香草乱偷扯者，有人抓获，赏红花 36 元；如捉不到，用炮打死亦可，赏红花 36 元。将杂粮、生柴偷窃者当场抓获，赏红花 12 元。偷薯莨、乌胶木

---

〔1〕 参阅张有隽主编：《广西通志·民俗志》，广西人民出版社 1992 年版，第 178、180、181 页。

图37:广西南丹县的里湖瑶族将禾仓建在屋外,以四口铁锅支于柱上,其上架设粮仓,既可防鼠,亦用于防盗。

有人确证,赏红花2两4钱。偷窃鱼蛙,罚银12两。金秀六十村石牌于民国三年(1914年)规定:如有匪到瑶山,务要同心协力起团追捕,何村不起团,与匪同罪究办。何村通匪,以米粮、油盐、腊肉、鸡鸭、小菜济匪,依石牌法律究办;知匪不报,石牌追捕究办;见逝来报者,赏花红银3元;擒拿匪者,每名赏花红银5元。客商进瑶山,途中被抢,闻知即起团追拿,闻知不追拿者,究治。带匪进瑶山窝藏,日后查确,家资一概充入石牌。民国七年(1918年),三十六瑶七十二村大石牌重申上述规定,并提高报告匪情和擒拿匪徒花红银到5元和10元。这说明瑶族习惯法已有了御防盗匪的种种办法。[1]

广西南丹瑶寨、融水苗寨、贵州文斗苗寨、雪域高原桑耶文明村路不拾遗、夜不闭户,这是因为他们世代以来有极其严格的习惯法存在,比如融水苗寨"依直"(埋岩会议)规定:谁偷了别人家东西,一经发现,就要他捉自己家里最大的一头猪来杀,然后切成一两左右的扁方肉片,用竹条串起来,每串约有半斤,自己挑给寨中每户一串,并边敲锣边说:"我偷了×家东西(偷什么说什么),我错了,以后我改,你们千万不要学我

〔1〕 参阅张有隽主编:《广西通志·民俗志》,广西人民出版社1992年版,第182页。

呵！”这样谁也不敢小偷小摸了。[1]

侗族对治盗防匪按款约办事。“八月约黄”，就是庄稼快成熟时集众讲款，提醒人们爱惜劳动成果，不偷或乱拿。广西三江、龙胜两县侗区流传的《约法款》，其中对拦路抢劫、杀人放火、图财害命、挖墙拱壁等的处罚，属“六面阴”，即处以重刑，直至沉塘、活埋；对小偷小摸如偷钱偷粮、偷鱼偷米、偷鸡偷狗、偷瓜偷豆、坑蒙拐骗等的处罚，属“六面阳”，即处以罚款，或令其敲锣喊寨，表示悔过。清光绪元年（1875 年），三江马胖乡公布的条规，规定半路强截，罚钱六十四千文；挖墙破壁，偷牛盗马，拐带人口，各罚三十二千文；强盗告失主罚一十二千文；偷盗鱼塘，借名吓索，横行油火，勾生吃熟，私卖黑货等，各罚八千六百文；偷盗田禾、茶子，各罚四千四百文；偷放田塘，罚四千二百文；偷盗棉花，罚二千二百文；偷盗鸡鸭、乱捞鱼塘、偷窃柴火，各罚一千二百文；偷盗菜园，罚八百文；防匪方面，侗族历来采用互相支援的办法，款约规定：如甲寨发现某地有股匪，即用鸡毛、辣椒加火炭信，迅速告诉临近的乙丙各寨，乙、丙两寨再通知丁、戊各寨，各寨得到急信，头人或寨老便上鼓楼击鼓聚众，所有款丁都自带干粮、武器，在头人或寨老率领下，火速飞奔甲寨救援，共同抵御和剿灭土匪。得到信息的各寨必定出兵，否则要受到款约的严厉制裁。

如前述贵州册亨马黑乡规民约说明布依族习惯法也重视对私有财产的保护，把盗匪列为八项“禁革”款目之内容，这对维护地地方的经济秩序，使百姓安居乐业起了重要作用。由于布依族推行习惯法的社会组织较为完善，因此对社会的管理和教育效果明显。布依族治盗主要用乡规民约，而防匪则采取协防合同形式，相邻的寨子联合签订协议，明确责任权利，违者究治。因为乡规民约及协防合同，大都由布依族寨老牵头群众协议制定，又由群众自觉监督执行，充分体现了群策群力，抑恶扬

〔1〕参阅张有隽主编：《广西通志·民俗志》，广西人民出版社 1992 年版，第 183 页。

善，以靖地方的传统美德，既有浓郁的地方特点和民族特点，符合布依族人民的意愿，是一乡一寨管理社会治安和生产、生活的综合性地方法规，又具有一定的权威性和特殊的约束力，一经订定，勒石成文后，就成为一乡一寨范围的社会治安公约，在历史上发挥了积极作用。如1929年农历二月，广西罗、欧、孙三匪首，率领200多匪众，抢劫弼佑下寨赶场群众，开枪打死1人，抢去妇女3人，牛7头，乱掳抢场上的商品食物等。当事件一发生，弼佑寨一面吹号角，一面差人送鸡毛火炭信，通知四乡邻里。不多时，坝还、洒宜、八谋、者岳等寨，以及土匪回路的沿途村寨，一齐出动，四山人墙堵围。土匪见势惊惶，立即退逃，层层遭到堵击，就甩了所抢的人、牛等物质。这说明了按规约团结相助，不但挽回了损失，还俘虏了吴八等八个土匪。经过这次事件，民众受到启迪，更觉订立乡规民约和协防相助的重要和必要。因此，乡规民约深受布依族人民群众的拥戴，充分体现出布依族先辈治理家园的聪明才智。[1]

贵州兴仁县陈家沟乡曾家庄是一个布依族聚居的寨子，一条古驿道穿寨而过，上至百卡、下至咔呷寨，现存清道光四年(1824年)防盗禁约总碑，碑文在概述"部分"已引述。这块乡规民约碑是对治盗御匪总的要求，口气像是政府的告示、宣示，说明布依族的习惯法是有一定权威的，据当地老者反映，"禁约总碑"在清代中后期发挥了治安保民作用，至今在曾家庄一带还有影响。下面一块乡规民约碑内容属于治盗御匪专题，立于兴义县城北48公里处的柯桃水淹凼乡，属布依族聚居地区，因碑呈方形，俗称四楞碑。碑高150厘米，正、背面各宽41厘米，左右两侧宽33厘米。竖于天然石基上，碑面损坏严重，字迹大多模糊，经贵州黔西南州史治办整理，碑文如下：

正面：为团众协心以靖地方各寨乡、各户人等公议，列□以□□

---

〔1〕 参阅陈新生等编：《黔西南布依族清代乡规民约碑文选》(简介)部分，1986年。

条规。

一议被贼挖墙入室，以盗家财什物等项，失主务要切实具赃，不得冒作虚报，凭之后众等务须同心验贼与窝家，□□捆缚解官究治。

一议在团人等，务须各家本分，□□□□一人，匪棍不得□（聚）赌，□（日）□（抢）夜偷扰害地方，倘经众□（人）查出，□□□□解官究治。

一议被贼盗窃牛马者，即被地方团头□簿人等，各带盘费，四路追贼，倘追无踪，一里十家务要同心查实，失主不得虚报，若已失众□□失主□□□众□□□□亦得一半，如即时讨赃贼两获，众等送官究治。

一议被贼已盗马牛，不熟与瓜菜竹木等项，即时拿□□□众团头，罚银十两充公。

一议上下往来客商，人行□□，以及村寨宅前屋后，务□失火□□□倘无火烛出声□中杨□□□□人众究治。[1]

该碑西南（右侧）和东南（左侧）字迹模糊太多，每条仅偶存数字，不能连成句逗，失去参考价值，因此不录。这块碑仅存正面的“五议”，内容虽残缺不全，但还是显示出五条都是针对偷盗制定的，不仅对贼盗匪等犯罪规定了惩罚，而且对失主也明确了责任和奖励，并以国家法作后盾；既要发挥地方社会组织惩盗治匪的功能，又要每一个村民同心同德维护社会秩序，表现了布依族人管理社会、保护村寨及村民利益的社会责任感、丰富的经验和法文化智慧。

在布依族人聚居地区，像这样的治盗御匪民约碑存留下来的还有很多，如原立在安龙县城东平乐乡的顶庙丫口，现移至平乐乡阿能寨水井边的公议碑，碑文要求为防盗扰良，以靖地方事，四邻应合作勤劳，并提出“四禁”，“一禁放鸭之人，不许采禾苗。一禁窝藏贼盗者即报。一禁

---

〔1〕 陈新生等编：《黔西南布依族清代乡规民约碑文选》（简介）部分，1986年，第44、45、46页。

山林不准乱砍。一禁有口角细故,要经头人,不可枉控。"[1]还有册亨县秧坝区板用乡宣哨寨的"宣哨石碑"、"兴义县顶效镇绿荫村保护山林碑"、"长贡家族护林碑"、"册亨坝江乡规碑"、"秧佑乡规碑"、"册亨八达乡规碑"等都设有禁盗匪条款。已如上述,这种情况在南方山地民族习惯法中也是较为普遍的规定,我们在广西少数民族习惯法调查中,发现几乎每个村寨历史上都有这样的民约。布依族治盗防匪的习惯法形式中的"齐团合同",具有地方特征。布依族地处黔南、黔西南、黔东南,与广西、云南接壤,山地居多,历来为盗匪出没猖獗之地。特别是清嘉庆至咸同前后七十多年间,这些地区战祸频繁,这对于地方安定和人民生命财产安全时构成严重威胁,因此,布依族人历来特别重视严防匪盗,惩治匪盗。为了有效地打击匪盗,以靖地方和保护自身利益,他们在运用习惯法过程中创造了一种联防合同形式,这种形式已如前述,在实施过程中取得了较好的效果。我们这里根据黔西南布依族自治州史志办收集搜集整理的七个联防合同做一评述。

七个合同有:《者骂者六等寨齐团合同》、《团烘打言板集等寨齐团合同》、《丫他八窝齐团合同》、《龙渣板街等寨联防合同》、《板街板集亭等齐团合同》、《册亨者六众寨合气协防合同》、《册亨八窝板陈等寨协力防匪合同》。这里暂引述两块碑文,先看《者骂者六等寨齐团合同》:

"立合同凭据字人:者骂寨陆明宋、卢锦元、黄国兴、何朝富。清会(新位)、边山寨韦尚元、贺朝富。者六寨黄国荣、韦卜乌、韦永祥。者七寨苏国荣、陆卜管。八卧寨韦奉斌、韦永祥。央庆寨罗有元、李文才、王明德、王正宗。板陈李口口。者屯潘士德。板那(纳)岑忠禄。

九寨等人,情因为地方变乱,红白未分之际,乱世推扰,只得合寨大众公议齐团。协力同心,安分守直,毫无枉为,各宜冰心。父戒其子,兄

〔1〕 陈新生等编:《黔西南布依族清代乡规民约碑文选》(简介)部分,1986年,第44、45、46页。

勉其弟,老幼全安,切莫听其旁人唆哄,肇事生端,共享升平。倘有日后红白来,过境安抚地方,或是投诚者,或是要完纳粮项,大众公议,一力同然,不使自专。又有各寨人等,一切田土婚姻之事者,最要投明寨老里长人等,宽容理论了息。倘有不遵此者,二比一切再禀明团内,望祈里老人等施仁慈,分明了事,一体同仁。倘有不遵此者,糊行乱为,仍然引匪往挖别团,又引外贼入境,伙串害地方,大众齐心,拿获治罪,自贻后悔,谨之慎之,合众分明。恐后无凭,立合同凭据一纸,交赴团首长老人苏国珍收执存照。

代笔人 黄玉明

咸丰七年(1857年)二月二十日立合同"[1]

这里的"团"并不是议榔组织,而是临近村寨建立在防匪合同基础上的暂时联盟,合同有效则联盟存,合同失效则联盟散,反之亦然。当然,合同的签订、落实与执行,还是要依据寨老村老,但又由群众自觉监督执行,充分体现了群策群力,抑恶扬善,以靖地方的传统美德。碑文"红白未分"是指咸同年间回族、布依族起义,以白旗为标志,故以"白"指起义军,"红"指清政府军。这是一个社会矛盾尖锐、充满战乱的时期,碑文认为在这样的乱世百姓生活艰难,担心办一件事会有若干阻挠,故曰恐"乱世推扰",因此希望村民协力同心,维护社会秩序。历史说明,农民起义暴动所带来的负面作用远远大于它对历史的贡献,如马克思所说,小生产是几麻袋土豆,自己都不能代表自己,当然更说不上代表先进的生产力和先进的文化,他们注定找不到历史的正确方向。清代嘉咸年间的太平军南征北战,虽然震撼了清政府的封建统治,但战乱造成的社会秩序混乱、经济破坏、文化衰败触目惊心,仅晋商创造的先进的金融制度被毁于一旦就是鲜明的例证。"在突如其来的战乱面前,山西商人拥有的智

---

〔1〕 陈新生等编:《黔西南布依族清代乡规民约碑文选》,1986年,第87~89页。

慧、才干都显得无比脆弱,不堪一击”。“他们用整整一代人的心血建立起来的金融网络,几乎是一夜之间就被交战双方的士兵撕扯得七零八落”。[1] 布依族人民不愿战祸来到家园,为了和平生存与发展,他们自发地签订协议,结成村寨联盟,维护地方经济秩序和生活秩序,是顺应历史潮流,维护自己权益的正义之举。

三、习惯法禁毒禁嫖,树立淳朴的社会风尚,维护社会治安秩序

布依族习惯法重视禁赌嫖娼,在我们发现的布依族乡规民约中,大多数都设置了这一条款。布依族是一个具有良风美俗的民族,历来以勤劳致富,勤俭持家为荣,以游手好闲,懒惰奢华为耻,所谓“吾乡之老辈,勤俭各为家风,朝出耕以资仰侍父母,暮入息聚议场圃桑麻,要以后相劝,绿野月明到处犬无声,堪称仁厚之俗”。[2] “从来为善必福,为恶必殃,劝兄弟妻子之邻,共安耕纺织,相友相劝之义,协同正直公平,但宜同心好善,此系取是舍非也。”[3] 他们把赌嫖奢华懒惰都视为恶,认识到这些对社会生产、生活和社会秩序的破坏作用,历来在布依族习惯法中都属禁止之列。

在现今兴义县城北45公里处的布依族阿红大寨存留的清道光十四年(1834年)立的乡规民约碑,其中“八禁”中之第三禁就是“不准窝藏赌博”。册亨县冗渡区者冲乡岩洞寨大路边乡规民约碑,道光二十八年(1848年)立,碑文为公议款式二十九件,主要内容都涉及社会风尚,提倡良风美俗,禁赌禁奸,现全文引录如下:

“垂芳千古

公议款式刻碑于左:

---

〔1〕 铸言等编:《晋商》,汉语大辞典出版社2004年版,第67页。

〔2〕 陈新生等编:《黔西南布依族清代乡规民约碑文选》(简介)部分,1986年,第10页。

〔3〕 陈新生等编:《黔西南布依族清代乡规民约碑文选》(简介)部分,1986年,第11页。

第一件：有君臣、父子、夫妇、朋友、昆弟，各守五伦，各尽人道。

第二件：君尽道，臣尽忠，子尽孝，妇敬夫，弟敬兄，各尽其诚。

第三件：人家有规，敬老慈幼，勿忘宾礼。

第四件：处临里而和乡党，莫使愧心而昧骗。

第五件：须要众人而合一心，休藏戈矛刀剑。

第六件：山林树木，地饶敦朴，人丁兴旺，求宽怀以待人。

第七件：善良者宽刑，凶暴者逞威。信振家风，天必从之。

第八件：富贵贫贱，红白会期，扶幼助老，邻里相帮，一境和悦。

第九件：世有刚烈者，因小事而威逼大事。各方劝化，谨戒奢华。

第十件：世为匪窃得物投宿，凡我境内之人，查实盘问，方可借宿。

第十一件：有年壮女姿者，苟合私奸，此等不法，父母族内伙同治之。

第十二件：妇女同行者，乃遇寻花问柳之鄙夫，昧心拐逃，恐后有累，切莫隐匿，不可招留。

第十三件：世有不法之徒，昼夜游赌，刁害民家之子弟，各人警戒，勿喧哗。

第十四件：世有游手好闲，日夜其饕餮，借酒逞凶，此失其大节，切莫以行以留。

第十五件：各户种植之谷物各管，不可私窃，勿为狗盗。

第十六件：如有土地凭证，凭中典当或卖，不可枉害生讼，枉害受罚。

第十七件：假害生事，丢脏诈骗，盗窃牛马家财，内外查实，连窝同办不恕。

第十八件：各户多种五谷、瓜果蔬菜，务使肥己利家。

第十九件：世有做贼之人甚多，每思牵牛拉马，□款之家，□落通盗论。[1]

---

〔1〕 陈新生等编：《黔西南布依族清代乡规民约碑文选》，1986年，第32～35页。

上述19条为道光年间册亨州乡民协议定下的民约条款,内容较为全面,主要是提倡良好的风尚,提倡勤劳致富,济困扶贫,互相帮助,友善待人,防盗防匪,禁赌禁奸。特别是前面5条作为民约基本原则,表现出布依族人具有的中国传统文化素养。该民约以孔子的"五伦"人道为首款,把儒家宗法人伦之道演变为具体的行为规范,这是布依族人的创造,在这里孔子的儒家精神融合在乡土社会的行为规范之中,民约不仅惩恶,而且扬善,强调人与人之间的关爱、诚信、尊重、宽容,凸显了布依族人对和谐有序社会和安居乐业生活的追求。当然,经过二千年的演变,儒家的"五伦"已带有浓厚的封建宗法色彩,也包含不平等、不民主甚至专制的精神,但是,由于特殊的地理环境和经济背景,造成布依族人原始民主精神的存留,这恰恰沟通了布依族人同儒家原创文化的自然关系,因此,它的乡规民约及其实施过程中透射出的人道主义、人本主义、人文关怀反倒比汉地强烈。

西南其他少数民族同布依族一样,很早就认识到赌嫖对社会生产、生活和社会秩序的破坏作用,历来在习惯法中都属禁止之列。流传于滇南洪河两岸彝家山寨的彝文经书《彝族礼法经》即是彝族的一部"教育经",又是一部习惯法典,它教人习文、知书达理、仁义道德、尊天敬地、尊师重道、团结友爱、忠君守法、惜时勤奋、自由正义、训诫禁忌、弃恶从善、为人处事、待人接物等,从不同的角度论述人生在世,怎样做人,做什么样的人。"治世礼法经","尊崇礼和仪","用地府刑律,教训阳间人"。偷盗赌嫖为不善,到阴间必受报应,所谓"掏出他的心,剜出他的肝,给他受刑"。[1] 苗族习惯法也力禁赌嫖,贵州惠水县苗族民约碑有"力禁赌嫖"的规定。另外,对强奸、通奸、拐骗妇女都有惩罚规定。

壮族民间习惯法对赌嫖严惩不贷,如前述广西龙胜县龙脊壮寨在清

〔1〕 红河哈尼族彝族自治州民族研究所编:《彝族礼法经》,云南民族出版社1997年版,第46页。

道光三年(1823 年)订的乡约中,提到严禁窝留棍徒赌博滋事生端。咸丰十一年(1861 年)、同治十三年(1874 年)也有禁赌的类似规定。广西田东县檀东乡壮族在乡规民约中规定赌博者要罚款。仫佬族对赌嫖的禁约规定:村中不得开头聚赌,引诱良民与窝住歹人勾生吃熟者,查觉禀官究治。凡有奸淫妇女证据确凿者,由被害人或负有亲权者依法将该犯送县究办。毛南族在清光绪二十二年(1896 年)的《大脉隆款碑》中规定:严禁窝赌打牌,有犯者罚钱一千文,生私生子的要为本寨谢龙安土。京族江龙乡恒望村清光绪五年(1879 年)订的规约规定:参赌者每名罚银四角,藏赌者罚银一元二角,晋绅、职员、老大参赌加倍处罚。若收有赌场金钱,交会长处作为公款。报告赌博者,将罚款谢赏花红银三角五分。知而不报者,查实此人均同犯罪者处罚之。[1]

由于封建传统文化的影响,民族地区与汉地习惯相近,对于通奸、强奸、嫖都视为犯罪予以惩罚。清末沈家本修律礼法之争关键问题之一就是未婚女子的通奸是否为罪,这一引起中国社会极大反响的问题,事实上直到 1978 年以后才真正解决。因此,民族地区习惯法重处通奸就不足为怪了。前述广西龙胜龙脊壮人乡约规定:如果捉到通奸的男女双方,女方丈夫可以把奸夫打个半死,并根据犯者家境,索取尽可能多的“遮羞银”,奸妇则从其娘家要鸭一只,酒数斤到夫家来,请头人及其丈夫吃一顿,谢罪和解了事。但如果原来夫妻感情不和,男方可趁此与女方离婚,不过这种现象较少。如果捉奸抓不到“双”,即使是公开的秘密,也不能构成犯约的行为。广西宜山县洛东乡壮族乡约规定:妇女未婚与人通奸生子,双方要罚重款,充公使用。广西环江县城管乡壮族习惯法有:通奸如果被丈夫发现,当场将两人打死无事。如果抓到奸夫,则由原夫狠打,并不罚款,因为是女方有意。但女方被送回娘家,原夫可另娶妻,

〔1〕 参阅张有隽主编:《广西通志·民俗志》,广西人民出版社 1992 年版,第 184、185 页。

而女方不得自由出嫁，更不许嫁给奸夫。在出嫁时，须得原夫写字打押，并要偿还原夫以前娶妻时的礼金的两倍和礼品的全部或部分。原夫在退婚书上打押时，每个手印收一元，如无十个手指印，别人不敢娶。民国年间，发生私生子案，野夫被罚款30元或72元，岳家被罚送给姑爷一双公牛，并负责判案前后的两次酒肉宴的用费。如果男方不要女方，可以送回娘家另嫁；如果奸夫愿娶她，则备办前夫娶她时所用礼金、礼品偿还前夫。〔1〕

侗族对青春犯忌、喜新厌旧、拐骗良妻等行为也视为触犯习惯法，但款约规定的处罚比壮族、彝族、瑶族要轻。广西融水安太乡侗寨清末民初乡约规定：凡通奸的男女各罚七至八元东毫买酒肉请全寨人吃喝，以教育别人。未婚通奸生小孩的，双方可以结为夫妻，如男方不同意，就要给一定数量银钱给女方，如女方不愿意，就了事。妻子与人通奸，丈夫有权提出离婚，否则通奸男方要被罚钱。若有妇之夫与一未婚女子通奸，双方愿意，可以结为夫妇（实际是一夫多妻），男方如不愿就被罚款，女方如不愿意就了事。广西三江的临溪乡1988年乡约规定：犯有非法姘居、破坏他人家庭和睦不够刑事处罚的，处300元以上1000元以下罚款。仡佬族男女通奸时，民国年间乡约规定以罚款了结，一般罚款180元以上，女方被夫空手送回娘家。如果有私生子，则将女方及孩子送给奸夫，不退嫁妆并罚款80～100元，或加倍索回结婚时送给女方的礼金。〔2〕广西大瑶山瑶族石牌习惯法维护社会治安秩序的规定较布依族还要细致全面，针对民族特点，不仅处罚赌博，禁止奸淫，而且对不利于家庭和睦、村寨安宁的种种行为予以制裁。如不准掘墓断脉、不准抽食鸦片、不

〔1〕参阅张有隽主编：《广西通志·民俗志》，广西人民出版社1992年版，第185页。

〔2〕参阅张有隽主编：《广西通志·民俗志》，广西人民出版社1992年版，第185页。

准打屋烧屋、不准打油火、请老不许食银（习惯法调处者敲诈）、不准复仇、“问数酒食，莫赖生事”、“入理不入亲”、“路中放置衣服百物，不得乱取”[1]等。这些规则都是瑶民根据生活经验的总结而进行的创造，而且这些创造同西南其他少数民族的规约一样，并未过时，许多条款已融进20世纪80年代以来的新的乡规民约中，从而成为现代法制建设不可缺少的部分。

第二节　赔　命　价

赔命价是指凶杀案件发生后，施害人（更多的是施害人的家属、族人）向苦主交付一定的金钱或财物而以和解的方式自行了断。它是人类社会早期各国的普遍现象。日耳曼人在其部落时代盛行这种以赔代罚的制度，盎格鲁—撒克森法中就有“每一个自由人的生命，都可以按照他的身份以一定金钱为赔偿，对于其身受的每一个创伤，对于他的民权，荣誉或安宁所造成的几乎每一种损害，都可以用相当的金钱为赔偿”[2]的规定。

我国的许多少数民族也存在赔命价这一习惯。当发生人命案件或伤害案件时，在国家制定法与民族习惯法这两套不同的知识体系中，他们往往会基于经济、宗教等方面的原因舍“杀人者死”、“伤人及盗”等王法，而选择其耳熟能详的习惯规则，即当事人双方自行协商以赔钱赔物的方式来了结此案。少数民族赔命价这一习惯可谓历史悠久，源远流长。秦惠王时的法律中就载有西南少数民族“杀人者得以钱赎刑”[3]的

[1] 参阅莫金山著：《瑶族石牌制》，广西人民出版社2000年版，第176～206页。
[2] [英]亨利·梅因：《古代法》，商务印书馆1984年版，第208页。
[3] 《后汉书·南蛮西南夷列传》。

规定,《旧唐书·南蛮西南蛮列传》也载西南各族"杀人者出牛马三十头,乃得赎死。"由此可见"赔命价"制度在我国少数民族中早就盛行,不仅如此,历史上一些少数民族建立的政权还以成文法的形式确认了这一习惯。《魏书·刑法志》载鲜卑人"当死者,听其家献金马以赎",而且明令"民相杀者,听与死者家马牛四十九头,乃送葬器物以平之",女真族建立的金政权要求"杀人者偿马牛三十",[1]《辽史》中记有党项人建立的西夏规定其境内"杀人者纳命价百二十千"。但这些少数民族政权受其版图影响,命价的赔偿仅限于局部地区。中国历史上第一部适用于全国的命价赔偿法律应是至元二年(公元1265年)创设的"烧埋钱"制度,它的具体内容为"凡杀人者虽偿命论,仍征烧埋银五十两。若经赦罪者,倍之"。[2] 元代的"烧埋银"制度基于古老的蒙古习俗——成吉思汗在其《大扎撒》中有"杀一穆斯林者偿四十巴里矢"[3]的规定,体现了对人生命价值的关怀。明清两代的基本律典《大明律》、《大清律例》及其他法律形式中都没有给予"烧埋银"制度合法的地位,但因"习惯难以尽革,官法难以尽行",统治者不得不"因俗而治",认可或默许赔命价这一习俗。如咸丰九年(1859年)旧历九月十八日皇帝在北京玉泉山清音斋与福建布政使张集馨关于福建械斗情景的对话便可为明证。对话的具体内容摘录如下:[4]

皇上:械斗情形如何?

张:大姓欺负小姓,小姓不堪欺压乃纠集数十庄小姓与大姓相斗。

……

皇上:杀伤后如何处理?

---

〔1〕《金史》。

〔2〕《元典章》。

〔3〕周良宵:《成吉思汗的继承者》(第二卷),天津古籍出版社1992年版,第205页。

〔4〕《道咸宦海见闻录》。

张：大姓若击毙小姓二十条命，小姓仅击毙大姓十命，除相抵外需索以命价补偿……

皇上：每个人的命价值多少？

张：听说雇主给死者亲属三十大洋，并在祠堂内供一忠勇牌位。

由上段对话我们不难发现赔命价习惯虽与国家的刑事立法不一致甚至相冲突，但因其能起到定分止争、稳定社会的作用，历代统治者都未能彻底废除这一习惯，当然要消除它的影响就更是难上加难。在继续实行“赔命价”的少数民族中间，尤以西南的藏、彝、苗、傣等族为最突出。这些少数民族直到解放初期仍保留有赔命价的习惯，而且近年来这一习惯重新抬头，并有进一步发展的趋势。在四川凉山彝区发生人命案后，有些案件在法院做出刑事判决前，德古通过调解的方式已就赔偿的问题在双方之间达成一致意见，命价在这种情况下常成为法院附带民事赔偿部分的替代。在藏区，由于受到宗教观念的影响，发生人命纠纷之后，有些苦主不报案，而索要命价赔偿。若法院做出刑事判决，国家制定法与习惯法时常冲突，如何实现二者的互动以及协调它们之间的冲突就成为问题的关键。因为藏族赔命价制度自身的特殊性，本文以其为例欲就其历史沿革、现实遭遇作一番描述，从而引起学人对这一制度的法学思考。

图 38：笔者 2003 年在西藏调查时就藏族赔命价的问题访问江孜县重孜乡典通久美老人。

一、藏族命价制度的历史沿革

藏族是生活在青藏高原上的古老民族,雅砻河谷为其发祥地。早期的藏族社会没有成文法,规范藏人行为的基本上是民间的习惯。在习惯的基础上形成了为藏人普遍接受的,并为藏人自愿服从和遵守的,指涉权利与义务关系的习惯法,其基本形式为苯、仲、德乌。"苯"为苯教,为藏地固有宗教,具有"下以镇伏魔鬼,中以谋利家室,上以侍奉天神"的功能。"仲"意为故事,实则以神话寓言的形式给人们以道德上的启迪,如藏族广为流传的《猴鸟的故事》。"德乌"意为谜语,它是以藏人喜闻乐见的谜语的方式传播行为规范方面的知识。这时的凶杀案以同态复仇的方式解决。

随着部落的出现,藏族社会出现了一系列诸如危害社会成员财产、安宁及公共秩序的问题,原有的习惯法已不足规范藏人的行为。吐蕃政权建立后,刑罚作为最有效维护社会秩序的方式出现了。吐蕃之刑十分野蛮残酷,史谓"吐蕃之刑,虽小罪必抉目,或刖、劓,以法为鞭抶之",[1]对凶杀案的杀手多处以抽筋、挖眼或投河等惩罚。

藏族对凶杀案转处"赔命价"是因为受到中原文化及佛教的影响。唐朝两次以宗室之女嫁于吐蕃赞普并携去大量汉家经典。这些经典的传入将中原的立法指导思想及刑罚制度带到西藏,对藏区的法制产生了深远的影响。松赞干布仿照唐制设立了整事大相一职,命其制定了吐蕃王朝的基本法律《法律二十条》,其第一条为"争斗者罚款,杀人者以大小论抵"。[2] 所谓"以大小论抵"即视其罪责大小,这为藏族赔命价制度之滥觞。

这一时期,佛教的传入则使"赔命价"这一制度深深地植根于统治阶级及普通民众的观念中,佛教的"生死轮回"观、"六道轮回"教义及"因

---

[1] 《旧唐书》。

[2] 转引自徐晓光:《藏族法制史研究》,法律出版社2001年版,第99页。

果报应”给赔命价以宗教基础。从宗教的角度藏人深刻地理解了赔命价的价值意义之所在。此后藏地的凶杀及伤害案件大多是在活佛的主持下通过调解而以赔偿钱财了断,再不上报官府。赔命价制度的深入有三方面的原因:(1)受害者的家属认为人的灵魂不灭,在六道轮回中会转生,因此剥夺犯罪者的生命或者对其施以肉刑也没什么意义。与其判死刑,还不如令其赔命价。命价钱的1/3支付给活佛让他超度亡灵,使其得以早日转生,这才是受害藏民最大的福报。(2)凶手及其家属基于“业力无穷,所经行为,确定其自果”〔1〕的认识觉得凶手已受到最严厉的宗教处罚——因果报应,凶手在六道轮回中必然坠入最低最痛苦的地狱,这已经够严重了,若再处以极刑,于理不合,相反如果留着凶手的臭皮囊,让其悔过从善,虔诚修持,跳出六道的樊篱,说不定凶手还会做些利益众生的善事。(3)佛教慈悲为怀的观念为二者的沟通驾起了桥梁。受苦者及凶手的家属双方都希望案件的解决“利乐众生,饶益有情”,二者都从慈悲的心境出发,出面请求活佛调解人命纠纷。

佛教的传入及中原法律文化的影响给赔命价制度的发展和完善提供了绝好的契机,芒松芒赞执政时制定的《狩猎伤人赔偿律》(简称《狩猎律》)对命价的等级以及赔命价的程序都做出了全面而详尽的规定。它将命价按被害人身价的贵贱和地位的高低分为九等,最高的一万两银,最低的仅值五十两,具体情况如下:〔2〕

1. 大论、大囊论、赞普舅氏任平章政事之职者和大论助理四种大尚论(包括其祖父)命价相同,为最高等级。若他们彼此因狩猎被射中,或被玉石告身以下,颇罗密告身以上之人射中致死,不必抵命,由放箭人赔银一万两;致伤,赔五千两。若他们被银告身以下、铜告身以上之人射中

〔1〕《菩提道次第广论》。

〔2〕转引自陈光国、徐晓光:“从中华法系的罚赎到藏区法制赔命价的历史发展轨变”,载《青海社会科学》1994年第4期。

致死，则将放箭人杀死，并绝其嗣，没收全部奴户、库物、牲畜归被害人所有；致伤，赔银五万两。若他们被大藏以下、平民以上之人射中，无论伤亡与否，将放箭人及其子孙一并杀之，没收奴户、库物、牲畜归被害人所有；致伤，赔银五千两。若他们被大藏以下、平民以上之人射中，无论伤亡与否，将放箭人及其子孙一并杀之，没收其奴户、库物和牲畜。

2. 玉石告身尚论及其祖、父，上述四种人之子侄、叔伯兄弟、继母、儿媳、妾媵等人命价相同，为第二等级。若他们彼此因狩猎被射中，或被颇罗密告身上之人射中致死，不必抵命，由放箭人赔命价银六千两；致伤，赔三千两。若他们被银告身以下，红铜告身以上元人致中致死，将放箭者处死，并没收其奴户、库物、牲畜的一半；致伤，赔三千两。若他们被大藏以下、平民以上之人射死，将放箭人及子孙处死，并没收其所有奴户、库物、牲畜、妻室；致伤，则将放箭人射死。

3. 金告身尚论及其祖父，玉石告身尚论之子侄、叔伯兄弟、继母、儿媳、妾媵等人命价相同，为第三等级。若他们彼此因狩猎被射中，或者被铜告身以上之人射中致死，由放箭人赔命价银五千两；致伤，赔二千五百两。若他们被大藏以下、平民以上之人射死，将放箭人处死，没收其奴户、库物、牲畜；射伤，则将放箭人处死。

4. 颇罗密告身尚论及其祖、父，金告身之子侄、叔伯兄弟、继母、儿媳、亲媵等人命价相同，为第四等级。若他们彼此因狩猎中箭，或被大尚论以下、铜告身以上之人射死，由放箭人赔银四千两；射伤赔二千两。若他们被大藏以下、平民以上之人射死，将放箭者处死，放逐其妻室儿女，没收其奴户、库物、牲畜；射伤，则将伤人者处死。

5. 银告身尚论及其祖、父，颇罗密告身尚论之子侄，叔伯兄弟、继母、儿媳、妾媵等人命价相同，为第五等级。若他们彼此因狩猎射中，或被大尚论及命价相同者以下，红铜告身以上之人射死，由致害人赔命价银三千两，射伤赔一千五百两。若他们被大藏以下、平民以上之人射死，将放害人处死，并没收其一半奴户、库物、牲畜；射伤，则没收致害人一半的奴户、库物和牲畜。

6. 黄铜告身尚论及其祖、父，银告身之子侄，叔伯兄弟、继母、儿媳等人命价相同，为第六等级。若他们彼此因狩猎被射死，或被大尚论以下、红铜告身以上之人射死，由致害人赔命价银二千两；射伤赔一千两。若他们被大藏以下、平民以上之人射死，将致害人处死，并没收全部库物和一半的奴户与牲畜；射伤，则没收其一半的奴户和牲畜。

7. 红铜告身尚论及其祖、父，黄铜告身尚论之子侄、叔伯兄弟、继母、儿媳、妾媵等人命价相同，为第七等级。若他们彼此被射死，或被大尚论以下、黄铜告身以上之人射死，由致害人赔命价银一千两；射伤五百两。命价银若缺一两，也要处死。若他们被大藏以下、平民以上之人射死，将致害人处死，并没收其一半的奴户、库物和牲畜。

8. 大藏和红铜告身尚论之子侄、叔伯兄弟、继母、儿媳、妾媵及王室民户之一切武士，尚论和百姓的耕奴、岸本之助手等人命价相同，为第八等级。若他们被大尚论以下、红铜告身以上之人射死，由致害人赔命价银三百两；射伤则赔一百五十两。命价钱若缺一两，哪怕伤人者是尚论，也要处死。若他们彼此因狩猎射死，由致害人赔命价钱一百五十两；射伤则赔医药、食品银三十两。命价银若缺一两，即处以死刑若他们被一切庸、蛮貊、囚徒等人射死，由致害人赔命价银一百五十两；射伤，赔医药、食品银三十两。命价银若缺一两，仍要处以死刑。

9. 王室家臣一切庸、尚论和百姓之耕奴、蛮貊、囚徒等人命价相同，为最低等级。若他们被尚论、黄铜告身以下之人射死，由致害人赔命价银二百两；射伤则赔一百两。命价银若缺一两，放箭人即使是尚论也要被处死。若他们被大藏以下、一切武士射死，由致害人赔命价银一百两；射伤赔二十两。若他们彼此因狩猎射死，由致害人赔命价银五十两；射伤，赔十两。命价银若缺一两，仍须处以死刑。

吐蕃以后的藏区或处于分裂之中，或处于中央的统一管辖之下，赔命价这一制度却并未因此而消亡。分裂割据时期，各割据政权的制定法中仍继承了这一传统制度。帕木竹巴政权的成文法典确认了“赔命价”习惯。当时的司徒绛曲坚赞扬了吐蕃时期的“十善法”，对萨加王朝根据蒙古法律制定的“杀人者偿命”的法律条文大加诟厉，认为它违背了佛教的根本教义，是在造孽。他规定杀人者罚命价，使法律与藏族的传统习惯很好地结合起来了。此时的部落习惯法也都承认赔命价的习俗，如青海果洛地区阿什羌部落的《红本法》规定：“杀人者不死，以家所有之半为偿命钱。”

分裂割据政权之后，藏区处于元、明、清三代中央政权的交替统治之下，国家权力积极推进，统治者也欲以通行汉区的法律治理藏区，力图渗透到民间秩序的管辖范围内，结果这种强行的推进并不受藏民的欢迎。明代的统治者开始改变策略，用“因俗以论，用僧徒化导”[1]的方式加强对藏区的治理。明统治者给予喇嘛在治藏事务中一定特权，允许其依据传统处理纠纷，这给赔命价习俗的继续存在大开了方便之门。清代统治者更是在吸收民族习惯的基础上制定了《番律》、《西宁番子治罪条例》等带有浓郁民族色彩的法律，加强了对藏区的司法管辖。在“修其教，不易其俗；礼其政，不易其宜”[2]思想的指导下，清政府在一定条件下认可了“赔命价”这一习惯法制度。雍正十一年(1733年)颁布的适用于青海、甘肃、宁夏等地民族的《番例条款》之第四十七条默认了命价赔偿制度，并对命价做出了详细的规定：

“凡管事部落之头目等，抢劫物件杀伤人者，除令其抵赔外，千户等罚犏牛五十条，百户等罚犏牛四十条，管束部落之百长等罚犏牛三十条。若用军器或木棍将人殴伤者，给一半身价，二九牲畜……若小头目或平

[1] 《明史》。
[2] 《周礼》。

人或一二人，纠众抢劫物件杀伤人者，不分首从皆斩，将牲畜、家产、妻子抄没，给予事主之家。若小头目及平人或一二人，纠众盗窃牲畜物件，或事主或旁人知觉追赶，贼盗将人杀伤者，不分首从皆斩，将妻子、财产、牲畜抄没，给予事主之家。”

上述法律条文给予有一定身份地位的人以赔命价的形式代替其应受刑罚，而另一些地位低的人却禁止那样做，体现了清初统治者对赔命价习惯的妥协与变通，这是“官法”在强大习惯面前的无奈。赔命价这一罚服制度本身也是清初统治者的一个权宜之计。由于其有利于维护清在藏地的统治，开始规定《番律》为临时性质，只实行五年，待五年后再照内地律例办理，但经实行，多次展限。西宁办事大臣在奏请展限文件中称：“细查青海蒙古番子，大约重财轻命，习俗尚同，向来命盗等案一经罚服，两造欣然完结，即深仇夙怨，亦皆冰解。若按律惩办，不特犯事之家仇隙相寻，即被害之家，亦以不得罚服心怀觖望。此种积习，不可化诲。”〔1〕通过上述律文我们还可以发现，受元代“烧埋银”制度影响，清代对杀伤案件，不仅罚服了事，而且还要相应的刑事处罚，此时的命价、血价有现代刑事诉讼中的附带民事诉讼的意义。

清末、民国期间，中央政权在藏区的统治势力相对薄弱。藏民之间发生人命或伤害案件由活佛的出面调停而不依官法进行审理，赔命价习惯在藏区十分流行，这最终引起了当时的中央政府的关注。清末已开始对危害社会公共秩序的聚众抢劫行为的首犯施以枭首示众的严厉刑罚，而不允许凶手以赔命价的方式与苦主私了，“以彰国典”。〔2〕但对于自相残杀或盗窃案件，因鞭长莫及和出于维护藏区稳定大局的考虑，中央

〔1〕钱应学、顾建华：“革除‘赔命价’、‘罚服’等陈规陋习是历史发展的必然”，载张济民主编：《诸说求真：藏族部落习惯法专论》，青海人民出版社2002年版，第228页。

〔2〕《青海审判志》。

政府默认了赔命价的处理方式。

二、赔命价习惯的现状

1951年由中国共产党领导的人民解放军和平解放西藏，从法律上废止了赔命价制度。但由于习惯的惯性势力和群众思想的相对独立性，要从根本上消除陪命价旧俗时对藏民的影响却是十分困难的，而且一遇到合适的环境，它还会重新出现。改革开放后，随着国家政治民主化的推进以及《中华人民共和国民族区域自治法》的深入贯彻执行，赔命价这一习俗在部分藏族百姓聚居区重新抬头，并有逐渐蔓延的趋势。赔命价习惯的重新抬头与我国目前正在推行的近乎标准化的"依法治国"行动不期而遇，由于两套规则的背景知识，时代精神不一样，二者时有冲突。开始时期由于习俗式微，国家法在藏地的推行还未遇到多大的阻力。但是由于习俗势力的逐渐增强，国家法的推行受到了干扰，一些藏民置国家法于不顾，以部落习惯法来处理命案，血案纠纷，他们往往坚持"你判你的刑"、"我赔我的命价"的观点，甚至认为"刑可以不判，但命价、血价不能不赔"。这就使刑事犯罪人既受到国家刑事法律的制裁，同时也受到经济的损失。双重惩罚就成为藏区处理凶杀案件的普通方式，它受到藏民舆论的支持。国家法与习惯法的冲突愈演愈烈，这就成了20世纪90年代以来的要求强制废除藏族赔命价习俗潮流的知识背景。20世纪90年代直至今天，要求强制废除赔命价旧俗的呼声不绝于耳。这种呼声既有来自公安、检察、法院、司法等法律事务部门的，也有来自学术界的。前者如西藏自治区成立专门的司法工作组远赴昌都、那曲等地打击当地的宗教势力依据习惯法调解纠纷。后者多为有司法实务工作经历的法学同仁，他们给赔命价这一习惯贴上"落后"的标鉴，论证废除这一"陈规陋习"的必要性；而少部分具有专业法学教育的同仁则从理解和同情的角度对赔命价习俗进行了认真的讨论。在对赔命价制度作法学上的分析之前，笔者想根据田野调查的资料和文献资料对其现状作个大致的介绍。在依法治国的时代语境下，赔命价习惯的现实遭遇，据其与国家法的相互关系可分为三类，大致情况如下：

(一)各行其道，互不相犯

藏区地域广大，藏民的文化教育程度差距也十分大。在城市人口较多的城镇及农村人口比重大的农区，藏民的教育水平较好，大部分人能听懂或会说普通话，习俗对他们的影响相对微弱，宗教信仰也开始动摇。[1] 在这些地区居住的藏民较认可国家制定法，他们认为现行刑法

---

〔1〕 今天，随着教育在藏地的推进，受过教育的人对藏族传统持否定态度，他们将藏传佛教简单地斥为迷信，将习惯法与落后、愚昧、法制观念淡漠联系在一起。2003年8月5日下午2时左右，我们在亚东到江孜公路康马县境内的道路上遇到了一位藏族中年男子及其在拉萨读高中的儿子。在翻译的帮助下，我们与他们有段对话如下：

问：你们去哪里？

父：(40多岁，文盲，不懂汉语)：我们是穿着盛装去朝拜县委书记和县长的。

子：去城里玩。

……

问：村子里的治安状况如何？

父：很好！有30多年没人吵过架了。

子：非常好！从来没有见过人们闹过纠纷。

问：你们认为村子里为什么会有良好的社会秩序？

父：村附近有座寺庙，庙里每年举行两次大的宗教活动。这时活佛会讲经说法，什么是对的，什么是不对的。将不好的点出来，好的予以表扬，这样就使村民心里有了依靠，做事有了尺度。

子：村长为村子里制定了村规民约。

……

问：如何看待你父母的信教行为？

子：迷信。

问：你不迷信吗？

子：我不，因为我上高中了。爸妈没读书，不懂科学。

……

问：假设你犯了罪，你怎么处理？

父：首先，我不会犯罪。假设的话，(迟疑了一下)以前想找活佛处理。

子：我又决定不下来，由政府根据法律处理吧。

根据罪行情节判处犯罪分子刑罚的方式较他们的赔命价习惯文明、公正。调查中他们说如果今后卷人案子中会要求司法机关介入,而不会如习惯那样去求活佛来进行调解。而且这些人对法律知识有一定的了解,知道汉族“杀人偿命”等传统说法。如今在拉萨等地,若发生重大刑事案件,在司法机关介入前,当事人双方首先想到的途径也是司法解决,而不像过去的找活佛及头人调解。拉萨市中级人民法院每年审结的案件也在不断增加,因为人们乐意去法院打官司来保护自己的权利。

而与城镇和农村通过司法途径解决案件纠纷情况截然相反的是牧区(特别是地处偏远、交通落后的地区)的藏民往往喜欢用赔命价、血价的方式来处理凶杀伤害案件。只要到过偏远、交通落后的牧区,你就会发现他们与我们完全生活在两套截然不同的知识系统中。在这里,他们不通汉语,对法律(国家法)一点也不了解,对外面的世界全然无知,他们知道的就是与放牧有关的知识及从喇嘛那里得到的宗教知识传承。牧民们“日出而作,日落而息”,人际关系较融洽,人与人之间纠纷较少。偶尔出现的刑事案件,也会在宗教界人士的调停下处理地四平八稳,仿佛没有发生过似的。笔者20世纪90年代初听到一位来自四川阿坝藏族羌族自治州壤塘的同学讲的故事可印证这一情况,现录于下:

在壤塘县与青海交界的地方有一座属于觉囊派的喇嘛寺,该寺离最近的公路也有三天的路程。寺里有位活佛在1978年曾以赔命价的方式解决了一起凶杀案件。寺庙附近的草场住了甲、乙两家牧民。甲家放牧时丢了一头犏牛,疑为乙家的大儿子所为。甲家向乙家讨要犏牛,乙家的大儿子说没偷犏牛,而且向甲家发誓说:“呼三宝或世间一切恶神之名祈请为知证:我若偷牛,此不详报于我身,若未偷牛,报于你家。”甲家因无事实证明,只好作罢,但对乙家的大儿子仍怀恨在心,经常对乙家的大儿子以闲言碎语。一次甲家的二女儿向另一家牧民说起乙家偷牛的事,不巧被乙家大儿子听见,他十分气愤,将随手带的马鞭打向甲家的二女儿。甲家的二女儿在逃跑途中大叫他“强盗”，他恼羞成怒，便从地上捡起石块向她砸去，不巧石头正中该女头部，该女叫了一声倒地。甲家的大儿子见势不妙，纵马跑了。后来乙家的二女儿因流血过多而亡。鉴于两家的牧场挨在一起，如果将此案诉到司法机关会不利于两家以后的关系，乙家没有向公安机关报案也未将此事张扬出去。此时甲家找到活佛，要求活佛按赔命价的习俗调解，活佛先有些犹豫，后在乙家做出不向公安机关报案的保证后，活佛给双方讲了一通生死轮回，因果报应的道理，而且用其无碍智慧的神通告诉双方家长“甲的大儿子前世为一只猫，乙的二女儿前世为一只老鼠，犏牛的前身是只狗。由于狗出来追猫，猫没有吃到老鼠而饿死。这辈子甲的大儿子将乙的二女儿失手打死是果报”。最后甲家同意支付给乙家人命金 16,000 元，乙家也承诺不再追究。后来有其他牧民向乙问起其二女儿的事，乙说：“我二女儿出去放牛，在赶牛时被石头绊倒正中太阳穴而亡。”并哀叹她“命不好”。此后，寺庙附近牧民也就仿佛二女儿根本就不存在似的将这件事忘了。

当然，国家法与习惯法各行其道，互不相犯的情况极为少见，尤其是在厉行法治的今天，这几乎是一种理想状态。今天许多藏族牧民的子弟走出封闭的牧区，他们或到学校学习，或到城里谋生。他们在国家法与传统法这两种知识体系中，往往会基于“成本效益核算”的考虑，而理性地考虑国家法与民间法两种解决纠纷机制的成本和收益，游走于两者之间。

（二）赔命价习惯法作为国家法的补充

现代的藏区，随着文化教育的普及以及现代化统一法制的强力推进，习惯法已不再被人们作为解决纠纷的主要方式。当然此时的习惯法也并非不堪一击，因为它承载了民族文化的基本精神，它在国家法的强烈冲击下内化为观念形态而存在下来。在藏区，发生伤亡案件后以命价、血价的方式已有一千多年的历史。而现行国家法是严禁以赔代罚的，对于凶案等严重刑事犯罪更是厉行禁止。按说此时国家法的强大势力已使赔命价这一传统习惯没有生存的空间。但实际情况却并非如此，为了在狭缝中寻求自己的空间，赔命价这一习惯在承认国家刑事处罚的前提下在有些案件中担负起了解决苦主附带民事诉讼部分的权利，只是这是一种民间救济，也就是说，此时它不与国家法发生冲突，而仅是作为国家法的有益补充。下则案例便可为其典型：〔1〕

旦巴尖措故意杀人案

案情：被告人旦巴尖措，男，藏族，20岁，青海省果洛藏族自治州甘德县青珍乡第一牧委会第二合作社牧民。

1986年1月16日16时许，被告人旦巴尖措身背小口径步枪1支，同其弟弟土旦(9岁)骑马去放牧点。途中，旦巴尖措见身后有一骑马的人赶来，走近跟前，才知是与其积怨颇深的日季，就回头瞪了一眼。日季不悦，向被告吐了一口唾液，被告立即下马，伸手从怀里摸出打狗棒，准备打架，但未动，互相吵了几句，日季就继续赶路，这时才发现自己的马跑了，吩咐其弟土旦在原地等待。随后从自己的袋子上取下一发子弹，骑上其弟的枣红马绕过前行的日季赶自己的马，至前方将马抓住后就等候日季。日季赶到，双方再次发生争吵，被告气愤将马放开，端起小口径步枪，推上子弹，走到距日季约2米处，举枪对准日季的腹部开了一枪，将日季打下马背，日季当即死亡。

嗣后，被告在其父亲的带领下，与其大弟3人一起外逃，历时4个月之久。后在该县县委书记保证不杀的条件下，被告才于1986年5月25日在其父亲陪送下，到县公安局投案自首。

司法机关处理情况：甘德县公安局对此案侦查终结后，移送甘德县人民检察院。甘德县人民检察院根据《中华人民共和国刑事诉讼法》第

---

〔1〕 张济民主编：《青海藏区部落习惯法资料集》，青海人民出版社1993年版，第188、189页。

十五条第二款之规定,将此案报送果洛藏族自治州人民检察院审查。果洛藏族自治州人民检察院审查后,以被告人旦巴尖措犯故意杀人罪向果洛藏族自治州中级人民法院提起公诉。果洛藏族自治州中级人民法院开庭审理,认为被告人旦巴尖措构成故意伤害罪判处无期徒刑。对此,果洛藏族自治州人民检察院以定性不准为理由,向青海省高级人民法院提出抗诉。青海省高级人民法院经审理认为,被告人旦巴尖措的行为构成了故意杀人罪,采纳果洛藏族自治州人民检察院抗诉意见,裁定:改变原判定性,量刑部分予以维持。

赔命价情况:被告人旦巴尖措作案后,被告与被害人的亲属由当地活佛和阿卡调解,达成了赔偿命价的协议,协议要求被告方给死者方赔命价30,000元人民币,分两次付清,第一次给牛71头,折合人民币10,000元,其余20,000元在两个月内付清。被告方于判刑前将全部命价款付给了被害人的家属。

上述案件的司法处理以及活佛与阿卡赔命价的调解将现代与传统、国家法与习惯法很好地结合起来了。该案中司法机关解决的是刑事处罚部分的问题,它是国家权力的体现;而活佛与阿卡的调解则解决的是赔命价的问题,它相当于现行法律中的刑事附带民事赔偿部分,按说这也应由司法机关决定,但在该案中都由活佛和阿卡根据民族习惯法的规定作出,而且命价赔偿的数额以及命价的支付均在刑事判决之前,这说明了一个问题:最初被告人家属及其苦主家属是希望完全用赔命价的方式了断人命案的,所以他们就人命金达成了双方均能接受的数额。但后来由于国家司法机关的介入,此案通过刑事诉讼的途径解决了,这是民间力量难以对抗的。在国家力量介入后,民间的习惯势力并未全线隐退,它却在一个公权色彩不那么浓郁的领域扮演起了自己的角色,这说明习惯是不愿意退出历史大舞台的,它要向它的"子民"证明其余威尚存。在公权色彩相对较弱的附带民事赔偿领域,国家法也乐得休憩片刻，让开一厢让习惯去发挥自己的余热，这时赔命价这一习惯做法就成为国家法律的补充。这种补充是十分有益的，它有利于双方今天及后人的和睦团结、友爱安定，有利于维护社会的稳定。而且这种补充比单纯的刑事处罚更能体现对死者生命价值的关怀。在国家法与赔命价习惯的互动中，我们看不到“大写的法律”与“小写的法律”的对立。

（三）赔命价习惯与国家法的公然对立

前两种情况下，赔命价习惯与国家法要么各行其道，要么前者屈服于后者的强大而甘居补充地位，二者尚可和平共处，各司其职。在赔命价习惯与国家法的互动中，还有一种关系就是国家法不能容忍习惯法的“与虎谋皮”或习惯法不愿屈居暗处，二者常常会发生正面的冲突。甚至有时二者的矛盾会激化，国家法欲从制度层面上消灭习惯法，习惯法却欲从观念层面上消解国家法。下面一则案例正好说明了赔命价习惯与国家法势不两立的情况：[1]

隆巴故意伤害（致人死亡）案

案情：被告人隆巴，男，藏族，30岁，初小文化程度，青海省海南藏族自治州同德县河北乡黄河公社晒什藏队会计。被告人于1965年4月22日和同公社日赛队社员豆格、压欠队换符管等6人，去本县青美乡给生产队买粮，途中因一条皮绳的所有权问题，两次与日赛队的豆格发生争执和打架。5月1日在第二次打架时，隆巴抽出自带腰刀向豆格身上戳了两刀，后被众人拉开。5月2日豆格被送医院抢救，因感染医治无效死亡。

司法机关处理情况：本案经公安机关侦查，检察机关审查，认为事实清楚，证据确实，后果严重。被告人也供认不讳。为维护社会秩序安定，保护人身健康不受非法侵犯，根据当时政策和有关规定精神，结合群众

---

〔1〕 张济民主编：《青海藏区部落习惯法资料集》，青海人民出版社1993年版，第202、203页。

意见，同德县人民法院于1966年5月8日以过失杀人罪判处隆巴有期徒刑7年。

此案引起的连锁反应：隆巴刑满回来后，被害人豆格的弟弟项秀（男，藏族，22岁，初小文化，牧民）即寻机为兄报仇。1974年1月12日项秀在河北公社赛欠沟夏拉合地区放牧时，看见隆巴一人在山梁山放牧，以为为兄报仇时机已到，当即就地拾起一块石头向隆巴扑去，当隆巴发现并转身跑时，项秀即用准备好的石头向隆巴打去，击中了隆巴的头后部致其昏倒在地。项秀不顾隆巴的哀求，抽出自带的藏刀朝隆巴左耳根戳去，致隆巴失血过多住院，经3个月医治无效死亡。

1975年12月17日同德县人民法院对报复行凶致人死亡的案犯项秀判处有期徒刑12年。项秀刑满后，隆巴家庭的人又想将项秀杀掉。项秀无法在该村居住，只好搬迁到别村落户。虽然外迁，但隆巴家庭仍旧不忘复仇。后来由海南藏族自治州人大常委会副主任、活佛黄加羊出面以宗教形式解决后，项秀家与隆巴家冰释前嫌，得以返回日赛村。

隆巴案及其引起的连锁反应是赔命价习惯与国家法公然冲突的一个典型例子。假如最初隆巴伤害豆格一案根据藏族习惯以赔命价的方式解决，就不会有豆格之弟项秀伤害隆巴并使其致死以及此后项秀为躲避隆巴家族的人复仇而搬到别的村子里去的事了。表面上看国家法在与赔命价习惯的冲突中占了上风，凶手隆巴及项秀都被绳之以法，判了有期徒刑。但实际上整个事件最后是以宗教方式得以妥善解决的，这让我们不得不考虑“作为治理工具而输入的国家法律是否真的被藏区社会接受了呢？”[1]其实对于这个案子，不知出于何故案件的整理者隐去了案件的背景知识，这给我们理解国家法与赔命价习惯的博弈增加了困难。但案件发生的时间（1965～1975年）却无时不提醒我们当时的政治

〔1〕 夏勇：《依法治国：国家与社会》，社会科学文献出版社2004年版，第214页。

背景。对新中国历史稍有了解的人都会发现,那个时期正好是中国政治上比较“左”的年代,其在法律上的表现就是要彻底消除习惯法的影响,把国内各民族的生活纳入法制统一的轨道中来。恰恰是这种建设统一法制的政治热情激化了国家法与赔命价习俗的矛盾并导致了连锁的负反应。整理者记叙的其他案件也能说明这一点,这些发生在改革开放后的案件中均有赔命价情况的介绍,它们的处理都未引起连锁的负反应,相反却带来了良好的社会效果。

三、法理学视野中的赔命价习惯

消灭赔命价习惯对国家刑事法律的影响只能是一厢情愿的政治热情,而对赔命价习惯与国家法冲突问题的法理学思考有助于走出困境。笔者认为我们应当认真思考下列问题:

第一,我们是否真正理解赔命价习惯法?赔命价制度从小的方面来说是习惯法的一个方面,从大的方面来看它是一个文化问题,对文化问题的理解和把握是十分困难的。首先我们容易从自己文化的角度去理解他族的文化,站在自己文化的角度上去审视他族文化往往会落入狭隘或偏见的窠臼,所以当代著名人类学家克利福德·吉尔兹要求人们“理解他人的理解”,[1]哈贝马斯也提醒我们要“包容文化的他者”。只有不站在自己文化的中心主义出发,我们才会理解潜藏在规则背后的知识。许多人从重利轻命的角度去理解藏族的赔命价习惯,这是一个深深的误解。其实就藏族而言,如前所述,其“赔命价”习俗的出现,在很大程度上是受到佛教教义及中原“德主刑辅”思想的影响。赔命价习惯是藏族宗教文化以及中原儒家文化共同作用的结果。佛教不杀生、因果报应、生死轮回等宗教观认为杀人者、伤人者固然造了孽,但他也是一条命,因此法律不能用剥夺他们生命的办法来处罚他,他会受到因果的惩罚,在生

[1] [美]克利福德·吉尔兹:《文化的解释》“前言”,上海人民出版社1999年版。

死轮回中坠入恶渊，受尽折磨。五世达赖喇嘛评价《十五法典》时说："司徒欲以吐蕃先代法王所制十善法规作为准绳。若能如此遵行，则既不舍弃贫弱，又不纵容强悍，洞察真伪，分清皂白，则能使全藏安宁，虽老妪负金于途，亦可坦然无虑……有杀人者不抵命，不作二命同尽等造罪之事，而行赔偿命价之法。诸如此等运用巧智做出详规，犹如展开白练笑迎远来佳宾。"[1]而松赞干布在位时期由唐朝传入的儒家思想特别是其法制指导思想"德主刑辅"更让佛教的这些教义法律化。其次我们对藏族赔命价习惯的理解存在着知识上的"硬伤"，这主要体现在对其适用范围及命价金的构成与作用不了解。通常我们认为赔命价涵盖所有的重大刑事案件，其实不然。藏族法律对谋反、投毒、内部抢劫、杀害多人和影响很大的乱伦等案件执行死刑，对一般的杀人和伤害案慎用死刑，而采用命价、血价赔偿制。价金的构成因部落而异，但一般都包括：a. 调头费，其目的为劝退被害人亲属复仇，控制事态恶化；b. 丧葬费；c. 抚恤金，付给受害者家属；d. 服法、洗手费，给部落长官和部落属民，表示服从审判且以后不犯同一罪行；e. 审酬，相当于今日之诉讼费；f. 煞尾费，用一头犏牛在其尾上挂一把扫帚，表示前嫌尽弃；g. 善末，为宗教费用，超度亡灵。根据赔命价习惯的适用范围我们可以知道藏民对严重危害社会安全及伦理道德的犯罪处罚也是极为严厉的。对社会危害较轻的犯罪则基于慎用死刑和化解双方矛盾的原因而多以赔命价的方式解决。赔命价构成十分全面具体，它体现了对死者生命的关怀，对家属生活的照顾以及对社会秩序的重视。当然在对赔命价习惯的全面认识后，并不是说它在当今的法律体系中具有合法地位，而是想说明解决习惯法与国家法冲突的前提是：正确理解民族习惯法及潜藏在这种民间秩序背后的民族心理、历史传承及宗教背景。我们应充分认识到赔命价习惯在历史

〔1〕《西藏王臣记》。

上确实起到了化解矛盾、平息纠纷、抑制暴力冲突、稳定社会秩序的作用。因此对赔命价习惯不宜强制废止,而应适当引导。

第二,国家法的普适性怎样才能具有更广泛的群众基础?法律是人类理性的设计,它承载了人类诸如自由、正义、秩序等普遍价值观。良好的法律应认可也必须体现绝大多数人的价值观。法律的制定应该有广泛的民俗基础,是程序正义及实质正义的有机结合。自西方法治在我国取得强势话语权后,国家的制定法从传统的重视实质正义而倒向另一个极端:重视程序正义。程序正义往往不被民间的知识系统所了解和认可,在前述的隆巴案中就存在这种情况。隆巴伤人致死后,国家司法机关对其处以刑事处罚,该处罚实现了国家政权所主张的程序正义,但却没有考虑被害人家属所受的经济上的损失以及精神上的伤害,也就是说实质正义不为国家所考虑。实质正义的不能实现导致了连锁的负反应,所以在藏区才会有人公开说:"政法机关对被告人如何判决我们不管,但命价银一文都不能少,"甚至有人说:"刑可以不判,命价银却不能少"。那么从这个角度看,命价带有保护被害人利益的作用,这与我国历来重视刑罚轻视被害人利益的传统相比是一大进步。西方国家迟至20世纪60年代才在刑法中确立了对被害人及其家属进行损害赔偿的制度。《中华人民共和国刑法》虽也规定了刑事附带民事诉讼的制度,但其具体实施却存在诸多问题。赔命价习惯在20世纪80年代后发生的变化为该制度注入了新的活力。从80年代后发生的案件中我们发现赔命价不再扮演刑事处罚替代品的角色,在这些案子中它实际上相当于刑事附带民事赔偿,对犯罪分子的刑事处罚权仍牢牢控制在国家政权手中。赔命价与刑事处罚将实质正义与程序正义巧妙地结合起来,这一变化为国家法的普适性奠定了最广泛的群众基础。习惯法在国家法的强势语境下为寻求生存而做出适当的改变是可喜的。令人忧虑的是因立法越来越成为单纯的国家行为,法律的民俗基础被极度忽视,甚至以立法改造乃至摧毁民俗的情况也时有发生，一些通行数百年甚至上千年的民俗不加严肃论证和立法辩论而一纸废之。[1] 国家立法疏离民俗基础并越来越专业化的趋势给法的普适性大打折扣。要扭转这种不利局面，当务之急是马上开始全国范围内的大规模的习惯调查，为今后的立法以及现存法律的修改奠定坚实的群众基础。

基于上述两点考虑，我们认为：对于藏族赔命价习惯应从尊重民族文化的角度及维护民族地区安定的大局出发，以现行法律为依据，把其纳入刑事附带民事诉讼活动中。一方面对藏区发生的影响恶劣、情节严重的刑事犯罪要由司法机关给予必要的法律处分，但要根据“两少一宽”政策适当减轻处罚。另一方面，法院和政府要在认可赔命价习惯的前提下加强对其引导，由政府出面联合宗教上层人士，对被害人的损失，根据具体情况予以适当赔偿，但总体上应调低赔偿金，以求在双方当事人间寻求平衡点。

第三节　对侵犯财产所有权行为的规定

对于西南少数民族来说，侵犯财产所有权主要是指侵犯生产、生活资料的行为。以各种形式散见于习俗、禁忌、格言等中的对侵犯财产所有权行为的规定，其目的是为了维护正常的生产、生活、社会交往秩序，保障本族的整体利益和共同利益，维持社会秩序，促进社会发展；保障本族成员生命、财产的安全，为生存、生产、生活创造一个良好的环境。各民族通过预防盗贼、处罚偷盗抢劫行为，来保护公私财产所有权。其中关于侵犯公私财产所有权行为的处罚，如惩罚偷盗、处罚抢劫者的规定

---

〔1〕 贺卫方：《法边馀墨》，法律出版社 1998 年版，第 40～41 页。

总体来说是十分严厉的，特别是对于偷盗重要生产资料，如偷牛盗马的行为处罚尤其严厉，轻者重金罚款，重者处以火刑、挖眼、割耳、砍脚等肉刑，如羌族，严厉的甚至会使用活埋、溺水等死刑，如贵州雷山西江苗族对惯窃犯要处以溺水。这些规定是与西南少数民族长期基本处于传统的农业社会发展阶段，以自给自足的自然经济为社会基础的经济模式密不可分的。

本章第一节引述的现存黔西南布依族清代乡规民约碑文中，几乎每篇都有禁偷禁抢防盗的条款。例如，位于黔西南册亨县马黑乡马黑寨的《册亨马黑乡规碑》即有惩治侵犯财产所有权的规定，其主要条款包括：不许偷笋盗瓜；不许掳抢孤单；不许偷鸡盗狗；不许窝藏匪类。

此外，流传于广西三江侗族自治县的《约法款》亦对侵犯财产所有权的行为作出了详细的规定。《约法款》分“六面阴”、“六面阳”、“六面威”三大部分，其内容如下（条款的顺序和处罚的轻重略有不同）：破坏地脉、挖坟掘墓、挖墙拱壁、偷钱偷粮、拦路抢劫、杀人放火、图财害命、捆绑他人……毁坏田塘、偷鱼偷禾、小偷小摸、偷鸡偷鹅、毁坏森林、偷柴偷笋、乱入菜园、偷瓜偷豆、偷水截流等。其中“六面阴”多为重罪，对犯者一般都要处以死刑；“六面阳”罪行较轻，对犯者一般处以罚款，或令其敲锣喊寨，表示悔过。

一、侵犯财产所有权的行为

在西南少数民族关于侵犯财产所有权的行为中，从犯罪的严重程度，换言之，从危害结果的性质来看，偷盗行为和抢劫行为列为首位，因此习惯法中关于这两部分的规定内容最多，也最为详细。此外也有其他一些侵犯财产所有权的行为，如家畜踩青等。因偷盗和抢劫是西南少数民族中最为常见和普遍的行为，因此，以下我们将着重叙述习惯法中这方面的规定。

(一)偷盗

偷盗行为一直以来属于严厉打击的刑事犯罪行为。“王者之政,莫急于盗贼”,不仅汉族严厉打击,各少数民族亦将其列为严厉打击的行列。西南各少数民族也不例外,纵观其关于侵犯财产所有权行为的规定,其中最主要的或者说最重要的内容便是禁偷防抢和相关的处罚措施,尤以处罚偷盗罪为最重。西南各族习惯法都严厉禁止偷盗行为,并规定了相应的防止盗窃、擒拿盗贼、惩治盗窃犯的条款,或以乡规民约、碑文形式公布于众,或以石牌、“禁盗岩”等形式晓知于民,以达到保护本族公有和私有财产,维护本族正常的生产、生活、社会秩序之目的。

位于布依族聚居区,册亨县秧坝区乃言乡坝旁寨子脚大路边的《册亨坝江乡规碑》以碑文的形式将本民族打击偷盗、抢劫的习惯法公布于众,以期形成“路不拾遗,狗不吠盗之风”来保证整个村寨的社会秩序和民众的正常生活。现将碑文抄录如下,是为佐证:

尝闻:“强盗出于赌博,命案出于奸情。”故绝盗源,须除赌博;欲悫命,须除奸情。除赌博而乡中之男善,除奸情而邑内之女贞节。凡于寨中,虽属壤地褊小,亦皆莫非皇土。父务之教,必先子弟之率。出入相友,守望相助。男无觊觎,女思贞节,革旧从新,使其路不拾遗,狗不吠盗之风也,不亦宜乎!今日后,倘若何人效往,乡党不睦,三心二意,互相串同,昧刁暗引面生歹人,不熟之流,窝藏密室,专赌为盗,私下串夥,交合磕索,三五成群,四六结把。日则隐藏家中,盗牛盗马;夜则穿墙挖壁,偷粟盗物。若有私盗外方,丢赃磕害,拖累地方。倘有,等日后查出,庄目立严禁,乡党寨老遵依。或闻,众户同情协力,共心捉获,而呈官究,理法不容。倘若何人强硬不依,合众齐心,更罚牛一条,重有一百五十斤,酒五十斤,盐二斤,米四十斤,以作祀社之费。言之不先也。特此计开犯条。藐法背伦,串奸有孕,罚钱。白日强奸,罚钱八十四斤。星夜通奸,罚钱六十二斤。毒药缢死二比天命,罚钱三千六百文。偷盗各行,罚钱一千二、二千四、三千六。被人拐逃，夫家者协访，二比不多事。岳者贪财二嫁，罚钱一百五十斤。祺祥元年吉日。[1]

广西大瑶山以专门禁止盗窃的习惯法“禁盗岩”的形式详细规定禁止偷盗的内容：(1)不得偷挖乱撬别人田水；(2)不得偷别人的田鲤；(3)不得盗别人的猪牛；(4)不得砍护寨树、风景树，破坏公共古老森林和盗伐鼓社林木；(5)不得挖别人禾仓，盗人禾把；(6)不得偷别人瓜果、蔬菜、辣椒、棉花、蓝靛等；(7)不得偷别人柴草；(8)不得偷别人香菇；(9)不得偷别人装夹、装套等所捕获的鼠、禽、畜、鱼等。由以上规定的内容可见，禁盗岩不仅严禁偷盗的行为，而且对严禁偷盗哪些生产、生活资料也不厌其烦地作了罗列，如家禽类的猪牛，种植类的瓜果菜蔬、香菇、树木等。据此体现了少数民族习惯法对于本族民众日常生活的密切调整之功能。

还有些民族用形象的谚语使民众熟记于心，广为流传，以达到预防犯罪的目的。最为典型的莫过于侗族了。如“猎狗死山上，强盗死刑场”。“马怕鞭，牛怕打，强盗怕锁链”。“偷鸡罚银一两鸭一两二，偷瓜偷茄只挨骂”。

从上述所列几个民族可以简单概括之，西南各少数民族因所处地域、政治、经济、历史文化习俗、自然历史条件的不同，对于严禁偷盗的行为也略有不同。如果按照偷盗行为的标的物来划分，可将其分为偷盗生产、生活资料的行为和其他偷盗行为。如果按照偷盗行为的性质来划分，可将其分为一般偷盗和入室盗窃。下文将采取前一种划分方法，以布依族和瑶族为主，对少数民族习惯法中侵犯财产所有权的规定进行梳理。

1. 偷盗生产、生活资料的行为

在以农耕、畜牧经济为主要经济形式的社会中，牛马、树木、农作物、瓜菜果蔬等是少数民族人民赖以生存、继续生产的基本条件。瑶族谚语

---

〔1〕 参见陈新生等编：《黔西南布依族清代乡规民约碑文选》，1986 年版，第 71～74 页。

“炒菜靠油，耕田靠牛”，牛是耕种农田的重要生产工具；养狗用以看家护院、狩猎防盗；养鸡、鸭、猪、羊等用以祭祀、接待亲朋好友和年节食用。居住在山区的少数民族，保护树木历来是他们的优良传统，一来是为了生存环境的需要，如布依族；二来也是某些民族崇拜树木的需要，如羌族。因此，西南各少数民族习惯法对偷盗上述生产、生活资料的行为作出了详细的规定。

布依族习惯法严禁各种偷盗行为，在他们的碑文、乡规民约中不乏相关规定。如“不许偷鸡盗狗”，“不准偷鸡狗，违犯者议该罚”。“严禁偷牛盗马”。“被贼挖墙入室，以盗家财什物等项，失主务要切实具赃，不得冒作虚报，凭之后众等务须同心验贼与窝家，捆缚解官究治”。“不准盗瓜笋，违犯者议该罚”。“偷人瓜笋，男者罚钱三千六百文，女者罚钱一千二百文”。习惯法一般规定，发现盗贼即报地方团头或呈官究，如果贼人强硬不依的，根据乡规民约之规定，还可“罚牛一条，重有一百五十斤，酒五十斤，盐二斤，米四十斤，以作祀社之费”。同时为严防共犯发生，还规定不仅惩罚偷盗者本人，而且同样要处罚窝藏盗贼和不揭发者。

布依族一直以来就有保护树木的传统，其乡规民约之中不乏禁罚禁盗林木的碑文和条款。今录《兴义顶效镇绿荫村保护山林石碑》全文如下：

窃思天地之钟灵，诞生贤哲；山川之毓秀，代产英豪。是以维岳降神。赖此朴棫之气所郁结而成也。然山深必因乎水茂。而人杰必赖乎地灵。以此之故，众寨公议，近来因屋后丙山牧放牲畜，草木因之濯濯，掀开石厂，巍石遂成嶙峋。举目四顾，不甚叹惜。于是齐集与岑姓面议，办钱十千，榀与众人，永为世代，于后龙培植树木，禁止开挖，庶几龙脉丰满，人物咸兴。倘有不遵，开山破石罚钱一千二百文，牧牛割柴罚钱六百文。勿谓言之不先矣！

计开助钱之人姓名开列于后（姓名略不录）

咸丰五年(一八五五)冬月二十五日[1]

广西瑶族也严厉打击偷盗家禽牲畜等生产、生活资料的行为。习惯法规定,偷牛被查出,罚72元,当场被捉到的,要处死。《长滩、长二、昔地三村石牌》规定:"我小地方养畜牲,放在岭上……何人心谋,不得乱偷贼。……见到偷贼,拿到贼盗,捆打和炮火打死,众石牌来办事,莫怪也。"1918年《罗乡七村石牌》规定:"偷狗罚银九两。"《滴水、容洞等四村石牌》规定:"偷猪,犯四十大元正。"赵本《罗香七村石牌》规定:"偷盗母鸡一个,处罚白银六两,偷鸭罚银八两。"《金秀、白沙等五十一村石牌》规定:"偷鸡鸭,石牌查实知究。""女人种瓜菜豆麦,不得乱摘。若不守条约者,按罪轻重处罚"。"瑶山小地,包米杂粮百物,不得乱取,众团重罚"。"山丁山主,各人六禾、采种、芝麻百物,不得乱取,重罚"。1911年《六拉村三姓石牌》规定:"山中生柴,石牌以下,不得乱砍,何人不听,众村罚银十二元。"对于入屋偷盗家财的,捉到后以惯匪处理,须处死。

2. 其他偷盗行为

西南各少数民族习惯法除了对偷盗家禽牲畜、瓜果生蔬、包米杂粮、偷砍山林等行为有详细规定外,对其他偷盗行为亦有丰富的记载和规定。

例如,香草、香菇是瑶山的特产,是瑶民重要的经济收入项目,只有瑶族对其盗窃有非常严格的规定。在瑶山,因香草的用途广而产量低致使其价格一直不菲,于是很容易成为盗窃的对象。禁止偷盗香草、香菇也就成为瑶族石牌的重要内容。《六拉村三姓石牌》规定:"山中各人香草,各种各收,物各有主,不得乱扯偷。"《长滩、长二、昔地三村石牌》规定:"大路边山场香草、香信(注:香信是香菇的一种)……何人心谋,不得乱偷贼。"此外还规定:"乌胶木不得乱取","支(漆)木不得乱取","桂树不得乱取","桐子不得乱偷","五谷、桐茶,不得乱偷","棉花不得乱摘","毁鸟

[1] 参见陈新生等编:《黔西南布依族清代乡规民约碑文选》,1986年版,第59~60页。

盆,盗鸟仔,按律治罪。"《石牌偷人吃社料话》规定:"我们瑶山小地方,寻食靠鸟盆,吃肉靠装石按(注:捕走兽的一种办法),各家自有,不得偷盗"等。

(二)抢劫

在西南少数民族习惯法中,偷盗和抢劫一般规定在一起,因此,单独的抢劫条款并不多。在少数民族中,各种侵犯财产所有权的行为里,偷盗行为占主要部分,抢劫行为并不是很多。通过习惯法对偷盗行为的侧重可以看出,在西南少数民族地区发生以暴力取得他人财物的行为是比较少的。下面列举几个少数民族习惯法中对抢劫行为的规定。

布依族《柯桃水淹函乡规四愣碑》碑文规定:"日抢夜偷扰害地方,倘经众人查出,解官究治。"黔西南册亨县册亨秧坝区秧坝乡马黑寨《册亨马黑乡规碑》碑文规定:"不许掳抢孤单。"

居住在广西大瑶山的瑶族的习惯法中,关于抢劫的规定主要是针对土匪的。这与他们居住的地理环境的特殊性有关,也与特定时代背景有关。山高谷深,地势险峻的大瑶山是与山外隔离的天然屏障。一旦社会动荡,便有兵痞强盗败为流寇或被官府追捕之时,躲进大瑶山,成为土匪危害瑶民。清朝以前瑶族石牌只谈到盗贼,没有正面谈到土匪。随着社会的动乱不安,到了清末民初匪患最为严重,这个时期关于打击匪患的石牌条文很多。1914年《六十村石牌》规定:"如有汉人乱赖事,拐带女人,石牌人见到,齐心处理拿贼,拦回赏花红银五元。知见不报,日后查出究治。"《六短、仙家漕、老矮河三处石牌》规定:"凡有匪抢劫,不拘哪时,一闻言,筒角(铜锣)一声,踊跃齐集救护,下力剿除贼匪。"

另外一个民族,凉山彝族习惯法中关于抢劫的规定不同于上述两个民族:布依族和瑶族。凉山彝族习惯法的规定充分体现了"家支宗族、上下尊卑"的原则。其习惯法规定,一不得抢劫本家支及亲戚。二抢友好家族的人口财物,要原物退回并赔礼道歉。三抢冤家及其他民族的,应视为有胆有识而受到尊敬。抢劫冤家,除了不能抢劫妇女的外,其他物品均可。

二、对侵犯财产所有权行为的处罚

西南少数民族习惯法中,和侵犯财产所有权行为相伴的是对违反者的处罚措施。处罚的目的是为了惩治各种偷盗、抢劫行为,同时起到警戒他人的作用。按照侵犯财产所有权行为的对象和危害程度不同,西南少数民族习惯法一般对偷盗、抢劫者处以经济赔偿、肉体刑和羞辱。

而彝族一直以来受家支宗族和上下尊卑观念的影响,其处理原则有别于西南其他少数民族。在彝族习惯法里,偷盗一般分为“黑”、“花”、“白”3级,有时会在其间再加“黑花”、“花白”,成为5级进行不同处理,用以区分案件的轻重程度,区分犯罪的情节、案件的属性、责任及赔偿额度的级别。案件的严重程度由“黑”、“黑花”、“花”、“花白”、“白”逐渐降低。入室盗窃,偷盗者杀死发现者为“黑”,处理办法是格杀勿论,还要赔还赃物和赔命金。如果同家支内部互相偷盗,为“花”,不仅赔还赃物,还要向失主家赔礼道歉。偷了野外或别的民族的东西,是为“白”,处理最轻,发现后退还原物了事。偷盗本家支财物要十倍地赔偿甚至处死。

(一)经济赔偿

经济赔偿是指对于偷盗、抢劫等侵犯财产所有权的行为处以罚款、赔偿实物或者加罚实物。西南各族习惯法因侵犯财产所有权的对象不同,其性质和危害程度不同而处罚方法不同。此外,因所处地域、政治、经济、历史文化习俗、自然历史条件的不同,处罚方式亦略有区别。少数民族习惯法中,大部分处罚都是以经济赔偿的方式完成,带有较重的罚款色彩。但是也有规定要求赔偿实物的,或者加罚实物的。

1. 罚款

罚款是侵犯财产所有权的处罚中最为常用的手段。如黔西南地区的册亨县秧坝区乃言乡坝旁寨的乡规碑约碑文规定“偷盗各行,罚钱一千

二、二千四、三千六”。位于黔西南册亨县秧坝区秧坝乡秧佑寨的碑文规定:“犯偷鸡狗盗罚六吊四,犯偷竹笋竹木罚三吊六。一不准偷竹木夺田地,违者议该罚钱十二吊。……一不准纵火烧林,违者议该罚钱一吊二。”

瑶族石牌规定“偷狗罚银九两”。“偷猪,犯四十大元正”。“偷盗母鸡一个,处罚白银六两,偷鸭罚银八两”。接下来的一则案例,是以重罚来惩治偷盗行为的体现:

1938 年,六巷某村盘阿才偷了本村盘公贺的猪,为掩盖其窃迹,他将先前所得的虎蹄印在猪栏周围,造成老虎食猪的假象,但被老猎手盘公壁识破,指认是人为伪作。村民记得本村只有盘阿才家有虎蹄,经过严审,盘阿才偷猪之事被确认,石牌罚他 132 元钱。[1]

在 20 世纪 30 年代的农村,偷一头猪被处以罚款 132 元钱,对于以自然经济为主的瑶民来说,也是一笔不小的数目。

苗族的“议榔词”和“理词”规定:“偷人家杉树,罚银三两三;偷人家松树,罚银一两二;偷人家干柴,轻的罚银六钱,重的罚一两二。”“各人种的庄稼各人收,各人砍的柴草各人烧。不要起偷心,不要萌盗念。假若不依社规,不守榔约,剪人家的谷穗,盗别人的庄稼,轻的罚银六两,重的罚银十二两”。

2. 赔偿实物、罚实物

赔偿实物,或者同时加罚实物也是西南少数民族常用的处罚手段。关于赔偿的实物,有的民族要求赔偿原物,而有的民族则不要求,只要是同态物就可以。

要求赔偿原物并罚实物的民族,如彝族习惯法规定潜入别人家盗走财物,盗贼除了退还或赔偿原物外,还需赔偿黑马一匹;盗贼侮辱了失主的锅庄,给锅庄穿黑裙子,折成白银五两;赔偿失主驱邪祭祖的费用,白银 25 两;最后杀猪买酒招待失主和调解人。“盗窃一巢蜜蜂,赔偿一条黑牛

[1] 参见莫金山著:《瑶族石牌制》,广西民族出版社 2000 年版,第 150 页。

并买酒杀猪赔礼”。布依族规定:“各蓄边田边地树木柴薪,不许砍伐。若有不遵公议,干罚猪、鸡、酒加倍赔完。”

下面一则彝族的入室盗鸡偷锅案即是赔偿原物并罚其他实物的体现:

1937年,昭觉县好谷村某色仙色病故,其长子图能年方六岁,家里留下了孤儿寡母,但此前已传开了他家“银子像洋芋一样多”的消息。这引起了巴且纽能和日火税耳俩人的贼心,二人打木刻占卜求得吉卦,夜间潜到小图能家屋后,打开墙洞,入屋翻银子,未找到便顺手拿走了一口铁锅;捏死七只鸡,背到山上,烧吃了鸡肉,把铁锅敲碎背着废铁走了。

某色仙色的遗孀出了三锭银子的“报口费”,一个月后,知道了盗贼的姓名住地。寡妇不敢找德古追究二贼,怕伤害到幼小的儿子图能,便忍气吞声,暂时放下了此事。

某色图能十八岁时,一天,寡妇见了巴且纽能和日火税耳二人在她村里聊天,她便请来三个某色氏族人,叫来儿子,告诉他们十二年前巴且纽能二人的盗案,并派他们去把二人抓来家里。寡妇斥骂二人,说出了盗案,二人供认不讳。

当晚,寡妇家杀一头肥猪吃,图能的叔父某色尾合向寡妇保释了二人,把二人带到了巴且纽能的堂妹家,堂妹大骂其兄,吐了唾沫在其兄脸上,并用棍子打他。

次日,寡妇请尔日勒日合阿皮所铁来调解。让巴且纽能退还寡妇卖给他的五亩地作为赔偿,付给某色家放报口信时花的三锭白银,日火税耳赔七锭白银作为失主的损失费。另外赔失主面子损失费,即赔巴且纽能堂妹家,一锭白银,杀一头猪向失主赔礼,赔失主房子被打通之后须举行祭祀的费用,折为一锭白银。[1]

---

〔1〕 参见海乃拉莫等著:《凉山彝族习惯法案例集成》,云南人民出版社1998年版,第194页。

上述案例不仅是赔偿原物并罚实物的习惯法的体现,同时也传达给我们许多信息。首先,从某色某仙的遗孀在十二年之后仍然可以通过习惯法惩罚盗窃者的调解结果来看,彝族习惯法并没有类似"诉讼时效"的规定,认为只要有诉讼理由,经过的时间并不能消除曾经发生过的纠纷。彝族谚语"纠纷暂时埋在土里,三十年不腐烂,暂时放在火塘顶上,三十年不会烤焦"即是辅证。其次,赔偿的内容不仅仅只局限于盗窃物本身,就是说偷盗者不仅要承担与被盗物品价值相符甚至数倍的赔偿(用五亩地赔偿数年前所偷的鸡和锅),而且还要承担失主为找回丢失物发生的相关费用,如"报口费"、失主的面子损失费及因房子被打通须举行祭祀的费用。

关于加罚倍数的规定,各族因风俗习惯不同有着不同的规定。即使同一个民族也会根据行为人是否有主观上的故意或者根据破案时间长短对加罚的倍数作出不同的规定。如凉山彝族习惯法按照偷盗者是否有主观上的故意规定了加倍处罚的的三大原则:一是如果偷盗者事先有预谋,有准备,破门撬锁的,必须以所偷盗财物 3 倍的价给予赔偿。二是如果没有预谋,是偶尔遇见盗走的,即顺手牵羊的,必须以 2 倍的价赔偿。三是如自家的牲畜或其他物品自然落于别家,并被他家瞒着占有了的,如被发现,便以原价赔偿。同是凉山彝族,又根据破案时间长短有着另外一种加罚倍数的规定。如规定盗窃母牛的,在一年内查出窃贼的,窃贼须赔失主两条牛;三年后破案的,赔五条牛。耕牛被盗,除赔牛外,还要赔偿失主找人代牛耕地的费用,折合白银二锭。同时盗贼须买酒杀猪赔礼。

云南金平苗族则不要求赔偿原物,"丛会"习惯法规定:封山育林,不准砍伐,违者罚米一至二升,鸡一至二只,酒一壶。不准砍伐公有林木,违者罚猪一头。

3. 按身份等级赔偿

身份是某些少数民族习惯法进行处罚的重要依据。身份不同、在该民族中所处地位不同,当触犯习惯法时,其处罚所依据的规定也不同。彝族和藏族是两个典型的民族。

彝族根据家支宗族、上下尊卑等原则处理偷盗行为。彝族的黑彝是贵族,白彝是平民。因着身份的不同,彝族习惯法规定白彝偷盗黑彝重于黑彝偷盗白彝。如抢劫黑彝妇女的,抢劫者除了退还所掠赃物外,还按原物加一倍赔偿。另外赔偿受害者本人一两金子,折白银5锭;一匹马,折白银4锭;一匹丝绸布,折白银2锭。赔给其兄弟一匹马,折白银一锭;一匹丝绸布,折白银0.5锭。赔姊妹一匹马,折白银1锭;一匹丝绸布,折白银0.5锭。赔给堂兄弟姊妹各一匹马,折白银2锭;二匹丝绸布,折白银1锭,并向受害者本人及亲族杀一头牛赔礼。而如果抢劫的是白彝妇女,与黑彝妇女的赔偿相比,则没有一倍赔偿和一两金子的赔偿规定。同时规定偷盗本家支重于偷盗外家支,偷盗本家支财物要十倍地赔偿甚至处死。

藏族由于受封建农奴制的长期影响,历来十分看重人们的社会地位和等级。各个等级之间界限分明,不能逾越。农奴、奴隶和下等人犯上的行为,习惯法规定严惩,而对于以上犯下或欺下的行为,处罚相对较轻,甚至可免除刑事责任。在偷盗赔偿的习惯法中规定:盗窃活佛的财物,要赔原物的80倍;盗窃官员的财物,要赔原物的5倍;盗窃一般人的财物,要赔原物的4倍;而盗窃穷人的东西,则只赔原物即可。盗窃活佛和部落头人的财物,在赔偿的同时,往往还被处以鞭笞、断手、削鼻等肉刑。

值得一提的是布依族习惯法,对偷盗的处罚因性别不同而作出不同的规定,如"偷人瓜笋,盗人林木,男者罚钱三千六百文,女者罚钱一千二白文"。

(二)肉体刑

肉体刑在整个刑罚体系里是最为严厉的刑罚,甚至有使用极刑死刑的规定。因为肉体刑是残害人的肢体的刑罚,它的最终实施会导致劳动力不同程度的丧失,所以,各族习惯法对于使用肉体刑的规定相对来说是比较谨慎的。但是,同时也不排除为了打击侵犯财产的行为、警戒他人重蹈覆辙,少数民族使用肉体刑的比例也是比较多的。

前引《册亨马黑乡规碑》碑文规定:“倘有白日夜晚,拿得是贼是盗,众人一力上前砍手剜目,使成废人。”册亨县秧坝区乃言乡八大寨《册亨八达乡规碑》文亦明确规定:“……乡中自有一党子弟,游手好闲……时窥墙壁,窃取什物……故乡中耆老等,齐心众议,挽此颓风,禁此不良。……由今砌碑以后,若有人犯此禁者,轻则聚众行罚,重则约众诛戮。……穿窬盗贼并及野外花谷人赃两获者无赦命……不准赎命。”由以上碑文可见,也就是说对于偷牛盗马、入室盗窃等严重的侵犯财产所有权的行为是允许使用肉刑的。但是,对于肉刑的使用也是极为慎重的,如布依族习惯法规定,对于入室盗窃行为的处罚是要求人赃两获的,不是轻易地使用肉刑。

瑶族对严重的盗窃行为会处以死刑,如对挖墙进屋偷猪被捉后要处死;入屋偷盗家财的,捉到后以惯匪处理,须处死。

苗族对抢劫者按习惯法处以吊打,情节严重或屡犯不改者处死,如贵州雷山苗族,对抢劫5~6次仍违犯者,处死。死刑有投水、打死、吊死、砸死、烧死等方式。

羌族是一个多神崇拜的民族,神树林对羌民有着特殊的意义。理县蒲溪村习惯法规定,凡有盗伐神树的行为发生,只要人赃俱获,村寨老民(羌民中德高望重,有丰富知识和经验的老人)便可集聚民众,将盗伐者吊在神庙的前梁木上,令每人持树条逐一抽打,并处经济处罚,一棵神树罚羊一只,酒一瓮(合50斤)。羌族习惯法中,把以暴力袭击人身方式实施的抢劫案,对抢劫处以死刑,勿论其暴力行为是否已致人死亡。“行凶抢劫”被视为最严重的犯罪之一,“全按古人规矩办,疏忽之处定难免”。例如发生在20世纪30年代的一个打死入室盗窃贼的案例即是明证:

民国24年(1935年),茂县曲谷乡河东村羌民过木吉,热不木吉兄弟盗白石堡寨老汉般夫生家偷东西，被般发现，两人便将般杀死，案发后，过木吉逃到黑水当了娃子（打手之类），热不木吉留在村中，曲谷河东几寨人将其逮住，捆在村北300米处的一座桥上，者桥石专门沉滞抢劫盗窃行为者的地方，将其打死。[1]

（三）羞辱

羞辱方式，从经济角度来说，应该是处罚最轻的一种方式。但是，从社会舆论或者生存的角度来说，羞辱又不算处罚轻的方式。因为，在少数民族聚居区，艰苦的生存条件使得个人必须紧紧依附在社区、集体生活中才能得到较好的生存，甚至离开了集体就意味着死亡。所以，一旦被舆论谴责、不被大家认可就意味着成为不受欢迎的人，是很难继续生存、发展的。

彝族习惯法对于偷盗家禽、偷鸡者，失主不仅不要赔偿，相反还要向偷盗者送去酒，说明来意，使其终身羞愧，也就是羞辱偷盗者。

广西金秀瑶族对盗窃蔬菜的行为，多是批评教育，使全村知晓其盗窃行为，令盗窃者自愧自醒。石牌规定："女人种瓜菜豆麦，不得乱摘。若不守条约者，按罪轻重处罚。"

第四节　死　　给

"死给"是凉山彝族地区一种独特而又普遍的社会现象，它根据彝文"死纸比"汉译而来。"死给"是"死给某人"的简称，通常情况是"死给者"通过一种目的性的、对象明确的自杀，让对方——"被死给者"对自己的死亡负责。如A与B之间发生冲突，A以言行表明他将死给B，并在随后自

〔1〕参见龙大轩著：《乡土秩序与民间法律——羌族习惯法探析》，华夏文化艺术出版社2001年版，第74页。

杀，这时，便称为A死给了B，A在这组关系中便是所谓死给者，而B即为被死给者。在凉山彝区，A这种按照国家法的逻辑看来仅仅是自杀的行为，却往往会导致严重的后果、引起错综复杂的争端。因为人们绝不会将A的行为视为自己负责的自杀，相反，在某种程度上，几乎将A的死因归结为B所杀。在凉山彝族习惯法"地方性知识"的背景下，大凡"死给"行为，几乎必然地引起严重的后果及法律上的责任，诞生出一个个"死给案"。

在不同的法律体系之间，由于人的本性和理智的某些相似性，又或者基于相似的社会经济条件，法律原则甚至某些具体规范的相同或类似，并不鲜见；但同时，任何一种法律体系也无法脱离于它所置身的历史文化背景而得以生存或解释，由于文化的丰富多样与形态各异，作为"子文化"的法律也随之体现出种种特性。而"死给案"正是在凉山彝族地区特殊的历史文化之中所产生的特殊法律现象。西南地区的各少数民族在长期的共同生活中，逐渐形成了一个个秩序井然的"习惯法社区"，而在国家法制统一与法律多元的现状相冲突的今天，国家法与习惯法的"互动"成为一个无法回避的话题。受两种知识传统所支配的国家法与习惯法之间，冲突与差异是明显的；在凉山彝族死给案中，"死给"行为几乎受到国家法与习惯法是非相对的评价，如果以国家法的知识背景审视"死给案"，那么它从案件起因、事态发展、解决过程再到法律结果，无疑都是荒谬的。因此，我们选择"死给案"这种富有文化特性的产物作为西南少数民族刑事习惯法的特殊表现来分析，同时也能凸显国家法与习惯法关系中"冲突与差异"的一面，无疑是具有代表性的。

另外，在方法与视角方面，尽管我们已经通过田野工作，在凉山彝族地区探听出比较完备的有关死给的规则，得到一些"理论性的线索"，[1]

[1] [日]奥山甚一等著：《法人类学基础》，香港华夏文化艺术出版社2001年版。

但我们对死给的探讨,并不打算仅限于这些规则,相反我们更看重的是一个个完整的“死给案”本身。自从霍贝尔(Hoebel)首倡“案例的研究方法”以来,“纠纷”逐渐成为法人类学研究的主流,它既克服了单纯的“观念方法”仅重视规则的先入为主和僵硬;又克服了单纯的“描述方法”对普遍性原则的漠视,而是融合两者的优点,实现了一种“从特殊到普遍,又从普遍到特殊的观察”。[1] 在对死给案的探讨中我们发现,这些案例总是生动地演绎着规则,阐述规则在实际案件中灵活地得以实现的过程;同时,它们又细致地描绘出凉山彝族地区的社会形态、人际关系、宗教信仰及伦理道德等丰富的文化事象,使“死给”行为及其法律后果在文化的母体中显现出连贯的逻辑,在这个意义上,恰如霍贝尔所言,“只有案例才能导致真正的法理学”。本文正试图通过案例这个媒介,将习惯法规则还原到它所依赖和产生的社会和文化背景中,并通过它们来解释规则,从而避免仅仅就规则作一些缺乏实证的逻辑推论,或者与其他法律体系作一些空洞的横向比较。

一、死给案及其规则

正如彝族谚语所言,“没有案例,哪有法规”。彝族习惯法的规则生之俱来地与案例有着千丝万缕的联系,这不仅是指彝族民间的审判官“德古”或“苏易”[2]常援引过去的案例作为断案依据,就是已经成型的习惯法规范中,也有不少直接源自“判例”。在凉山彝族习惯法的世界中,“规则”并不意味着一种严格的、三段论式的逻辑预设,在实际的案件中,它们受到各种因素的影响,显示出极大的延展性和灵活性。在这个意义上,通过抽象和整合的“规则”,在现实中恰恰是不真实的;而一个信息量丰富的案例,却准确地描绘出法律在实现过程及结果中的“真实”。

---

〔1〕 [美]霍贝尔:《原始人的法》,贵州人民出版社1992年版,第31页。

〔2〕 凉山彝族地区家支内部的头人。

(一)死给案的起因与目的

案例一[1]:牛古土铁系牛古基石的堂哥。基石家无儿子,仅三姐妹,基石最小。一次,土铁家需要竹子(因土铁家未种竹子),在未征得基石家同意的情况下,就直接去砍。基石家得知后,便认为土铁的这种做法是欺负她家无男子。土铁知道后,在吃醉酒的情况下对他人说:"平时我家对她家也不错,给予她家许多帮助。如帮她家种地等,凡男子干的事,我们都毫不推辞地帮她家干,从不计较什么。现我家需要几根竹子,去她家砍了几根,还要经过同意,是否太过分了。"基石听说后,就跑到土铁家论理。在论理过程中,相互发生争执。基石认为自己受到了侮辱,一气之下,跑到山崖上,跳崖自杀而亡。

该案发生后,同家支内部便请来德古进行调解。在调解的同时,基石的母亲跑到土铁家大吵大闹,指出她们母女相依为命,女儿死了,自己也失去了依靠,活着无用,威胁要死给土铁家,并拒绝调解。此后,基石的母亲见施加压力无用,土铁也并未去抵命,便提出要土铁家搬出该村,搬到雷波县,眼不见,心不烦。无奈,土铁家为了息事宁人,只好搬到了雷波县。土铁家在雷波县住了近一年后,本家支的人认为,这样长期下去也不是办法。于是家支出面要求土铁家搬回。但土铁家害怕基石的母亲不饶人,再次发生冲突,就不愿搬回。6年后,基石的母亲去世,家支的人认为这是解决该案的好时机。于是再次要求土铁家搬回进行调解……最后,土铁家作出了一系列名目不同的赔偿(略),该案才告了结。

案例二[2]:沙马曲叶欠的日尼可370元钱。的日来讨债时,沙马曲叶的妻子约其尔子说,虽然我家欠你的钱,但你家占了我家的经济林地,现在你又来要钱,我家没法活了。这样,约其尔子就服毒死给了的日家。沙马家随后将约其尔子的尸体抬到了的日尼可家。的日家只好请来的日

---

〔1〕 杨玲、杨丽英2002年12月22日搜集于西南政法大学外宾招待所。
〔2〕 陈金全、杨丽英等2002年4月21日采于凉山州美姑县。

格坡德古处理此事，经过调解后，的日家作出一系列赔偿（略）。此案遂告了结。

案例三〔1〕：1920年冬彝族年前夕，各家各户都在准备柴火时，曲比古达生病，家里便请苏尼来占卜问挂。苏尼说："古达生病，是因为曲比拉达家的鬼跑到你家来作怪的原因所致。"曲比古达听后，用马桑树和竹子做成木鞋，来到曲比拉达家的火葬场，将木鞋钉在火葬场内。事隔一月后，曲比拉达生病，古达得知以后，便对拉达说："你生病，是由于我将木鞋钉进了你家的火葬场引起的"。拉达立即跑到自己家的火葬场去看，果然有马桑树和竹子做成的木鞋，十分愤怒。于是，一气之下跑回家，拿了自家的火药枪，来到古达家不问青红皂白，一枪打死了古达。

事后，拉达主动对同家支的人说："我把古达打死了，我要去抵命。"来参加调解的德古（系本家支内的德古）们说："杀人抵命，天经地义。但要过彝族年了，你最后还是吃了过年肉再去抵命吧。"拉达不同意，在古达还未火葬时，自己喝了马桑树汁自杀了。由于是自己自愿主动抵命，按彝族习惯法，免去了其赔偿。拉达和古达两人一起同时火化，两家对此也未结下冤仇，和好如初。

这三个案例有助于我们探讨死给案与普通自杀行为的区别以及它的起因和目的。有关死给的定义在本节篇首已有叙述，但值得注意的是，并非由于"死给"这种规则的存在，凉山彝族地区所有的自杀行为便都是"死给"。上述案例中一、二均属"死给案"，而案例三中拉达的行为则只能算作是自杀抵命，而不能算作是死给，这一点从三个案件的法律后果中我们就可以发现。牛古基石和约其尔子的死均使对方产生了偿命或赔命价的义务，而拉达的死仅被视作是在为他杀害的人抵命，再没有新的法律关系产生。除案例三的情况外，娃子（奴隶）死给主子、儿子死给父母等情况，

〔1〕 陈金全、杨玲等2002年12月25日采于西南政法大学外宾招待所。

依照习惯法也不产生任何法律责任。因此可以说，“死给”与普通自杀行为的区别正在于是否有“死给”之法律效果的产生，目的不明或依照规则没有效果的自杀，与死给是有区别的。

在凉山彝族社区中，习惯法为人们耳熟能详，死给者总是在熟知死给规则的前提下，通过自杀来利用规则，给对方造成很大的麻烦。如案例一中认为自己受到侮辱的基石和案例二中本来是债务人的约其尔子，案件最初的起因往往是微不足道的小事：死给者由于受到侮辱或打骂，自感气愤难平或自尊受损害，因而以自杀的方式来发动自己的家支替己报仇。在这里，“死给”行为正是他们处境的一个转折点，原来也许是无理一方、债务人、甚至小偷[1]的死给者，利用“死给”这个“武器”，他们抹平了起因事件的是非曲直，获得了家支的声援。由于出了人命，死者的家支总是理直气壮地向对方寻仇，死给者从而改变了他们在法律、道德或心理上的不利地位。很多时候，哪怕仅仅是死给的威胁，都是足以让对方恐惧的。如案例一中，基石的母亲并不一定真的打算死给，但土铁家由于惧怕承担她的死给产生的责任，只好背景离乡迁居他地，甚至在她去世之前不敢迁回。在这里，“流放”土铁一家的并不是习惯法的规则，而是基石的母亲巧妙地利用规则而产生的威慑力。当然，扬言“死给”威胁对方也不是可以滥用的，扬言者本身也要承受很大的压力，一般没有“胆量”死给对方者绝对不敢轻言死给，否则他的食言会招来所有人的耻笑。正因为死给行为极强的目的性，它的对象一般是清晰明确的，死给者常在声称“我死给某某了”或“让某某给我出丧葬钱”之后才会自杀；即便在语言上没有表示，一般也会通过行为来明示，如在与对方冲突后立即自杀，或跑到对方家中、家附近自杀等。从死给案的起因来看，它是无法使用所谓“刑事”或

---

〔1〕 在一些案例中，有被盗者买肉打酒安慰小偷，表示不会将事情张扬出去的奇特现象。这是因为偷窃在彝族社会最为人所不齿，被盗者怕小偷因不堪屈辱死给自己，承担被死给的责任，故反而安慰小偷。

“民事”来加以归类的；而在凉山彝族习惯法内部的分类体系中，它属于“命案”的范畴，这种看似缺乏抽象性的归类，却恰恰准确地描述了死给案的起因、性质和法律后果。

(二)“死给案”中法律关系的产生和变化

案例四[1]：阿匹五黑的老婆阿牛什因为家庭矛盾而吊死给阿匹。阿牛家听说后非常激愤，纠集人马准备来杀死阿匹抵命。他们将死者的尸体停放在阿匹家中，准备杀了阿匹后将两人一同火葬，还说哪个来拦就杀了哪个。阿匹一家闻讯后连忙逃到山背后躲藏。“德古”马拉则闻讯后觉得救人要紧，不顾个人的安危自告奋勇地跑去调解。拉则去了以后，阿牛家介于他的威望暂时没有动粗，他就抓住这个机会说理。经过一番周折，阿牛家终于同意此事“用钱来解决”。马拉则指出，此案发生在夫妻之间，按照习惯法，金钱赔偿性质上不能算做赔命金而只能视为抚养金、悲伤金。各款项相加总共1300多元。结案时还打了一只鸡诅咒，[2]以表永不翻案。

案例五[3]：女方格其莫阿古与丈夫的哥哥发生矛盾后服毒自杀。后来，女方的娘家及家支跑来找沙马家报复。他们砸沙马家房屋和找沙马家人打架，宰杀沙马家禽畜来吃。沙马家只好找德古来出面调解。这样请来了马石一等德古调解。马石一规劝住情绪激动的格其家支，阻止了一场械斗。经过大量的说服规劝，最终使双方接受了调解结果。

案例六[4]：吉硕家和恩扎家世代通婚，吉硕××的女儿嫁给了恩扎××的儿子。但后来吉硕××打死了恩扎家的一个男子。恩扎××不

---

〔1〕 金涛、潘志成、李剑2004年6月采于昭觉县竹核片区尔古乡，沙马拉哈翻译。

〔2〕 凉山彝族地区称为“西谷则”的仪式，借助宗教的力量维护判决或调解结果的效力。彝人普遍认为在举行这个仪式之后，谁违反调处的结果，就会像仪式中的鸡一样死去。

〔3〕 陈金全、杨玲等2001年7月29日采于凉山州昭觉县竹核乡。

〔4〕 周欣宇、王本存2002年4月18日采于凉山州美姑县人大办公室。

服，于是，就到吉硕家所在的雷波县抢吉硕××的娃子（即奴隶）全家，以示报仇。吉硕××的女儿认为，抢了她娘的娃子很伤自己的面子，于是，就服毒死给了恩扎××家。女儿一死，恩扎××家就按彝族习惯法“格木格勒”的规定，给死者一套完整的丧服和一头牛，以示自家已认识到错误。同时恩扎家请了家支内部的头人及德古来进行调解。调解过程中：家支头人和德古首先要求恩扎××家支付“格木格勒”（劝解金，即1头牛和1匹马，实际为10锭银子）给吉硕××家，以平息吉硕××家的怒气，不让事态扩大。支付过后，案件的调解才真正开始。随后，德古们整整用了7天7夜的时间，才将此案调解好。

不同的法律体系中存在着不同的法律概念、术语和逻辑，以致人们在借助另外一种语言或分析工具对案件进行描述的时候，对最简单的纠纷都难以赋予明确的意义。在对死给案件进行探讨时，我们遇到了同样的难题；“死给案”并不等同于现代法律体系下的任何一个“案例”，它的脉络并非是先在法庭之外具备了“案件事实”，又进入到一个法庭的狭小空间内被唯一的司法权力进行解剖，最后再产生出法律的效力，并对当事人予以约束。相反，通过观察我们可以发现，有关死给的习惯法规则不是在“德古”调处结束之后才开始产生效力；使习惯法得以实现的“权威者”，也并非德古一人；而案件的程序更是随着案件事实而复杂多变。死给案的这些特点，打消了我们运用诸如“起诉”、“受理”、“判决”、“执行”等“熟悉”的套路和字眼来描述它的念头。所幸，美国法学家霍菲尔德（Wesley Hohfeld）为我们提供了一套实用的分析工具，他把卷入纠纷的人与人之间的法律关系概括为四组共八个概念，这些概念简洁、明确和普适性的特点，使得人们在分析描述一些“陌生”法律体系的案件事实时对它屡试不爽，甚至将之赞誉为“法律概念的最小公分母”。它们如下图所示：

人A　　　　　　　　　人B

Ⅰ 请求权————————义务

Ⅱ 特　权————————非请求权

Ⅲ 权　力————————责任

Ⅳ 豁免权————————无 权

其中每组中的两个概念均是两两相对的,按照霍贝尔的转述[1],Ⅰ中的"请求权"意味着A有一种B必须按照他的请求进行行为的法律期待权;Ⅱ中的"特权"意味着A相对于B有根据自己的意愿行为的自由,B无权干涉;Ⅲ中的"权力"意味着A有权自主创造一种新的法律关系影响和约束B;Ⅳ中的"豁免权"则意味着A不一定要受B企图创造新的法律关系之行为的影响。在死给案中,A的死给行为根据规则产生了一个相对于被死给者B的请求权,而B具有接受其约束的义务。这里需要注意的是:其一,A由于已经死亡,无法直接行使权利;并且在事实上,凉山彝族社会的任何一个纠纷也并非仅仅是涉案者一个人的事,而是会立即蔓延到家支,被家支视为集体的权利或责任。因此,行使请求权的是死给者的家支,而非其本人。其二,霍菲尔德体系中的"请求权"、"义务"等概念并不等同于现代法体系下"民事法律"中的相同概念,而是广泛地及于各种各样的法律关系和行为。死给案中,请求权的内容不但可以是要求对方作出命金等一系列赔偿,也可以是坚决地要求被死给者自杀抵命,当然,这些要求必须基于习惯法的规定,不能恣肆。其三,当死给者的家支行使请求权向对方兴师问罪时,已经具有"执行"习惯法的行为(如兴师动众地逼迫对方赔偿或要求对方抵命)和性质,[2]也就是说,习惯法的规则在此就已经生效了;这里的效力与德古调解结果的效力唯一不同的是,后者的内容必须被义务方没有折扣地执行,而前者在内容上却还有回旋的

〔1〕［美］霍贝尔:《原始人的法》,贵州人民出版社1992年版,第41页。

〔2〕家支组织是彝族习惯法主要的执行者。

余地，但这并不影响它对义务方明显的约束力。不少著述将习惯法的“语境”下A方的请求权生硬地理解为毫无约束力并且寄望于第三方（审判者）的“诉讼请求”，这是明显错误的，没有哪一种“诉讼请求”能够造成如同案例一中，对方当事人被迫举家迁移的情况。

随着A的死给行为所产生的，不仅是“请求权”，还有A方家支的种种“特权”。典型的例子如案例四中阿牛家支诅咒性质地将尸体陈于对方家支、扬言杀死阿四，而案例五中女方家支则在被死给者家中肆无忌惮地实施打、砸、抢并宰杀牲畜，这些在通常情况下最为习惯法所严禁的行为，当死给发生后却为习惯法所纵容、甚至指引，使得同样具有家支势力的被死给者只能无可奈何地避让容忍，毫无干涉的权利。而要阻止死给者家支行使这种“特权”，也并非没有办法，我们注意到案例六中恩扎××家按照习惯法先后两次支付“格木格勒”的举动，正是由于这种及时的行动，本来剑拔弩张的吉硕家平息了怒气，没有进行“打砸抢”的行为，事态也没有再扩大。当然这里的意思并非是说不支付“格木格勒”，就会有“打砸抢”的行为，而是表明在死给案中，双方的行为选择决定着案件的过程，死给者一方行使特权是为了向对方施加压力，以为请求权的内容最大程度地实现增加筹码；而被死给者一方则通过诸如支付“格木格勒”之类的行为〔1〕缓解压力，避免矛盾激化；另外，第三方——纠纷的调解者是否及时介入，也决定着事态的发展。死给案的进行过程完全不同于一个“庭审”中的案例，案件事实的展开和规则的运用并行不悖地进行着，当事人双方和调解者的选择决定着案件的矛盾是在消减中最终化解，还是最终恶化成为冤家械斗。当然，单从习惯法的条文来看，这些人们在漫长历史过程中反复试错而形成的规则，总是内部平衡的。它提供给纠纷双方“相生相克”的规则选择，避免着矛盾的急剧失衡，维系着社会的总体和谐。

〔1〕 类似的方法还有置办“克阿坡勒”（勿须开口的牛），打酒向死者家道歉等。

(三)决定案件结果的多种因素

案例七[1]:阿何阿尼(男)和吉达吾各(女)从小订有娃娃亲,成年后结婚,两个家支也开过亲(即有过通婚史)。婚后两人从大家庭中分家出来独立一起生活后,吉达吾各以男方人长得不帅为由提出了离婚。经过两次调解劝说,女方坚决不愿维持这段婚姻,一气之下吊死在阿何阿尼(即夫妻两人的)屋内大梁之上。按彝族习惯法来说女方吉达吾各死给了阿何阿尼。出事后,双方请德古出面调解。

女方家认为,在此前已对女方进行了劝说教育,但是自己的女儿吊死在男方家的大梁上,应作为黑案[2]处理。男方则辩理为,虽然女方不喜欢自己,但自己从没有动过她一个指头,可以说是:棍棒没用一根麻秸杆打过她,铁器我们没有动过一根针来刺过她,是她自己吊死,所以应以花案处理。在定性过程中双方争执激烈。吉达方的莫达(有决定作用的头人们)十分激动。德古们找来了女方吉达家的头人商量,并由男方付给"莫果者"(劝兵金)白银1锭。头人这才下令撤回家支人员,缓和局面。之后,德古们又开始进行调解。首先按习惯法,男方杀一头"口阿坡勒"(意为勿须开口的牛),并打一百斤酒,向女方道歉。然后德古向男方家说明,按习惯法女方吊死在野外,离房子远是白案;死在房屋四周的树上等,则为花案;而死在屋内大梁上等,则为黑案。这个案子按黑案处理是铁板上订钉十分明确的。接着又向女方家劝说,这头牛不论大小"一个鸡蛋毛长鸡毛,也是一只鸡;一截树桩生了牛毛"就算一头牛。男方已出"克阿坡勒"已有致歉之意,并由男方给女方1件披毡和1条裙子的"革木革勒"(即全套服装)。调解结果,此案被定为黑案。

---

〔1〕 陈金全、杨玲等2002年4月15日采于凉山州昭觉县语言文字工作委员会。

〔2〕 凉山彝族习惯法借助颜色对犯罪行为的情节及其法律责任所作的一种代表其属性的分类。一般根据严重程度,由上至下分为"黑"、"花"、"白"三种。也有五种、七种甚至十五种更加细致的划分。

案件定为黑案后，德古直接按照习惯法的规定进行了判决，男方向女方作出了一系列的赔偿并举行了“西谷则”仪式。

案例八[1]：1998年12月，者马合被村里安排去守绿肥，他认为阿俄莫成乍的一只羊进入了绿肥地，但她却不承认，双方为此发生争吵并有撕扯行为，邻居把他们劝开并作了调解。邻居们认为按照彝族习惯法，男子出手打女子是不对的，男方应向女方赔礼道歉，而且应杀牲口招待被打女子，于是要求者马合向阿俄莫成乍道歉，但阿俄莫成乍却关上自己的房门拒绝者马合的道歉。三天后，阿俄莫成乍关上房门在自己家里服敌敌畏死给了者马合。发现死人后，村里就派与者马合同家支的者依拉去请德古阿古约阿木和吉狄拉合前来调解，村里的支部书记、村长和会计也参与了调解，同时村里派人去请阿俄莫成乍的娘家人，但阿俄的娘家人拒绝前来，并且威胁说：“如果者马合不偿命，他们就不会安葬阿俄莫成乍。”而且死者的丈夫吉狄格约也认为是由于者马合打了阿俄莫成乍，让她感到羞辱才服毒死的，所以责任全在者马合。

调解持续了五天五夜，仍然没有效果。因为阿俄家支扬言要杀掉者马合，阿古约阿木德古就将者马合藏到了飞普村办公室的一个空房子里。德古对阿俄家支的人说：“人已经逃跑了，让我们坐下来解决这件事吧！”阿俄家支同意了，者马合家杀了一头“不开口的牛”（克阿坡勒）给阿俄家支的男性吃，以示道歉，后又杀了一头牛给阿俄莫成乍娘家的姐妹吃。另外还买了头帕、披毡、衣服、裙子和鞋子等给死者穿，最后又杀了两只羊来招待阿俄莫成乍娘家的舅舅。在这些抚慰性质的赔偿后，德古劝慰阿俄家的人不要得理不饶人，“莫多略阿史”（意思为：除了人命后，就不要过分追究了）。在其耐心劝说后，双方家支终于达成了最后协议：

1. 者马合家出3000元钱给死者的丈夫家作安葬费；

---

[1] 杨玲、周欣宇、张明泽2002年4月27日采于凉山州布拖县宾馆107室。

2. 者马合家出200元“莫者”(即调解费)给阿古约阿木、吉狄拉合德古和村里的支部书记、村长及会计;

3. 者马合家再出100元给吉狄家(即死者夫家)出面接待安葬的人。

这两个案例较为详尽地反映出决定死给案最终结果的多重因素。美国法社会学家唐·布莱克(Donald Black)曾经提出法律的两种模式的理论,[1]其一为法律的“律师模式”,或称法理学模式,在这种模式下,有如从业律师和法官等法律人总是例行公事地探求法律的规则是如何逻辑地从案件事实引出一个特定的法律评价,而不考虑规则外的因素和案件的社会结构。与这种模式相对的,则是所谓法律的“社会学模式”,后者依然承认一个案件的法律核心——针对事实和证据的法律条文,但它同样关注当事人的社会特征及案件的社会结构,也就是那些没有反映在规则当中,却在事实上影响了案件结果的因素。在习惯法的社区当中,采用“社会学的模式”来对案件进行分析,是尤其必要的;彝族习惯法从来不是被机械地适用于案件,它注重调解的特点使得其规则呈现出较大的张力和灵活性,而规则外的因素也就更加明显地影响着案件的最终结果。

然而,也正如布莱克指出的那样,注重案件的社会特征并不等于忽视案件的法律核心。即使抛开规则外的因素,习惯法本身考虑死给案细节的周全,也几乎可以说是另人惊讶的。如同案例七所反映的那样,死给的地点、方式、被死给者的行为与死给行为的因果关系,均决定着案件的性质(黑、花、白)和赔偿的额度。经归纳,习惯法规范对死给案的分类有如下一些标准:

(1)死给的地点:可分为被死给者家中、家附近、其他地点三种,离被死给者的居住地越近,其法律责任就越大;

(2)死给的方式:有跳崖死、投水死、服毒死和吊死四种,根据死给方

---

〔1〕 [美]唐·布莱克:《社会学视野中的司法》,法律出版社2002年版,第16页。

式的不同，赔偿的具体项目就不尽相同；

(3)因果关系：被死给者是否曾侮辱、打骂死给者，被死给者行为的性质，均决定着案件的性质及后果；

(4)死给者与被死给者的社会关系：包括两者的辈分关系、性别关系、亲属关系（是否本家支，是否姻亲）和等级关系几种，关系不同，死给的性质和赔偿项目均不同。

以本家支男性吊死死给女性的命金[1]为例，三种性质案件赔偿的具体项目和额度为：

赔款项目／案件性质	命价（锭）	悲伤金（锭）	调解费（锭）	打露水金（锭）	见面金（锭）	和睦金（锭）	立誓金（锭）	禳邪超生金（锭）	超度送终金（锭）	子女抚养费（锭）	女儿出嫁陪奁（锭）	舅父（锭）	祖父（锭）	外祖父（锭）
黑案	17	1	1	0.5	1	1	1	3.5	7.5	7	5	15.5	3.2	3.2
花案	13	1	1	0.3	1	1	1	1.7	5.5	5	3	9.5	2.2	3.2
白案	9	1	1	0.2	1	1	1	1.2	3.5	3	2	7.5	1.2	2.2

注：死给未婚妇女或婚后丈夫去世的妇女（不再嫁人的）没有命金。如死给有夫家的妇女，命金由夫家负责赔偿。

从表格复杂的赔偿项目中，我们对习惯法规则的细致周全即可见一斑；而在上面所列举的四个分类标准中，选取某一分类标准下的某一个因素，与其他分类标准中的因素任意配对，便形成了一个数学上的排列组合式的赔偿项目图；上表列举的仅仅是本家支男性吊死死给女性，那么还有本家支男性跳崖死给女性、女性吊死死给男性、跨家支男性吊死死给女性……每一种排列组合的赔偿项目均不完全相同。例如，服毒死给案的赔偿项目需增加一项称为“都和木”（抢救服毒者马）的款项，合1锭银子；而投岩死则需增加用一只母羊和一只羊羔举行“唤魂”仪式的款项，合1.5锭银子。这些繁复的规则，不仅被彝族民间的法律人“德古”烂熟于心，就

〔1〕 西南政法大学法律人类学田野工作组根据田野调查编绘。

是普通的民众也常常是通晓的；一些案件中，死给者有意选择能够带给被死给者最大麻烦、让他赔偿最多的死给方式，而事实上，他们所预期的法律后果也总是得以实现的。

在我们找到了死给案"法律的核心"之后，同样无法忽略的，是跟案件处理有关的每一个社会因素。唐·布莱克在其《法律的行为》中指出，法社会学使得现代法学不得不去直面现实：法律条文本身并不能完全决定案件，每个案件都有其相应的社会特征，这些社会特征总是或多或少的必然影响着案件的最终结果。因此，在审视一个案件时，我们无法忽略与案件处理有关的每一个社会因素，包括各方的亲密程度、文化距离、社会地位和力量、在案件中的态度、组织（包括国家）的参与程度、替代解决方法的可利用程度等。在这个意义上，没有哪两个案件会是完全相同的，在死给案中，即使被习惯法规则同样界定为"本家支男性吊死死给女性"的两个案例，在实际的解决过程中也总是受到法社会学通常所说的"差别待遇"，从而使得最终的处理结果不尽相同。如案例八中，死给者一方强硬的态度直接导致了案件的程序复杂、调解困难，在这个案例中，赔偿实际上是分两次进行的，第一次的宰牛杀羊、给死者提供衣装，是在"德古"的斡旋下，被死给方为了防止流血冲突而作出的安抚性赔偿；其目的仅仅是为了双方能够坐下来谈，用彝族人的话说叫做同意"用钱来解决"，而不是陷入械斗；而第二次的3000元，才是对死给方正式的赔偿。此案被死给方赔偿项目的增加是与死给者方的态度不无关系的，而作为对比，我们也发现在一些命案中，由于当事双方两家平日关系的亲密，死者自身又有一定的过错，死者一方家支常常表现出极大的宽容；这个时候，甚至没有德古的介入，案件都极容易和解，有的仅仅由杀人者（或被死给者）家打酒作出象征性的赔偿，对方便毫无怨言了。习惯法规则中细致的赔偿项目由于当事人的态度不同而产生明显的差异，这仅是"社会因素"影响案件结果的一个例子；其余的一些因素，如德古介入案件的时间、当事双方家支力量的对比等,均可能使那些在法律的逻辑上同出一辙的案件,在最终的结果上却大相径庭,抛开法律的“社会因素”,是无法正确理解死给案的。

在习惯法的领域中,由于和解精神的贯通和调解的广泛运用,这些社会因素堂而皇之地发挥着既有的作用,使习惯法的规则表现出可变易性和伸缩性。而不同的是,在现代的法体系下,尽管逻辑上相同的案件在事实上总是受到“差别对待”,而在法理上却并不被正视和认可,而通常被视为是对法律之“公平”原则的挑衅。对此我们的看法是,社会因素影响案件最终结果的现象,并非是“尽善”,然而也并不是“尽恶”的,我们既需要倡导现代法律精神中的公平正义,防止那些由于当事人双方社会地位的差别而产生的不公与歧视,也需要吸取习惯法体系中和解精神的养分,正视个案的差异,防止那些过分追求形式逻辑而对社会关系的修复无益的生硬判决。由普通法系的法学家首倡,在现代法体系下对“替代性纠纷解决机制”(ADR)的寻求,无疑是对法律的“社会学模式”的回应和有益的尝试。

二、“死给案”的社会与文化解释

正如萨维尼所指出的那样,法律与所有的文化现象“不是分离开来的,而是一个民族特有的机能和习性,在本质上不可分割地联系在一起”,〔1〕在前文对死给案进程的分析中,我们已经可以感到,它完全超越了事实—规则—结果的形式逻辑范围,而是一个以法律为核心的社会现象。凉山彝族社会有着自己独特的法律文化传统,这个传统有悠久的历史形成过程,有着其社会生活、社会结构和社会关系的背景及土壤,有一套特别的价值观念和分类体系。我们只有将死给案置于凉山彝族地区特殊的社会和文化环境中,才能对其加以合理的解释;而在对死给案进行深入分析的过程中,我们也通过它窥探着凉山彝区的社会结构及文化面貌。

---

〔1〕 [德]F. 卡尔·冯·萨维尼:《论立法与法学的当代使命》,许章润译,中国法制出版社2002年版,第526页。

这些“自生自发”的规则和法律现象，总是与其产生和生存的环境天造地合，相互支持并且相互描述的。

(一)死给案与家支

死给案在一切场合，都是以家支或家支间的关系为背景、框架和归宿而发生和处理的。正是凉山彝族地区以“家支”为基本构成的特殊社会结构造就了死给案的生成。有的学者曾将凉山彝族社会概括为“家支社会”，而将凉山彝族习惯法描述为“家支习惯法”，足见“家支”组织在凉山彝区的重要性。理解家支，正是理解死给案乃至整个习惯法规则体系的钥匙。

“家支”为彝语“此威”的习惯称谓，意为“同祖的弟兄”，它是彝族社会最为重要的社会组织。家支虽由原始时期的氏族演化而成，但它又并不等同于人类学中的氏族、胞族等概念，它是彝族社会所特有的、以父子连名谱系为纽带和标志而构成的家族联合体。历史上，在没有形成支配整个社会之统一政治权力的凉山彝区，家支之上并无约束，家支之间亦不能相互统辖。这样，家支已不仅仅是形构社会的细胞，而俨然是一个个高度自治的“独立王国”。家支在彝族社会中具有极为重要的地位和功能，它对内维护社会秩序、保护家支成员的安全、处理各项事务、扶危救困、教育成员；对外则以家支的名誉实现征服、御敌或者联姻、结盟。它是一种集经济、政治、军事、教育以及社会救助等功能为一体的社会组织，正因为家支在彝族社会中特殊的地位和功能，彝人对它是极度依赖的，正如同彝谚所云，“猴靠树林活，人赖家支存”。家支与死给案的关系，以下面两个案件为例：

案例九[1]：昭觉县古里区×××公社海来C的父亲海来A，向海来B借钱时发生了争吵，被海来B打伤。经家支调解，海来B两次打酒，赔

〔1〕 高其才采集于1995年，转引自周星：《死给、死给案与凉山社会》。

礼认错，事情已经了结。事隔一天，海来A要去亲戚家奔丧，被儿子海来C阻拦，海来A服毒自杀。海来C本来就对海来B殴打其父不满，于是，就在海来家支造舆论说，海来A是被海来B“逼死的”、“打死的”，要求按习惯法由海来B偿命，或开除家支，或赔偿人命金。海来C动员了其他区乡的海来D作为家支长辈多次召集家支会议，商议处理海来B。海来C还派人到金阳、屏山、美姑、昭觉等地串联，按习惯法派粮派款，准备召开家支大会。1981年10月11～13日，海来C召开了来自4县300多人的海来家支大会，宰杀耕牛9头、羊4只，猪1只，消耗粮食500多斤，酒200多斤。会上决定海来B若不愿在12月3日前自杀偿命，就开除家支。家支大会的与会者们还打牛、喝血酒，要求海来家支全体成员今后按习惯法办事。

案例十〔1〕：马牛牛（女）精神不正常，到处偷玉米吃，被海来、海日两家的孩子们发现（当时这些孩子们只有七八九岁），当面羞辱马牛牛。于是，马牛牛就跳崖死给羞辱她的小孩家，即海来、海日家。当时，1958年由于众所周知的原因，本案没有通过习惯法来解决。等到1985年，旧事重提，马牛牛的兄弟来找海来、海日两家。

由于本案历时久远，且小孩们也长大成人，马家邀请了包括海来马尼在内的十几位德古调解此案。德古们认为本案为花案（性质比较严重的案件）。调解后的处理结果为由海来、海日两家向马牛牛的娘家及夫家作出了习惯法规定的数十种项目的赔偿（略），并举行“西谷则”仪式表示永不反悔。

案例九为典型的家支内死给案。案中的海来C通过大串联的方式调动了整个海来家支的力量，家支大会严格的执行习惯法，逼迫同为其成员

〔1〕　陈金全、杨丽英等2002年4月16日采于凉山州昭觉县竹核区庆恒乡比子以里村斯依尔古学校，曲比卧龙翻译。

的海来B自杀偿命,否则就要开除家支;[1]而案例十则为典型的跨家支死给案,总共涉及被死给者两个家支、死给者的娘家、夫家共四个家支,调解的场面极为宏大,赔偿项目非常繁复,连"德古"都去了十几个。通过两个案例,家支为死给者寻找公道的两种不同方式清晰可见:对家支内死给,它通过严格执行习惯法来惩罚罪者,实现死者愿望;而对于跨越家支的死给,它则代替死给者本人,抱成一团向对方家支寻仇索命。正如彝谚所云,"怕家支怕得发抖,想家支想得流泪",家支对于彝人,正是同时显现出威严的执法者以及权益的维护者之双重面貌。因此,正是在"死给——家支主持公道——死给者达到目的"这个连贯的逻辑中,死给行为才产生了"意义",死给者选择死给时,正是在向家支求援,因为他将自杀的行为作为启动家支执法或复仇的机制。死给者所失却的尊严和生命需要依靠家支去找回,而实际上,家支也总是实现着其成员的预期,在成员有难或遇难时,家支组织恪守着千年来的神圣规则,用尽全力为其排忧解难、主持公道。反过来,假如死给行为仅仅涉及个人间的人际关系,而非蔓延到整个组织的话,那么整个死给案便失去了存在的逻辑根基。在中国其他的少数民族中,也有一些与死给类似的观念或规则,[2]如壮族习惯法对丈夫虐待妻子致使自尽的案子,按照打死人命处置,与此关联的同样有赔人命和以聚众闹事的方式施加压力;此外,德宏景颇族的人命金、广东连南瑶族的吃人命等,也都部分地具备了上门杀牛吃喝、以械斗相威胁以及家族连带赔偿等因素。然而,这些规则也仅能说是与死给相似,绝非"相同",其中最大的区别就在于凉山彝族的死给者是在利用规则,主动调动家支力量去实现己愿,在这一点上,我们尚未发现相同的例子;死给案的

---

[1] 在凉山彝族社会,"开除家支"是比死刑更为严厉的处罚,它意味着一个人已被家族和社会完全遗弃,不仅其本人难以求得生存,其家庭成员的地位和权益也因此大受影响。

[2] 参见乌戎、周星:《田野工作与文化自觉》,群言出版社1998年版。

确是产生于凉山彝区独一无二的历史背景和社会结构的“文化特例”。

（二）对死给案的文化解释

在凉山彝族社区，“死给”是人们习以为常、不足惊讶的现象，我们所寻访的每一个德古，几乎都能讲出自己亲自解决的若干个死给案件。但对于一个“异文化”的观察者来说，他由于有自身的文化体系作为参照，固然易于注意到死给案频繁发生的特别之处，但是，也正是由于这种文化隔阂，他也很容易将死给等同于自己社会中的自杀，或者干脆将其视为无法理喻的现象而以“落后”、“愚昧”消极的字眼来予以评价；“死给”所受到的两种遭遇，某种程度上恰如习惯法在整个国家法律体系中的遭遇一般，它们或被牵强为另一种知识背景下的不同法律现象，或被冠以“原始”之名简单的被加以否定，而很少被人们耐心的放入其存在的历史文化背景中、走入这些知识之使用者的生存境界中去加以审视。涂尔干（Emile Durkheim）的宏观社会学指出，“自杀”是一种社会现象，无论哪个社会里的哪一类自杀，都无非是人类行为或其社会逻辑的特定表现，我们的尝试，正是将“死给”行为放入其产生和存在的环境中，使其得到合理的解释。

综观死给案可以发现，它在家支内部和姻亲之间的发生概率明显高于其他情况，而其中，又以妇女死给的几率为最高。在彝人的社区中，跨越家支的矛盾常常是尖锐的，人们宁愿选择兵戎相见而不是死给；恰恰在同家支的亲属或者至亲至爱的夫妻之间，人们以死给的方式来“缓冲”了同室操戈的行为。然而，这样的“缓冲”并非是死给的本质，它在本质上则是被死给者利用规则挑起或升级矛盾，借以改变自己的不利地位、挽回尊严和面子的方式。在这个意义上，死给是弱势者的武器；妇女死给的频繁正是由于她们弱势者的地位所致。我们在越西县探听到的一个案例中，一位名叫阿间阿支的姑娘爱上了自己的表哥（在彝族习惯法中，姨表婚是严格禁止的），而她家却把她嫁给了另一家支的人，阿支执意不从，为了反抗,她盛装吊死在了夫家的房梁上。在这个忧伤的故事中,我们难以为追求爱情的阿支姑娘找到另外一种解决问题的方式,她的自杀不是简单的徇情,她以死给的方式使得夫家落得人财两空。由于婚姻不幸而造成的死给,可以说是难以数计的;这种自杀类似于涂尔干所描述的由于个人与社会关系的疏离而导致的“自负型自杀”,然而具有特色的是,这种自杀在个体生命消灭的同时还报复了给自杀者带来痛苦的根源,完成了悲壮的一击,点燃了报复的导火线。然而,我们也不能仅仅看到死给引发纠纷的一面,在另一面,死给恰恰是抑制纠纷最有效的手段。来自林耀华先生关于械斗之著述的一个典型例子是:在紧张激烈的冤家械斗中,只要参加的任何一方有妇女出面调停,械斗就必须立即停止。通常情况是由黑彝妇女盛装入场,要求双方休战,否则她会感到没面子,脱裙裸体地蒙辱自杀;如果她自杀死给于阵前,坚持械斗的一方马上会遭到谴责,死者的娘家将联络一切力量,使之陷入全军覆灭的境地。这种让人联想起萨宾妇女制止罗马人与萨宾人战争的壮举,显现出死给行为的另一个侧面,在通常的情况下,是没人敢于冒天下之大不韪而坚持械斗的。在凉山彝族社会中,死给为弱势者提供力量,或完成复仇,或抑止纠纷的双重功能,是其他行为所不能替代的;这也是死给案至今仍然广泛存在的原因。

除此之外,彝族社会特殊的宗教与伦理价值观念下的文化气氛,也是死给的成因之一。与彝族同为彝语支的纳西族里有比较突出的徇情自杀现象,纳西人受到东巴文化对死后爱情世界之渲染的鼓励,虽然其徇情自杀也有反抗和逃避现实的因素,但对来世幸福的追求是自杀行为十分重要的原因。相比之下,“彝族的死给缺乏对来世的憧憬,而是现实冲突的一种延伸,选择死亡的目的仍在于现世的竞争”。[1] 死给的动机的确是“此世”而非“来世”的,然而彝人“灵魂不灭”的宗教观,也必然地影响着

〔1〕 乌戎、周星:《田野工作与文化自觉》,群言出版社1998年版。

他们对生死问题的思考和生命价值的衡量，在彝人的观念体系中，超越生命的价值存在物是广泛存在于人们心中的，尚勇轻生、极重尊严，均使得人们在死给的时候显得“义无返顾”。彝族男子从出生伊始便受到尚武的教育，他们类似于日本历史上的武士阶层，平时从事畜牧农耕，而械斗时则人人都是战士；黑彝男子更是以舞枪弄棒、骑马摔跤作为一种日常的生活方式。他们尊崇“扎夸”（战场上的英雄、勇士），勇敢好斗，从不畏惧死亡。而同时，彝族民众尤其是彝族妇女，又有极其强烈的尊严感，一旦有任何原因使得她们感到羞耻和没有面子，她们就可能选择以死给的方式为自己或自己的家支洗雪耻辱。导致她们“蒙羞”的诱因是很多的：诸如被辱骂、被人怀疑有偷盗行为、被怀疑对夫不忠、外遇被发现而感到脸上无光、甚至在公共场合不慎放屁出声等。在彝族谚语中，“羞”与“死”的关系是这样描述的：“人死是一天，羞耻是一世”、“羞人则死人，跳马则断鞍；”王昌富先生在研究彝族的伦理观时，甚至指出尊严与“羞”（彝语称“硕”）在彝族文化中居于其伦理道德观念的核心，是为人之本。[1] 因此，“知羞”与“不知羞”已经成为彝族民间对人进行分类的标准，犯罪犯错而含羞自尽者光荣，不敢自尽者则可耻。彝人们正是在这些后天习得的文化观念和社会整体的舆论环境中，承袭着死给的风俗，造就了一个个的死给案。脱离开彝族文化来审视死给，它是荒谬而不可理喻的，而走入到死给案发生的文化环境当中，它又显得如此的合乎逻辑和顺理成章。

三、结语：由“死给案”带来的反思

人类学和社会学对法学的启示，便是将法律作为社会整体的一部分，视作文化的要素之一。这就要求人们不仅要关注法律的规则本身，同样需要诘问的是它因何而产生，如何来解释，它在整个运动的社会机体和人们的生活中发挥着什么样的作用。这样的视角，使得法学家不再能将自

---

〔1〕 乌戎、周星：《田野工作与文化自觉》，群言出版社1998年版。

己封闭在一个“纯粹”的容器中，以分析实在法的结构要素为乐；而他们必须正视的，是法律极其有关的一切要素，包括它内部的文化机理及其在社会现实存在中的多元。

在言及少数民族习惯法与国家法的关系时，“冲突”与“融合”并举已成为老生常谈，一些学者甚至充满豪情而又细致地对习惯法具体规范的层面加以剖析，指出哪些法律关系应当由国家法调整，哪些应当留给习惯法，哪些则应当引导习惯法转变……实际上，他们在质疑了国家法一统天下的法律理想主义之梦时，却又陷入了另外一种法律的理想主义之中。当死给案这样的文化特例尖锐地摆在面前时，我们不禁要疑问，完全不同的文化背景之下的法律制度，究竟如何能促使它们的融合？它们究竟能在多大程度上真正融合？在今天的凉山彝族社区中，国家法往往仅是一种威慑力的象征，而极少深入到对人们日常社会生活的调整之中，人们对它的理解和利用，均是极为有限的。值得担忧的是，任何对习惯法拔苗助长似的规划，不仅难以建立起新的秩序，反而可能毁灭旧有的秩序。就如哈耶克所说的那样，那些改造自生自发的法律的计划，“就像寻求任何幻想一样，追求无法企及的目标，也极可能产生人们在预见到它们的情形下原本会竭尽全力加以避免的那些结果……而许多可欲的目标也就被白白牺牲掉了”。〔1〕 有的学者在描述凉山彝族习惯法的现状时，曾尖锐地使用了“断裂”一词，〔2〕他不仅指国家法与习惯法在法理层面上的冲突与分歧，也指凉山彝族地区在异文化的猛烈冲击之下、在一种自上而下的压力所导致的社会急剧转型之中，传统法律与道德的失落所产生的秩序真空。

后现代哲学兴起之后，人们不再迷信那些本质主义的论调和大写的

〔1〕 [英]弗里德里希·冯·哈耶克：《法律、立法与自由》卷二、卷三，邓正来等译，中国大百科全书出版社2000年版。

〔2〕 杨志伟：《断裂的凉山彝族习惯法》，彝人网。

绝对真理，在法律的层面上，由于对权力背景下“话语霸权”的颠覆，任何一种法律体系都不再有绝对凌驾于其他法律体系之上的合理性，法律的终极标准不再是意识形态的话语，而是“社会的福利”，“未达到其目标的法律规则是不可能永久地证明其存在是合理的”。〔1〕 当国家法失去了取代社会内部多元法律体制的绝对合理性之后，对于包含着独一无二之文化特性的凉山彝族习惯法，最明智的态度或许是让它“自由地生长，而非自上而下地迫使其生长，那么它们就可能以一种更为快捷的方式获取适当的发展形式”。〔2〕 在这里，我们并非是想让“本土化”成为“另一种文化霸权”，〔3〕也并非是在鼓吹维护凉山彝族习惯法的传统面貌，而是试图倡导一种“道常无为而无不为”的态度，让习惯法如同在几千年的历史发展过程中一样，通过自身的“应激—反映”机制，完成对外部文化的选择以及对自我的扬弃。正如达伽默尔所说的那样，不是所有文明形式中的人们都向往和追求现代化所提供的效率和舒适；当我们言及习惯法的时候，最好将自己置身于那些宁静的山野之中，只有这样我们才能真切地体悟到，那里的人们需要的是什么，而我们应当做的是什么。

〔1〕［美］卡多佐：《司法过程的性质》，苏力译，商务印书馆1998年版。

〔2〕［英］弗里德里希·冯·哈耶克：《自由秩序原理》（上卷），邓正来译，三联书店1997年版。

〔3〕赵旭东：《反思本土文化建构》，北京大学出版社2003年版。

第六章 西南民族地区的百年法制变迁

西南民族地区是我国少数民族种类和人口最多的地区，全国五十六个少数民族，几乎都有成员在这里繁衍、生息。由于各民族各地区多种社会基础的存在长期的不平衡发展，为适应其所处的具体的历史条件，各民族社会均有其独特的法律制度。西南地区自古以来又是中华民族几个文化区延伸、接触和交融的地方。千百年来，这一地区的法制始终处在与国家法制以及其他民族的法制不断融突和合的状态，而这种融突和合，尤以近几百年来最为突出。

此处所述西南民族地区的百年法制变迁，其时间起讫，并不能套用中国近代史的界限。“百年”，是指从18世纪的30年代雍正朝大规模的“改土归流”开始直至今天这近三百年的历史。此前的西南民族地区，基本上是个封闭的社会。“改土归流”对西南地区的广大少数民族来说，无疑是一场引起他们政治、社会和法律文化产生重大变革的“风暴”；这一地区的大多数民族，都是在这一历史事件之后发生重大社会变革和法制变迁的。将“改土归流”作为研究西南民族地区法制变迁的界限，其目的在于让我们在研究中有个可比较的范本，也更能清晰地看到这一变迁的趋势。文中所言“西南民族地区法制”，也并不仅限于民族习惯法或者是国家在民族地区实施的法律制度（包括国家统一法和民族特别法、民族地区自治法规），它更多的是指西南地区少数民族社会事实上存在的那种法律适用状态。

一、西南民族地区百年法制变迁的历程

（一）清朝“改土归流”和新政时期西南民族地区的法制变迁

“改土归流”始于明朝，但明初的许多尝试多归于失败，明王朝并未在西南地区作大规模的“改土归流”。在清代雍正朝大规模“改土归流”前，中央政府对西南民族地区基本上采取的是一种羁縻策略，即使是在设流官直接统治的地区，也多奉行“顺俗施化、不改其旧”的政策，在这种政策下，中央王朝的统一法制与当地民族习惯法不会产生激烈碰撞和冲突，西南地区没有发生明显的法制变迁。这一时期，盛行的是各少数民族的习惯法规，在有些地方甚至还出现了将本民族原有习惯法通过规律的形式固定化、规范化的土规、土律。

清朝康熙年间开始大规模的“改土归流”，从而引发了君主专制的封建地主法律制度与西南地区各少数民族传统法律文化的一次大的碰撞。“改土归流”是在“以夷变夏”这种思维和政策指导下进行的，清政权及流官以当时儒家文化的伦理道德观衡量少数民族的固有习惯，在少数民族社会实施儒家文化和封建王朝统一制度为标准的移风易俗。1697 年，孔子第 66 代孙孔兴询到云南丽江任通判，他感叹“临丽伊始，睹山川之灵秀，与风俗卑陋异，不禁喟然三叹。……因思变迁之道，必赖礼乐，礼乐之兴，在建文庙。”[1] 乾隆元年任丽江知府的管学宣认为：“移其风

---

〔1〕 乾隆：“丽江府志略”，转引自王筑生主编：《人类学与西南民族》，云南大学出版社 1998 年版，第 625 页以下。

俗……一切规制，悉视内地。"[1]这就是说要在少数民族地区强制推行中央王朝的正统文化及统一法律制度。少数民族习惯法，被认为是"犷獉草昧之风"，认为少数民族民间"每有因细故抄家、丢河等事"，"实系恶习，尤属大干法纪"，强制推行国家统一法制。同治四年(1865年)，清廷制定羌族地区《善后章程》二十条，规定少数民族地区的头人不得私自受理案件，"不得滥用民词，一概不准滥行擅受，如有违，斥革究办。其婚姻、田土、命盗正案，均归地方官办理。永为定例。"[2]

为了保证王朝统一法律制度的实施，清廷在西南民族地区推行"里甲制"，清末又将一些地方的里甲制改成团甲制，即把县分为若干里，里下设甲，作为基层的行政单位，要求甲民互相监督实施国家法律的状况，后又大力推广乡约，宣讲"圣谕"和儒家思想。里甲制的推行，使得国家能够对少数民族地区施行最有效的统治，并大力宣扬儒家文化和朝廷律例，国家制定法由此得以更进一步深入。

"改土归流"这一历史事件一直持续到清朝末年，它对国家统一法制在西南地区传播实施的推进作用是毋庸置疑的，它引起了两种不同文化的激烈碰撞，不同的价值观、伦理观、法理念和不同习俗的冲突。在实施"改土归流"的民族地区中，有些民族的文化和价值观发生了巨大的变化，最终接受了国家统一法制。如丽江在康熙年间即已实施改土归流，当地一切与当时内地汉文化不同的习惯法都被视为野蛮落后，强令改革，悉从汉制，归流后的丽江纳西族与一江之隔未实施"改土归流"的永宁相比，妇女在家庭和社会中的地位低下，无财产继承权，但在保留传统文化较多的中甸三坝等地纳西族中，虽然同样是父系制社会结构，但妇

---

〔1〕 乾隆："丽江府志略"，转引自王筑生主编：《人类学与西南民族》，云南大学出版社1998年版，第626页。

〔2〕 《理番厅志》卷四《屯制》，转引自俞荣根主编：《羌族习惯法》，重庆出版社2000年版，第451页。

女的地位就有很大不同，比如母亲决定儿女的婚事，而不是父亲；女儿出嫁，可以带走自己积累的一切个人财物，甚至可以带走一块田地。女儿在家中无男儿时，还可以继承父母的全部财产。

而在另一些地区，“改土归流”中国家统一法制的推行却并不顺利。首先是控制基层的行政组织“里甲制”的推行不彻底。如今天的贵州威宁、赫章一带的乌撒彝族地方，于雍正八年（1730 年）实施“改土归流”，将全境共分 10 个里，每里又分为 10 个甲。除全化里和宣化里为城区地及“客民”地不设土目外，其他 8 个里实际上是变容为“微型土司”即“土目”统治地，除归化里仍保留原来土司宗亲的“则溪”领地，其余 7 个里分设土目 70 多名分而辖之，很难说这样的“里甲”组织对推行清王朝的统一法制究竟能有多大效用。

至于苗疆，国家统一法制的推行竟出现了数次反复。康熙年间，清廷即已在湖广“红苗”地方添设同知、通判、巡检等，专理苗务。苗犯轻罪者，听土司发落；犯命盗重罪者，土官拿解，道厅审明拟罪。[1]“有大狱讼，皆决于流官”。[2] 从雍正六年（1728 年）开始，云贵总督鄂尔泰清理苗疆，清廷用兵 9 年，始于 1736 年在今天的黔东南地区分设清江、古州等 6 个厅，表面上取得了对苗疆的一元化统治，雍正五年规定，对苗疆死刑案件，必须按清律审理，苗族“杀人、伤人赔牛”的习惯法被明令禁止，通过制定条例，明确了对这一民族地区一切刑事案件的管辖权。[3] 但此后，因清廷的统治遭到苗、侗等各族人民的坚决抵制与反抗，于是不得不作出让步，规定“苗民风俗与内地百姓迥别，嗣后苗众一切自相争讼之事，俱照‘苗例’完结，不必绳以官法。”所谓苗例，是苗族等少数民族习

---

〔1〕《清圣祖实录》卷二一八。

〔2〕《黔南职方纪略》卷七。

〔3〕苏钦：“试论清朝在‘贵州苗疆’因俗而治的法制建设”，载《中央民族大学学报》1991 年第 3 期。

惯法中由清政府确认的具有法律效力的部分,多为对杀伤命案的处理。道光年间,清廷又加强对苗疆的统治,贵州巡抚酌筹议定苗疆善后章程中规定苗地的劫盗斗殴案件及争执户婚田土等事一律由官府审理(至于依中央统一法制审理还是依当地苗族的习惯法处理,并未有说明)。这在表面上规定了中央政府在苗疆的统一司法权,但是同一章程又规定,有土司地方的苗民由土司予以管制,未有土司的地方由苗寨头人管束,只是苗寨头人的更选要经过公举和官府的同意。这一条款表明了清廷对所谓"苗地纠纷一律由官府审理"这一规定也感到苍白无力,难以实施,只好寄希望于土司及头人对苗众的管束。乾隆五年(1741年)荔波县知县赵世伦作荔波城塘纪事碑纪:"官吏……受任斯邑,莫不心怀畏缩,裹足不前,咸借寓于庆远府城,间有亲至者,皆清南丹兵防护。"[1]可见当时的真实情况是中央政府对苗疆的有效权力控制能力极为薄弱,实际管辖权极其有限,多为苗民不服寨老、头人的处理结果而上诉至官府,或者是在少数民族社会内部协商解决不了的案件诉至官府,流官才进行真正的处理。但即使是这样的处理,也须借助当地头人、寨老的威望以及民族习惯法才能得以圆满解决。官府主动管辖的,多只限于苗民之间的重大仇杀要案。而大量的村寨田土山林溪流纠纷、伤盗斗殴案件,或由头人、寨老审理调处,或以议榔栽岩方式解决,所依多为当地的习惯法,今天我们在黔东南各地能见到的清乾嘉咸道年间当地少数民族所立的习惯法碑文即是明证(当然,这种习惯法碑文多用汉文书写,且不少带有儒家伦常的痕迹,如贵州锦屏县文斗村的同治婚姻改革碑,这也体现了"改土归流"对民族地区法制的影响)。

清朝末年实行新政,全面改革法制,相应地也在西南民族地区推行新政,1905年,派川滇边务大臣赵尔丰在川康地区推行"改土归流",施

---

〔1〕 民国时期潘一志:"荔波县志稿",转引自彭兆荣等著:《文化特例——黔南瑶麓社区的人类学研究》,贵州人民出版社1997年版,第176页。

行近代化改革;1906 年,又派张荫棠进藏“查办藏事”,次年,张荫棠提出《新治藏政策大纲》,推行一些具有资本主义法制性质的内容,如在基层改变过去番营管理地方的制度,建设巡警局、裁判局,专管地方治安和司法,提出建立农务局、工商局、路矿局作为发展西藏新政的经济管理机构,从而突破了以往清朝治藏法制的范畴。这一改革方案后因张的调离而未被清朝采纳,但他提出的改革内容和许多具体措施,被后来的驻藏帮办大臣联豫和十三世达赖的新政所吸收。但是不久,联豫的改革也因清政府的灭亡而流产,这一新政对藏区的法制影响也不大。

总的来说,“改土归流”开启了西南少数民族法制变迁的进程,自此以后,西南少数民族地区的法制就偏离了自觉发展的轨道,民族习惯法为适应多变不息的内外条件,不得不一次又一次地作出自我调整。“改土归流”使得国家统一法制在西南地区得以大规模地施行,辅之以里甲制的基层行政控制与汉文化的迅速传播,西南地区的法制状况有了较大的变化,部分地区彻底施行了国家统一法制,其他地区的少数民族传统习惯法也不同程度地吸收了国家统一法制和儒家伦常观念的元素。但我们应该看到,这种改变并非质的变化,也并不能带来国家统一法制在西南地区的彻底施行。西南各少数民族的原有经济结构和社会组织形式并未发生重大变化,封闭的地理环境以及与其他族群处于隔离状态的生态环境,使西南地区的大多数少数民族社会长期处于具有封闭的、自治性质的、与中央集权政府缺乏有效联系的社会状态。对于少数民族社会来说,流官官府机构是强加的外层政权,并不是本民族社会内在发展的产物。有清一代,中央政府对于西南民族地区的有效权力控制能力有限,以至于在西南民族地区的腹心地带,似乎形成了政府行政统治、管理的“真空地带”,国家统一法制始终没有完全深入到社会基层。

(二)民国时期

清朝的“改土归流”并不彻底,直到清朝灭亡,西南地区仍残存着相当一部分土司，仅贵州一地，尚留有土司56家。民国时期，连年内战，后又爆发抗日战争，西南地区多属地方实力派的地盘（此外，如西藏地区和大凉山地区等，实际上处于一种独立状态），中央政府在民族方面并无大的建树，1935年提出要“重边政，弘教化，以固国族而成统一”，提出开发西南边疆的计划，1945年国民党六大又宣称要赋予西藏以高度自治之权，但这些政策徒流于文字。1917年左右，国民政府也曾尝试“改土归流”，但不彻底，最终形成了西南地区“保甲制”与“土司制”合流的局面。如在云南金平、勐拉、者米、茨通坝土司地区司法行政合一，土司总揽司法权；[1]没有土司的地方，民间纠纷、一般民事案件由当地的“龙头”、寨老、保（甲）长调处，当事人不服可以向县衙门（或司法处）告状。[2]

真正在西南民族地区得以实施的也唯有保甲制的推行。再以贵州荔波县为例，讨论民国时期推行保甲制度对当地少数民族法制的影响。在国民党推行保甲制前，瑶麓地方的最高形式的政治组织叫“官侯”，实质上是一个地方性的自治行政机构，在瑶麓社会内部，负责调解各家族之间的矛盾，维持治安，订立和执行习惯法，树立石牌律的绝对权威。[3]此后，民国政府推行保甲制，在瑶麓遇到了困难，据民族学家岑家梧先生在荔波县瑶麓的调查描述：“县政府屡次拟派汉人或水家为瑶麓的保长，均遭到瑶人的拒绝。……县府只好按照他们原来的氏族组织，加以改编，每姓编为一甲至数甲，而以人数最多的覃、韦二姓各成一保。”[4]官方性质的保甲制与血缘基础的传统社会组织合而为一，“官侯”组织依旧存在并继续发挥作用，事实上享有了高度的自治权利。这种自治，包括了司法的自治，在违反乡规或破坏治安秩序方面，“瑶麓的事，都由他们

---

〔1〕《金平县志》，第14页。

〔2〕《金平县志》，第17页。

〔3〕参见黄才贵编著：《独特的社会经纬——贵州制度文化》，贵州教育出版社2000年版，第140页。

〔4〕参见《岑家梧民族研究文集》，民族出版社1992年版。

自己处理，很少到乡公所，到县府的更少。大概财产诉讼，由保长判决，杀人或强奸由保长召集甲长会议决定”。[1] 而“司法”的依据，则是当地的“石牌律”，一切都是人们约定俗成，作为调整人与人之间关系的法规和准则。1939年，当地乡政府指派一人为保长，借督办丁粮之机，鱼肉族人，被揭发后又扬言杀人，激其公愤，被“官侯”组织击毙，当局妄图缉拿凶手，终归徒劳。[2]

这种保甲组织与少数民族原有社会组织合一的例子在西南地区非常普遍，由原来的村寨头人、寨老兼任保长、甲长，客观上也使当地的族群、氏族头人利用官府赋予保甲组织的权力而对民族社会的控制实质上得到增强，传统社会组织和民族习惯法在这一时期反得以又一次活跃起来。如1936年，榕江计划的计怀大寨的联保主任潘文高曾主持过“耶吉兄”的一次议事；1941年时，计怀大寨的保长兼寨老潘文清曾主持过一次载岩议事，依习惯法处理了一件偷盗案。可见，保甲制的推行并未能真正改变习惯法的作用。习惯法的威力仍大于“王法”。

（三）解放后的西南少数民族社会法制变迁状况

1950年左右，西南少数民族地区获得解放，过去那种封闭的社会状态被彻底终结。政府逐步在西南地区建立了乡村组织，基层党的组织也随之成立，一批少数民族青年应征入伍，或是被选送到外地学习深造，成为民族地区建设的骨干力量，这就大大改变了民族社会传统权威队伍的面貌，带来了西南民族法制一次更为全面彻底的变迁。当然，这种社会改革和变迁都是渐进式的。20世纪50年代初，执行的是充分尊重少数民族文化的政策。毛泽东曾说过：“少数民族地区的社会改革，是一件重大的事情，必须谨慎对待。我们无论如何不能急噪，急了会出毛病。条

[1] 参见《岑家梧民族研究文集》，民族出版社1992年版。

[2] 参见黄才贵编著：《独特的社会经纬——贵州制度文化》，贵州教育出版社2000年版。

件不成熟,不能进行改革。一个条件成熟了,其他条件不成熟,也不要进行重大的改革。"[1] 少数民族的原有习惯法并未立即受到破坏,国家也没有在民族地区全面推行国家统一法制。[2] 传统的社会权威仍然继续发挥作用,乡村的基层组织开展工作,要不脱离群众,就离不开传统社会权威的支持,而且不乏有过去的"理老"、"头人"、"榔头"、"鼓社头"等被吸纳进新的社会组织,成为新机构新制度的执行人。习惯法仍在继续发挥作用。但在另一方面来看,由于中国共产党民族平等政策的施行和解放后社会治安的逐步好转,西南民族地区原有的社会政治组织——如苗族的"议榔"、侗族的"款"和瑶麓的"官侯"组织等——所担负的社会治安和对外御敌功能丧失,加之农协会、村寨党支部的建立,生产队长的产生,这些传统社会组织失去了存在的基础,其衰败已是迟早之事。

经过短暂的沉寂之后,20 世纪 50 年代末直至 70 年代,接踵而来的土地改革(在西藏和大凉山是民主改革)、人民公社、大跃进运动、"四清"运动和"文化大革命",更是对少数民族传统法文化的一次全面的破坏。在土改中,村寨的头人、长老多被划成地主富农,这些习惯法的传承者和执行者被剥夺了指挥农业生产和主持各项仪式的权力;[3] 破四旧运动(旧制度、旧思想、旧风俗、旧习惯),矛头直指少数民族习惯法;1975 年的《宪法》更是废除了允许少数民族保持和改革本民族风俗习惯的权利,承载习惯法的"议榔"等仪式被斥为"迷信"遭禁绝,伴随着土改等产生的农协组织、民兵组织、调解委员会等取而代之,完全摧毁了少数民族社会原有的组织结构。另一方面,土地改革等彻底改变了少数民族习惯

---

[1] 《毛泽东选集》第五卷,第 23 页。

[2] 当时的司法部门认为:"暂时不要在民族地区宣传婚姻法。"参见张培田主编:《新中国法制史研究资料通鉴》,第 5 编"民族法制篇",中国政法大学出版社 2003 年版。

[3] 参见"基诺族——景洪基诺乡基诺族",载高发元主编:《云南民族村寨调查丛书》,云南大学出版社 2001 年版。

法所依存的经济制度，在“左”的错误时期，西南民族地区的传统法律制度遭到了全面瓦解。

西南民族地区法制的又一次大规模整合，发生在1978年农村开始实行联产承包责任制，我国实行改革开放政策以后。一方面，国家开始了依法治国、社会主义法治国家建设的进程，强调国家法制的统一（即使是“少数民族地区的变通规定”和民族区域自治法规，也属于国家法律的范畴），加大法制宣传力度，开展普法教育，在西南民族地区加强了国家法制的权威。另一方面，政治强权有所舒缓、宽松，政策逐步放宽，西南地区建立了更多的民族自治县、民族乡，实施民族区域自治的少数民族数量和人口数量大幅度增长，这为少数民族传统文化的传承、发展带来了极大的机遇。进入20世纪90年代以后，在一些地方，传统社会组织得以复兴，相应地，习惯法又得以不同程度地回归少数民族的社会生活。如在苗族地区，寨老的权威被重新确立，人们又开始以“议榔”形式订立乡规民约；在大凉山的彝族聚居区，民间德古再次担负起调解民间纠纷的职能；在藏区，甚至屡次地出现“赔命价”等习惯法的民间适用。

应当看到的是，习惯法所赖以生存的社会结构和经济制度基础都已经发生了根本的变化，复兴后的习惯法自然不能等同于传统。贵州苗族复兴后的民间组织在产生、组织形式上除少数保持传统习惯外，多数已具有明显的松散性和临时性倾向，在人员组成上也吸纳了村寨的基层党员干部。复兴后的寨老组织相当一部分职能为基层行政组织代替，平时不发挥作用，仅在组织族内公共事务和解决族内纠纷时发挥组织、策划、协调、监督和调解的功能，并与基层组织积极配合。此外，今天的寨老与往昔也大不相同，这些人有知识，对外界社会了解较多，甚至有相当一部分寨老是退休回村的县乡干部。习惯法在形式上也多以成文的村规民约所代替，在内容上，则很少涉及刑事方面，多为民事纠纷、保护生产和自然环境、维护治安,并吸收了社会主义道德风尚等一些新的东西。[1]

二、困境与出路

(一)西南民族地区法制发展的困境

随着习惯法的复兴,在今天的西南少数民族社会,尤其是边远的民族乡村,实质上存在着两套不同的社会控制机制。一是由国家统一法制和民族区域自治法规维系的现代法理机制,一是由乡土村落维持的传统的补救型、自治型的习惯机制。民族社会的绝大多数成员与其说直接生活在国家法制之下,不如说依然或首先生活在各自社区的"习惯法"之中。[2] 上文我们提到的苗族的寨老、彝族的德古甚至是藏区的活佛和头人后裔,都是这种习惯机制的维持者和执行者。这些习惯法,有的仍然坚持着原有的内容,有的已发生了质的变化;有些作用的范围极其有限,有些甚至能在一定程度上排斥国家法律的实施;对于其复兴,有的为国家所允许或默许,在国家制定法力不能及之处发挥着重大作用,有些又为国家法律所严厉禁止。但不管国家采取的是何种态度,这种习惯法机制在西南少数民族社会尤其是那些偏远山区、牧区,其存在是无法否认的事实,国家制定法中那些与少数民族传统习俗、习惯法相排斥的部分很难在少数民族社会得以彻底执行,而少数民族的传统习惯法又不为国家所承认,其活动多处于地下状态。在西南地区少数民族习惯法仍盛行的边远地区,习惯法发挥着安排生产劳动、维持社会治安、调整婚姻家庭关系等重大作用,有些还涉及对轻微刑事案件的处理,甚至在藏区一些地方,发生杀人强奸等重大刑事案件时,当事人还会避开正常的司法途径,按照传统的"赔命金"等方式进行处理;即使是犯罪人已依国家法

〔1〕 沈堂江等:"贵州苗族习惯的历史、现状及发展",载《贵州民族学院学报》,2000年特刊。

〔2〕 前国家民委政法司司长杨侯弟讲:"实际上现在很多民族地区,特别是一些偏远的民族村寨,真正起作用的还是习惯法。"引自吴大华主编:《民族法学讲座》,民族出版社1997年版,第11页。

律被判决服刑，他或他的家庭仍要受到当地村落依习惯法的再一次“审判”，也即所谓的“二次司法”。……可以说，西南少数民族地区的法制在某种意义上讲，已处在一个分裂的状态，国家法律与复兴后的民族习惯法正处于紧张状态，两者陷入一种新的尴尬的两难境地。

这种紧张和尴尬不仅是国家制定法与少数民族习惯法的紧张和尴尬，同时更是“固有法”与“移植法”的紧张与尴尬。对国家法律而言，它面临着如何在西南地区少数民族社会彻底实施的难题。从清末开始，国家法制建设多以移植西方的法律文明为捷径，法律的民俗基础被忽视，以立法来摧毁民俗的情况屡见不鲜，这种移植法与汉民族地区的习惯本就已存在严重的冲突，在西南少数民族地区，这一法制系统更是严重缺乏民俗基础，它的特有法的体系、执行秩序、实体认定、监督保障，尤其是评判标准和执行方式，与少数民族社会所熟悉的习惯法迥然不同，显得是如此的陌生和难以接近，加之现实中存在的司法不公、执行难和民族语言诉讼难等因素干扰，国家法律自然无法被少数民族社会真正认同和彻底接纳。这种认同是与文化差异同存的心理状态，它深植于民族每一个成员的思想深处，成为表现民族性的顽强内驱力。相较而言，民族习惯法作为一种传承、积淀和整合了数千年的制度形态，被特定的社会群体所选择、吸纳、运用，并融化在民族成员的思想意识和行为中，它贴近了本民族的日常生活、宗教信仰、价值观念等，所以民族社会对本民族的习惯法和传统权威的认同心理就强烈得多。

但是在很多时候，这种认同的感情因素往往大于理性思维，人们习惯以本民族的习惯法来作为行为的判断标准，并不过多考虑或者根本不考虑这种习惯法是否合理。随着改革的深入和西南少数民族社会与外部联系的日益密切，民族习惯法早已在不断地发生分化和变异。从总体上看，这种变异的程度是参差不齐的。有些习惯法的内容确实体现了少数民族传统文化的精髓，代表着民族的普遍利益和要求，起着干预社会生活、调解人际关系的功能，为民族社会的稳定和发展发挥了重要作用。但也有一部分习惯法内容，如早婚、表亲婚等，是为现代科学所否定的，又如“命价”、“血价”等，它所赖以存在的旧社会制度早已荡然无存，其继续适用造成了放任犯罪的后果。这部分习惯法的存在实质上严重阻碍了民族地区经济社会的发展。此外，作为在原始经济、自然经济土壤里生长和形成的少数民族习惯法文化，面对商品经济、市场经济的冲击，自然会表现出本能的拒斥，但是它要生存、发展，就必须作出调整来适应。这也是少数民族习惯法现今所面临的又一个困境。

图39：国家法律与复兴后的民族习惯法之间如何调适，是民族地区司法工作面临的主要问题，这是我们在贵州省雷山县采访当地的司法局干部。

（二）国家法律与少数民族传统法文化的整合

如何解决西南少数民族地区法制所面临的困境？这一问题的实质在于：在我国建立现代法治秩序的过程中，必须充分整合国家法律与少数民族传统习惯法的合理因素，协调处理好两者的相互关系。文化载体的多样性和各自所处的具体历史条件的多样性，决定了各民族社会基本形态及其所采取的具体社会制度的多样性。国家制定法与民族习惯法完全可以而且必须结合成既一体又多元的文化复合体，共同为西南民族地区的经济发展和社会进步服务，在这一复合体内，不仅要表现出有差异的包容的一致性，又应为适应于多变不息的内外条件而相互融突和合。少数民族传统习惯法与国家统一法制的诸多元素、因素的相互冲突融合，与在冲突融合的动态过程中各元素、各要素和合为新生命、新事物，这既是中华民族制度文化精神的精髓和首要价值，也是少数民族习惯法文化的精髓和首要价值。

我国是一个多民族的国家，依靠统一立法一蹴而就地完成每一民族传统文化的让位，这显然是非常困难的。“改土归流”的历史实践及习惯法的复兴表明，依靠国家强制力至多只能使习惯法在表面上“销声匿迹”，一旦外部环境发生变化，习惯法必将继续回到人们的生活之中，甚至即使是在“文革”这样“左”的时期里，凉山的彝族人仍偷偷地请德古调解他们之间的纠纷，习惯法的生命力之强可见一斑。其实，即使没有了此种习惯法，人类社会仍然会源源不断地产生新的习惯，这将是“国家制定法以及其他政令运作的一个永远无法挣脱的背景性制约因素”。[1]

社会是由多种规范机制共同控制的复杂系统，这些规范机制的功能是经常互相交叉渗透、共同协同作用的。而多种社会规范机制的存在根源，恰在于人们向社会提出的管理模式的不同需求。“如果用法律去改变应该用习惯去改变的东西的话，那是极糟的策略”。（孟德斯鸠）二十世纪六七十年代，高度统一的意识形态和强权的政治革命措施，完全破坏了少数民族社会原有的组织结构和传统习惯法，也摧毁了少数民族习惯法文化原有的整合功能，习惯法既来不及调整文化状态以适应政治革命的要求，又不能保持原有文化特质循序渐进变迁发展，从而使少数民族社会处在一种文化和法制上的真正无序的混乱状态。

民族习惯法作为一套在本地区行之有效的司法资源，是能够而且应该与国家制定法整合起来，为国家统一法制和“法治”以及少数民族经济社会健康发展服务的。国家法律应该允许习惯法在一定范围内发挥作用。对少数民族习惯法中一些好的、行之有效的习惯法内容，如劝善惩恶、禁偷治抢、保护山林和农业生产、保护公益事业、组织生产和分配、调

〔1〕 苏力：“中国当代法律中的习惯”，载《中国社会科学》2003 年第 3 期。

解婚姻家庭纠纷等,国家应给予以保护和提倡,采取顺应、融合的过渡政策。社会主义法制的建设必须建立在批判地继承人类历史上一切优良法律制度的基础上。要建立发展少数民族地区社会主义法制,继承少数民族传统习惯法的优秀内容就是题中应有之意。在条件成熟之时,国家应有意识地吸收、认可少数民族习惯法中的优秀内容,并融入、过渡到有关的法律法规之中,逐步纳入制定法的轨道,使之成为国家法律的一部分。我国古代在解决国家法律与民族习惯法的冲突互动方面,为我们留下了宝贵的历史经验。唐律规定"诸化外人同类相犯者,各依本俗法。异类相犯者,以法律论",这种吸收、认可民族习惯法效力的做法,在当时是有一定积极意义的。清代改土归流时期,地方流官也常借用苗族的"议榔"制或侗族的"款"。《贵州通志·艺文志》记载,镇远知府方显还曾借用议榔进行招抚,在今雷山、台江、剑河一带召集各处榔头与他议榔,从而收到了很好的效果。[1] 正确对待习惯法,对国家政治法律制度的推行应是大有益处的。

图 40

图 41

西南部分少数民族地区的贫困仍是令人触目惊心的,民族习惯法如何为法制建设服务、为民族地区的经济建设服务,是我们迫切需要解决的课题。

---

〔1〕 转引自黄才贵编著:《独特的社会经纬——贵州制度文化》,贵州教育出版社2000年版,第74页。

如何冷静审视民族习惯法的发展出路，无疑更值得我们关注。放眼世界，不同文化形态相互渗透、交融，预示人类文化将在一个新的层面超越当前所面临的分裂和冲突，一次空前的文化整合呼之欲出。今日的西南地区少数民族社会也不例外，随着封闭状态的终结，民族社会与外界的联系日益密切，其社会成员的价值观、文化观正在不断地发生着新的变革。这一方面对民族文化包括民族习惯法文化的发展构成了强大的压力，另一方面也为民族文化的发展提供了难得的机遇。因为它开拓了人们的文化视野，能够用一种全新的目光环顾世界，审视自身的民族文化。并且通过比较，加深了对本民族文化的认识，以便采取相应对策推进民族文化的发展。民族习惯法在这一大趋势中必须适应国家统一法制和商品经济、民主政治等新的因素，不断作出自我调整，从而才能在民族社会的变革中发挥积极作用。拒绝变迁也就意味着习惯法的停滞、衰亡、消失。

这种变迁既是对国家统一法制的吸纳，又是对本民族固有习惯法的整合。因而，民族习惯法必须因势利导，吐故纳新。唯此，才是真正的走上自觉发展的道路。传统文化的吸纳与发展的出路在于时代需要与民族社会实践的交汇点上。最首要的问题就是必须确立民族习惯法的当代价值与意蕴，这样才能实现其与国家法律、经济社会发展的合理接轨。民族习惯法中明显与时代进步相悖的落后因素必须被剔除。其次，民族社会完全可以通过向其他文化学习，直接吸纳其他文化成果，通过消化，形成极具个性的民族文化，使民族文化在文化激荡中更具活力，更富个性。如果过于强调文化的传统性，也易滋长狭隘的文化民族主义情绪，无异于文化自闭。费孝通先生讲："传统是社会所累积的经验。"传统并不是僵死的，而是有生命的，是肇始于过去融透于现在直达未来的，从这个意义上讲，传统也是一种变迁。事实上，少数民族习惯法从一开始就不可避免地要受到汉文化和其他少数民族习惯法的辐射和覆盖。我们考察的少数民族习惯法，早已不再是纯粹意义的少数民族文化了，而是已经涵化、变迁了的习惯法，但这并不影响其在民族社会中的地位和作用。锐意进取，不断创新，是对文化传承者的必要素质要求。只会解经注典，唯恐越雷池一步者，是无法在当今的环境下保证少数民族习惯法生存和发展的。

后　　记

西南少数民族社会的习惯法是我们中华法苑中的奇葩，值得我们去深入认识了解。但在过去的二三十年里，几乎每个民族的社会生活和经济生活都发生了许多变化，以致任何民族志的记述在几年后就陈旧过时了，传统习惯法在部分民族社会里正以惊人的速度离我们远去。基于这个原因，自 2000 年以来，我们走出书斋，走入田野，到贵州、桂北、云南、四川、西藏等地从事民族习惯法的调查，从白雪皑皑的高原雪山到亚热带的河谷平坝，茫茫荒野，或于三九严冬盘亘在海拔五千多米的藏北草原，或披星戴月颠簸于山间小路走村访寨，穿越高山峻岭，横舟深涧大河，栉风沐雨，筚路蓝缕，其中的艰难险阻，非局中人是难以体会的。

这本小书即是我们多年田野调查的心得之作，这些年来，我的不少学生参与了这种田野调查工作，本书在很大程度上得益于他们的工作。他们中的一部分人还将西南少数民族习惯法的研究作为自己硕士或博士研究生学习阶段的研究方向，书中的部分章节即是经他们从各自的学位论文修改而来。

本书撰写过程中，中央民族大学李鸣教授无私地提供了他关于羌族习惯法的研究成果，对此，我们表示衷心感谢！西南政法大学校领导和校科研处一直关心、支持我们对民族法文化的研究工作，法律出版社在十分繁忙的出版业务中能看中“非主流”的、甚至是“边缘”的学术研究，这都是对我们极大的鼓励和鞭策。最后,还要感谢王旭坤编辑的热心和支持,使这本书得以顺利问世。此外,参与田野调查和本书撰写的还有:梁聪、郭亮、李剑、袁春兰、周欣宇、刘云、偶芳、巴且日火、张明泽、何青蓝、戴馥鸿、张璐、徐文、陈小曼、陶仲灵、王薇、史宁等。

当然,为一个区域内众多民族的文化做研究,这本小书的内容是远远不够的,诚请朋友们不吝赐教。

陈金全

2008 年 3 月 1 日

于西南政法大学

图书在版编目(CIP)数据

西南少数民族习惯法研究/陈金全主编. —北京:法律出版社,2008.9

ISBN 978-7-5036-8435-7

Ⅰ.西… Ⅱ.陈… Ⅲ.少数民族-习惯法-研究-西南地区 Ⅳ.D927.502.154

中国版本图书馆 CIP 数据核字(2008)第 122424 号

西南少数民族习惯法研究

陈金全 主编

潘志成 杨玲 副主编

责任编辑 王旭坤

装帧设计 贾丹丹

开本 A5

版本 2008 年 6 月第 1 版

出版 法律出版社

总发行 中国法律图书有限公司

印刷 北京北苑印刷有限责任公司

印张 11.5 **字数** 268 千

印次 2008 年 6 月第 1 次印刷

编辑统筹 法学学术出版分社

经销 新华书店

责任印制 陶 松

法律出版社/北京市丰台区莲花池西里 7 号(100073)

电子邮件/info@lawpress.com.cn

网址/www.lawpress.com.cn

销售热线/010-63939792/9779

咨询电话/010-63939796

中国法律图书有限公司/北京市丰台区莲花池西里 7 号(100073)

全国各地中法图分、子公司电话:

第一法律书店/010-63939781/9782

重庆公司/023-65382816/2908

北京分公司/010-62534456

西安分公司/029-85388843

上海公司/021-62071010/1636

深圳公司/0755-83072995

书号:ISBN 978-7-5036-8435-7

定价:25.00 元